Eine Porzellanscherbe im Graben

Martha Kent

Eine Porzellanscherbe im Graben

Eine deutsche Flüchtlingskindheit

Aus dem Englischen von Klaus Kochmann

Scherz

Den Kindern von Potulice,
den Kindern in Gefangenschaft

www.scherzverlag.de

Erste Auflage 2003

ISBN 3-502-18390-2

Inhalt

Dû bist mîn, ich bin dîn:
des solt dû gewis sîn.
Dû bist beslozzen
in mînem herzen,
Verloren ist daz slüzzellîn:
dû muost immer drinne sîn.

Namenlos, Altdeutsches Lied

Furcht ist nicht in der Liebe, sondern die vollkommene Liebe treibt die Furcht aus.

1. Johannes 4.18

Tiere und Pflanzen, aber auch Menschen, werden besonders interessant, wenn sie zu ihrer Umgebung passen, wenn sie in einem gewissen Umfang offenbaren, wie sie auf diese reagiert haben. Und das zeigt sich nirgends deutlicher als in der Wüste.

Joseph Wood Krutch, The Voice of the Desert

Einleitung

«Ihr kommt nach Potulice», hatte Rymarkiewicz gedroht. Und in Potulice waren wir gelandet. Die Blicke meiner Mutter flogen vom Tor zu den Zäunen. Männer in Uniform kamen auf uns zu, das Fuhrwerk würde uns nicht schützen können, wenn sie uns etwas antun wollten. Wir Kinder drängten uns aneinander. «Sind das alles ihre?», fragte ein Uniformierter. Seine Hand deutete dabei in unsere Richtung.

«Ja, das sind alles meine», antwortete meine Mutter mit unbewegter Miene. Sie war nicht bereit, sich aus der Fassung bringen zu lassen.

Die Uniformträger lachten und zählten unsere Köpfe. Sie wollten unsere Namen wissen: Da waren meine jüngste Schwester Elfie, mein kleiner Bruder Adusch, die kleine Ella Wahl, die beiden Ruch-Söhne und ich. Dann konnte sich Mutter an den Namen des einen Jungen nicht mehr erinnern. Sie nannte den Namen von Otto Ruch, wusste aber nicht mehr, wie sein Bruder hieß.

Die Männer lachten über unser Alter: Wir waren sieben, sechs, fünf, vier und drei Jahre alt. Sie meinten: «Diesen Karnickeln hat die Gefangenschaft nicht geschadet.»

Als sie wissen wollten, wie lange wir schon in Unfreiheit lebten, gab meine Mutter Auskunft: «Seit März 45. Zwei Jahre auf dem Gut von Rymarkiewicz.» Damit meinte sie die Zeit unseres Aufenthalts bei Stanisław Rymarkiewicz.

Seit jenem Frühjahr 1947 bin ich in meinen Gedanken sehr oft vor dem Tor von Potulice stehen geblieben und habe dem Geschehen aus alten Zeiten gelauscht, hörte das Lachen, die

Wortwechsel zwischen meiner Mutter und dem Wachpersonal. Es muss ein sonniger Tag gewesen sein. Im Wagen hatte ich die Straße nach Potulice durch die Risse im Boden des Fuhrwerks sehen können – ein grüner Streifen von Unkraut zwischen zwei Fahrspuren aus Erdreich, die Hufe der Pferde zeichneten sich im Staub ab.

Ich hielt am Tor von Potulice inne, wollte über die reinen Fakten unserer vergangenen Existenz hinausgelangen. Was mich interessierte, waren nicht die Tatsachen. Mir ging es um eine Sichtweise. Wie sah das Auge, als es noch mit Unbefangenheit schaute? Dabei ging es nicht um das physische Funktionieren des Sehorgans. Es war wohl eher so, dass jede Zelle meines Wesens einfach damit beschäftigt war zu überleben. Dieser Vorgang lief selbstverständlich ab, und das war gut so. Der Stoff, aus dem ich geschaffen war, wusste, wie man hinter Stacheldrahtzäunen leben und aufwachsen konnte. Ich musste nur folgen.

Im März 1945, zu Beginn unserer Gefangenschaft, war ich fünf Jahre alt. Als das Fuhrwerk am Tor von Potulice anhielt, war ich sieben. Die Unfreiheit war meine Welt, der Ort, von dem ich kam. Alle Erinnerungen meiner Kindheit drehten sich um die Gefangenschaft. Meine Gedanken wanderten so oft zum Tor von Potulice zurück, weil Potulice das Dorf meiner Kindheit, mein Heimatdorf war. Ich kannte keinen besseren Ort. Das Lager war für uns der normale Platz, an dem wir Kinder unser junges Dasein erlebten. Wir existierten in der Gegenwart, waren für das da, was das Leben in Gang hielt – ein wenig Freude und Liebe, ein paar Kieselsteine, Eisblumen an den Fenstern, und flüchtige Blicke auf unsere Mütter, soweit unsere Mütter hier im Lager lebten. Wir besaßen keine Maßstäbe, um Grausamkeiten mit gewöhnlichen Lebensumständen zu vergleichen, um ihre Zerstörungskraft zu beurteilen. Die Gewalttätigkeit, die Wachmannschaften und der Stacheldraht blieben Tag für Tag so gut wie unverändert. Ich kannte den Tod und konnte sein Kommen vorhersehen. Ich konnte die ständige Gegenwart von Bedrohung und Vernichtung spüren, während ich nach etwas Ausschau hielt, was ich inmitten dieser entsetzlichen Umgebung voll Zärtlichkeit lieben konnte. Darauf kam es an, der Rest war grauer Alltag. Die Liebe in unwirtlicher Umgebung machte mir ein Leben erst möglich, ließ es zu, dass ich jemand wurde, der lebensfähig war.

Ich suchte nach Beispielen, mit denen ich meine Perspektive vergleichen konnte, und fand keine. In der Literatur, die vom Überleben handelt, konnte ich mich nicht wieder erkennen. Eine Ausnahme bildet eine sehr flüchtige Bemerkung von Alexander Solschenizyn im «Archipel Gulag». An einer bestimmten Stelle erwähnt er die Anwesenheit von Kindern im Gulag. Er äußert die Hoffnung, dass sich unter ihnen jemand finden möge, der später über das Erlebte schreiben werde. Was die Kinder im Gulag wahrnahmen, so Solschenizyn, sei etwas anderes gewesen als das, was er in den Lagern sah. Von dieser Bemerkung fühlte ich mich unmittelbar angesprochen, wenn ich auch ein Lagersystem kennen gelernt hatte, das nicht zum Gulag gehörte – und ganz sicher unterschieden sich die Lebensbedingungen im Gulag von jenen in Potulice. Aber Solschenizyn hatte die Möglichkeit erkannt, dass sich in den Erfahrungen und Wahrnehmungen von Kindern eine andere Realität offenbaren könnte.

Wenn extreme Umstände Leben in Gefahr bringen, so machen sie zugleich auch Bindungen stärker. Während Erwachsene vor allem das Elend wahrnahmen, standen für mich intensive Bindungen im Vordergrund meines Empfindens. Für mich setzte sich die Realität aus den Bindungen zusammen, die das Leben in Gang hielten. Wann immer ich Berichte über die Gefangenschaft eines Menschen las, hielt ich nach menschlichen Beziehungen Ausschau. Der Gefangene mit dem gewaltigen Schnurrbart verfügte darüber. Nach sechs Jahren Freiheitsentzug sah er immer noch gepflegt aus, war geistig beweglich und stand seinen Haftgenossen bei. Von Anfang an hatte er sich dafür entschieden, dass Hass für ihn nicht in Frage kam. Er hatte miterlebt, wie man seine Frau und seine fünf Kinder erschoss. Hass hatte ihm die Familie genommen. Er aber wollte jeden seiner Mitmenschen lieben und hilfsbereit sein. Der Mann mit dem Schnurrbart hatte mit Hilfe der Liebe und der winzigen Verpflegungsrationen, die alle Häftlinge erhielten, überlebt, ohne Schaden an seiner Seele zu nehmen.

Was habe ich im Alter von fünf Jahren inmitten der Umwälzungen des Jahres 1945 wahrgenommen? Ich lernte die Grundeigenschaften der Dinge um mich herum kennen. Ich sah eine glänzende, weiße Porzellanscherbe im Straßengraben, die mit schönen blauen Blumen bemalt war. Ich erinnerte mich an eine Kanne mit Honig auf unserem Wagen. Ich entdeckte, wie der Honig durchsichtig wurde, als er weniger wurde. Mein Bruder Gustav war damals zehn Jahre alt. Erst kürzlich habe ich feststellen können, dass sein Blickwinkel damals schon viel weiter reichte. «Das ist ein ukrainisches Pferdegeschirr», sagte er, als er mich in meiner heutigen Heimatstadt Phoenix besuchte und wir uns gemeinsam die Fotos in Günter Böddekers Buch über die Vertreibung der Deutschen am Ende des Zweiten Weltkriegs ansahen. Ich war beeindruckt. Zum ersten Mal wurde mir klar, wie gewaltig diese Verschiebung von Menschen gewesen war – einige sprechen von vierzehn, andere von fünfzehn bis siebzehn Millionen. Die Fuhrwerke, die sich an der Flucht beteiligten, kamen von weit her, teilweise sogar aus der Ukraine.

Als Präsident Franklin D. Roosevelt, Premierminister Winston Churchill und Marschall Joseph Stalin einander im Februar 1945 in Jalta trafen, um die Schlussphase des Zweiten Weltkriegs zu erörtern, bewegten sich bereits Millionen Menschen deutscher Abstammung in den Ländern Osteuropas in langen Trecks von Pferdefuhrwerken, Handwagen, Fahrrädern oder zu Fuß in Richtung Deutschland. Die, die zu Fuß unterwegs waren, trugen Schuhe, mit denen sie sich in Rumänien, Lettland, der Tschechoslowakei oder Jugoslawien auf den Weg gemacht hatten. Gegen Ende des Winters und im Frühjahr 1945 wurden diese Trecks von einer Welle ethnischer Säuberungen vorangetrieben. Die Menschen wurden aus Wohnungen, Städten und Ländern verjagt. Man vertrieb sie. Viele wurden umgebracht, vergewaltigt oder verhaftet. Wir waren ein Teil dieser Masse. Angesichts des Wütens der Sowjetarmee und der Raserei der polnischen Bevölkerung, die gerade von Hitlers brutalem Regime befreit worden war, flohen wir aus Polen. Gustav hatte Pferdegeschirre aus der Ukraine gesehen. Er verfügte bereits über einen gewissen Weitblick. Ich sah beinahe nur, was sich unmittelbar vor meiner Nase befand – die groben Ziegelsteine vor meinem Gesicht, als wir darauf warteten, erschossen zu werden, weil wir nicht bereit waren, ohne unseren Vater weiterzuziehen. Ich sah das Stroh vor mir, als wir uns in einer Scheune vor Soldaten versteckten. Ich sah, wie ein Größerer den Kleineren hielt. Mit fünf Jahren konnte ich kein gescheiter politischer Beobachter sein, auch kein gut informierter Historiker der Ereignisse, die sich um mich herum abspielten. Instinktiv erfüllte ich die Erwartungen, die die Kindheit an mich stellte. Ich nahm Bindungen wahr und klammerte mich daran. Ich entschlüsselte aus den Gesichtern der Menschen um mich herum die Bedeutung der Welt.

Die Wertschätzung der Menschen war eine Haltung, die dem Dasein unter sehr schwierigen Umständen angemessen war. Die Körperzellen hatten eine Antwort auf die Bedrohungen gefunden. Sie kamen mit einem reduzierten Stoffwechsel aus und benötigten wenig Nahrung. Sie waren trotzdem imstande, den Körper wirksam zu erneuern und funktionstüchtig zu erhalten. In vergleichbarer Weise verlangten unsere Körper und Seelen nach menschlichen Bindungen und persönlichen Beziehungen. Gefangene unterzogen sich damals endlosen Mühen, um die geringfügigsten Kontakte zu pflegen, und das ist auch heute noch so.

Den Nächsten als kostbar anzusehen und auch so zu behandeln – das war der Kern von allem. Ich sollte durch das Tor von Potulice schreiten, um die Kostbarkeit menschlichen Lebens zu spüren und zu erkennen, wohin sie mich in Gefangenschaft und in Freiheit zu führen fähig war.

Bildteil

Ganz oben: Meine Mutter, Natalie Schulz, geborene Wahl. Reisepassfoto für die Auswanderung nach Kanada, 1939. Mutter war damals 34 Jahre alt.
Mein Vater, Ludwig Schulz. Reisepassfoto für die Auswanderung nach Kanada, 1939. Mein Vater war zu diesem Zeitpunkt 39 Jahre alt.

Oben: Meine Mutter und die fünf ältesten Kinder, 1939. Mutter hält Gustav auf dem Schoß. Von links nach rechts stehen Wanda, Johanna, Lydia und Pauline.

Oben: Das einzige Bild von mir aus der polnischen Heimat. Schwester Wanda hält mich auf dem Schoß. Ich bin etwa zwei Jahre alt.

Rechts: Unser erstes Heim in der Freiheit, Juli 1949. Es ist eine Holzbaracke in Trutzhain, Hessen. Damals wusste ich natürlich nicht, dass Trutzhain das ehemalige Kriegsgefangenenlager Stalag IXa war.

Rechts: Die erste Kirmes in Trutzhain, 1949. Ich trage den schönen Blumenkorb und die Mütze mit der weißen Rose. Korb und Mütze wurden geborgt, um meinen großen Wunsch zu erfüllen: Ich wollte so gern ein Blumenmädchen sein.

13

Rechts: Mit Elfie und Adusch auf dem Weg zur Schule. Es ist der erste Schultag in Trutzhain, der 1. August 1949, ein Monat nach der Entlassung aus der Gefangenschaft. Ich trage eine Schiefertafel in der Tasche und eine Suppenbüchse. Mittags bekamen wir eine Gemüsesuppe zugeteilt. Ich trage noch denselben ausgewaschenen Rock und dieselben Schuhe aus Lackleder, mit denen ich Potulice verlassen hatte. Mutter hatte meinen Pullover und Elfies Kniestrümpfe aus Resten zusammengestrickt. Adusch hält seinen krummen Arm hinter dem Rücken versteckt.

Unten: Die Schule in Trutzhain, 1951. Eine ausgebaute Baracke diente als Schulhaus. Die Klasse bestand aus Flüchtlingskindern, die aus verschiedenen östlichen Gebieten kamen. Lehrer Filtz stammte aus Brandenburg. Ich sitze in der ersten Reihe, ungefähr in der Mitte.

Links: Wanda in der Heilstätte für Tuberkulose, 1952–1953. Sie kniet allein in der mittleren Reihe.

Unten: Trutzhain in den achtziger Jahren. Die langen Steinbaracken des ehemaligen Kriegsgefangenenlagers stehen noch und dienen als Wohnungen und Werkstätten, Wohnhäuser ersetzten mit der Zeit die Holzbaracken.

Rechts: Ich auf dem Schiff *Beaverbrae* bei unserer Abfahrt nach Kanada.

Links: Wir nehmen Abschied von der Pfarrersfamilie vor der lutherischen Kirche, die vormals die Kriegsgefangenenkapelle gewesen war. Vorn stehe ich mit meinem kleinen Bruder und meiner kleinen Schwester. Hinter uns, von links nach rechts, Pauline, Mutter, Vater und Wanda.

Oben: Mit der *Beaverbrae* verließen wir Bremerhaven im August 1952. Damals brachte dieses Schiff viele deutsche Einwanderer nach Kanada.

Links: Onkel Eduard in Kanada. Auf ihn setzten wir alle Hoffnung. Er war uns bei der Auswanderung eine unschätzbare Hilfe.

Unten: Vater auf seinem ersten Traktor auf Onkel Eduards «Homestead», 1953.

Oben: Besuch von Johanna in Kanada, auf Onkel Eduards «Homestead», 1953. Von links nach rechts Elfie, Mutter, Johanna, Vater und Adusch.

Links: Elfie und ich vor unserem Blockhaus auf unserer eigenen Farm, 1954.

Oben: Ein Wachturm und die Mauer mit Stacheldraht von Potulice, 1998. Der hohe Erdwall ist durch Mauern ersetzt. Die Wachtürme stehen noch an derselben Stelle. Zweistöckige Steingebäude haben die Holzbaracken ersetzt. Der ehemalige Steinbau, in dem damals die Küche untergebracht war, dient heute noch als Küche und Werkstätte.

Rechts: Das Tor des heutigen Gefängnisses Potulice, 1998.

Links: Der Gedenkstein für die deutschen Opfer von Potulice, 1945–1950. Auf der Gedenk- und Versöhnungsfeier, September 1998.

Oben: Denkmal für die polnischen Opfer von Potulice, 1941–1945. Auf der Gedenk- und Versöhnungsfeier, September 1998.

Die Initiativgruppe der Überlebenden vor dem Tor von Potulice. Gedenk- und Versöhnungsfeier in Potulice, September 1998.

1

Die Alte Welt

In unserem Essraum drängte die Reihe der auf Brot Wartenden nach vorn. Unter den Schuhen, die wir Holzpantoffeln nannten, knirschte die zermahlene Schlacke.

Die Barackenälteste verteilte Brotscheiben. Sie warf jedem einen Blick zu. Wir beobachteten ihre Gesten genau. Eine Schnitte und ein flüchtiger Blick. Aus einer Mädchenhand fiel ein Stück Brot auf den Tisch. Die Kleine griff danach. Ihre Pantoffeln klapperten. Jeder nahm, was ihm gegeben wurde.

«Nicht drängeln!», rief die Älteste in das Geschlurfe. Wir traten einen Schritt zurück und machten uns in unserer viel zu weiten Gefängniskluft ganz klein.

In meinem Becher aus Blech sah der Gerstenkaffee wie eine Wasserpfütze aus, in der man sich spiegeln konnte. Mit Spiegelungen kannte ich mich aus. Das Auge glitt über die Riffelkämme auf der schwarzen Flüssigkeit. Ich schaute unbeteiligt drein, während ich den Becher ruhig zwischen den Händen hielt. Ich tat einen Schritt. Das Auge schwankte wild von einer Seite zur anderen. Dann hielt es in der Mitte an. Ich blinzelte. Das Auge warf einen Blick auf mich zurück. Jetzt hatte ich etwas, das mir in Potulice bekannt war.

«*Du*» – jemand schubste mich leicht an.

Ich langte nach meinem Brot.

«Wo ist deine *Mutti?*», fragte die Älteste.

«In Potulice», antwortete ich.

«Du Glückskind», sagte die Älteste.

Und richtig, ich hatte Glück. *Mutti* war in der Baracke nebenan. Ich konnte die Wand der Baracke berühren. Andere Mädchen hatten berichtet, dass ihre Mütter vermisst, tot oder unter einen Wagen gekommen waren. Die Älteste war für unsere Baracke verantwortlich. Sie war eine Gefangene wie alle anderen, kümmerte sich aber um uns. Ansonsten musste ich allein zurechtkommen, und Mutter musste das auch.

Ich hielt meinen Kaffeebecher in beiden Händen und schaute mich nach einem Sitzplatz um. Tische und Bänke füllten sich. Hände hielten blecherne Becher. Lippen schlürften schwarzen Kaffee. Allenthalben hellte der Sonnenschein den dicken Staub auf.

Ich saß zwischen kahl geschorenen Köpfen und hielt die Scheibe Brot eng an mich gepresst. Ich aß langsam. Das Brot war nicht gut, aber auch nicht schlecht, einfach fad, ohne Geschmack. Ich spülte es mit Kaffee hinunter. Von allen Seiten des Tisches blickten mich Gesichter an. Weil die Köpfe rasiert waren, wirkten sie merkwürdig entstellt – kleine Augen schienen winzig, große Augen riesig, Münder breit und Ohren groß. Tagelang war ich nur *«du»*, die Neue. In dieser Baracke mit Mädchen kannte ich keine Seele, abgesehen von der kleinen Ella Wahl, die auch bei Rymarkiewicz gewesen war.

«Schließlich hat er es doch getan», hatte Mutter im Wagen nach Potulice gesagt. Mutter mit ihren nutzlosen Kindern hatte Stanisław Rymarkiewicz am Ende doch ins Lager geschickt. Rymarkiewicz hatte immer gesagt, dass wir es bei ihm einfach zu gut hätten. Auch im Lager würden schließlich Menschen leben, hatte Mutter in ihrer Dickköpfigkeit entgegnet. Manchmal konnte sie es einfach nicht lassen, Widerworte zu geben.

Würden wir in Potulice unnütz sein? Überflüssige Mäuler, die gestopft werden mussten? Die zur Arbeit nicht taugten? Rymarkiewicz hatte über die Gefangenen und über die nichtsnutzigen Kinder geflucht.

Das Mädchen mit den fahrigen Armen saß mir gegenüber, kippte seinen Becher um. Schwarzer Kaffee floss aus. Das Kind saugte die Pfütze mit einem langen, lauten Schlürfen auf. Geschorene Köpfe wandten sich um.

«Man bekommt keinen zweiten», sagte das Mädchen neben mir und meinte den verschütteten Kaffee.

Das zappelige Mädchen wischte den Fleck mit seinem weiten Ärmel weg.

Tagtäglich hielt ich nach Mutter Ausschau. Ich wollte ihr Gesicht sehen, um zu erfahren, wie die Dinge in dem Lager, das für mich neu war, standen. Als ich sie zuletzt gesehen hatte, machte sie den Eindruck, als ob es ihr nicht schlecht ginge. Am ersten Tag in Potulice hingegen hatte ihr Gesicht gar nicht gut ausgesehen. Wir gingen durch das Tor. Unter unseren Füßen ein scharfes Knirschen von Schutt. Die Welt verschwand hinter Wällen. Mutters Blicke schwirrten von den Baracken zu den Umzäunungen und ins Leere. Als im Umkleideraum ein Mann den Flaum von Klein-Elfies Kopf schor, sah ihr Gesicht nicht gut aus. Wie peinigend für meine Mutter war, was ich mit Neugier betrachtete: Ein Gefangener rasierte die Frauen zwischen den Beinen, die Wachen schauten und lachten.

Ich schlürfte meinen Gerstenkaffee und zählte so, wie Vater und Mutter immer gezählt hatten. Die Eltern rechneten, wer verschwunden war und wer noch da war. Vater und die beiden großen Schwestern Lydia und Wanda wie auch Großmutter waren schon lange fort.

Ich schlürfte meinen Kaffee und schloss die Augen. Ich konnte Vaters Hände bei der Arbeit sehen. Ich hörte Lydias starke Stimme. Diese Schwester konnte gut mit Pferden umgehen. Wanda mit ihrem runden Gesicht beruhigte uns Kinder. Ich konnte Großmutters Händen zusehen, wie sie mit jedem Faden, den sie fand, ihren Rock ausbesserte. Ihr Rock war ein Sack.

Damals waren die Milizen gekommen und hatten Vater, Lydia, Wanda und Großmutter abgeholt. Zuvor hatte Rymarkiewicz etwas geflüstert, als die Milizen nicht hinschauten. Die Kleinen konnten nicht ohne ihre Mutter auskommen. Mutter und Großmutter tauschten die Rollen. Großmutter galt nun als Vaters Frau.

Jetzt saß ich hier und zählte alle, die bei Rymarkiewicz zurückgeblieben waren: Bruder Gustav, Schwester Pauline, Frau Ruch, Ellas Eltern, die aus Vaters Dorf stammten, und einige andere. Hier im Essraum fehlten sie alle, abgesehen von der kleinen Ella, die kaum etwas begriff. Ich schaute in meinen Kaffeebecher. Ich kannte mich mit Spiegelungen aus. Ich wusste, dass es in diesem Lager voller Gesichter etwas gab, das ihnen die Form nahm.

Nach dem Frühstück suchten wir unsere winzigen Bleiben auf. Auf meiner Pritsche drang Stroh aus der Matte. Ich zog etwas davon heraus: Wir hatten auf Stroh geschlafen. Wir hatten uns im Stroh versteckt. Die Soldaten hatten uns dort nicht gefunden. Stroh war etwas Gutes. Ich stopfte die Halme in den Sack zurück und kletterte von meiner Pritsche herunter. An bloßen Köpfen vorbei ging ich ins Freie.

Der Aschenboden sah grau und staubig aus. In unserem Lagerbereich wuchs überhaupt nichts. Ein Zaun trennte unseren Teil vom nächsten. So waren alle Baracken voneinander abgegrenzt. Es gab daher viele Reihen von Stacheldrahtzäunen. Nirgends wuchs etwas, ausgenommen ein wenig Unkraut auf dem Wall. Ich zählte die Zäune, die den Wall entlangliefen. Ich zählte einen, zwei, drei, vielleicht auch vier. Oben auf dem Wall verlief ein Gehweg. Dort schritt ein Wächter auf und ab. Jenseits dieses Pfades gab es zwei weitere Reihen von Zäunen. Dann kam nichts mehr. Hier endete Potulice.

Ich drehte mich um und versuchte einen Blick auf das gesamte Lager zu werfen. Die Baracken auf der anderen Seite sahen recht klein aus. Dahinter hörte Potulice auf. Ein Saum von Kiefern ließ einen düsteren Eindruck aufkommen. Niemals würde ich in die Nähe der Baracken dort drüben gelangen und den kleinen Adusch und die beiden Ruch-Jungs sehen. Ich würde nie auf den großen Hof kommen. Wir durften die Umgebung unserer Baracke nicht verlassen. Ganz selten gab es einen Duschtag. Mir waren Spiegelungen bekannt. Mir war Stroh bekannt. Sonst war in Potulice alles neu.

Später am Morgen mussten wir marschieren. Eine Gruppe sammelte sich. Ich war dabei. Wir sangen polnische Lieder und bewegten uns in dichten Reihen.

«*Miała baba koguta, koguta, koguta* – Eine alte Frau hatte einen Hahn, einen Hahn, einen Hahn.»

Wir verloren den Gleichschritt. Unser Singen hörte sich ziemlich jämmerlich an. Aber unser *koguta* klang laut und klar. Auf unserem Fleckchen Erde sangen wir und bewegten uns auf und ab. Wir drängten uns aneinander. An meinen Fersen brannten Blasen. Ich verkrampfte meine Zehen und schleppte mich weiter.

Oben vom Wall blickte ein Wächter herab. «Das Wetter!», so warnte uns Mutter stets, wenn sie bemerkte, dass sich ein Aufpasser näherte. Es kündigte sich «schlechtes Wetter» an. Ein Unwetter stand bevor. Ein großes Gewitter. Wir tauchten unter.

Den ganzen Morgen lang marschierte der «Wetterposten» zwischen den Türmen auf dem Wall auf und ab. Seine Absicht verriet uns nichts Gutes. Dasselbe alte «Wetter». Er griff in die Tasche und zündete ein Streichholz an. Seine Hände schützten die Flamme. Blaue Qualmwölkchen schwebten über die Absperrungen.

Wir sangen und schleppten uns voran. Einige Mädchen konnten nicht mithalten. Auf wackligen Beinen bewegten sie sich mühsam fort. Sie hielten inne und warteten. Ich blieb bei ihnen stehen. Die Krummfüßige humpelte herbei. Ihr verdrehter Fuß zeigte nach außen, als wolle er sich davonmachen, unser Fleckchen Erde verlassen.

Auf dem Wall schnippte das Wetter seine Zigarette in unsere Richtung. Der Mann schwang sich das Gewehr über die Schulter, warf einen letzten Blick auf uns und zog dann ab. Sein dunkler Schatten am Himmel wurde kleiner und kleiner.

Es war wieder ruhig. Ich stand barfuß da und spürte den warmen Boden. Gemeinsam mit den anderen ließ ich mich von Zaun zu Zaun treiben. Ich berührte alle Zeichen, die an Mutters Barackenwand zu entdecken waren: den hellgrauen Fleck an der Stelle, wo die Farbe abgekratzt war, die grobe Spalte, den Nagelkopf, an dem ich mir einmal die Hose zerrissen hatte. Ich berührte den Sprung im Holz. Mit Asche hatte ich ihn voll gestopft. Dann setzte ich mich hin und ließ mir von den sonnengewärmten Holzbrettern den Rücken beheizen. Die Sonne wärmte alles. Das hatte ich schon gelernt.

Neben mir näherte sich ein schleppendes Geräusch. Die Krummfüßige humpelte und suchte nach einem Sitzplatz. Ihr Fuß stand ganz schief. Nun ließ sie sich neben mir an der Wand herabgleiten. Sie drückte den Kopf gegen die Wand und lauschte. – Sie legte einen Finger an die Lippen.

«Heute wird sie kommen», flüsterte das Mädchen. «Heute wird sie sicher kommen!»

Mein Gesicht berührte die Bretter. Ich lauschte.

«Der Wind in den Brettern verrät es», meinte die Kleine und berührte erneut ihre Lippen.

Wir pressten uns fest gegen die Wand. Die Krummfüßige konnte stets aus Spalten in den Wänden etwas heraushören. Womöglich würde es Weißbrot geben. Etwas Gutes zu essen. Heute pfiff der Wind durch das Holz. Und das war ein gutes Zeichen. Am Abend würde Mutter kommen. Manchmal hatte das Mädchen Recht.

«Ich warte mit dir», sagte sie. Bis zum Abend würden noch Stunden vergehen. Eine sehr lange Zeit. Bis dahin hätten wir längst vergessen können, dass wir vereinbart hatten, gemeinsam zu warten.

Im Haupthof waren die Gefangenen vor Wagen gespannt worden. Sie zogen schwer wie Pferde. Wir Mädchen schauten zu. Wir konnten nicht erkennen, was sich in den Wagen befand. Sicher war es etwas Schweres. Die Gefangenen neigten sich stark nach vorn. Ihre Schultern hatten heftig zu ziehen. Die Füße stemmten sich gegen den Boden. Langsam begannen die Gefährte sich zu bewegen. Dann brüllte ein Wetter los und alle mühten sich noch heftiger. Ein Mädchen drängte sich an mich. Ich erwiderte ihren Druck.

Mutter konnte unter den Gefangenen sein. Ich wusste, dass sie Wagen mit Torf ziehen musste. Torf sei schwer, hatte sie berichtet. Ich spähte nach Mutter. Die Reihe der Wagen bewegte sich an der Hauptküche des Lagers vorbei, dem einzigen Steinbau. Sie verschwanden irgendwo vorn im Lagergelände. Die Mädchen und ich saßen lange Zeit da und schauten zu. Ich kannte rote Wandsteine. Sie waren so rau, wie Vaters Gesicht es war, wenn er sich nicht rasiert hatte.

Um die Mittagszeit schrubbte eine Gefangene den Boden des Flurs. Sie putzte auf Händen und Knien. Wir gingen auf Zehenspitzen um sie herum, sahen ihre blauen Flecken, bemerkten die Schrammen an ihren Wangen. Streifen dreckigen Wassers rannen ihr die Beine hinab. Die Frau hielt inne und wischte sich mit dem Handrücken die Stirn. Dort blieb ein schmutziger Fleck zurück. Sie tauchte ihren Wischlappen ein und verteilte das schmutzige Wasser. Mit kurzen, flüchtigen Blicken huschten wir an ihr vorbei.

Ich schlürfte meine Suppe und fischte mir einige Kohlstückchen. Die kleinen Stücke waren ausgekocht und hatten keine Farbe mehr. Es war eine durchsichtige Suppe.

Ein großes Mädchen strich an den Tischen vorbei, an denen die Älteste unser leeres Geschirr einsammelte. Das Mädchen streckte eine dick geschwollene Hand aus. Die Älteste blickte auf die rote Schwellung, auf den Schorf, der hier und da zu sehen war. Ihre Augenbrauen zogen sich zu einem straffen Strich zusammen.

Die Älteste schüttelte den Kopf. Es sei sinnlos, die Krankenbaracke aufzusuchen. Sinnlos, angesichts all der vielen Krankheiten dort zu warten. Es gebe keine ärztliche Versorgung, keine Medikamente. Vielleicht könne die Hilfsschwester einen Blick auf das Leiden werfen.

Wozu eine Krankenbaracke? Wozu Doktoren und Behandlungen? Vater war nicht behandelt worden, nachdem Rymarkiewicz ihn beinahe erledigt hatte. Ich hatte an Vaters Pritsche gestanden, ihn stöhnen gehört und alles mit angesehen. Mutter machte ihm Halswickel mit ein paar Lappen. Vater wurde wieder gesund.

Doch alle Mädchen waren überzeugt, dass es wunderbar wäre, in die Krankenstation zu gehen. Sie wollten den weiten Weg in den hinteren Teil des Lagers zurücklegen. Mit langen Schritten marschieren, die Arme weit schwingen, sich umschauen und andere Baracken sehen. In die Weite blicken zu können, das war besser als dicke Kascha, die Buchweizengrütze.

Die Älteste schüttelte den Kopf über den Wunsch der Mädchen, zum Arzt zu gelangen oder wenigstens von der Helferin untersucht zu werden.

Mir war es egal. Ich hatte keine Krätze. Das Mädchen mit den großen Ohren, das mit den winzigen Augen und jenes, das am Morgen den Kaffee verschüttet hatte – sie alle waren ebenfalls nicht krank.

Wir suchten nach Läusen im Haar und im Kragen. Großohr hatte bei der Krummfüßigen eine Laus entdeckt. Wir drängten uns und schauten in die Haarstoppeln des Mädchens. Es war ein durchsichtiges Ungeziefer. Mitten im Bauch hatte es einen Tropfen von unserem Blut. Das Mädchen zerquetschte die Laus zwischen seinen Daumennägeln. Es gab ein Tier in Potulice, das ich kannte.

Staubig roch der Nachmittag. Wir saßen am inneren Zaun. Arbeitsgruppen überquerten den Hof. Manche groß. Manche klein. Gefangene zogen Wagen, die hoch mit Brettern beladen waren. Die leeren rollten schnell vorbei. Die Wetter sorgten schreiend dafür, dass alle ständig in Bewegung blieben.

In unserer Nähe warteten Frauen mit Bündeln. Sie sahen müde aus. Eine von ihnen lief auf unseren Zaun zu. Sie winkte und rief nach einem Mädchen.

Wir standen mit großen Augen da. Niemand antwortete. Es gab so viele Kinder. Vielleicht war das Mädchen drinnen.

Die Wetter liefen brüllend auf die Frau zu. Sie prügelten sie vom Zaun fort.

Ich sprang vom Stacheldraht weg. Mit den anderen rannte ich in die Baracke zurück. Auf dem Flur gingen die Älteste und die Hilfsschwester in Richtung Krankenstation. Ich folgte auf der Suche nach Schutz.

Im Krankenraum gab es einzelne Betten, der Raum wirkte sehr groß. Hier herrschte nicht so ein Gedränge wie in den übrigen Räumen. Die Helferin und die Älteste gingen an den kranken Mädchen vorbei, die in zerlumpter Unterwäsche dalagen. An einem Bett hielten sie an. Ich stand an der Tür und wartete.

In einer Schüssel mischte die Hilfsschwester Wasser mit irgendetwas. Sie riss einen Lumpen in Streifen und verband damit einen Arm. Das Mädchen drückte die Augen zu.

«Elend», sagte die Älteste auf Deutsch zu all dem Mangel.

«Zum Leben zu wenig. Zum Sterben zu viel», sagte die Helferin.

Es verging kein Tag, an dem die Älteste nicht über das *Elend* zu klagen hatte. Sie empfand den Geruch von Krankheit und Hunger, die Atmosphäre unseres Geschlurfes und Herumsitzens, den Anklang von Leid in manchen Schritten als Qual. Sie machte sich Sorgen um die Frauen, die als Lagerstrafe den Flur putzen mussten. Sie raubten allen den Schlaf. Lösten Alpträume aus. Diese Baracken hatten sehr viel *Elend* gesehen.

Die Helferin arbeitete in aller Ruhe. Sie schüttelte den Kopf. Es war sinnlos, sich über die Vorgehensweise des Chefarztes aufzuregen. Potulice sollte den Kindern eine Schule fürs Leben sein. «Wir müssen das *aushalten*», sagte sie.

Jeder wollte Potulice durchstehen. Ich nahm an, dass der Chefarzt das schlimmste aller «Wetter» war.

Die Älteste winkte mir im Korridor zu. Sie sagte zu den Mädchen, die sich auf ihren Pritschen aufgesetzt hatten: «Seid still. Legt euch hin. Klappt eure Riesenohren zu.»

«Ach, lass sie doch», sagte die Helferin. «Sie haben das alles schon so oft gehört. Es sind keine Kinder. In Potulice gibt es keine Kinder.»

Abends streckte ich mich auf meiner Pritsche aus. Ich stützte meinen Kopf auf einen Buckel in der Matte. Die Krummfüßige und ich hatten am Zaun zu Mutters Behausung ausgeharrt. Mutter kam fast nie. Wir warteten nur um des Wartens willen. Dann gingen wir fort.

Jetzt blickte ich mich um. Auf der nächsten Pritsche zog ein Mädchen einen kräftigen Faden durch seine Finger. Sie brachte auf diese Weise verschiedene Figuren hervor. Ihre Hände zogen den Faden so, wie Großmutter die Fäden durch ihren Rock zog, wie Mutter die Fäden zog, wenn sie unsere Sachen in Ordnung brachte. Das Mädchen zog nun an der Schleife und machte ihre Figuren. Ich schaute zu. Mit Fäden und Garn kannte ich mich aus. Spiegelungen waren mir nicht fremd. Ich wusste über Stroh Bescheid. Das Fadenspiel würde ich lernen. Ich folgte den Händen des Mädchens, bis mir die Augen zufielen.

***

Ich drückte mein Gesicht gegen das Fenster. Im Hof liefen Frauen aus Mutters Baracke hin und her. Sie fielen abwechselnd hin und standen auf. Befehle waren zu hören: «Auf! Nieder! Auf! Nieder!» Einer der Wetter schlug auf Köpfe und Rücken, auf alles, worauf er einhauen konnte. Die letzte Frau fasste ihren Kopf, um sich zu schützen. Es war nicht gut, die Letzte zu sein. Ich lauschte und wünschte mir einen guten Sonntag. An guten Sonntagen hatte Mutter keine Beulen.

Das Gebrüll ging weiter. Die Frauen liefen, die Frauen stürzten. Ich suchte nach Mutter im Zentrum der Gruppe. Es war gut, mittendrin zu sein. Irgendwo war sie. Ich beobachtete die unglücklichen Nachzügler. Die Wetter schlugen sie mit Knüppeln und Gewehren. Sie traten die Frauen mit Stiefeln und prügelten weiter. Kahl geschorene Köpfe gingen auf und nieder. Hände hielten Fersen fest. Die Frauen humpelten und stürzten, bis sie alle am Boden lagen. Ein sanfter Windstoß fuhr durch ihre Kleidung.

Ich rieb mir die Arme. Mutter lag irgendwo auf dem kalten Boden.

Die Älteste jagte uns vom Fenster weg.

Die ganze Woche lang hoffte ich auf einen guten Sonntag ohne blaue Flecken, einen Sonntag, an dem es etwas zu essen gab. Mutter würde geschäftig sein. Elfie und ich würden herumtrödeln und Neues entdecken. An guten Sonntagen ging es jedem gut. Dann war es schön in Potulice.

Endlich war Sonntag! Ich öffnete die Tür zu Mutters Baracke. Ich atmete den Geruch des Tages ein, schnupperte die Luft. War es Schweiß von Schwerarbeit, von Krankheit, von Hitze? Aus Mutters Raum kamen laute Schreie. Elfies Schreie. Ich rannte hin. Elfie saß in der Mitte ihres Bettes und brüllte, so laut sie konnte. Ich tätschelte ihr das Gesicht und den Rücken. Es gab gute Sonntage, und es gab schlechte Sonntage. Manchmal wurde mir kaum klar, um was für einen Sonntag es sich gerade handelte.

Mutter kam endlich. Sie knöpfte ihr Hemd auf und gab Elfie die Brust. Milch kam nicht, doch Elfie nuckelte so gern. Mutter ließ das zu, auch wenn es sich nicht gehörte, dass große Mädchen von vier Jahren die Mutterbrust haben wollten. In Mutters Gesicht waren keine Schrammen zu entdecken. Ich war zufrieden.

Über uns schaukelte das Soldatenmädchen hin und her. Das ganze Gestell quietschte und schwankte.

Im nächsten Gestell saß Drei Hinrichtungen auf ihrer mittleren Pritsche. Ich bewunderte ihre großen Arme und Beine, die starken Knochen, die großen Schritte. Drei Hinrichtungen arbeitete im Sägewerk. Manchmal fielen Sägespäne aus ihren Kleidern.

Mutter setzte Elfie aufs Bett zurück und knöpfte sich ihr Hemd zu.

«Martchen», sagte Mutter dann und tätschelte meine schmutzige Backe, «wäscht euch niemand da drüben? Macht nichts. Ich schrubbe euch beide ab.»

Wir bewegten uns in Richtung Waschraum. Überall zogen sich Frauen aus. Sie wuschen sich an einer Reihe weißer Becken. Sämtliche Klos, die an der gegenüberliegenden Seite des Raums lagen, waren besetzt. Ich zog meine Hosen, mein Hemd und die geflickte Unterwäsche aus.

«Du legst dich wohl in diesen Dreck», sagte Mutter zu dem Aschenstaub, der mich bedeckte.

Ich biss die Zähne zusammen und hielt still, um mich kalt abreiben zu lassen. Seife gab es nicht. Mit Seife hatten wir uns schon lange nicht mehr gewaschen. Mutter übergoss mich mit kaltem Wasser und rubbelte mich ab.

Ich schaute mir die Körper rings um mich herum an, hervorstehende Rippen, flache Brüste, flache Pos. Ich sah Wunden, die von Schlägen herrührten, geschwollene Beine, Hungerrosen. Jede hatte etwas. Ich suchte nach starken Armen und runden Gesichtern. Die weißen Waschbecken und die weißen Klos sahen alle heil aus, selbst wenn sie schmutzig waren.

Die Frau neben uns rieb ihre spärlichen blonden Haarstoppeln. Sie redete über ihr Betteln und Stehlen. Ihr waren die Beschimpfungen egal, solange sie dabei etwas zu essen bekam.

«In der Not frisst der Teufel Fliegen», sagte Mutter.

Mutter sagte gerne Sprichwörter auf. Dieses gehörte zu ihren liebsten.

Geschwollene Beine und aufgedunsene Körper machen einen kräftigen Eindruck, sie sind es aber ganz und gar nicht. Sie stecken nur voller Wasser. Sie täuschen den Betrachter, wie Mutter versicherte. Sie waren wie angeschwollene Kröpfe. Richtige Ernährung konnte so etwas wieder in Ordnung bringen. Aber was hieß denn richtige Ernährung? Es war fast komisch, wie der Hunger den Körper da und dort aufblähen konnte.

Im Waschraum schaute sich jeder genau um, bemerkte Schwächen und Stärken. Jeder zählte, was für das Leben und was für den Tod sprach. Nur die Schwangere nicht. Sie saß auf dem Klo. Ihr kugeliger Bauch lag bläulich geschwollen wie ein Buckel oben auf ihren Knien. Sie starrte ins Nichts und sprach mit niemandem. Meine Blicke hingen an ihrem leeren Gesicht.

Mutter zog Elfie aus und legte mir ihre Kleider in die Arme. Elfie trug keine Gefängnissachen, sondern ihre geflickten Kleider. Teile von Hosen, vielleicht von Vater oder von Gustav. Teile von Kleidern, die noch nicht zu abgetragen oder verschlissen waren. Ich hielt Elfies Puppe, die auch aus Lumpen zusammengenäht war: Sie bestand aus Streifen grauen Stoffs, ein geblümter Flicken bildete das Puppengesicht. Glückliche Elfie! Sie besaß eine Puppe in Potulice. Sie konnte Mutter und Kind spielen.

Nun war Mutter dran. Ich hielt ihre Kleider, roch den Torf und Schweiß in ihren Sachen. Ihre Arme bewegten sich gleichmäßig. Feiner Torfstaub bedeckte ihren Oberkörper.

«Ich dachte, du hast Wagen gezogen», sagte ich.

«Die müssen zuerst beladen werden», antwortete Mutter.

Ich sah den Schmutz, der die Frauen bedeckte: an Holzpantoffeln den Schmutz aus den Feldern und Holzspäne aus den Möbelschreinereien. Ich konnte die Werkstätten sehen, wenn ich zu Mutters Baracke ging, mich umdrehte und zurückschaute. Ich sammelte Holzspäne und roch daran. Das Holz duftete nach frischem Regen, nach grünen Pflanzen, deren Geruch ich schon lange nicht mehr verspürt hatte. Elfie sammelte Holzspäne ein. Damit würde sie spielen können.

Wir drängten uns an Frauen vorbei, die darauf warteten, die Waschbecken und die Toiletten benutzen zu können, an Frauen, die auf dem Gang warteten, kamen an den Bettstellen in Mutters

Raum vorbei. Elfie und ich saßen zusammengedrängt auf der unteren Pritsche. Wir tunkten unser Sonntagsbrot in den kalten Kaffee. Mutter hob Brot auf, damit wir ein wenig mehr zu essen bekamen. Manchmal tauschte sie es auch gegen eine Rübe oder was immer sie bekommen konnte. Mutter schaute zu, wie wir aßen. Über uns rollte sich das Soldatenmädchen hin und her und brachte unser ganzes Bettgestell ins Wanken. Drei Hinrichtungen kletterte von der uns gegenüberliegenden mittleren Pritsche herunter.

Vom obersten Bettfach über Drei Hinrichtungen schaute die Läusesammlerin herab. Um uns herum dösten die Frauen, starrten, redeten oder schwiegen. Jemand schnarchte. Alles spielte sich in der Enge von Pritschen und Gestellen ab.

Über uns erzählte das Soldatenmädchen seine immergleiche Geschichte. In ihrem Dorf hatten Rotarmisten sämtliche Frauen genommen. Sie hatten mit den Frauen getrieben, was Soldaten eben mit allen Frauen taten.

«So ging es eben zu», sagte stets die Läusesammlerin, die flach auf ihrem Bett lag.

«Sie haben es gemacht», sagte das Soldatenmädchen und brachte wieder alles ins Wanken.

Sie hatte ihr Los hingenommen, ohne dass es zum Kampf kam. Obwohl sie sich nicht wehrte, hatten sie ihr den Arm gebrochen. Die Soldaten konnten eben mit den Frauen des Dorfes machen, was sie wollten. Da waren sich alle Frauen einig.

Die Täter waren Rotarmisten, Sowjets, Kommunisten. Es war sinnlos, sich über sie Gedanken zu machen. Sie waren eben so und nicht anders. Irgendwie konnte ich mir vorstellen, was die Soldaten mit den Frauen des Dorfes getan hatten. Ich hatte eine Ahnung davon. Sie hatten mit dem Mädchen getrieben, was andere Soldaten mit Mutter getan hatten. Das, was jemand mit der Schwangeren getan hatte. So ungefähr musste es sein. Was würde mit der Schwangeren passieren? Nach diesen Dingen zu fragen hatte keinen Sinn. Mutter würde keine Antwort geben. Sicher würde es nichts Gutes sein.

Oh-Gott-meine-Kinder huschte aufgeregt an den Pritschen vorbei. Die Hände hielt sie gegen den Oberkörper gepresst. Sie reckte den Hals, um einen Blick auf uns drei werfen zu können, besonders auf Klein-Elfie mit all ihren Flicken und ihrer zusammengestoppelten Puppe. Elfie sah der kleinen Tochter von Oh-Gott-meine-Kinder sehr ähnlich.

«Oh Gott, die Kinder», murmelte sie in ihre Hände und verschwand. Manche Frauen wurden heftig gegen Oh-Gott. Jede hatte Angehörige verloren. Es war nutzlos, sich zu grämen. Ihre fünf Kinder waren eben dem Hunger preisgegeben und auseinander gejagt worden – niemand wusste, wo sie sich befanden.

Für mich war es so wichtig, dass wir zusammenblieben, ich dachte so oft: «Wo ist mein kleiner Bruder? Wo ist der kleine Otto Ruch und wo sein Bruder? Werden sie in der Männerbaracke extra Brot bekommen?»

«Nein, es ist unmöglich in die Gebäude der Männer zu gelangen. Man darf da nicht hin», sagte Mutter. Sie drückte sich ganz deutlich aus, wenn es um Dinge ging, an denen sie nichts ändern konnte.

Ich machte mir Sorgen. «Wo sind sie alle? Vater, die großen Schwestern, der Bruder und Großmutter?»

«Bei Rymarkiewicz und in anderen Lagern», sagte Mutter.

Es war ein guter Sonntag. Wir unterhielten uns. Die Frauen sprachen miteinander.

Dann schrie jemand von der Wache auf Polnisch: *«Baczność – Achtung!»*

Donner rollte durch das Lager.

«Baczność!» – Blitze schlugen gegen die Mauern.

Ein Durcheinander von Beinen und Körpern. «Kontrolle! Kontrolle!» Die Worte flogen durch den Raum. Frauen sprangen von den Pritschen und stellten sich auf. Elfie und ich stellten uns zwischen Mutter und Drei Hinrichtungen. Wir standen so stocksteif wie die Frauen. Elfie hatte ihre Puppe unter einen Arm geklemmt. Sie stand ganz stramm.

Zwei Wetter stampften in den Raum. Sie blickten sich um, suchten unter Matten herum, zertrümmerten einen Schemel. Der eine wischte mit dem Knüppel die Kleidung von der Bank. Der andere riss die Schlafsäcke aus den Gestellen und schmiss sie auf den Fußboden. Bretter aus den Gestellen flogen krachend umher. Die Wärter schlitzten Matten auf und verstreuten das Stroh.

«Brud», schrien sie – das polnische Wort für Dreck. Sie trampelten auf Stroh und Kleidung herum.

«Brud», schrien sie weiter, gingen von Frau zu Frau, starrten jeder ins Gesicht. Der Kerl mit dem Knüppel stieß nach dem Oberkörper einer Frau. Sie wich zurück. Er setzte nach. Sein Kumpan schwenkte mit seinem Gewehr eine Unterhose hin und her. Beide zogen lachend aus dem Raum.

Nun herrschte Ruhe. Dann gerieten die Frauen wieder in Bewegung. Sie hoben die Sachen auf. Heftige Worte waren zu hören.

«*Gottlos*», meinte eine Frau auf Deutsch – eine Kontrolle am Sonntag.

Selbst in diesem schrecklich zugerichteten Raum war es gut, bei Mutter zu sein. Wir sammelten Stroh und Kleidung wieder ein. Mutter war still. Ohne Furcht. Ohne heftige Worte. Ihren schwarzen Augen war anzusehen, dass sie überlegte. Um mich herum spürte ich die angespannten Körper. In der Nacht hatte es eine Kontrolle gegeben. Jetzt schon wieder. Alles in diesem Raum war zweimal auf den Kopf gestellt worden.

«Eure Schuld – dass wir hier sind, das habt ihr zu verantworten», schimpfte eine Frau. Sie hatte Hamburg im Krieg verlassen. Nun hatte sie den «Empfang» in Potulice kennen gelernt. Sie starrte Mutter an.

Mutter gab ihr die Schuld: «Wer hat euch eingeladen, nach Polen zu kommen? Wer hat den Krieg vom Zaun gebrochen?»

«Eure Schuld», schrie die Hamburgerin.

Da wandte sich Mutter der Frau zu. Diese schlug Mutter gegen den Oberkörper. Mutter versetzte ihr eine Ohrfeige. Beide gingen einander an die Wäsche.

«Volksdeutsche», zischte die andere.

«Wir haben unsere Hühner und Schweine allemal ohne eure Hilfe großziehen können», schimpfte Mutter zurück.

Sie machten sich nun gegenseitige Vorwürfe wegen der *Schuld*, der *Volksdeutschen,* wegen Hühnern und Schweinen. Sie umkreisten die Pritschen und warfen ihre Köpfe nach hinten, blickten grimmig und wollten einander packen.

Alle sahen zu, waren erregt, aufgebracht. Elfie nuckelte an ihrer

Puppe. Ich drückte Mutter die Daumen. Es war noch nie vorgekommen, dass Gefangene einander schlugen. Das Schlagen gehörte zur Wache. Mutter könnte es schwer büßen müssen. Was immer es sein mochte, um das Mutter kämpfte, sie würde es gut zu Ende bringen. Das tat sie immer.

Mutter und die wütende Frau wälzten sich am Boden. Sie bewarfen einander mit Kleidung und mit Stroh.

«Werden wir nicht genug geschlagen?», rief Mutters Barackenälteste über unsere Köpfe hinweg. Sie bahnte sich ihren Weg durch die Menge. Hatte jemand noch nicht genug? Wollte irgendwer noch mehr Prügel? Mit rudernden Armen trat sie allen entgegen.

Alle schwiegen. Mutter und ihre Gegnerin standen vom Boden auf. Mutter wischte sich die blutige Nase. Die Frau aus Hamburg kühlte ihr geschwollenes Gesicht.

Die großen Fragen, die diesem Streit zugrunde lagen, verstand ich damals nicht. Ich hatte keine Ahnung vom großen Krieg, wusste nicht, wer da kämpfte, wer vorrückte, wer Deckung suchte. Ich wusste nicht, warum Deutschland Polen besetzt hatte, warum wir als Volksdeutsche aus Polen galten, worauf der «Empfang» zurückzuführen war, den die Hamburgerin in Polen wohl genossen hatte. Ich verstand auch nicht, warum wir in Potulice waren. Es war einfach so. So weit ich zurückdenken konnte, waren wir stets auf der Flucht. Und wir befanden uns schon eine ganze Weile in Gefangenschaft. Selbst wenn ich unsere Lage besser begriffen hätte, es wäre ohne Belang gewesen. Es gab Dinge, die Mutter peinlich genau nahm, so genau, dass sie eine Tracht Prügel austeilen konnte. Darauf konnte ich mich damals verlassen – und dies an einem Ort, wo man kaum auf etwas bauen konnte.

***

An manchen Sonntagen sprachen die Frauen von der Freiheit. Ein Transport in die Freiheit sollte den Bahnhof von Nakel verlassen haben. Aber das war schon lange her. Vielleicht war er auch gar nicht abgegangen. Manche Leute verbreiteten Gerüchte, erzählten alles Mögliche. Mitunter redeten die Frauen auch so, als würden sie bald frei sein. Sie unterhielten sich darüber, was sie dann tun, sehen und essen würden. Eines Sonntags bewunderten wir den Schal, die Socken und eine leere Dose in dem Päckchen, das eine Frau bekommen hatte. Wenigstens ein paar Sachen waren in dem Paket geblieben, und die Blechdose war mit wunderschönen Blumen bemalt. Ein Hoffnungsschimmer! So schien das Lagerleben nicht allzu schlimm. Potulice würde mir einiges beibringen. Das Leben war ein Lehrer. Da war sich Mutter ganz sicher.

Ich bahnte mir den Weg durch Mutters Raum. Von der nassen Unterwäsche, die die Frauen aufgehängt hatten, tropfte es auf meinen Kopf. Ich konnte mir nicht so recht vorstellen, was ich von tropfnasser Wäsche lernen könnte. «Ganz nass», brummelte ich.

Elfie und ich saßen am Rande der unteren Bettstelle. Wir teilten uns eine gekochte Kartoffel. Mit Kartoffeln im Mund sah alles gut aus, selbst die nassen Fetzen. Mutter saß neben uns. Sie flickte wieder Elfies Hose. Alles löste sich auf. Sie nähte Flicken über andere Flicken.

«Es gibt nicht einen Baum, auf den man nicht geschossen hat», klagte Drei Hinrichtungen über die Bäume, die in das Sägewerk gelangten. Sie steckten voller Kugeln, voller Metall verschiedener Art. Ihr taten die kaputten Bäume Leid. Die Roten hatten ihren Vater, ihren Mann und ihren Sohn erschossen. Nun sah sie überall nur Hinrichtungen. Insbesondere entdeckte sie sie an den Bäumen im Sägewerk.

«Dummes Geschwätz!», rief jemand.

Die Frauen konnten Drei Hinrichtungen nicht mehr ertragen. Sie konnten das Gerede über verwundete Bäume nicht mehr hören, da es doch so viele verwundete Menschen gab. Drei Hinrichtungen sollte sich über das Leid der Menschen Gedanken machen und nicht um erbarmungswürdige Bäume. Sie sollte mit ihrem Geschwafel aufhören.

«Lasst sie in Ruhe. Man weiß nicht, was einem das Leben bringt. Wenn man das nicht weiß, hält man zusammen», sagte

Mutter, als Drei Hinrichtungen immer weiter über Bäume redete. Mutters Lieblingsworte waren immer *«zusammenhalten, durchhalten, aushalten, mithalten»*. Tag für Tag übte sie mit uns das «*Halten, Halten, Halten*». Wir hielten durch, mit, zusammen, aus, so gut wir konnten.

Drei Hinrichtungen fuhr mit ihrem Gerede fort. Die Bäume wussten nichts von Politik, wussten nicht, welches Land zuerst geschossen hatte. Bäume verstanden den Krieg nie und nimmer. Ihr Vater, ihr Ehemann und ihr verkrüppelter Sohn waren unter Bäumen erschossen worden.

«Es ist alles eine Vorbereitung», versicherte Mutter.

«Auf was?», fragte eine der Frauen. Sie alle wollten wissen, worauf Potulice uns vorbereitete.

«Auf das Leben», war Mutters Antwort. Niemand könne im Voraus sagen, was das Leben mit sich bringen werde. «Oh doch, die Mennoniten in Yiufka können das», machten sich die anderen Frauen lustig. Von ihnen hatte Mutter ihre Weisheit übernommen.

Mutter gab nicht einfach nur wieder, was sie gehört hatte. Sie hatte von den Mennoniten an der Wolga wirklich eine Menge gelernt. Ich blieb still. Wenn die Frauen miteinander sprachen, war es im Lager nicht so arg. Die Arbeit war dann nicht so schlimm. Die Frauen sprachen einander mit ihrem Namen an. Es gab eine *Trudy*. Dann war da *Lotte*. Schließlich *Frau Flemke*. Mutter wurde von ihnen *Natalie* genannt. Mutter nannte Vater *Ludwig*.

Im nächsten Bettgestell streckte sich die Frau-mit-der-Beule-am-Kopf auf ihrer Pritsche unter Drei Hinrichtungen aus. Sie barg ihren Kopf zwischen den Händen und sagte sehr wenig.

Über uns wälzte sich das Soldatenmädchen auf seinem Lager. Elfie und ich schaukelten mit. Einmal erklärte das Soldatenmädchen, wie sie gemeinsam mit ihrem Bruder versucht hatte, ihren gebrochenen Arm zu schienen. Aber sie wussten nicht richtig wie, und so wurde der Arm inmitten der Flucht und des Versteckens, der Soldaten und der örtlichen Milizen sowie der entsetzlichen Kälte des Jahres 1945 ganz krumm. Manchmal erzählte die junge Frau ein wenig mehr darüber, wie die Soldaten die Frauen des Dorfes zusammengetrieben hatten, auf welche Art ihr Arm einen Bruch erlitt.

Wir verließen unsere Ecke und schoben uns an den Reihen von Bettgestellen vorbei. Wir holten eine Neue ab, die furchtbar elend aussah. Im Waschraum sah sich Mutter den Rücken an. Er war voller Wunden und Geschwüre.

Mutter wusch die Wunden aus und tupfte sie ab.

Elfie und ich wanderten umher. Ich sah die Frau mit den geschwollenen Beinen. Bei einer anderen war die Krätze. Wo steckte die Schwangere? Wo war die blutig gepeitschte Frau? Elfie wimmerte. Wir kehrten zu Mutter ans Waschbecken zurück.

Die Vor-die-Hunde-Gegangene berichtete stückweise von ihrer Zeit in der Quarantäne. Dort gab es immer noch Schläge. Immer noch denselben Chefarzt.

Ich lauschte und versuchte, die Stücke zusammenzusetzen, soweit es ging: halb nackt dastehen, Eiseskälte, offene Fenster, kein Essen, Schläge für alles und jedes, etwa, wenn man sich hinsetzte, wenn man sich etwas anzog.

«Von Stolz keine Spur, vor die Hunde gegangen», so wiederholte die Neue den Chefarzt. Diese Worte hatte er an die Kranken in der Quarantänebaracke gerichtet.

Mutter wickelte ein Tuch um den Oberkörper der Frau: «Etwas für dich, etwas für mich. So taten es die Mennoniten», sagte Mutter über die Leute an der Wolga. Nun hatten sich die Frauen genug unterhalten. Es war nicht gut, über irgendetwas zu viele Worte zu machen.

Die Vor-die-Hunde-Gegangene knöpfte ihr Hemd zu. Wir verließen den Waschraum und machten an ihrer Pritsche Halt.

Mutter erzählte von unserer Großmutter Christine Wahl. «Dieses Mal wird es *biester* sein», hatte Großmutter auf Plattdeutsch über den Zweiten Weltkrieg gesagt. Finstere Stürme würden hereinbrechen. Diesmal würde es keine alte Frau geben, die ihre letzten Rüben mit anderen teilte. Während des ersten großen Krieges waren sie – Mutter, ihre Schwester und Großmutter – von der Wolga bis in ihr Dorf am Narew zurückmarschiert. Sie waren durch die Revolution, den Hunger und den Bolschewismus hindurchmarschiert. Eine alte Frau mit einer mageren Kuh und einem kleinen Häuflein Rüben gab ihnen einige davon zum Essen.

Ich wusste nichts über Revolutionen, nichts über die Bolschewisten. Mutter zog gern Vergleiche. Der Erste Weltkrieg war ein Vorspiel, eine Vorbereitung gewesen.

Für uns aus der Kinderbaracke fand das monatliche Brausebad statt. Ich ging gemeinsam mit den anderen Mädchen dorthin. Der Wasserstrahl war stark und kalt. Unsere Zähne klapperten. Wir schrubbten Arme und Beine und rubbelten unsere Köpfe und Gesichter. Die Duschfrau fuhr uns an und jagte uns unter den Strahl zurück.

Draußen blies ein kalter Wind durch unsere Kleider und ließ sie steif werden. Mädchen verschränkten die Arme, um sich selbst ein wenig zu wärmen. Wir marschierten an der Hauptküche vorbei. Der Rückweg zu unserer Baracke erschien uns lang. Wir machten große Schritte, größere, als sie in unserem Lagerteil möglich waren. Bis zum nächsten Duschen würde eine lange Zeit vergehen. Der Wind wehte mir ein Stückchen Papier unter die Füße. Ich bückte mich und griff nach dem kleinen braunen Schnipsel. Ich spürte ihn in meiner Tasche. Ein neues Gefühl.

Jemand trat mir auf die Ferse. Der Schuh rutschte von meinem Fuß. Ich hob ihn auf und ging barfuß auf der kalten Asche weiter. Gar nicht so schlimm. Ich hatte ein Papier in der Tasche. Es fühlte sich schön glatt an.

Oben auf meinem Bett bewunderte ich das Zettelchen. Ein Fetzen von einem UNRRA-Sack, den Säcken mit gelbem Pulver für die Herstellung von UNRRA-Suppe. Niemand wusste etwas über die UNRRA, die Flüchtlingshilfe der Vereinten Nationen. Aber jeder kannte die Suppe, die schrecklichste Suppe im Lager. Zum Brechen!

Ich sah mir den schwarzen Buchstaben an. Ein halbes U. Ich berührte das halbe U, es war das Herrlichste, was mir jetzt in Potulice gehörte. Als Mutter ein Mädchen war, hatte sie in Yiufka lesen gelernt. Das geschah während des Ersten Weltkriegs. Ich mochte die Namen der Dörfer und die Geschichten, die Mutter darüber erzählte, wie alle an die Wolga verschleppt worden waren. Am Anfang standen zwei Wochen in einem Gefängnis in Tula. Dann folgte eine Zeit in Buzuluk und die Geschichte von dem Onkel, der sagte: «Warum haltet ihr uns gefangen, wir sind doch keine Verbrecher?» Nach Buzuluk und Borsk kamen die dreizehn deutschen Dörfer in der Gegend von Kuybyshev, damals Samaria. Seit hundertfünfzig Jahren gab es dort Yiufka, Danzkoi, Kaltan, Klinok und Pleschanov. Ich konnte alle Dörfer nennen, die Mutter kannte. Die Erinnerungen an Yiufka hatte Mutter in allen Lebenslagen dabei. Sie hat das Alphabet und die Wörter von dort mitgebracht. Als wir bei Rymarkiewicz lebten, hat sie sie mir Buchstabe um Buchstabe beigebracht.

Ich streichelte das halbe U. Ich wollte es Mutter bringen. Wir würden etwas ganz Besonderes damit anfangen. Aus Zeichen ließen sich Worte weben, ließ sich eine ganze Welt erschaffen. Aus Wolle hatte Mutter Garn gesponnen, während ich neben ihr saß und in der Soldatenbibel las. Darin gab es ganz wunderbare Wörter und Menschen – Adam und Eva, Jakob, die Arche Noah. Ich wusste nichts Genaues über Gott. Aber der Bund, große Verträge, das war etwas anderes. Verträge – das hätten wir hier brauchen können. Wir würden die Schläge durch Verträge ersetzen. Niemand würde dann mehr sterben oder verschwinden.

Wir befanden uns nicht in dem Land, wo Milch und Honig fließen, hatte Mutter schon bei Rymarkiewicz versichert. Einen Teil der Schafwolle hatte Mutter damals für Handschuhe behalten. Das war verboten. Frau Rymarkiewicz wog alles genau, die gesponnene Wolle und die übrig gebliebenen Reste. Mutter vermischte die Reste mit Dreck, damit sie wie Schafskot aussahen. So legte sie etwas Wolle zur Seite. Ich aber verbarg das Beste, was ich kannte, die Verträge.

Ich ließ das halbe U tief unter der Matte verschwinden und kletterte von meiner Pritsche herab.

Das neue Mädchen folgte mir. Es wollte wissen, wo denn die Kleine sei, die unter der Dusche hingefallen war.

Im Krankenzimmer, vermutete ich. Also in dem Raum ohne Brot, sagte das Mädchen und benutzte dabei das polnische Wort *chleb*. Überall fehlte *chleb*, und im Krankenzimmer gab es überhaupt keines.

Ich berührte ihr dünnes Händchen. Es gebe keinen «Raum ohne *chleb»*, der Raum heiße Krankenzimmer, das hatte ich ihr doch schon erklärt. Die Neue konnte sich an gar nichts erinnern. Brot war ihr einziger Gedanke. Dort würde es am Abend kein Brot geben. Die Älteste würde all das Brot für sich behalten.

Im Essraum wartete das *chleba*-Mädchen vor mir in der Reihe. Die Kleine griff nach ihrem Stück Brot, stopfte es in den Mund und verschlang es. Als wir uns zu Tisch gesetzt hatten, hatte sie nichts mehr übrig. Sie trank ihren Kaffee in großen Schlucken. Alle hatten Hunger. Aber das *chleba*-Mädchen war hungriger als alle anderen.

Am Zaun warteten die Mädchen, die das Glück hatten, dass ihre Eltern in Potulice waren. Es war Sonntag und ich stand unter ihnen. Der Wind ließ den Schnee sanft schweben. Er glitt über den Boden. Einige Häftlinge überquerten den Hof. Ich berührte den Draht. Mein Finger spürte das eiskalte Metall. Der Wind peitschte mir eisige Luft entgegen. Mein Gesicht fühlte sich steif an. Ich ging in meinen Raum, um mich aufzuwärmen.

Die Zeit der Mittagssuppe war vorüber. Glückliche Mädchen warteten an der vorderen Tür. Ich schloss mich ihnen an. Die Älteste ging mit knirschenden Schritten. Sie schloss die Tür auf. Wir eilten in die Kälte hinaus. Der Wind blies unsere Lagerkleidung auf. Wir trennten uns. Einige gingen hierhin, andere dorthin.

Ich eilte in Mutters Baracke, den Flur entlang, an den Pritschen vorbei und blieb atemlos stehen. In meiner Tasche berührte ich das halbe U.

Mutters Hand fuhr mir durchs Stoppelhaar.

«Kann es große Verträge für uns geben?», platzte ich mit meiner Frage heraus.

«Verträge?», fragte Mutter.

«Können wir einen *Vertrag* haben?»

«Verträge?»

«Ja, einen bedeutenden Vertrag, wie ihn Abraham geschlossen hat», erwiderte ich.

«Einen Vertrag, wie ihn Abraham in der Bibel einging? Was

sich Kinder nicht alles ausdenken. Es ist schon so lange her.» Mutter erinnerte sich schließlich an das biblische Geschehen, sagte aber nichts über Verträge. Sie zog eine Schnur durch das steife Leder meiner Pantoffeln.

«Weißt du, diese Dinge hier fallen nicht vom Himmel», sagte sie und meinte damit die Schnur und jeden kleinen Fetzen, den wir nur hatten.

Ich hielt Mutters Arm: «Niemand würde dann verschwinden. Es gäbe keine Schläge. Kein Brüllen.»

Mutters Hand fuhr mir durchs Haar. «*Mit wem* sollen wir denn Verträge schließen?»

«Ich weiß es nicht. Vielleicht mit der *Wache?*», antwortete ich.

Von ihrer mittleren Liegestatt aus gab Drei Hinrichtungen ein Gekicher von sich. Einige Frauen lächelten. Selbst die Frau-mit-der-Beule-am-Kopf nahm die Hände von ihrem Kopf.

Dass alle lächelten, weckte meine Widerspenstigkeit. Mit irgendjemandem könnten wir doch Verträge schließen. Vielleicht mit einer Kommission.

«Wenn wir hier rauskommen, werden wir eine Menge Verträge haben», da war sich Mutter ganz sicher. Sie beendete ihre Arbeit an den Pantoffeln und verschwendete keine Zeit mit Schwierigkeiten, gegen die sie kaum etwas tun konnte.

«Aber, wenn wir sie jetzt hätten.»

«Hier können wir sie nicht haben.» Mutter hielt mir die Pantoffeln hin. Es war Schluss mit der Fragerei.

Ich schlüpfte in die Pantoffeln. Mutter zog die Schnur stramm und machte eine Schleife. Dann knöpfte sie mein Hemd auf und zog mir das Unterhemd aus. Jetzt gab es nichts Wichtigeres, als Unterwäsche zu flicken.

Ich zog das kalte Hemd wieder an und machte mich mit Elfie auf. Wir strichen umher. Ich biss mir auf die Unterlippe. Nicht einmal im Leben hatte ich um etwas gebeten. Nie hatte ich geweint. Und Mutter enttäuschte mich so! Elfie und ich blieben stehen.

Eine Frau schlief mit einem dünnen Tuch über dem Gesicht. Bei jedem Atemzug bewegte sich das Tuch. Elfie und ich guckten zu. Wie oft hatte ich den Atem angehalten – bei Rymarkiewicz, der Miliz, vor den Soldaten, den Wächtern.

Nur kein Gemurre. Halten, halten. So war es. Ich zog Elfie mit mir.

An einer Schlafstelle schauten wir auf ein Paar riesige Beine mit roten Blasen. Wir umkreisten das Gestell. Ich sah die gespannte Haut, die roten Flecken. Kranke Beine. Sicher brannten sie.

Die Frau bewegte ihre schlimmen Beine. Sie öffnete ihre Augen.

«Kinderlein», flüsterte sie.

Ich schleppte Elfie weiter mit mir. Oh, wenn es doch Verträge gäbe. Wenn Mutter das doch begreifen könnte. Wenn es irgendjemand könnte.

Einige Frauen in der Nähe von Mutters Pritsche unterhielten sich: «Schon sehr seltsam, ... worüber Kinder sich Gedanken machen, ... sie hat entdeckt, was Verträge sind. Potulice – was für ein barbarischer Ort.»

Die Frauen lachten und sprachen über Verträge. Große und kleine Verträge. Sie erwähnten Gesetze, Schulen, Städte und Märkte. All das war lange her.

Elfie nahm mich bei der Hand, und wir verschwanden. Die Frauen wussten über Verträge Bescheid, aber sie schlossen keine. Mutter war eine Enttäuschung. Die Frauen stießen mich vor den Kopf.

Ich ging von einem Bettgestell zum anderen und schaute. Wer war neu? Wer war verschwunden? Sie sagten einem nicht, wer am Morgen kalt und steif abgeholt worden war. Aber ich fand das früher oder später heraus. Die Toten wurden auf einem Karren eingesammelt. Dieses Gefährt hatte ich noch nie gesehen.

Elfie und ich streckten die Köpfe in einen anderen Gang. Ich wollte nach der verheulten Frau sehen. Ihre Familie war im Straßengraben verscharrt worden. Manchmal hielt sie nach Elfie und mir Ausschau.

Die Frau lag ausgestreckt auf ihrem Bett. Sie winkte uns müde zu.

Elfie und ich zogen weiter. Wir waren nun wieder bei Mutters Pritsche. Die Frau-mit-der-Beule-am-Kopf stützte den Kopf auf eine Hand. Drei Hinrichtungen blickte zu uns herunter. Sie wollte wohl etwas Gescheites über Verträge sagen. Sie alle wollten etwas Kluges beitragen.

«Seltsam», sagte eine Frau. Es war schrecklich, Kinder in Potulice zu sehen. Eine befremdliche Vorstellung, mit Wärtern Verträge zu schließen. Andererseits hatten die Frauen sich an das Leben in Potulice gewöhnt. Die Freiheit war ihnen fremd geworden.

Mutter sah erhitzt aus. Die Kinder würden auf die Freiheit nicht warten können. Sie fingen hier zu leben an, hinter Stacheldraht.

Richtig, richtig, stimmten die Frauen zu. Kinder lernten schon, mit dem Lagerleben fertig zu werden. Andere Möglichkeiten gab es hier nicht.

Mutter wurde immer halsstarriger. Keines ihrer Kinder sollte sich über Verträge Gedanken machen. Achtjährige Kinder hatten sich einfach noch keine Gedanken über das Leben zu machen.

Drei Hinrichtungen versuchte, Mutter zu beruhigen. Den Kindern gehe es doch gut.

Mutter wischte Elfie die Nase. «Die Kinder können nicht einmal Kinder sein», sagte sie voller Groll.

Ich kehrte in meine Baracke zurück. In meiner Tasche spürte ich das halbe U. Ich wollte es Mutter und all den Frauen zeigen. Sie würden sicher darüber lachen. War Potulice ein barbarischer Ort? Was hieß barbarisch? Das Soldatenmädchen sah krank aus. Es hielt sich den Unterleib und wankte hin und her. Die Frau mit der verscharrten Familie war so müde. Eine andere hatte rot entzündete Beine. Elfie lief die Nase. Mutter hatte genug. Die Frauen lachten über Verträge. Sie enttäuschten mich. Ich fing ein paar Schneeflocken ein. Sternchen von Eis glitzerten auf meinen Ärmeln. Wir berührten, was wir berühren konnten. Wir sahen, was wir in Potulice sehen konnten.

Aber das halbe U war doch zu etwas gut. Zum ersten Mal hatte ich erfasst, wie eingegrenzt die Welt meiner Kindheit war. Ich hatte begriffen, wie klein Potulice war. Die Freiheit war ein weites Feld jenseits meiner Vorstellungskraft. Es gab Dinge, von denen ich gar nichts wusste. Nicht einmal Fragen konnte ich stellen. Ich wusste nicht, wonach man fragen konnte. Verträge waren

Begriffe, die in der Freiheit ganz neue Bedeutungen annehmen würden. Ich konnte mir nicht vorstellen, wie das vor sich gehen würde. Was ich nicht kannte, konnte ich mir nicht vorstellen.

***

Das Gedächtnis ist rätselhaft, mächtig, listig und weise. Es verfolgt bestimmte Interessen mit Leidenschaft, verschließt die Augen vor gewissen Dingen, drückt Körperzellen seinen Stempel auf und bringt den selbstgefälligen Verstand in Verwirrung.

Damals stellte ich Ereignisse in den Vordergrund meines Interesses, die für das Leben von Bedeutung zu sein schienen. Das war mir in der Kinderbaracke noch nicht bewusst.

Eine wichtige Kommission sollte nach Potulice kommen. Ich spürte, dass etwas damit nicht stimmte. Wir alle sollten einen hervorragenden Eindruck machen. Überall in Potulice. Das betraf alle Gefangenen. Sogar uns Kinder. Die Kinderbaracke sollte eine Turnvorstellung geben. Es war das wichtigste Ereignis, das im Lager bevorstand.

Was war überhaupt eine Kommission? Was war eine Vorstellung? Die Mädchen machten sich Sorgen. Alles sollte perfekt sein. Es war wichtig. Wie würden sie das zuwege bringen?

Wie könnte es die Älteste schaffen, aus traurigen kleinen Wesen etwas Anständiges zu machen? Die Älteste war überzeugt, dass sie es zustande bringen könne. Dann suchte sie sich ein großes Mädchen zur Helferin aus. Die Mädchen sollten etwas Besonderes zeigen. Dann würden alle erzählen, wie gut es die Kinder hätten. Dass sie stark, gesund und glücklich wären. Jeder sollte sehen können, wie sie marschierten, sangen und turnten. Fotografen würden Bilder machen. Die Kommission würde zufrieden klatschen.

Im Essraum zog eine Gruppe von Mädchen in Unterwäsche an der Ältesten vorbei. Sie musterte jede von uns.

Nein, nein. Als sie ein sehr dünnes Mädchen sah, schüttelte sie den Kopf. Dann folgten Mädchen mit Krätze. Danach die Lahme. Bei einer war die Nase vom Schnupfen angeschwollen.

Eine andere hatte einen Buckel. Manche waren zu klein. Andere zu jung.

Zu klein, schüttelte die Älteste den Kopf, als ich dran war.

Sie hatte jetzt schon genügend Mädchen beisammen, um eine großartige Vorstellung zu veranstalten. Die ausgewählten Mädchen waren glücklich.

Wir würden Kartoffeln mit Soße bekommen. Alle. Ein Festmahl. Die Älteste tröstete uns Übriggebliebene. Wir waren zum Turnen zu schwach.

Aber auch wir würden Kartoffeln mit Soße bekommen. Wenn eine Kommission nach Potulice kam, dann würde alles geschrubbt, gesäubert und auf Glanz gebracht. Auf dem Hof würde es keine Schläge und kein Gebrüll geben. Keine Frauen aus Mutters Baracke würden in den Bunker gesteckt. Die Mahlzeit würde aus Kartoffeln mit Soße aus gebräuntem Mehl und Wasser bestehen und wir würden unsere Schüsseln auslecken, bis sie ganz sauber waren.

Ich träumte von weich gekochten Kartoffeln mit tiefbrauner Soße und beobachtete die Piepserin, die mit den auserkorenen Mädchen übte.

«Bewegt euch! Hoch mit den Beinen!», rief das Mädchen mit ihrer hohen Stimme.

Die Auserwählten marschierten erhobenen Hauptes und fast wie Soldaten. Wie steife Puppen stapften sie mit den Füßen und sangen dabei: «*Miała baba koguta*» – «Eine alte Frau hatte einen Hahn.»

Jetzt stoppte die Gruppe am inneren Zaun. Die Piepserin deutete auf Wachen im Lager. Viele wichtige Leute würden sich die Vorstellung ansehen. Die Mädchen sollten kerzengerade marschieren. Sie sollten laut singen, damit man sie hören konnte.

Es regnete leicht. Ich blieb an Mutters Zaun stehen und beobachtete, wie das Wasser am Draht zu einem Tropfen wuchs. Der Tropfen riss ab. Ich fing ihn auf. Wenn man einen Tropfen fängt, löst er sich in Spritzer auf. Tropfen gibt es auch außerhalb von Potulice, sie fallen überall auf der Erde nach unten und werden zu Spritzern. Ich zerrte an einem Draht des Zaunes und schaute zu, wie die Tropfen stürzten.

In meinem Raum saß ich neben dem Einfachen Mädchen. Sie war ein gewöhnliches Mädchen. Ich zog mein feuchtes Hemd aus.

Das Einfache Mädchen rollte einen Stein in der Hand. Ich durfte ihn mir anschauen.

Das sei ein Gesicht, behauptete das Einfache Mädchen. Es zeigte auf Stellen, die an einen Schnurrbart und an Augen erinnerten. Steine waren in diesem Hof voller Asche sehr selten. Das Allerseltenste aber war ein weißer Stein. Sie hatte Glück, sagte das Einfache Mädchen. Sie war auserwählt und würde bei der Vorstellung mitmachen.

Das sei wichtig, sagte das Einfache Mädchen. Sie sah dabei ganz stolz aus und warf den Stein hoch in die Luft und sagte ihre Wünsche dazu auf: Marschieren, Singen, dicke Kascha, Kartoffeln und Soße, fehlerloses Turnen.

Ich schaute das Einfache Mädchen an, um das Wichtige zu erkennen. Was bedeutete wichtig? Das Wort war mir zum ersten Mal aufgefallen. Das Einfache Mädchen marschierte in der letzten Reihe der Auserwählten. Ich hatte es nicht einmal geschafft, zu den Schlusslichtern zu gehören.

Das Einfache Mädchen und ich lagen auf dem Rücken, wir unterhielten uns über Wanzensuppe und UNRRA-Suppe. Wir hätten anstelle des bitteren UNRRA-Fraßes gern einen guten Brei gegessen. Wir wollten Kascha und nicht die harten Kerne der Wanzensuppe.

Über uns trommelte der Regen. Das Einfache Mädchen putzte den Stein mit seinem Ärmel. Es war ausgewählt worden, und es hatte einen Stein. Für eine Weile hatte es Kraft.

Es war heute ein guter Tag, bestätigte die Einfache. Weder die Wanzensuppe noch die verdorbene UNRRA-Suppe würden ihr etwas ausmachen.

Ich dachte genauso. An diesem Tag würde alles in Ordnung sein. Eine dieser Suppen könnten wir heute ertragen. Wenn es regnete, war der Hunger nicht so groß.

Es gab die auserwählten und es gab die zurückgewiesenen Mädchen. Schließlich gab es noch die verschwundenen Mädchen.

Auch in meinem Raum fehlten Mädchen. Manche aus den Baracken waren nicht mehr da. Einige hatte ich seit langer Zeit nicht mehr gesehen. Sie würden bei der Vorstellung für die Kommission nicht dabei sein. Auch die Verstorbenen nicht. Sie wurden weggeschafft, wenn ich es nicht beobachten konnte. Sie verschwanden einfach. Die Wachen ließen sie abhanden kommen. Die Älteste ließ sie verschwinden. Auf dem Hof von Rymarkiewicz war das jüngste Kind der Wahls im Garten beerdigt worden. Während der Flucht hatte Vater eine tote Frau unter einem Apfelbaum begraben. In Potulice wurden die Toten nicht unter Apfelbäumen oder in Gärten beerdigt. Das würde hier niemand machen. Hier wurde man in der Erde verscharrt.

Im Essraum bemerkte ich, wie durchsichtig die Haut der Mädchen geworden war. Die Knochen traten hervor. Das Mädchen mit den unruhigen Armen, das immer Kaffee verschüttet hatte, war verschwunden. Ich hatte es schon seit einiger Zeit nicht mehr gesehen. Niemand hatte etwas über sein Schicksal erwähnt. Das Mädchen mit der geschwollenen Hand war in den Krankenraum gekommen. Auch sie hatte ich nicht mehr gesehen. Auch andere Mädchen waren verschwunden.

Ich ging in meinen Raum zurück und kletterte neben das Einfache Mädchen ins mittlere Bett. An ihr war nichts zu entdecken, keine Krätze, keine Schrammen. Sie hatte ein einfaches Gesicht mit einer langen Nase und einem langen Kinn. Einige Mädchen waren schön, andere waren unscheinbar. Manche waren wichtig, andere nicht.

Wir saßen auf dem Bett und rochen den Gestank, der von einer nassen Matte ausging. Warum machten manche Mädchen noch ins Bett? Das Einfache Mädchen war sich sicher, dass ihm derlei nicht passieren würde. Wir strolchten durch den Raum. Wir trieben uns draußen herum. Das Einfache Mädchen übte das Froschhüpfen. Ich zählte die Sprünge – eins, zwei, drei, vier. Das Einfache Mädchen schaffte es wie geschmiert. Dann hopste es zur Wand zurück. Eins, zwei, drei, vier.

Jetzt hüpfte ich auch. Aber mir taten die Beine zu weh. Ich versuchte es noch mal, stürzte, kippte um. Ich war nicht groß und stark. Ich musste noch ein gewaltiges Stück wachsen, bevor ich das Froschhüpfen wie die Frauen im Hof beherrschte. Ich kroch zu Mutters Wand zurück. Das Einfache Mädchen und ich waren uns einig: Froschhüpfen war nicht leicht. Ich wusste jetzt, was Kraft heißt. Einige Mädchen waren kräftig, andere waren schön. Ich erkannte das jetzt und merkte, dass ich den Kinderschuhen zu entwachsen begann.

Das Mädchen mit dem verwachsenen Fuß kroch auf Händen und Knien an der Barackenwand entlang. Mit einem Ruck lehnte sie sich dagegen. Beide Hände fielen ihr in den Schoß. Ihre Haut war dünn, fast durchsichtig. Sie las keine Botschaften mehr aus Wind oder Ritzen. Ich berührte die blaue Ader auf ihrer Hand.

Über uns auf dem Wall marschierte das alte Wetter den Gehweg auf und ab. Der Wächter trat gleichmäßig und kraftvoll auf. Er hielt sein Gewehr kerzengerade. Vögel flogen oben am Himmel auf und ab. Dann waren sie nicht mehr zu sehen. Sie waren schnell und geschickt.

Wir bewegten uns von Punkt zu Punkt durch unseren Lagerteil. Es gab ein paar besondere Stellen: die Wand von Mutters Baracke und den inneren Zaun, wo wir auf Nachrichten über das Lager warteten. Manchmal saßen wir an den seitlichen Zäunen und schauten dem Unkraut auf dem Wall zu, wie es wuchs und verging. Niemand saß am äußeren Zaun. Dort stand der Posten Wache.

Wir saßen am inneren Zaun und verfolgten das Geschehen im Hof. Eine Gruppe von Häftlingen stand zur Strafe am Küchenbau. Die Frauen standen da, die Arme hinter den Köpfen verschränkt. Zuerst blieben die Arme oben. Die Schultern waren aufrecht. Die Frauen standen fest. Dann sanken Arme, Köpfe und Schultern immer tiefer herab. Ein Wärter blieb stehen und schlug einigen ins Gesicht. Sie zuckten zusammen.

Der Tag war zu Ende. Die Baracken im Hof warfen lange Schatten. Die bestraften Frauen waren verschwunden. Mit müden Schritten kehrten Gefangene von der Arbeit zurück.

Die ganze Zeit übten die auserwählten Mädchen für die Vorstellung vor der Kommission. Sie breiteten sich zwischen den Baracken in einem Rechteck aus. Sie schwangen die Arme im Kreis, warfen die Beine in die Höhe, klatschten in die Hände. Die Piepserin schrie, um die Aufmerksamkeit auf sich zu lenken. Die Mädchen legten einander die Hände auf die Schultern und bildeten eine Kette. Diese Kette konnte laufen und Muster bilden.

Zum Üben blieben den Mädchen nur noch ein paar Tage. Wir hatten nur wenig Zeit, um das ganze Lager in Ordnung zu bringen. Wir zählten die Tage. Die Älteste brachte kurze Hosen und Blusen in Weiß und Rot. Die Auserwählten drängten sich um sie herum. Auch die Ausgeschiedenen wollten dabei sein. Ich ebenfalls. Wir berührten das Rot und das Weiß. «Rot, rot, rot ...», sangen wir und fassten die Sachen an. Etwas Rotes hatten wir in Potulice noch nicht gesehen. Weißes auch so gut wie nie. Schon lange hatten wir keine Farben mehr gesehen! Abgesehen von dem Grau in Potulice.

Alle waren überzeugt, dass es eine großartige Vorstellung werden würde. Das betonten die zurückgewiesenen Mädchen gleichfalls. Auch ich. Eines Tages würden wir eine Menge roter Sachen haben. Desgleichen purpurne, gelbe, rosa und goldfarbene Dinge. Ein Kind konnte sich unter purpur nichts vorstellen. Ich auch nicht. Das Mädchen mit dem Fadenspiel wünschte sich Fäden in allen Farben des Regenbogens. Ja. Ja. Ja. Wir wollten alle die Farben des Regenbogens haben.

Nachts träumte ich von roten Sachen, die ich einmal besitzen würde. Im Traum trug ich ein rotes Kopftuch. Ich träumte von den abgelehnten Mädchen. Sie turnten in Regenbogen-Hemden.

Ein Schrei gellte durch den Raum. Ich richtete mich auf meinem Bett auf. Alle wurden wach. Pritschen quietschten. Jeder lauschte.

Was war los? Was waren das für Schreie? Eine Frau war zu hören. Ihre Stimme kam aus dem hinteren Teil der Baracke. Vom Waschraum her.

Die ganze Nacht über hörte man das Stöhnen und Schreien. Die Mädchen zogen sich Decken über den Kopf. Ich träumte von der Läusesammlerin in Mutters Raum. Sie schrie beim Anblick der Läuse auf. Dann träumte ich von Gefangenen beim

Froschhüpfen. Ich konnte nicht mithalten und fiel hinter die anderen zurück.

Es war die Wahnsinnige, sagte die Barackenälteste am Morgen. Manchmal waren Leute nicht ganz richtig im Kopf. So was kam vor. Wohin sonst hätte man diese Frau stecken können als in die Kinderbaracke. Irgendwo musste ja jeder ein Plätzchen haben. Die Älteste verteilte Brotscheiben.

Wir Kinder bildeten eine Warteschlange. Wir wussten uns zu benehmen. Wir kannten kaum etwas anderes. Die Älteste grantelte und verteilte das Brot.

Die Piepserin rief nach mir. Ich sollte bei der Pyramide mitmachen. Eines der ausgesuchten Mädchen war krank geworden. Man brauchte unbedingt einen Ersatz für die zweite Turnerin von oben. Ich sollte die Zweite von oben sein.

Ich hasste die Pyramide, weil ich fürchtete herunterzufallen. Auf keinen Fall wollte ich hier mitmachen. Nicht einmal, wenn es dafür Kartoffeln mit Soße gab. Aber ich tat, was man mir befahl. In der zweiten Reihe von oben sollte ich mitwirken. Die Piepserin zeigte mir, wo ich zu warten hätte. Der Höhepunkt der Veranstaltung sollte die Pyramide werden. Dann sollte ich dazukommen und meinen Platz einnehmen.

Am Nachmittag ging ich zur Turngruppe. Wir trugen die rotweißen Blusen und Hosen. Das Weiß war so herrlich weiß. Das Rot war so unermesslich rot.

Wir gingen zum vorderen Teil des großen Hofes und stellten uns auf. Dort saßen Leute in schwarzen Anzügen und Uniform. Jemand hielt eine Rede. Die feinen Leute klatschten. Die Mädchen in den roten und weißen Blusen und Hosen liefen los. Sie bewegten sich wie steife Puppen, bogen die Taillen, warfen Arme und Beine hoch. Ein Schwingen in Rot und Weiß. Dann stellten sich alle zur Pyramide auf.

Als ich dran war, lief ich eilig dazu und kletterte auf den ersten Rücken. Mein Fuß glitt auf dem nachgiebigen Fleisch aus, ein lebender Körper. Eine Katastrophe. Ein Schreck. Die Mädchen würden zusammenbrechen – wie die Bestraften. Wir würden umkommen. Trotzdem kletterte ich über Rücken und nahm meinen Platz als Zweite von oben ein. Rutschend und gleitend kletterte dann das oberste Mädchen auf meinen Rücken. Das Publikum klatschte. Die Pyramide brach zusammen und es gab ein furchtbares Durcheinander. Dann war die Vorführung zu Ende.

Wir zogen die Blusen und die Hosen aus. Wir konnten laufen – konnten springen – konnten die Arme wild schwingen – konnten spüren, dass wir viel Bewegungsfreiheit hatten – konnten weit marschieren – konnte Potulice nicht ein herrlicher Ort sein? Die Mädchen schnatterten und sahen erschöpft aus.

Ich weinte fast. Die Pyramide war schrecklich gewesen.

«Konntest du über Potulice hinausblicken?», wollte ein Mädchen wissen.

«Es ist alles so furchtbar.» Ich würde es nie wieder tun. Die Älteste hätte mich verprügeln können. Ich war wütend über die Mädchen, denen diese Vorstellung gefallen hatte.

Am Abend aßen wir unsere Portion Kartoffeln mit goldbrauner Soße. Ich hatte vergessen, wie gut das schmeckte und wie hungrig ich die ganze Zeit gewesen war. In zwei gewaltigen Happen hätte ich alles hinunterschlingen können. Ich hielt mich zurück. Zuerst bewunderte ich die sanft weißgelbe Farbe. Dann fing ich an, den süßlichen Geschmack der Kartoffeln zu spüren. Meine Zunge bewegte den Brei, damit ich die Soße besser herausschmecken konnte. Monatelang würde es wieder Kohlsuppe, Rübensuppe und die Reste-Suppe geben. Darin schwamm hier ein Stückchen Kohl, dort ein Bröckchen Rübe. Das Beste würde dann und wann eine Kascha sein.

Die Vorstellung war ein Bruch mit dem Alltag im Lager gewesen. Und zum ersten Mal in meinem Leben hatte ich mich verstellt. Das hatte ich noch nie gewagt. Die Turnvorstellung war ein Schwindel, verschleierte die Zustände in Potulice. Wir taten so, als ob wir gesund seien. Der Hunger lauerte hinter den Kräften, die wir aufbringen konnten.

***

Sie leckte sich den Finger und rieb an meiner Wange. Ich hielt still, war erstaunt. Mutter war aus dem Nirgendwo aufgetaucht. Sie putzte mich heraus, so gut es ging. Stand etwas Wichtiges bevor? Noch nie war Mutter in die Kinderbaracke gekommen. Kaum jemand tauchte je dort auf. Es war verboten.

Vati sei zu Besuch gekommen, erklärte Mutter.

Ihre Hände bewegten sich rasch. Sie rollte mir die Ärmel und die Hosenbeine auf. Wir gingen schnell. Die Kälte kroch mir unters Hemd und griff nach meinem Kinn. Ich schlang meine Arme um meine Taille. Auf dem Hof zogen Frauen Wagen, die hoch mit Reisig beladen waren. Sie legten sich in ihre Riemen. Die Lasten schaukelten auf die Werkstätten im hinteren Lagerteil zu. Wachposten redeten miteinander und stießen beim Atmen kleine Wölkchen aus. Am Backsteingebäude im Zentrum schien viel los zu sein. In Küchen, Kellern und Waschräumen schien es geschäftig zuzugehen. Desgleichen in Nähräumen und Werkstätten. Gefangene und Aufseher kamen und gingen. Vor Kälte zogen sie die Schultern zusammen.

Mutter und ich blieben in der fließenden Menschenmenge. Das Haupttor an der Vorderseite des Hofes wirkte gewaltig und vollkommen verriegelt. Mutter strebte auf die Baracke in der Nähe des Tores zu. Sie öffnete eine Tür. Wärme strömte uns entgegen, und ein guter Geruch. Gefangene richteten ihre Worte an kleine Löcher in der Wand. Aus den Öffnungen kamen die Antworten. Die Wärter passten scharf auf. Einer von ihnen wies auf eine freie Lücke.

«Talusch», sagte ein Mann auf der anderen Seite der Wand. Nur Vater sprach Mutter mit dem Namen *Talusch* an. Eine kleine Lücke zwischen seinen Zähnen gab seinen Worten einen weichen Klang. Ein Drahtgitter deckte den Durchbruch ab. Das Loch war zu klein, um auch nur eine Hälfte von Vaters Gesicht sehen zu können. Seine Augen lagen im Schatten. Das Gitter zerlegte sein Gesicht in Teile.

«Sie ist so klein», sagte Vater, und meinte mich dabei. Seine Hand schien in Quadrate aufgeteilt, als er seine Augen wischte.

«Klein ja, aber in Ordnung», antwortete Mutter. Sie zupfte meinen Kragen zurecht. Wir weinten alle.

Vater hatte freien Arbeitern die Schuhe geflickt und dadurch ein wenig Geld sparen können. Es reichte gerade für eine Fahrkarte von Bromberg nach Nakel. Sein Lager war nicht groß. Es bestand aus einigen Baracken, die einen guten Fußmarsch weit vom Bromberger Bahnhof lagen. Er musste Kohlen von Güterzügen auf Lastwagen und Dampfloks umladen, versorgte Züge und schaufelte Kohle für die ganze Stadt Bromberg.

Schwere Arbeit. Wenig Brot. Was sollte er da schon berichten? Vater sprach durch die viereckige Öffnung.

Mutter antwortete. Sie arbeitete jetzt nicht mehr unter freiem Himmel, sondern in den Werkstätten des Lagers. Das war viel besser als Wagen ziehen und Torf stechen. Manchmal konnte sie die kleinen Jungen in den Männerbaracken sehen. Es war nicht so ohne weiteres möglich, aber manchmal hatte sie es geschafft.

Vater erzählte, meine beiden Schwestern Lydia und Wanda seien derart stolz, dass sie eher ihr Leben dahingeben als irgendjemanden um etwas bitten würden. Lieber verhungerten sie vor einer Scheibe Brot und einer Schüssel Suppe. Vater veränderte seine Stellung beim Reden. Brot war kein ungefährliches Thema.

Ich sah mir die verschiedenen Teile von Vaters Gesicht genau an, wenn sie im Guckloch auftauchten. Ich suchte nach seinen blauen Augen, seiner hohen Stirn, seinen Wangenknochen und seinen Stoppeln. Auf diese Weise ergab sich kein vollständiges Gesicht. Vaters einziges vollständiges Gesicht war das in meiner Erinnerung – das graue, beinahe tote Gesicht, das er bekam, als die Milizen ihn schlugen. Sie hatten ihn in der Nacht mitgenommen. Später schafften sie ihn zurück und warfen ihn ins Zimmer. Mutter und Großmutter stützten ihn. Hinter ihm lag die schwarze Nacht. Sein Gesicht war ganz grau. Niemand hatte Vater getötet. Die Milizen nicht. Auch nicht die Dorfbewohner. Nicht die Rotarmisten.

Vater war wieder da. Ich lauschte seinen Worten jetzt hinter der Wand. Vater erzählte, wie die freien Arbeiter lachten. Sie sagten, er bettele so schön mit der Mütze in der Hand: «*Prosze pana* – Bitte, mein Herr.» Vater erzählte es mit einem Lachen. Manchmal legte jemand eine Kartoffel oder die Haut einer *kielbasa* – eine geräucherte Wurst –, manchmal auch einen Heringskopf in Vaters Mütze. So bekam er immer wieder einmal einen Happen ab. Es war nicht mehr so schlimm. Vater lachte so wie immer, wenn er sich über seine eigene Dummheit lustig machte.

Ich konnte Vaters Gesicht nicht berühren. Aber ich wusste, dass sich sein Bart so rau wie Wandziegel anfühlte. So spröde wie die Wand, an der wir einmal standen. «Wir gehen nicht ohne ihn», hatte Mutter dem Milizmann versichert. «Sie können uns ruhig erschießen.» Wir standen da und warteten. Ich berührte die groben Steine. Dann kam Vater durch die Tür. Man hatte ihn nicht erschossen.

Jetzt konnte er um Brot betteln. Bekam immer wieder etwas. Gar nicht so schlecht.

Im Besucherraum waren die Wände weißer als alle Wände, die ich je gesehen hatte. Ich wollte das reine Weiß berühren, wollte es spüren. Auf dem Fußboden lief ein Riss im Zement bis zur Mitte des Raumes. Mit den Fingern wollte ich daran entlangfahren, nur um den neuen Sprung zu fühlen. Ich wollte das Gitter im Sprechloch berühren. Das war verboten. Alles war verboten. Nur das Stillstehen war erlaubt. Allerdings war der Raum voller neuartiger Geräusche und Gerüche. Durch die Löcher in der Wand drangen die Erzählungen vom Winter, von der Kälte, von Müttern, von Brüdern, von Zügen aus Bromberg, von Lagern, die irgendwo lagen. In diesem Zimmer roch es gut. Sauber. Ich knöpfte meinen Kragen auf und atmete tief ein.

Pfützen geschmolzenen Schnees bedeckten den Zementboden. Wachen mit glänzenden Stiefeln schritten auf und ab. «Los, los! Wir werden euch schon Beine machen!», kommandierten sie und jagten die Gefangenen von den Sprechlöchern weg. Die Tür ging auf, Kälte strömte herein. Gefangene zogen ab. Andere drängten zu den leeren Löchern. «Marsch, marsch! Nun macht schon!»

«Ihr geht's gut», antwortete Mutter auf die Frage, wie es Elfie gehe. Sie hatte in den letzten zwei Wochen nicht eine einzige Erkältung. Niemand hatte sie hergebracht.

Vater berichtete, dass Gustav ihn in seinem Lager besucht habe und wie der Junge geweint habe. Das Pflügen war einfach zu viel für so einen jungen Burschen, das war Männerarbeit, ganz zu schweigen von Rymarkiewicz' Peitsche.

Mutter und Vater sprachen über mancherlei. Sie erinnerten sich gegenseitig daran, wie geschickt Gustav war. Früher hatte er in Rymarkiewicz' Kornspeicher mit einer Schlinge Spatzen gefangen. Mutter hatte die Vögel ausgenommen und gebraten. Ich hatte ein winziges Beinchen und ein kleines Brüstchen probiert. Ich fühlte, dass es sich nicht lohnt, ein solch winziges Wesen zu töten.

Alles wird gut. Das versicherten Vater und Mutter einander immer wieder.

«Los, los, Bewegung!», befahl ein Wächter.

Unsere Viertelstunde war vorüber.

«Talusch! Martchen!», weinte Vater.

In meiner Baracke saß ich auf meinem Hochbett. Ich hatte *Vati* gesehen! Es sei alles nicht so schlimm, hatte er gesagt. Er hatte seine Plätze, wo er beim Betteln immer wieder etwas bekam.

Manchmal einen Heringskopf.

Ich konnte mich – wie lange war das her – an den Geruch von Fisch erinnern. Es war bei Rymarkiewicz gewesen, mitten in der Nacht. «Esst!», hatte Mutter geflüstert. Es gab warme Stückchen Fisch. So lecker. An einen besseren Geschmack konnte ich mich nicht erinnern. Mitten in der Nacht hatte Vater mit einem Netz in Rymarkiewicz' Teich gefischt. Mutter hatte den Fisch ausgenommen und zubereitet. Wir aßen mucksmäuschenstill.

Um mich herum setzten sich die Mädchen in Richtung Waschraum und Essraum in Bewegung. Niemand ging nach draußen. Es war zu kalt. Auch zu kalt zum Marschieren. Keiner besaß eine Jacke oder sonst etwas Wärmendes.

Am Tag nach Vaters Besuch ließ Mutter mich zum Seitenzaun rufen. Sie wartete dort in ihrem Mantel, der nur noch aus Flicken und Lumpen bestand. Sie zog eine Scheibe Brot aus der Tasche. «Sofort essen! Auf der Stelle!», befahl sie und reichte mir das Brot durch die Drähte.

«Wie köstlich», jubelte ich zwischen zwei Bissen. «So gut wie der Fisch um Mitternacht, damals bei Rymarkiewicz.»

«Du erinnerst dich?»

«Weiße Fischstückchen.»

Oben auf dem Wall näherte sich das Wetter. Ich steckte das Brot von Vaters Besuch in meine Tasche. Der Alte ging mit langsamen Schritten vorbei. Dann konnte ich essen, und Mutter passte auf.

«Geh jetzt rein», forderte Mutter mich auf. Sie langte durch die Drähte und berührte meinen Kopf. Ihre Finger fühlten sich warm an.

Am Sonntag stand ich mit den anderen Mädchen am Barackeneingang. Die Älteste öffnete schließlich die Tür und ließ einen warmen Lufthauch herein. März und April macht, was er will, meinte sie. Ich genoss die Milde. Der Frühling konnte kommen, wann er wollte.

In Mutters Raum saß ich mit Elfie auf der unteren Bettstelle. Wir hielten eine Scheibe von *Vatis* unglaublich gutem Brot. Wir sahen sie uns von beiden Seiten an, leckten an der Kruste und schnupperten den süßen Geruch des Brotes. Ich nahm einen Bissen. Elfie nahm einen Bissen. Um uns herum schauten die Frauen zu, wie wir das feine Brot aßen. Die Läusesammlerin schaute von oben herunter.

«Appell!», schrie die Älteste von Mutters Baracke in den Raum und klopfte gegen die Wand. Alle sprangen hoch und lauschten.

Appell! Am Sonntag! Ein Appell am Sonntag kam so gut wie nie vor. Die Frauen jammerten und kletterten von den Pritschen herunter.

Aus allen Baracken begaben sich die Gefangenen in den vorderen Teil des Hofes. Eine Glocke erklang. Wir schwammen mit dem Strom. Die Menge verteilte sich über den ganzen Hof.

Elfie und ich warteten neben Mutter und ihrer Gruppe. Das Schlurfen all der Füße klang wie Wasser. Bei einigen Frauen waren gelbe Sterne unten an den Hosen angebracht. Sie waren wohl in den Nähwerkstätten mit kräftigen Stichen an den grauen Hosen befestigt worden. Die Wärter würden die Sterne sehen. Sie würden die Frauen mit den Sternen besonders schlecht behandeln – wie alle, die hier auffielen. Die Frauen würden umkommen.

Die Sterne waren so gelb wie das Stroh in der Scheune während der Flucht. Soldaten stampften durch das Stroh. Wir hielten uns versteckt. Dann verschwanden die Soldaten. Auf einem Wagen fand Vater eine alte Frau aus unserem Heimatdorf halb nackt, halb tot. Tagelang versteckten wir uns vor den Soldaten. Die ganze Zeit lag die Tote unter dem Stroh.

Ich schaute den Frauen mit dem Stern ins Gesicht, um zu sehen, wie es ihnen ging. Die Frauen sahen wohl aus. Ihre Gesichter waren glatt und rund. Ich schaute sie mit einem großen Verlangen an, nur um des Schauens willen. Ich hatte derlei schon lange nicht mehr gesehen.

«Warum tragen sie Sterne?», flüsterte ich Mutter zu.

«Ich weiß es nicht. Es sind …», Mutter benutzte ein Wort, das ich nicht verstand. Wortlos berührte sie meine Schulter.

Der Appell war vorüber. Die Gefangenen setzten sich in Bewegung. Die Frauen mit den Zeichen an den Hosen waren verschwunden.

In Mutters Gruppe wurde Unmut laut. Was für ein Aufwand! Ein Appell am Sonntag. Wir trotteten zu unseren Baracken zurück. Mutter und Elfie in ihre. Ich ging in die meine.

Ich berichtete den Mädchen, wie sich alle in Reihen aufgestellt hatten und durchgezählt wurden. Wir in der Kinderbaracke wurden nicht gezählt. Warum das so war, hätten wir gerne gewusst. Ich erzählte den Mädchen von den Frauen mit den gelben Sternen.

Tagelang standen wir am Zaun und schauten in das Lager hinein. Wir hielten nach Sternzeichen an Hosenbeinen Ausschau. An unserem Zaun kamen keine vorbei. Dann war etwas anderes zu sehen. Eine Reihe von langen Fuhrwerken bewegte sich langsam vorüber. Die Wagen waren mit Rohrstühlen und Tischen, mit Weidenkörben und geflochtenen Behältern aller Art beladen. So viel helles Flechtwerk in der schönen Kartoffelfarbe. Monatelang hatten die Frauen mit Reisig, Weiden und Schilfrohr hoch beladene Wagen gezogen. In den Werkstätten hatten die Gefangenen die schönen Dinge geflochten. Nun verließ der lange Zug von Korbwaren das Lager. Den ganzen Nachmittag über zogen die Gefangenen die Wagen. Die Arbeiten aus Potulice würden an herrliche Orte außerhalb des Lagers gelangen. Wir betrachteten sie mit jenem Verlangen, mit dem wir alles Farbige ansahen. Wir sehnten uns nach Farben.

***

Und wieder wurde es Sommer in Potulice. Über dem Wall ragte ein grünender Zweig in den Himmel. Die Blätter zitterten im Wind, bildeten gleichsam eine Brücke zur Außenwelt.

Meine Gefangenenwelt schien aus Verbindungen verschiedenster Fasern, Garne, Fäden zu bestehen. Sie zogen sich durch mein Leben wie das Garn durch Großmutters Rock. Vater war zu Besuch gekommen und hatte echtes Brot mitgebracht. Lydia und Wanda waren ein wenig stolz, aber das war sicher in Ordnung. Gustav war ein geschickter Bursche. Auch Pauline war geschickt. Sie molk die Kühe und spritzte sich dabei den Milchstrahl in den Mund. Mutter hielt viele Fäden in der Hand. «Das sind alles meine Kinder», hatte sie am Tor von Potulice gesagt.

Eines Tages rissen alle Fäden, die mich hielten. Mutter und Elfie waren nicht mehr da. Verschwunden. Der Sommer war da, aber die Meinen waren fort. Es gab kein Zählen mehr, wer verschwunden war, wer übrig geblieben war, wer am Leben und wer tot war. Ich war in Mutters Baracke gegangen, glücklich über den einstündigen Besuch, den ich vor mir hatte. «Weggeschickt», sagte Drei Hinrichtungen. «Weggeschickt», sagten auch die Frauen, die jetzt Mutters und Elfies Bettstellen belegten. «Aber sie war doch immer hier», beharrte ich. In meiner Baracke konnte mir die Älteste auch nicht sagen, wohin sie die Leute schickten. Auch sie erfuhr von niemandem etwas.

Während der sonntäglichen Besuchszeit hielt ich mich an der Wand von Mutters Baracke auf. Den ganzen Sommer über saß ich dort. Des Abends wartete ich am hinteren Zaun auf sie. Ich saß am inneren Zaun und schaute mir die Arbeitsgruppen, die den Hof überquerten, genau an. Ich suchte Mutter unter den Frauen, die Wagen zogen, unter den bestraften Frauen, die im

Hof herumrennen mussten. Von Mutter und Elfie nirgends eine Spur.

Wenn Leute verschwanden, dann waren sie tot. Wer tot war, kam nicht wieder. Das kleine Wahl-Mädchen, das im Garten bestattet worden war, kam nie zurück. Die alte Frau, die Vater unter dem Apfelbaum begraben hatte, blieb für immer fort. Die toten Mädchen aus den Baracken kamen nie wieder. Nicht die Krummfüßige, nicht Die-mit-der-geschwollenen-Hand, nicht das *chleba*-Mädchen, auch die anderen nicht. Kranke Frauen verschwanden. Auch sie kamen nicht wieder. Nicht die Schwangere, nicht Oh-Gott-meine-Kinder, nicht jene mit den rotfleckigen Beinen. Mutter und Elfie waren sicher irgendwo begraben oder verscharrt. Vielleicht war es mit Vater, Großmutter, den Schwestern und den Brüdern nicht anders.

«Wo ist deine Mutti?», fragte das Einfache Mädchen.

«Tot», antwortete ich und war mir sicher, dass es so war.

Draußen kratzten die Mädchen im Schuttboden. Sie zeichneten Bäume, die sie sich außerhalb von Potulice vorstellten. Dann saßen sie einfach da. Waren zu erschöpft, irgendetwas zu tun. Ich saß unter ihnen. Viele Tage saßen wir einfach da und taten gar nichts. Manchmal beobachteten wir das alte Wetter auf dem Wall. Der Mann erwiderte unsere Blicke. Ich lag neben Mutters Baracke auf dem Boden. Berührte die Wand, blickte zum Himmel hoch und schaute dem Wandern der Wolken zu.

Kein Tag unterschied sich vom anderen. Es gab nur eine Ausnahme. An jenem Tag zeichnete ein Mädchen Rechtecke auf den Boden. «Himmel und Hölle» nannte sie das Spiel. Ich hatte noch nie zuvor ein Spiel gesehen. Ich hatte noch nie ein Spiel gespielt. Weder bei Rymarkiewicz, noch in Potulice. Jetzt kam ich an die Reihe. Ich warf einen Kieselstein ins erste Rechteck. Hüpfte darüber weg. Hüpfte noch einmal. Mir schwindelte. Ich konnte nicht lange gerade stehen. Konnte am Morgen nicht marschieren. Konnte mich nur kurz aufrecht halten. Keine noch so große Bemühung war imstande, mir mehr Kraft zu geben.

Ich wartete mit der Gruppe der kranken Mädchen. Wir gingen zur Krankenbaracke im hinteren Teil des Hofes. Nichts war mir wichtig. Nicht, viel Platz zu haben. Nicht die Baracken, nicht die Werkstätten, die Gefangenen oder die Wagen.

«Ich möchte eine Woche lang im Bett bleiben», sagte ich dem Mann mit dem großen weißen Gesicht und den großen weißen Händen. Er blickte mich mit ruhigen Augen an und sagte: «In Ordnung, eine Woche.»

Auf der Krankenstation ließ ich mich auf die Strohmatte, in das Grau an meiner Bettkante fallen und sank in einen tiefen Schlaf. Worte trieben vorbei. Dinge kamen und gingen. Nackte Füße. Ein Strohhalm am Boden. Zwei große Schuhe kamen näher, entfernten sich wieder. Ich ließ sie kommen und gehen.

Eines Tages öffnete ich meine Augen wieder. Im nächsten Bett richtete sich das Gelbe Mädchen auf. In Seitenlage beobachtete ich, wie sie ihren Löffel in eine Büchse tauchte, den Löffel hob und mit den Lippen umschloss. Ihr Gesicht veränderte sich mit jedem Bissen, nur das Gelb blieb immer gleich. Eine seltsame Krankheit hatte sie so gelb werden lassen.

Zwei große Schuhe blieben vor meinem Bett stehen. Ich sah einer alten, grauhaarigen Frau ins Gesicht. Sie gab mir eine Büchse mit Kascha.

Ich setzte mich auf. Meine Arme fühlten sich schlapp an. Der ganze Körper schien nicht mehr so recht zusammenzuhalten. Bei jedem Löffel, den ich zu mir nahm, verstärkte sich in mir das Gefühl, meine Lippen würden es nicht mehr schaffen. Sie würden sich nicht mehr öffnen, würden den Löffel nicht mehr freigeben. Doch sie brachten es zuwege. Und der Brei schmeckte warm und gut.

Von Tag zu Tag konnte ich ein wenig aufrechter sitzen. Ich schaute mir die Pritschen mit den kranken Mädchen an. Meine wackligen Beine wurden wieder kräftiger. Schließlich konnte ich wieder den gesamten Weg zum Waschraum zurücklegen. Und ich schaffte es sogar, in meinen Raum zurückzukehren.

Auf mein Bett ganz oben hinaufzuklettern nahm mir den Atem. Ich schaute mich nach Mädchen um, die ich kannte. Einige von ihnen hatten sich sozusagen ihr ganz persönliches Zuhause eingerichtet. Allerdings, es war kein wirkliches Zimmer. Nur ein Eckgestell, bei dem zwei Decken die Wände bildeten.

Ich bewunderte ein Mädchen, das sich einen eigenen Raum gestaltet hatte. Es war kühn, Platz zu beanspruchen. Nur Wärter durften Bereiche abzäunen. Vielleicht handelte es sich um ein frisch ins Lager gekommenes Mädchen oder ich konnte mich einfach nicht mehr an sie erinnern. Blondes Haar bedeckte ihre Ohren. Das Mädchen hatte fehlerlose Arme und Beine, war gesund und schön. Mit leichten Bewegungen kletterte sie in ihren Raum, rein und raus, hinauf und herab.

Ich erkundete den neuen Raum nicht. Meine Arme und Beine waren zum Klettern noch zu schwach.

Am nächsten Tag entdeckten die Wetter den abgegrenzten Raum. «Sofort abreißen!», brüllten sie und fluchten auf Polnisch. Einer zerrte heftig an einer Decke und schmiss sie auf den Boden.

Mit erstarrten Gesichtern standen die Mädchen da. Die Mutige machte sich an der zweiten Decke zu schaffen. Ihr Gesicht sah kreidebleich aus.

«*Prosze Pana* – bitte, mein Herr», mischte die Älteste sich auf Polnisch ein. Sie hielt ihre Hände zusammen und verbeugte sich bei jedem Wort.

Dann verlegte mich die Älteste in einen Raum jenseits des Korridors. Es war ein großer, leerer Raum. Hier gab es keine dreistöckigen Bettstellen. Nur Einzelbetten wie im Krankenraum.

Die Älteste blieb in der Mitte des Raums stehen und deutete auf mein Bett.

Ich setzte mich hin. Auch hier hatte es früher Bettgestelle mit drei Stockwerken gegeben. Wohin waren sie gekommen? Wo waren die Mädchen von hier geblieben? Waren sie am Morgen leichenstarr weggeschafft worden? Tot, eine nach der anderen, aus einem Bett nach dem anderen?

Durchs Fenster schaute ich auf die Baracken jenseits der Kinderabteilung. Der Blick auf Mutters Wand würde mir immer fehlen. Aber die Mädchen! Man hatte sie nicht von Potulice weggeschickt. Wohin auch? Sie waren nach und nach gestorben. Das erwies sich nun an den leeren Betten. Ich betrachtete meine Handknöchel. Ich berührte die bläulichen Adern. Nach dem vielen Schlaf in der Krankenstation fühlte ich mich jetzt ein wenig besser. Ich konnte wieder stehen, wieder marschieren. Alles würde wieder gut werden, selbst wenn ich nicht mehr auf Hochbetten klettern könnte.

Nach dem Schreck wegen des abgegrenzten Plätzchens wollte niemand mehr etwas riskieren. Wieder saßen wir einfach herum. Wir streiften umher und sprachen wenig. Ich war sehr müde, aber ich konnte Mutters Wand berühren, selbst wenn sie verschwunden war, selbst wenn sie tot war.

Eines Tages stand oben auf dem Befestigungswall eine Gruppe von Gefangenen, die aus dem Nirgendwo kamen. Sie standen da, wo niemand je gestanden hatte. Ausgehungerte graue Gestalten zeichneten sich gegen weiße Wolken ab. In ihren Händen hielten sie rote Äpfel und blickten in unseren Teil des Lagers hinunter. Wir standen da und schauten zurück. Der Wachtposten oben auf dem Wall biss in einen großen roten Apfel. Alle Mädchen – so müde sie auch gewesen waren – liefen jetzt los, schnappten zu, fielen übereinander her. Hände fingen Äpfel und hielten sie ganz fest.

Die kleine Ella Wahl war noch bei mir, wir standen da und sahen zu. Die Entfernung war zu groß, um irgendetwas zu erhaschen. Der Aufseher aß den Apfel und blickte uns an. Aus dem blauesten Teil des Himmels flog ein Apfel auf mich zu. Ich umfasste ihn fest mit beiden Händen.

«Es gibt noch Apfelbäume», sagte ich fassungslos und dachte an die Bäume, die wir nie zu sehen bekamen.

Der Wachtposten nahm einem Gefangenen einen weiteren Apfel ab. Der sprang ihm aus der Hand und rollte den Abhang herab. Ein Mädchen langte durch die Drähte und griff danach. Der Wächter schrie das Kind an. Er brüllte alle im Hof an. Die Gefangenen hinter ihm waren nicht länger mehr vor dem hellen Himmel zu sehen. Stille trat ein.

Ich rollte den makellosen Apfel zwischen meinen Händen. Es war eine Sonne, ein Mond, was ich umfasste. Ich biss hinein. Wie saftig! Wie süß! Ich konnte mich nicht erinnern, je einen Apfel gegessen zu haben. Die kleine Ella Wahl schaute mit völlig ausgehungerten Blicken herüber. Ich aß zu schnell. Ella sah zu hungrig aus. Ich gab ihr die Hälfte des Apfels, die größere Hälfte. Eine von uns musste das Kerngehäuse bekommen, und Ella hatte die hungrigsten Augen.

Lange noch dachte ich daran, wie es war, als ich den Apfel hielt. Meine Hände konnten ihn gerade umschließen. Es war ein kleiner Apfel mit einem sanften Glanz, die Bäckchen waren rot und gelb. In diesem leeren Sommer gab es nun einen Apfel.

Eines Tages schritt eine Frau durch unseren Lagerteil. Sie war stark, gesund, Gesicht und Glieder machten keinen mageren Eindruck. Wir alle sahen hin. Niemand durfte in einen anderen Hof hinein. In unserem war noch nie jemand gewesen, der stark und gesund war, der nicht mager wirkte. Die unbekannte Frau kam auf mich zu.

«Komm mit! Deine Großmutter ist im Hof!», sagte sie.

Wir gingen zum inneren Zaun. Die Frau kauerte sich neben mich und lächelte. Ich starrte ihr ins Gesicht, auf die runden Arme und Hände. Sie musste sich bei der Ältesten nach mir erkundigt haben. Diese hatte ihr wohl gesagt, wo ich zu finden sei. Die Frau deutete auf einige Gefangene, die den Hof überquerten, und verkündete: «Deine Großmutter.»

Ich sah eine Gruppe von alten Frauen, die über den Hof schlurften. Wie sollte ich Großmutter erkennen können, wenn ich mich nicht einmal daran erinnerte, wie sie ausgesehen hatte? Mit ihren beiden alten Händen zog sie damals Garn durch einen Rock aus Sackleinen. Manchmal führte sie Selbstgespräche. Wie sollte ich Großmutter an ihren alten Händen und an ihrem Gemurmel erkennen können?

«Da ist sie.» Die Frau winkte der Gruppe von Kartoffelschälerinnen zu.

Am Arm der Frau entlang schaute ich auf die Babuschkas, die keine Pause einlegten. Jede von ihnen konnte meine Großmutter sein. Ich konnte Großmutter nicht erkennen, vielleicht sah auch sie mich neben der gesunden Frau nicht. Doch sie würde mich erkennen, weil sie den Fingerzeig der Frau verstehen würde.

Den ganzen Sommer über erinnerte ich mich an den Apfel und an Großmutter. Ich beobachtete, wie die Kartoffelschälerinnen mit kleinen Schritten und gebeugten Rücken über den Hof stapften. Sie hatten sich Lappen um die Köpfe gewickelt. Ihre Gesichter konnte niemand erkennen. Großmutter war irgendwo in dieser Gruppe. Es waren wohl auch andere Großmütter und Mütter dabei.

***

Kinder opferten ihr Essen, um einen Blick auf ihre Eltern werfen zu können. Erwachsene waren imstande, für ein Stück Brot oder eine Kartoffel zu töten. Beide Male stand einzig und allein das Überleben im Vordergrund. All meine grüblerischen Neigungen hatte ich schon lange aufgegeben. Ich hatte das halbe U verloren, hatte alle Gedanken an Verträge vergessen. Mit leidenschaftlichem Eigeninteresse strebte ich nach Bindungen. Einem Gesicht nahe zu kommen, wie Mutter meinem Gesicht nahe gekommen war, würde mir einiges abverlangen – scheinbar zufällig herumstehen, lauschen, warten, mich um Bindungen bemühen.

Im Essraum waren alle Fenster vereist und mit einer Wildnis von Eisblumen bemalt. Wenn die Sonne schräg auf die Scheibe fiel, glühte der Urwald aus Eis rosafarben auf. Feiner Reif wirbelte Wolken gleich umher. Reif wie Zucker. Schmelzwasser floss in schnellen Rinnsalen das Glas hinab, bildete auf der Fensterbank einen See, eine Pfütze.

Ich spähte durch Eis, Schmelzwasser und Zuckerwölkchen zu Mutters Baracke hinüber, wo Mutter und Elfie schon lange nicht mehr lebten. Meine Scheibe Brot lag vor mir auf dem Tisch. Eigentlich wollte ich einen Teelöffel voll Zucker darüber streuen. Einen ganzen Teelöffel! Unglaublich! So etwas hatte es noch nie gegeben. «Du kannst das haben», sagte ich zu dem großen Mädchen neben mir, «ich mache mir nichts aus Zucker.» Ihr Gesicht strahlte. «Ich hebe es für meinen Vater auf», lächelte sie und blickte mich dabei nicht an. Ich sehnte mich so sehr nach einem Blick. Wünschte mir, dass jemand so lächelte, wie Mutter es getan hatte. Das Haar des Mädchens war gewachsen und wellig wie Mutters Haar. Sie lächelte, wenn sie von ihrem Vater sprach. Ein Blick war mir wichtiger als der wunderbare Zucker, den wir erhalten hatten. Aber das Gesicht des Mädchens strahlte nur für seinen Vater.

Tagelang schmollte ich, weil das Mädchen den Zucker für seinen Vater aufsparte. Es hatte mich überhaupt nicht angeschaut. Doch als es das nächste Mal Zucker gab, suchte ich wieder das Mädchen mit dem welligen braunen Haar auf. «Ich möchte das wirklich nicht», sagte ich zu ihr und streckte ihr meinen Teelöffel mit Zucker entgegen. Sie machte sich einfach davon. Die Älteste hatte wohl irgendetwas gesagt.

Ab und zu erhielt jedes Mädchen in der morgendlichen Brotschlange ein Ei von der Ältesten. Wir stellten uns sogar in einer Schlange auf, wenn es einen Löffel Fischtran gab. «Das ist gut für euch», versicherte die Älteste. Zucker, ein Ei, etwas Gutes für uns – das war nicht mehr das Potulice, das wir gewohnt waren. Irgendetwas war im Gange. Aber was? Es war mir egal. Mir ging es nur um einen Blick wie den von Mutter.

Eines Tages, als ich wieder einmal darüber nachdachte, wie ich wohl etwas für einen Blick eintauschen könnte, blieb die Älteste an meinem Tisch stehen.

«Sie ist da», sagte sie und wies nach draußen. «Geh zu ihr. Sie möchte dich sehen.» Die Älteste öffnete die Tür und ließ mich hinaus.

Ich rannte los. Unvorstellbar, einfach in den Hof zu laufen. Ich rannte zwischen Frauen und Bündeln hindurch. Als ich schon glaubte, ich würde Mutter nie finden, rief jemand: «Martchen!»

«Mutti!» Ich küsste Mutters Hände, ihren neuen, großen, grauen Mantel, der ohne Flicken war, ihr Gesicht, ihr welliges braunes Haar. Es war Mutter, kräftig, lebendig, eben meine Mutter ganz und gar.

«Ich habe geglaubt, du bist tot», sagte ich schließlich.

«Nur Schwerstarbeit», antwortete Mutter und drückte mich fest an sich.

«Mutti, Mutti!» Ich drückte ihren Arm, den Mantel, hielt ihre Hand.

«Ich habe ihnen gesagt, dass ich Kinder in Potulice habe. Sie ließen mich gehen.»

«Ich dachte, du wärst tot.»

«Ich wollte keines von euch Kindern aufgeben. Deshalb musste ich Schwerstarbeit leisten. Sind das nicht Narren?»

«Vollkommen lächerlich!», stimmte ich ein. Wir lachten und wir weinten. Mutter hatte den Lagerverwaltern von Potulice verkündet, dass ihre Kinder ihr gehörten. Sie seien kein Staatseigentum. Ihre Kinder könnten noch nicht selbst darüber entscheiden, ob sie in Polen bleiben oder in die Freiheit ausreisen wollten. Sie seien ihre Kinder und würden jederzeit mit ihr gehen.

Wer war der Staat? Wie mochte er aussehen? Wie konnte er uns die Mutter wegnehmen und uns Kinder für sich behalten? Während ich darüber nachgrübelte, zogen Mutter und Elfie wieder wie zuvor in die Baracke neben der meinen. Mutter hatte Elfie in der Säuglingsbaracke gefunden, wo schwangere Frauen ihre Kleinen zur Welt brachten. Über Elfie berichtete Mutter: «Ich werde ihre Augen nie vergessen.» Als sie sie gefunden hatte, wollte Elfie ihre Blicke nicht mehr von Mutters Gesicht lösen. Gemeinsam mit all den anderen hungrigen Kleinen wäre Elfie beinahe gestorben.

Ich dachte über den Staat nach und machte am Sonntag gemeinsam mit Mutter Besuche. Zum ersten Mal in Potulice sah ich meinen kleinen Bruder Adusch. Elfie sah ich erstmals nach Mutters Rückkehr wieder. Sie hatte Arme und Beine, die an Streichhölzer erinnerten, einen geschwollenen Leib, ausgehungerte Augen. Sie konnte nicht sicher auf ihren Füßen stehen.

«Gib mir Brot von Vater!», sagte Adusch mit wilden Augen und unruhigen Armen. Seine Schultern bogen sich nach vorn, sein Bauch streckte sich vor. Er war ganz dünn. Sein rechter Arm war verkrümmt. Adusch berichtete, er sei von seinem Hochbett gefallen.

Mutter hatte ganz dunkle Augen. Sie strich mit der Hand über Aduschs verkrümmten Arm und bewegte ihn hin und her.

Wahrscheinlich hatte ein Lagerarzt versucht, den gebrochenen Arm zu richten. Möglicherweise gab es nichts Geeignetes, mit dem man ihn hätte schienen können.

Mutter legte einige Brotscheiben auf die Decke. Dann zog sie unter ihrem Hemd einen kleinen Beutel hervor. Einen kleinen, grauen Beutel, rund, voll, so groß wie ihre Hand.

«Du hast deinen Zucker aufgespart?», fragte ich erstaunt.

«Jedes Krümelchen. Für meine Kleinen», sagte Mutter. Sie streute Zucker über jede Scheibe Brot. Er war grau geworden. Dreck und Schweiß waren durch das Tuch gedrungen, weil sie Tag für Tag im Arbeitslager Säcke voller Getreide geschleppt hatte.

Elfie und Adusch nahmen die graue Verfärbung nicht wahr. Sie kannten keinen anderen Zucker. Mit beiden Händen hielten sie die Scheiben sehr gerade und bissen ganz vorsichtig zu. Mutter hatte ihren Zucker mit Hingabe gespart. Sie war sich vollkommen sicher, dass sie uns finden würde. Sie wusste, dass wir den Zucker brauchen würden. Elfie und Adusch ging es schlecht. Mutter sprach das nicht aus, aber mir war es klar.

Der Staat ließ uns in Ruhe. Ich konnte mich darauf verlassen, stets zu wissen, wo Mutter sich befand, dass es Sonntagsbesuche und Begegnungen mit Elfie und Adusch gab. Gerade als ich mir keine Sorgen über den Staat mehr machte, änderte sich alles wieder. Mit Elfie und Adusch wartete Mutter an der Tür meiner Baracke. Wir durchquerten das Lagergelände. Es war dunkel geworden. Arbeitsgruppen kehrten ins Lager zurück und lösten sich auf. Vor uns trugen Frauen Kannen voll Kaffee für das Abendessen. Es regnete.

Mutter, Elfie, Adusch und ich saßen wartend in einer Baracke in der Nähe des vorderen Tores. Ich dachte an die Kannen mit Kaffee und hatte Hunger. Wir warteten darauf, Potulice zu verlassen. Ein Bauer hatte uns als Arbeitskräfte erworben. Er hatte uns genau so gekauft, wie Vater gegen Geld gutes Brot beschafft hatte. War es eine gute Sache, wie Brot gekauft zu werden? Ich wusste es nicht.

In einer alten Kutsche fuhren wir vier in die schwarze Regennacht hinaus. Mit Rymarkiewicz' Gefährt waren wir nach Potulice gelangt. Würde diese alte Kutsche uns an einen besseren Ort bringen? Die Pferde begannen zu traben. Vor uns schaute der Halbmond durch dichtes Gewölk.

«Sprich mir nach», verlangte Mutter ganz ruhig: *«Ich will mit meiner Mutter gehen.»*

«Ich will mit meiner Mutter gehen», wiederholte ich.

Sie forderte Elfie und Adusch auf, diese Worte auf Deutsch und dann auf Polnisch zu wiederholen.

«Was werdet ihr also sagen, wenn euch jemand fragt, wo ihr hinwollt?»

«Bei unserer Mutter bleiben», flüsterten wir alle drei auf Deutsch und Polnisch.

Mutter unterzog uns einem strengen Verhör: «Wollt ihr nicht hier bleiben? Es ist doch wunderbar hier. Ihr bekommt gut zu essen.»

«Wir wollen bei unserer Mutter bleiben», wiederholten wir jedes Mal.

«Martchen, du bist alt genug, das zu verstehen. Hör gut zu.» – Mutter legte nun dar, wie uns die Lagerverwaltung an einen neuen Herrn verkauft hatte. Es sei möglich, dass wir aufgeteilt würden. Wir könnten zu verschiedenen Dienstherren kommen. Es waren wilde Zeiten. Von Potulice gingen Transporte in die Freiheit ab. Der Staat würde versuchen, so viele wie möglich von uns für sich zu behalten. «Gehe stets mit deiner Mutter. Verstehst du?»

Alles konnte ich nicht verstehen. Den Staat konnte ich nicht begreifen, ebenso wenig, dass Menschen wie ein Laib Brot verkauft wurden. Aber ich würde stets tun, was Mutter von mir verlangte.

Mutter war wütend, dass der Staat ihre Kinder behalten wollte, besonders die großen Schwestern und den Bruder. Der Staat hatte entschieden, dass alle Kinder über vierzehn Jahre als Erwachsene galten. Diese jungen Leute durften selbst entscheiden, ob sie in Polen bleiben wollten oder nicht. Damit war Mutter ganz und gar nicht einverstanden. All ihre Kinder gehörten ihr. Der Staat konnte ihr Schwerstarbeit auferlegen. Potulice konnte uns verkaufen. Aber die Kinder waren die ihren.

Die Kutsche hüpfte und schlingerte. Etwas riss uns aus den Sitzen. Wir purzelten und stürzten. Der Boden unter mir war nass.

«Alter Säufer!», schimpfte Mutter und zog Elfie und mich unter den Bänken und Bündeln hervor. Der Wagen war umgekippt. Adusch lag hinter der Kutsche im Graben. Ein Rad war ihm über das Bein gerollt.

«Sie haben mich betrogen», fluchte unser neuer Herr. Er war ein Mann, der sich nicht gern hereinlegen ließ. Besonders nicht durch die Lagerverwaltung von Potulice. Niemand war frei in Polen. Nicht einmal freie Staatsbürger.

Mutter wurde sehr heftig. Es war ihr völlig egal, wie viel der Mann für uns bezahlt hatte. Wir waren Kinder. Adusch hatte sich ein Bein gebrochen.

Der Herr fluchte. Er hatte für einen Mann gezahlt, nicht für eine Kinderschar. Er nahm einen Schluck aus seiner Flasche. Frauen redeten einfach zu viel. Er war ein Mann, der es nicht mochte, wenn Frauen zu viel daherredeten.

Mutter und der Gebieter richteten die Kutsche wieder auf. Wir kletterten hinein und schaukelten weiter durch die Dunkelheit. Der Herr peitschte nun die Pferde. Mutter hielt Adusch in den Armen. Er weinte nicht.

Am nächsten Tag wirkte alles ungeheuer hell und verwirrend. Ich saß mit dem kleinen Bruder und der kleinen Schwester im Gras. Ich sollte Gänse hüten und dabei auf Adusch und Elfie aufpassen. Das Gras flutete in grünen Wellen. Hohe Bäume ragten in den Himmel. Alles bewegte sich. Mir schwindelte. Den Gänsen war all das gleichgültig. Sie waren das alles gewohnt. Sie pickten mit ihren hellgelben Schnäbeln ihr Futter auf, breiteten ihre Flügel weit aus und schlugen in die Luft. Die ganze Schar eilte zum anderen Ende des Ackers. Ich lief hinterher und stürzte mich in die sanften Wogen von Gras. Dabei dachte ich über den Staat nach. Plötzlich hatte er die Welt groß, grün und verwirrend gemacht – es gab Gänse, die fast so groß waren wie wir Kinder, und Bäume, die höher als alles in Potulice waren. Was bedeutete es eigentlich, wie ein Laib Brot verkauft zu werden?

Die kleine Schwester und der kleine Bruder sagten nicht viel, machten nicht viel. Sie saßen einfach nur da. Beide waren vor Schwäche noch recht unsicher auf den Beinen. Gott sei Dank, Aduschs Bein war nicht gebrochen, aber es wies eine lange Schnittwunde auf und war blau angeschwollen.

Am Mittag brachte die Frau des neuen Herrn Brotscheiben mit Gänseschmalz. Sie schaute uns beim Essen zu. Sie lächelte uns mit einem vollen, gesunden Gesicht an. Bald würden wir wieder bei Kräften sein, versicherte sie.

Tag für Tag saßen wir auf der grünen Wiese und beaufsichtigten die Gänse. Mutter war bei der Feldarbeit. Wir sahen sie jeden Morgen weggehen, wenn es draußen noch dunkel war. Wir trafen sie wieder am Abend, wenn es ebenfalls finster war. Mittags versorgte uns die Bauersfrau mit Schmalzstullen. Sie war der Ansicht, bald würden wir tüchtige Arbeitskräfte sein. Bis zur Erntezeit würden wir bei Kräften sein und Getreidebündel transportieren. Eines Tages machte sie den Vorschlag, wir sollten bei ihr bleiben. Wir würden es hier gut haben. Wir antworteten, dass wir unserer Mutter folgen wollten. Ein andermal fragte sie wieder, ob wir nicht bleiben wollten. Wir würden frei sein. Wir würden gutes Essen bekommen.

Nein, entgegneten wir, wir würden mit der Mutter gehen. Dann aber war Elfie sich doch nicht ganz so sicher. Vielleicht würde sie auch bleiben.

Der Frau des neuen Herrn blieb nicht viel Zeit, unsere Ansichten zu ändern. Es vergingen keine zwei Wochen, da waren wir schon wieder in Potulice. Mutter und Elfie befanden sich in der Baracke nebenan. Adusch war in der Männerbaracke auf der anderen Seite des Lagers.

«Sie haben geglaubt, uns für immer behalten zu können», sagte Mutter.

«Wir sollten bei der Ernte Garben tragen», fügte ich hinzu.

Mutter lachte. «Was für ein Geschäft! Der Kommandant hat sein Geld eingestrichen, und der Bauer sollte uns für die Freiheit aufpäppeln.»

Ich konnte nicht verstehen, dass der Lagerchef uns wie einen Brotlaib verkauft hatte. Ich wusste nicht, was die Bemerkung bedeuten sollte, der Bauer hätte uns für die Freiheit mästen sollen. Mir fehlte das gute Brot.

Potulice hatte sich völlig verändert. Es ging geschäftig zu. Aus anderen Lagern, aus Städten, von Bauernhöfen trafen Gefangene ein. Die Durchgangsbaracken füllten sich mit Menschen. Sie alle warteten darauf, mit Zügen in die Freiheit gebracht zu werden. Jeder Tag verlief nun anders. Am Sonntag bereiteten wir uns auf das normale Leben vor. Den ganzen Nachmittag spazierten wir über den großen Hof, trafen andere Leute, unterhielten uns. Die Menschen probierten die neuen Regeln aus und übten sich in Freundlichkeit. Sie standen gerade, gingen aufrecht, lächelten und machten einen glücklichen Eindruck. Alle sprachen sehr viel, nachdem sie so lange geschwiegen hatten. Einige betrachteten den Wandel mit Misstrauen. Ich hatte kein großes Vertrauen in den Staat, war aber glücklich, mich auf dem großen Hof bewegen zu dürfen.

Ich zog Mutter an der Hand, um ihr einen Mann zu zeigen, auf dessen Brust und Rücken ein Schild befestigt war.

«Ich kann es lesen», verkündete ich voller Freude, dass mir Mutter bei Rymarkiewicz das Lesen beigebracht hatte. Nun begann ich aus den großen Buchstaben auf seiner Brust Worte zu formen: *«Ich habe meinen Kameraden zwei Paar Socken, Zigaretten, Schreibstifte, Seife und Löffel gestohlen …»*

Der Mann drehte sich um.

Nun konnte ich die gleichen Worte auf seinem Rücken lesen.

«Was soll das?», fragte ich.

«Das ist die Strafe, weil er gestohlen hat», antwortete Mutter.

Es war eine sehr strenge Bestrafung. Jeder konnte diesen Mann erbarmungslos behandeln. Und dies für lange Zeit. Es war sehr arg, ich hätte mich eher auspeitschen lassen.

Mutter erklärte den Sinn und Zweck. Gefangene mussten lernen, sich wieder wie normale Leute zu verhalten, ehe man sie in die Freiheit zurückließ. Sie mussten lernen, nicht zu stehlen, wenn andere etwas hatten, was sie nicht hatten. Die Gefangenen hatten selbst entschieden, kleine Diebstähle auf diese Weise zu bestrafen.

Elfie begann, sich darüber aufzuregen. Ihr gefiel dieser Denkzettel ebenfalls nicht.

«Schaut ihm nicht ins Gesicht, dann ist es nicht so schlimm», sagte Mutter.

Die schweren Schilder schnitten dem Mann in die Schultern. Er richtete seine Blicke starr in den Himmel über dem Lager. Er war so auffallend. Alle Gefangenen konnten ihm einen Knuff versetzen. Das war ungerecht. Wenn die Wachen prügelten, dann ging das wenigstens einmal vorüber. Auch eine Frau wurde als Diebin bestraft. Sie musste auf einem Tisch stehen. Auch sie hatte ein Schild um den Hals, auf dem «Dieb» stand.

«Wird es draußen solche Brustschilder geben?», wollte ich wissen.

«Nein», antwortete Mutter. Und das war alles, was sie dazu zu sagen hatte. Ich stellte keine weiteren Fragen. Potulice ließ keine Fragen zu, nicht einmal, als wir für das normale Leben übten und nun wissen wollten, was denn Normalität bedeute.

Die Veränderungen in Potulice gingen weit über mein Vorstellungsvermögen hinaus. Alle Menschen hatten jetzt Haare. Ich auch. In Potulice schor niemand mehr dem anderen das Haar. Das ganze Lager war voller Köpfe mit Haaren – helles Haar, dunkles Haar, die Farbe von Stroh, der Ton von Getreidekaffee.

Wir spielten das Spiel *Wann-kommen-wir-raus*. Die großen Mädchen hatten phantastische Wünsche: Haar, mit Dauerwelle, Rubinringe statt Ringen aus Stroh, Süßigkeiten, Weißbrot und Schreibstifte. Die kleinen Mädchen wünschten sich dicke Kascha. Die würde auch mich glücklich machen, aber gutes Brot und Papier, das mit Worten bedruckt war, würden sehr viel besser sein.

Das ehemals Verbotene war nun erlaubt. Man konnte es jeden Tag tun. Menschen lächelten und unterhielten sich. Es war noch nicht lange her, da hatte ich versucht, meinen Zucker gegen einen Blick einzutauschen.

Lächeln und Blicke waren nun umsonst zu haben. Wir konnten uns an jede Stelle des großen Hofes begeben. Ich streifte um das Steingebäude im Zentrum. Es hatte sich nicht verändert. Immer noch befand sich die Küche darin, und es gab etwas zu essen dort. Ich öffnete einen Hahn an der Außenwand und fing mit einer Hand Wasser auf. Ein Mann schaute zu. Das Wasser schmeckte kühl und gut. Der Mann lächelte.

«Ruf deine Mutter zu mir», sagte er. Er hatte ein freundliches Gesicht.

Ich lief zu Mutters Baracke. «Da draußen ist ein Mann. Der will dich sprechen. Er ist freundlich.» Ich führte sie zu dem Wasserhahn im Freien.

«Ich habe sie nicht wieder erkannt», sagte Vater über mich. Wir lachten und weinten zugleich. Ich war zu schüchtern, um viel zu sagen. Auch Lydia und Wanda waren in Potulice, in einer Frauenbaracke. Wo steckten Gustav und Pauline? Würde Rymarkiewicz sie fortgehen lassen? Mutter und Vater fragten sich, ob es dem Suchdienst des Roten Kreuzes gelingen würde, alle zu finden?

«Ich habe dich auch nicht erkannt», sagte ich schließlich zu Vater. Im Besuchsraum hatte ich nur Bruchteile seines Gesichts sehen können. Ich berührte seine Bartstoppeln – sie waren immer noch rau wie ein Ziegelstein. Wir gingen zu Mutters Baracke zurück. Vater hatte einen schleppenden Gang. Die Knie gaben nach, er schlurfte mit den Sohlen. Ohne Schwung bewegte er sich fort. Tiefe Furchen zerklüfteten sein Gesicht, aber er hatte ein helles Lächeln.

Durch die Schwerstarbeit waren Mutters Hände rau, voller Risse und Schwielen. Aber mit ihrem grauen Zucker hatte sie uns aufgespürt. Vater hatte uns mit seinem Brot gefunden. Lydia und Wanda hatten es geschafft. Großmutter befand sich in Potulice. Elfie, Adusch und ich ebenfalls. Bald würden wir zusammen sein – frei und stark.

***

In der Morgendämmerung des nächsten Tages warfen wir einen letzten Blick auf das Lagergelände. Der Steinbau in der Mitte wirkte wie ein Schatten. Die Wärter waren nur Schemen in der Dunkelheit. Wir schritten durch das Haupttor und ließen das Knirschen der Schlacke hinter uns. Alle bewegten sich lautlos. Die Erde klang sanft. Unser dunkler Strom von Menschen mit schwerem Gepäck bewegte sich langsam.

«Wir gehören zum dreizehnten Transport», sagte jemand.

«Den dritten Juli 1949 werde ich nie vergessen», flüsterte eine meiner Schwestern neben mir.

Das Jahr 1949 bedeutete mir nicht viel. Juli hieß Sommer. Die Luft schien warm und sanft. Mutter und Vater, die neuen Schwestern und der große Bruder gingen neben mir. Sie trugen Elfie und Adusch. Ich hatte meine glänzenden schwarzen Schuhe an. Wir hatten die Kleiderkammer in Potulice aufgesucht. Jeder von uns hatte normale Bekleidung und Schuhwerk erhalten, um sie in der Freiheit zu tragen. «Verblichen», sagte Mutter über den dünnen Rock. Sie zog ihn mir über den Kopf und erklärte: «Dem geschenkten Gaul schaut man nicht ins Maul.» Die Farbe war kaum zu beschreiben – weder grau noch blau, auch nicht weiß. Einem Gaul ins Maul zu schauen, kam mir recht merkwürdig vor. Aber die Schuhe glänzten schön schwarz.

Der Morgen schimmerte grau vor uns. Überall tauchten aus der Dunkelheit Menschen auf. Ihre Gesichter wirkten ernst angesichts des Unvergesslichen, das hinter ihnen lag, und der Zukunft, die sie sich nicht vorstellen konnten. Ich konnte mir die Zukunft auch nicht vorstellen. Die Erde erstreckte sich bis zum fernen Horizont. Der Sonnenaufgang machte den Himmel goldfarben. Eine gewaltige Sonne aus Gold stieg auf und brachte den Tag mit sich.

Der Duft der Äcker streifte unsere Gesichter. Die frühe Morgensonne berührte unsere Augen. War es nicht herrlich? Lebten wir nicht in der schönsten aller Welten? Ich bückte mich, um die Erde zu berühren. Sie fühlte sich fest und warm an. Am Rande der Straße tauchte ich meine Hand ins Gras. Ich berührte das Gras, nur um es anzufassen. Ich pflückte ein Blatt, hielt es in der Hand und drückte es an mein Gesicht.

Mutter, Vater, die Schwestern und die Brüder bewegten sich mit langsamen, ruhigen Schritten voran. Sie trugen schweigend ihr Sack und Pack. In Potulice waren einige unserer Sachen aufbewahrt worden. Gustav trug seinen wertvollsten Schatz, einen abgebrochenen Löffel, für den er einen Holzgriff geschnitzt hatte. «Das ist ein sehr teurer Löffel», hatte er gesagt. Mutter trug ihren besten Sonntagsstaat, den ein Schneider vor dem Krieg angefertigt hatte. Ein tiefrotes Kleid voller Mottenlöcher. Einer trug die Bibel des Rotarmisten. «Betet für mich», hatte der Soldat gesagt, als er uns inmitten des Chaos der Flucht in unserem Versteck entdeckte. Er steckte uns eine große Bibel zu. Möglicherweise stammte die Heilige Schrift aus einem geplünderten Haus. Wir hatten nicht für ihn gebetet. Wir hatten für uns selbst nicht gebetet. Aber stets trug irgendjemand seine Bibel mit sich.

Die Menschen bewegten sich mühsam und zählten die Vermissten. Wer war wohin gekommen? Wer war zurückgeblieben? Mutter ging mit langsamen, schweren Schritten. Großmutter war noch in Potulice. Sie sollte mit einem späteren Zug nachkommen. Das würde schon klappen.

In der Freiheit würde alles ganz anders sein. Das versicherte jeder. Ich war überzeugt, dass auch ich mich völlig verändern würde. Ähnlich wie die Eisblumen an den Fenstern, wenn sie Schattierungen von Rosa annahmen, würde ich mich wandeln. Ich würde mich ändern wie Baumschatten, die wirkliche Bäume wurden. Ich wartete auf die Veränderung, die die Freiheit mit sich bringen würde. Würde sie wie fallender Regen sein? Wie Wind, der das Gesicht berührt? Würde die Freiheit jeden so wunderbar machen wie das Gras, wie die volle, warme Erde?

«Nun mach schon. Vom Zug aus kannst du noch genug sehen!», rief Mutter mir zu.

Ich schaute meinen Rock an, wollte feststellen, ob ich mich verändert hatte. Die Straße erwies sich als länger als alles, was ich bislang kennen gelernt hatte. Vater trug Elfie. Der kleine Adusch schleppte sich voran. Die Sonne verbreitete immer mehr Wärme. Meine Füße wurden schwerer. Die Lackschuhe, schwarz wie Getreidekaffee, scheuerten mir die Fersen wund.

«Ist es noch weit?», wollte ich wissen.

«Jetzt nicht mehr», antwortete Mutter und klagte: «Die Kinder sind so angeschlagen.»

Ohne Vaters aufgewärmtes Brot hätten die Schwestern nicht überlebt. Wanda und Lydia erzählten, wie Vater Brot für sie erbettelt und aufgespart hatte. Sie tunkten das getrocknete Brot in Gerstenkaffee. Dann bräunten sie es auf einem Blechofen in ihrer Baracke. Etwas davon gaben sie ab.

Gustav erzählte, wie er losgezogen war, seinem Herrn Wein zu holen. Die Männer in der Kneipe von Buszkowo nannten ihn einen netten Kerl. Sie empfanden Mitleid mit einem sympathischen Jungen, der in Lumpen ging. Daher ließen sie einen Hut herumgehen und sammelten ein wenig Kleingeld. Gustav lachte über die paar Münzen.

Die Peitsche seines Gebieters würde er nie vergessen können. Er hatte sie in hundert Teile zerstückelt und im Garten vergraben.

Die Menschen sprachen über das, was sie nie vergessen würden und was sie sich in der Freiheit am meisten wünschten. Alle wollten unbedingt eine Nacht lang ungestört schlafen. Die Wanzen in den Übergangsbaracken waren entsetzlich gewesen.

An meinen Armen spürte ich das Jucken und die Stiche. Die Wanzen waren an allen Ritzen entlanggekrabbelt, zu aufgebläht von ihrer Beute, um weglaufen zu können. Wir hatten zu dritt oder zu viert auf einer Pritsche geschlafen, ich hatte mich zwischen meine beiden großen Schwestern gequetscht. Jede Nacht wurden wir bei lebendigem Leibe von Wanzen angeknabbert. Jede Nacht jagten wir die stinkenden braunen Biester. Ich würde die Wanzen nie vergessen können.

In Nakel zog unsere Karawane an den Häusern des Städtchens entlang. Von Bürgersteigen und Fenstern schauten uns die guten Bürger des Städtchens zu. Die Blicke machten mir nichts aus. Aber die alltägliche Kleidung dieser Leute sah nach dem vielen Grau hinter Stacheldraht so hübsch aus. Wir erreichten den Bahnhof – ein Bahnsteig, ein paar Schienen, Güterwagen –, wir waren angekommen. Vater zog seine Mütze und hielt sie zwischen den Händen, wie er es vor angesehenen Personen zu tun pflegte.

«Wer weiß, ob wir je wieder hierher zurückkehren werden», meinte er.

Von weit entfernten Orten hatten Züge Menschen in die Gefangenschaft gebracht. Nun schafften die Transporte die Menschen in die Freiheit. Viele, viele Leute warteten darauf, den Zug besteigen zu können. Sie saßen auf Bündeln, standen in Reihen.

Ich hielt mich dicht an meine Gruppe. Meine älteren Schwestern waren größer als Mutter. Plötzlich gab es für mich viel mehr Menschen, denen ich gehorchen musste. Lydia sah dünn, aber kräftig aus. Wanda nannte Vater «Papusch» und wirkte makellos. Paula hielt ihren Kopf gesenkt und stotterte beim Sprechen. Gustavs Stammeln war schlimmer, als ich es in Erinnerung hatte. Er konnte manchmal komische Sachen sagen, die uns zum Lachen brachten. Vater fiel dadurch auf, dass er in den Knien einsank und einen schleppenden Gang hatte.

In den Güterwagen gab es keine Sitze, aber Feldbetten und Fenster. Ich saß da und schaute. Die Erde war so riesengroß, viel größer als Potulice. Felder mit grünen, blauen und gelben Flächen rollten vorbei. Telefonmasten rasten. Eine Wahnsinnsjagd nach irgendwas. Nur die Vögel waren daran nicht beteiligt. Sie saßen auf dünnen Drähten. Lärm und Tempo schienen ihnen egal. Wie konnten sie so nahe am Zug sitzen und den Zäunen von Potulice so fern bleiben? Besaßen sie ein Geheimnis?

Ganz winzig erscheinende Menschen unterbrachen ihre Arbeit auf einem Feld. Ihre weißen Kopftücher flatterten im Wind. Sie standen da und winkten dem Zug zu. Welch ein Wunder. Freundlichkeit, die aus dem Nichts kam!

Die Menschen sagten, das Land sei immer noch vom Krieg schwer gezeichnet. Die Felder waren mit Unkraut bedeckt, wo eigentlich Getreide hätte angepflanzt werden sollen. Es war jetzt Juli. Die Zeit, da das Getreide heranreifen sollte. Vater entdeckte einige Weizen- und Gerstenfelder. Mir kam alles einfach schön vor.

Am Nachmittag hielt der Zug neben einer Wasserpumpe irgendwo in der Landschaft. Alle stellten sich zum Trinken an. Mit einer Büchse konnte ich einen Schwapp Wasser auffangen. In der Nähe der Schienen breitete ein Unkraut seine Blätter aus. Die Leute nannten es *Löwenzahn*. Welch ein phantastischer Name für ein Unkraut! Die Blätter sahen so gefährlich wie die Zähne eines Löwen aus. Allerdings hatte ich noch nie einen Löwen gesehen. Löwen hielt ich für eine Mischung aus einem Pferd und einer Kriegsmaschine. Ich wischte den Staub von einem mit Zähnen versehenen Blatt und sah mir die feinen Äderchen unter der grünen Oberfläche an, die Adern eines Pferdes, das zugleich Kriegsgerät war. Eine zarte, luftige Samenkugel wiegte sich auf einem Stängel. Ich legte meine Hände um die hoch empfindliche Kugel. Sofort löste sie sich in meinen Händen in kleine Teilchen auf. Pusteblumen wie diese waren nicht haltbar. Die Samenkugel des Löwenzahns war nicht von Bestand.

Am nächsten Morgen hatte der Zug Polen verlassen. Wir befanden uns jetzt in einem anderen Land, in der Ostzone Deutschlands. Die Grenze konnte ich nicht ausfindig machen. Von unserem Fenster aus waren keine Mauern zu sehen. Grenzen waren wohl nicht mit Mauern vergleichbar. Grüne Hügel rollten vorbei. Alles war viel weiträumiger, als ich es mir vorgestellt hatte. Die Berge wirkten viel größer als der Wall von Potulice. Außerhalb von Potulice sah alles ganz anders aus, fremdartig, phantastisch. «Thüringen» nannten einige um mich herum die Gegend, durch die wir jetzt fuhren. Ich sah eindrucksvolle Abhänge. Alles wirkte so großzügig. So freigebig wie die Leute mit den Tüchern, die uns in Polen von den Feldern aus zugewinkt hatten. Wolkenschatten glitten über Baumkronen. Dann folgte eine sonnige Lichtung. Anschließend kamen wir zu meinem Erstaunen an einem Weiher vorbei, in dem Wolkenspiegelungen dahinströmten. Gewaltige Steinblöcke standen in hellstem Licht. Waren übergossen von der Sonne. Der Zug ächzte eine starke Steigung hinauf. Ich konnte die Spitzen von Bäumen sehen, die der Sonne entgegenstrebten.

War es nicht seltsam, wie der Zug, ohne anzuhalten, durch kleine und große Städte gefahren war? In der Nacht hatte er wichtige Orte ohne Halt passiert. Die Leute waren gespannt. Wer würde sich wohl für Gefangene aus Potulice interessieren? Sahen wir wirklich so erbarmungswürdig aus? Man denke nur an die Wasserpumpe im Nirgendwo. Was sonst konnte das bedeuten?

Aber wir sahen keineswegs erbärmlich aus. Wir hatten uns für die Freiheit herausgeputzt. Dann vergaß ich alles und döste auf einer Pritsche ein.

Endlich kam der Zug zum Stehen. Das Städtchen Sonneberg lag im Dunkel. Die Menschen packten ihre Bündel zusammen und verließen den Zug. Jemand führte uns über die gepflasterten Straßen. Wir folgten, viel zu müde, um etwas von der Freiheit zu bemerken.

Ich befand mich in einem großen Raum voller Einzelbetten. Ich stand neben einem weißen Metallbett mit einem weißen Laken und einem weißen Kissen. Ich berührte diese Dinge.

«Geh einfach zu Bett», sagte Mutter.

Ich tat, was alle anderen taten. Zog mich aus und stieg ins Bett. Ich konnte das Betttuch riechen. Es erinnerte an den Geruch von Gras, das ich am Straßenrand gepflückt hatte, an das Wasser, das wir aus der Pumpe tranken. Dann glitt ich in den Schlaf hinüber.

Wir blieben einige Tage in der Stadt mit den gepflasterten Straßen. Zunächst schauten die Leute vom Transport sich einfach begierig um, wollten durch die Straßen spazieren, Häuser betrachten, Menschen grüßen.

«Wir sind Wesen von einem anderen Stern», meinten die Leute von unserem Transport.

Meine großen Schwestern, die Eltern und Gustav erweckten den Eindruck, als hätten sie vergessen, wie Straßen, Schaufenster oder gewöhnliche Leute aussahen. Sie wussten nicht mehr, dass sie einmal «Guten Morgen» und «Guten Tag» gesagt hatten.

Alles war vollkommen neu, war ganz und gar phantastisch. Niemand brüllte. Niemand prügelte. Es wurden keine Frauen vor Wagen gespannt. Ich konnte winken, konnte lächeln, lachen, in freundliche Gesichter blicken. Und war es nicht ganz unglaublich, «Guten Morgen» zu sagen? Ich konnte mich richtig für so einen Gruß begeistern.

«Du solltest es nicht übertreiben», warnte mich eine meiner Schwestern.

Es gab hier Blätter, wie ich sie noch nie gesehen hatte, Steine, Felsen und Baumstämme, wie ich sie noch nie berührt hatte. Es fanden sich hier Grillen, Schmetterlinge und Bienen mit Stacheln, pelzige, aber auch glatte Raupen. Hausfliegen rieben sich über durchsichtigen Flügeln die Hinterbeine.

Auch Elfie und Adusch betrachteten, rochen und berührten alles. Im Esssaal sagten wir «Guten Morgen». Wir aßen mit glänzend sauberen Löffeln von weißem, glattem Porzellangeschirr. Und wir saßen auf richtigen Stühlen mit Lehnen. Auf einer Fensterbank wuchs eine rote Blume in einem Topf. Niemand schlürfte seinen Kaffee. Jeder hielt seine Gabel anständig in der Hand und sorgte dafür, dass sein Gesicht sauber war und der Rock nicht hochrutschte. Nun würden wir lernen, uns gut zu benehmen. Das war nicht schwer.

Wir strolchten über die gepflasterten Straßen und bewunderten die feinen Auslagen in den Schaufenstern.

«Wir kaufen nichts», sagte Vater, als Elfie und ich in einem Schaufenster eine Puppe entdeckten.

Elfie weinte. Es war eine lebensechte Puppe, eine wunderschöne Puppe. Sie hatte echte Haare, Schuhe und Kleider. So schön – so schön – so wunderschön. Elfie wollte alles Schöne besitzen.

Die Eltern bestanden darauf, nichts zu kaufen. Wir mussten unsere Schwester Johanna in der Amerikanischen Zone finden. Wir mussten den Weg in die wirkliche Freiheit schaffen. Wir wollten nie mehr in Unfreiheit leben.

An meine Schwester Johanna konnte ich mich überhaupt nicht mehr erinnern. Ich wusste nichts über die Amerikanische Zone, auch nichts über die Ostzone. Der Westen war gut. Der Osten nicht. Ich war für das Gute.

«Wir kaufen nichts», sagte Mutter, als ich ein Buch entdeckte. Wenn ich ein Buch hätte, dann würde ich wissen, wo der Himmel zu Ende ging, würde mich mit den Samenballen von Löwenzahn auskennen, mit herumliegenden Felsbrocken, mit gewaltigen Bergen. Hätte ich ein Buch, dann würde ich die Welt verstehen.

Bei der Flüchtlingsbehörde erhielt Vater ein paar Mark, um

damit ein neues Leben zu beginnen. Mit dem Geld wollten wir alle in den Westen gehen. Wir würden in den Westen ziehen und Johanna finden. Wanda hatte einen Brief an Johanna geschrieben. Eine Antwort erreichte uns nicht.

Gustav sang: «In Potulitz war die Hölle los ...»

Wir gingen über die gepflasterten Straßen und waren glücklich über Gustavs Gesang.

Eines Abends machten wir uns bereit, in der Nacht über die Grenze zu gehen.

«Ein Dummer denkt, es muss so sein. Ein Kluger wird nichts sagen», meinte meine Mutter zu der Art und Weise, wie wir allen Schwierigkeiten begegneten. Sie sagte das über die Flicken an unseren Hemden, über ein Seil, das wir um einen Koffer banden, über Socken, dic nicht passten. Für mich war all das besser als das Gewohnte. Flicken waren besser als Löcher, und Socken waren besser als Fußlappen.

Mutter und die Schwestern packten unsere abgerissenen Kleidungsstücke und unsere ärmlichen Habseligkeiten ein. Die lächerlich wenigen Dinge, die wir gerettet hatten, ein paar Fetzen, Stöcke und Kieselsteine, ein Stück Fahrradschlauch, mit dem man gerade noch Schuhe flicken konnte. Mutter stellte alles zu kleinen Bündeln zusammen. Jeder sollte etwas tragen.

In einer warmen, mondhellen Nacht marschierten wir nach Westen. Unter unseren Schritten raschelte der Waldboden. Wir gingen die ganze Nacht und trugen unsere Bündel. Wie ein Erwachsener trug auch ich eines mit mir. Diesmal trug ich die Bibel des Rotarmisten. Die Schlingen des Netzes schnitten mir in die Hände.

Am Morgen erreichten wir die Grenze. Zu guter Letzt bekam ich eine Grenze zu sehen. Der Grenzposten war ein Russe im Wodkarausch. Er wollte unsere Papiere sehen. Vater «schmierte» ihn mit dem Geld, das uns den Start in ein neues Leben erleichtern sollte. Der Russe nahm unsere Zuzugsgenehmigung in die Amerikanische Zone an sich sowie ein paar Geburtsurkunden, die die Gefangenschaft heil überstanden hatten. «Nehmt sie euch einfach wieder», flüsterte der ostdeutsche Wachposten Lydia zu. Sie nahm die Papiere vom Tisch. Der Russe ließ es geschehen.

Dann marschierten wir zwei Stunden lang auf einem Feldweg zum Bahnhof, einem Bahnsteig mitten in der Einöde, das Ende eines Weges, der Beginn unseres neuen Lebens.

***

In jenem Sommer 1949 wurden wir Flüchtlinge. Wir waren wieder alle vereint, nur Großmutter fehlte, sie war entweder in Potulice oder auf dem Weg in die Freiheit gestorben. Manche Leute meinten, wir könnten uns glücklich schätzen, weil die meisten Angehörigen unserer Familie überlebt hatten. Wir sahen das nicht anders. Endlich hatten wir einen Winkel gefunden, wo wir unsere Last ablegen konnten: den Kreis Schwalm in Hessen.

Die Gegend sah so schön und sanft aus, wie der Klang des Namens vermuten ließ – man dachte dabei an plätscherndes Wasser.

Ich aalte mich im hinreißenden Überfluss an Welt. Tag für Tag sah ich die Erde zum ersten Mal. Jeden Tag war es eine neue Erde, frisch geschaffen. Die Sonne kletterte die Bäume hinauf, löste das Spiel von Licht und Schatten aus. Geschöpfe besaßen Farben – das Rot der Mohnblumen, das Braun des Rehs und seiner Kitze. Tiere ergriffen die Flucht, kletterten, verkrochen sich und suhlten sich im Schlamm. Ich stand da und staunte. Die Erde ergriff all meine Sinne. Ihre Schöpfungen durchdrangen mein Hören, mein Sehen, ich spürte sie auf der Haut. Ich suchte nach Orientierung. Die Erde erneuerte sich immer wieder selbst auf mannigfaltige Weise. Meine Gedanken fieberten, um alles aufzunehmen und mir anzueignen. Ich schnappte neue Wörter auf, ich griff nach allem, was ich zu fassen bekam.

Namen und Worte packten mich. Die Namen erzählten die Geschichten von Dörfern und Städten. Vor langen Zeiten hatten die Menschen einen Hain entdeckt, in dessen Schatten sich die Ziegen gern aufhielten. Sie gründeten dort eine Stadt und nannten sie Ziegenhain. Andere Menschen errichteten ihre Häuser in der Nähe einer Anhäufung von Steinen. Das Dorf nannten sie dann Steina. An der Straße nach Ziegenhain lag Trutzhain, die Baracken von Trutzhain hielten sich flach am Boden. Es fiel schwer, sich eine Geschichte über den Namen «Trutzhain» auszudenken, Hain des Trotzes, Hain der Sturheit. Schwer zu sagen, weswegen der schöne Hain so störrisch sein sollte. Welche Neigungen der Ort auch immer haben mochte, jedenfalls war Trutzhain unser erstes Zuhause in der Freiheit.

Mit Baracken kannte ich mich aus – hier konnte ich die Schwalm mit Potulice vergleichen. Trutzhain war von grünen Feldern umgeben. Ein Wald grenzte an das eine Ende des Ortes. Wir konnten über die Felder wandern und Ausschau halten, so weit das Auge reichte. Der Zaun um die Siedlung lag niedergerissen am Boden. Es gab hier keine Wachen, die Streife gingen. Wir hatten den Teil einer Baracke für uns allein – drei komplette Räume, nämlich eine Küche und zwei Schlafzimmer. Trutzhain war das schönste Lager, das ich je kennen gelernt hatte.

Stoppeln lautete mein jüngstes Wort. In der Nähe der Straße nach Ziegenhain gruben Mutter und ich, zusammen mit Elfie und Adusch, in einem umgepflügten Feld nach Kartoffeln. *Stoppeln* bedeutete hier eine schwere Arbeit. Mutter hätte es lieber mit einem schlampigen Bauern zu tun gehabt, der einen größeren Teil seiner Ernte unter der Erde ließ. Man musste lange graben, um eine einzige Kartoffel auszubuddeln.

Stoppeln bedeutete noch mehr, als Kartoffeln auszugraben. Mutter grub den Boden um. Jeder Spatenstich riss die Erde auf und ließ einige lebende Wesen zum Vorschein kommen. Mit einem Auge hielt ich nach Kartoffeln Ausschau, mit dem anderen durchsuchte ich den Boden nach Würmern, Maden, Käfern und allem, was da kroch und krabbelte.

Es gab kaum Verkehr, der uns beim Graben hätte stören können. Ein paar Fahrräder, manchmal ein Auto, hin und wieder Fußgänger. Manche schauten unserem Stoppeln zu. Es war ein Beweis für die Armut, die unter den Flüchtlingen in dieser Gegend herrschte.

Mutter hielt inne, wischte sich die Stirn und blickte zu einem gaffenden Radfahrer hinüber.

«Armut ist keine Schande, kein Grund, sich zu schämen. Es ist eine Schande, uns so anzustarren», und damit hatte sie wieder einmal eine Weisheit ausgesprochen.

Ich hob einen *Regenwurm* auf. Er kroch auf meiner Hand herum, was ihm wenig gefiel. Ich setzte ihn wieder auf den Boden und war glücklich über seinen passenden Namen. In meiner Sammlung von Kreaturen gab es Regenwürmer, Schnecken, Käfer, Heuschrecken und Frösche.

Was hieß schon Armut, wenn wir mehr Kartoffeln hatten als je in der Gefangenschaft? Warum sollte man sich schämen, wenn die Erde jeden Tag Neues an Schnecken, Käfern und Regenwürmern zu bieten hatte?

Mutter sah, was die Armut mit uns machte. Sie bemerkte, wie ungeschickt sich Adusch bewegte, wie seine Beine voller Beulen und blauer Flecken waren, wenn er nach Hause kam. Ihr fiel Elfies geschwollener Bauch auf, und sie versteckte ihn unter einer Schürze. *Geschlagen*, klagte sie, wenn sie uns mit anderen Kindern verglich. Sie sah die Vergangenheit, sah Potulice. Ich selbst sah immer neue Geschöpfe. Sie faszinierten mich und bereicherten meine Welt.

Unser Sack war so voll mit Kartoffeln, dass Mutter ihn nur mit Mühe tragen konnte. Sie hievte ihn auf ihren Rücken. Wir marschierten die Asphaltstraße entlang, im Schatten einer geschlossenen Allee von Bäumen. *Erlen* nannte Mutter diese Bäume. Bäume, die Namen trugen. Wenn ich Wörter kannte, würde ich bald viel über die Erde wissen.

Am Ende des Baumtunnels konnte ich in der einen Richtung Ziegenhain sehen, in der anderen die Stadt Treysa. Wir hatten unsere wunderschöne Schwester Johanna, die ich nie kennen gelernt hatte, in der Amerikanischen Zone gefunden, in Ziegenhain. Sie hatte nicht mehr erwartet, uns je wieder zu sehen. Bei unserer ersten Begegnung hatte sie geweint, hatte uns geherzt und viel erzählt. Johanna arbeitete in Ziegenhain. Pauline bei einem Bauern in Steina. Lydia arbeitete in der Nähe von Treysa und Wanda in einem Krankenhaus in Treysa. Gustav wohnte daheim in unserer Baracke und nahm gemeinsam mit Vater jede Gelegenheitsarbeit an. Wir arbeiteten alle. Aber niemand kaufte oder verkaufte uns. Die Leute hier zahlten für unsere Arbeit. Mit

Münzen und Banknoten konnten wir uns kaufen, was wir brauchten. Oder wir suchten die Stoppelfelder ab. So standen die Dinge in der Freiheit.

Auch ich leistete meinen Anteil an der Arbeit. In den Straßengräben wucherte das Grün. Ich watete durch kniehohes Gras und sammelte Kräuter und anderes. Ein großer Ballen Sauerampfer sollte eine Suppe zum Abendessen liefern. Wir pflückten die Blätter und machten uns auf den Heimweg. Am Rande der Siedlung nahm Mutter mir mein Bündel ab. Jetzt durfte ich ein wenig spielen.

Ich wollte mich in den Teil von Trutzhain begeben, den ich das *Lotterfeld* nannte, sagte ich Mutter. Es war voller Pflanzen und Getier.

«Gretchen», rief ich und rannte zu der besten Freundin, die ich in Trutzhain hatte.

Gretchen schüttelte ihr glattes braunes Haar. «Dumm», sagte sie und starrte auf ihren zertrampelten Spielgarten.

Warum hatte irgendjemand Gretchens Spiel so zerstören wollen?

Gretchen schüttelte den Kopf über dieses Maß an Dummheit. So war es halt.

Wir wanderten zum Lotterfeld, einem Feldstreifen voll Wildwuchs und Gerümpel. Er lief am Rande der Siedlung entlang, die Ziegenhain gegenüberlag. Hier und da ragten hohe Ringe aus Zement wie große Buchstaben nach oben. Ich duckte mich und kletterte in ein O. Der raue Zement streifte meinen Hinterkopf.

«Hallo», rief Gretchen aus dem Inneren eines Rings.

«Hallo», antwortete ich aus meinem.

Gretchen sprach geziert mit weichen Lauten. Vielleicht kamen ihre Eltern aus der Großstadt. Alle Flüchtlingsfamilien in Trutzhain kamen aus fernen Gegenden, aus dem Osten, aus verschiedenen Ländern. Sie redeten mit verschiedenen Sprachfärbungen – kamen aus Schlesien, der Tschechoslowakei, aus Polen, aus Russland. Wir waren aus Polen hierher gekommen. Wir sprachen ein Deutsch, wie man es in Polen gesprochen hatte.

Gretchen sagte ihre Meinung stets offen und geradeheraus in

einer Art, wie ich sie in Potulice nicht kennen gelernt hatte. Sie lachte herzhaft und unbefangen, wie ich es nicht kannte. Gretchen und ich hatten uns im Lotterfeld kennen gelernt. Dies sei ein Spatz, sagte sie über einen toten Vogel, den ich aus dem Gestrüpp herausgeholt hatte. Wir betrachteten ihn lange. Es war ein unversehrter Vogel mit Füßen, gelb geränderten Augenlidern und einem ganz feinen Gefieder. Später wickelte ich ihn in ein Stück Stoff und bestattete ihn. Dieser Vogel sollte nicht im Schmutz verscharrt werden, wie es mit den Toten in Potulice geschehen war.

Wir wanderten durch das hohe Gestrüpp zu einem großen Metallbehälter. Das sei wohl ein Kühlschrank, hatte jemand gemeint. Ein Behälter, um Nahrungsmittel kühl zu halten. In ihm fand sich nichts Neues. Ein paar tote Grillen schwammen oben auf dem Wasser, das der letzte Regen zurückgelassen hatte. Gerademal eine Hand tief würde Mutter über das Regenwasser gesagt haben. Eine sehr gute Art, zu beschreiben, wie tief etwas ist. Die wenigen Blätter und ein brauner Grasstrang waren schon seit einigen Tagen da.

Blätter hatten keinen Einfluss darauf, wohin sie fielen. Aber bei den Grillen war das anders. Sie hätten wirklich aufpassen sollen, wohin sie hüpften. Dass die Grillen jetzt tot waren, tat mir Leid.

Am Rand von Trutzhain lagen alte Pfähle herum, an denen immer noch verrosteter Stacheldraht hing. Wir drehten einen Pfahl um. Längliches, rosa Getier krümmte sich, streckte sich aus und zog sich wieder in sich zurück. Dann rollten wir den Zaunpfahl wieder in seine Furche zurück.

Ich zog eine Pflanze durch meine Finger und bewunderte die Samen, die in Tropfen von Grün verpackt waren. Bei dem dritten Zementring setzten Gretchen und ich uns auf den inneren Rand. Die Sonne leuchtete. Dann warnte uns das Brummen einer Hummel. Genau vor uns hatte ein wählerisches Wesen die weichen Teile eines Blattes weggefressen, aber all seine Äderchen übrig gelassen. Ein Marienkäfer mit rotem Rücken schleppte sich zu den oberen Adern. Dann saß er auf dem Gerippe des Blattes und schnappte nach Luft. Die gelbe Puderquaste der Hummel schwebte und summte. Waren diese Wesen sich bewusst, was sie taten? Oder folgten sie nur ihrer wilden Natur?

Wir gingen heim. Gretchen bog um die Ecke in ihre Straße ein. Ich ging die Straße mit der Biegung hinunter, die einzige Straße in Trutzhain, die um eine Kurve ging. Unsere Baracken standen genau an dieser Biegung. Jenseits unserer Unterkunft stieß die kleine Kiesstraße auf die Hauptstraße. An der Mitte der Hauptstraße, im Zentrum der Siedlung, lag der Schulhof mit seinen hohen Pappeln. Trutzhain war ein kleiner Ort. Aber es gab keinen Wall, der ihn von der Welt abschirmte.

Vor mir rannten zwei blaue Gestalten. Ich erkannte die blauen Pullover der Zwillinge, die uns gegenüber wohnten. «Wir dürfen mit euch nicht spielen», sagten sie, als wir in Trutzhain in unsere Baracken eingezogen waren. Was sollte das heißen? «Wir dürfen mit euch nicht spielen.» – Warum? Weshalb?

Am Abend zog der Duft der Felder durch das Küchenfenster. Wir saßen um einen Tisch: Mutter, Vater, Adusch, Elfie und ich. Eine Glühbirne an der Decke erhellte das Zimmer. Nach dem Essen maß Vater die Länge eines Brettes aus. Er legte es zwischen zwei Stühle. Dann sägte er genau an dem Strich entlang, den er zuvor mit dem Bleistift gezogen hatte. Seine Hände waren stark und geschickt, als seien sie imstande, alles anzufertigen. Aber ob er auch die Freiheit reparieren könnte? Was würde geschehen, wenn jemand die Freiheit zerstörte? Wenn etwas fähig wäre, uns Vater und Mutter wegzunehmen? Wir waren nie sehr lange zusammen gewesen. Irgendetwas war immer dazwischengekommen.

Vater berichtete von seiner jüngsten Entdeckung. Zwar würde das Obst an den Bäumen an die Meistbietenden verkauft, aber was am Boden liege, dürften wir uns nehmen. Das Problem bestand darin, die vielen Äpfel von Obergrenzbach hierher zu schaffen.

Mutter zerbrach einige Zweiglein und wollte im Inneren des Ofens eine kleine Flamme anfachen. Sie unterbrach ihre Bemühungen, weil ihr eine Lösung eingefallen war. Manche Leute besaßen Handwagen. Vater konnte einen borgen.

Vater arbeitete mit einem Handbohrer. Er blies die Holzspäne weg und stopfte einen Pflock, den er sich zurechtgeschnitzt hatte, in das Loch. Er sah zufrieden über den ersten Zahn des Holzrechens hinaus, an dem er arbeitete.

Am Tisch sortierten Adusch und Elfie Weidenholz. Sie befühlten die glatten Zweige und rochen an der rotbraunen Haut. Sie schlugen in die Luft damit und hörten das Pfeifen. Jeder Zweig besaß seine eigene Melodie.

«Kinder», sagte Mutter, um die Unruhe zu dämpfen. Sie bündelte die Reusen, beschnitt sie und band sie zu Besen.

«Wo gehen wir morgen hin?», fragte ich und hoffte, Vater begleiten zu können, um mit ihm die neuen Besen und Rechen zu verkaufen und dabei neue Dörfer kennen zu lernen – Neukirchen oder Riebelsdorf, ich wollte die Welt anschauen.

«Vielleicht werden wir Weizen sammeln», sagte Mutter. Der Weizen hatte Vorrang. Wir mussten die Dinge dann auflesen, wenn sie vorhanden waren, nicht wenn uns danach war.

Wie immer hatte Mutter Recht. Ich wünschte, dass mir jemand ein Buch geben möge. Hätte ich ein Buch, würde ich Orte kennen. Bei jeder Gelegenheit bat ich um ein Buch.

Vater zählte die Löcher und Zähne für den Rechen. «Wuh, wuh», ahmte er den Klang der Sirenen von Bromberg nach. Nun würde er vom Großen Karl erzählen, seine witzigste Geschichte.

«Wuh, wuh», begannen die Sirenen zu heulen. Stets um Mitternacht. Immer während des tiefsten Schlafs. Gefangene sprangen von den Pritschen. Wächter brüllten «Raus! Raus!» Sie schwangen ihre Knüppel, schlugen auf Rücken. Die Gefangenen liefen in die Eiseskälte hinaus und wieder zurück. Die Wächter prügelten. Dann war die Qual für diese Nacht vorbei. Alles war wieder ruhig. Jemand zündete ein Licht an.

Vater sprach und zählte. Sein Finger berührte die Luft, als sei sie jemandes Rücken. «Eins, zwei, drei, vier – ach, hier geht's weiter – fünf, sechs.» Werner Litke hatte sechs Striemen auf dem Rücken. Ein anderer hatte fünf. Der Große Karl hatte nur einen. Er hatte es wieder ohne große Mühe geschafft, die Wachen hereinzulegen.

Wir lachten darüber, wie es der Große Karl schaffte, immer nur einen Striemen abzubekommen, und wie Vaters Finger in die

Luft zeigte. Karl war riesengroß. Wenn er nahe genug an den Aufsehern vorbeilief, konnten sie nicht ausreichend Schwung holen und ihn wirklich schlagen.

Die Geschichte war zu Ende, der Rechen fertig. Vater war ein Zauberer. Sogar aus nichts konnte er noch etwas machen. Er wandelte Schläge in Lachen um. Er überlistete den Hunger, wie Karl die Wachen genarrt hatte.

Tags darauf sammelten Mutter und ich gemeinsam mit Adusch und Elfie Weizen in der Nähe des Waldes. Der Weizen war geschnitten und stand in Garben. Wir sammelten die losen Reste vom Boden auf. Stoppeln knackten unter unseren Schuhen. Ein Wolkenschatten glitt leicht über den Acker. Wir erlebten den Wechsel von Sonne, Wolken und Wind. Unter uns bohrten sich Regenwürmer durch den Boden.

Der Weizen war auf seine Weise gewachsen. Jedes Korn steckte in einer Schale. Jede Hülse lief spitz zu. Die Körner taten sich zu einer Ähre an der Spitze des Halms zusammen. Mutter wusste nicht, wie Weizen wuchs, der Weizen aber wusste es einfach.

Ich nahm einige Garben von einem Haufen. Das war einfacher, als herumliegende Reste aufzusammeln.

«Nein, nein. Nur vom Boden», wies Mutter mich zurecht. Der aufgeschichtete Haufen stand nur dem Bauern zu.

Mutters Zauberkraft lag im Besonderen. Man tat nichts auf eine unbesonnene Art. Man handelte auf eine besondere Weise. So war es recht und gut. Man nahm dem Bauern nichts weg, was ihm zustand. Dieser Tag war ganz von goldenem Weizen und einer ganz besonderen Mutter geprägt.

Vater und Mutter gingen nach Obergrenzbach. Sie kamen mit drei Säcken voller Äpfel und einem Sack Birnen zurück.

«Hier», sagte Mutter und reichte mir ein Schälmesser.

Ich tat meinen Teil der Arbeit. Ein ganzes Wochenende lang wuschen wir Äpfel, schälten sie, schnitten sie in Scheiben, legten sie zum Trocknen in die Sonne. Die schönen roten Äpfel wurden zu einer Qual. Keiner von ihnen war ohne Wurm. Egal, wie ich mich mühte, stets schnitt das Messer durch Würmer. Noch nie hatte ich zerschnittene Geschöpfe gesehen. Ich schaute Mutter an, die den Eindruck erweckte, als sei das Zerschneiden von

Würmern die selbstverständlichste Sache der Welt. Es gab einen Grund, dass bestimmte Äpfel zu Boden gefallen waren. Sie waren wurmstichig. Wenn man sie verarbeitete, war es nicht zu vermeiden, dass man dabei Würmer zerschnitt. So war das Leben halt.

«Ich kann nicht mehr», sagte ich schließlich.

«Wenn wir uns alle so anstellten, hätten wir nichts zu essen», brummte Mutter, ließ mich aber trotzdem ein wenig zum Spielen gehen.

Im Lotterfeld fischten Gretchen und ich tote Grillen aus Eisschränken. Selbst tote Grillen mussten irgendwann bestattet werden. Nicht im Dreck verscharrt. Wir wickelten sie in große Blätter ein. Dann sangen wir das Maikäferlied. Es war nicht besonders passend für eine Totenfeier, und Grillen waren keine Käfer. Doch uns reichte es.

Maikäfer flieg.
Dein Vater ist im Krieg.
Deine Mutter ist in Pommernland.
Pommernland ist abgebrannt.
Maikäfer flieg.

Dann vergaßen wir die Grillen und sprangen abwechselnd durch die O's aus Zement. Wir beobachteten Raupen und alles andere Getier, das vorbeikam. Ich lief einen grasbewachsenen Teil des Lotterfelds hinab.

«Sind meine Beine lang genug?», fragte ich Gretchen.

«Ich denke schon», lautete die Antwort.

Ich wusste, dass es nicht so war. Ich war beim Sportwettkampf gegen eine Schule in Ziegenhain Letzte geworden. Wir sprangen und rannten den ganzen Tag. Einer der Lehrer wollte mir Beine machen.

Ich übte. Ich zog die Knie hoch und damit alles, was an ihnen befestigt war. Mit hochgezogenen Knien liefen Gretchen und ich den grasigen Abhang hinunter. Die Geschwindigkeit nahm zu. Wir flogen beinahe.

Ein Männlein steht im Walde
ganz still und stumm.
Es hat von lauter Purpur
ein Mäntlein um.

Jetzt kannte ich die Farbe *Purpur.*

***

Ich ging nach vorn. Alle Köpfe im Klassenzimmer wandten sich mir zu. Die großen Jungen schauten vom hinteren Teil des Raumes aus zu.

Ich trat vor meinen ersten Lehrer in Trutzhain. Seine Augen erschienen mir klein und kalt.

«Die Hand hinhalten», lautete sein Befehl.

Ich streckte eine offene Hand vor.

Der Zeigestock des Lehrers schlug sirrend zu. Der Mann setzte alle Kraft ein, die in seinem Arm steckte. Die ganze Klasse verfolgte den Vorgang, die einzige Klasse der Grundschule von Trutzhain.

Ich zuckte bei jedem Schlag. Meine Hand brannte wie Feuer. Während der Gefangenschaft hatten wir stets zusammengehalten. Hatten durchgehalten. Wie konnte es sein, dass der Lehrer nicht zu uns hielt? Sein Arm erschien mir größer als jeder Arm, den ich bislang gesehen hatte. Nun schlug er meine andere Hand. Heiß jagte es mir den Rücken hinauf.

«Dort hinüber!», herrschte der Lehrer mich an. Er zeigte zur Fensterseite, wo der Schulhof lag. «Hinknien und das Gesicht zum Raum.» Ich durfte nicht mit dem Gesicht zur Wand blicken. Ich musste mich dem Raum zuwenden. Seine Stimme klang schneidend wie der Zeigestock.

Ich durchquerte das Klassenzimmer und kniete mich vor die Klasse. Ich starrte auf die gegenüberliegende Wand, wie es die bestraften Diebe in Potulice getan hatten. Aber ich hatte doch gar nichts getan. Nicht geredet. Ich war nicht unruhig gewesen, hatte nicht herumgezappelt. Nur einen flüchtigen Blick hatte ich auf den Arm des Mädchens neben mir geworfen. «Nicht umdrehen!», hatte der Lehrer mir befohlen. Dabei hatte ich mich gar nicht umgewandt. Mein Gesicht brannte, ich spürte Gluthitze um beide Augen.

Die Fugen des Bodens schnitten mir ins Knie. In Potulice war ich nicht geschlagen worden. Ich hatte auch keine Demütigung erfahren. Nur die Wetter hatten in Potulice geprügelt. Sonst hielten alle zusammen. Wie passte der Lehrer in dieses Bild? Draußen vor dem Fenster flatterten die Pappelblätter wie eine Menge grüner Kupfermünzen, die das Fliegen erlernten. Die Pappeln waren so wunderschön, und der Lehrer war so unglaublich gemein.

Noch zwei weitere Male schlug der Lehrer mich auf die Hand. Einmal, als die Pappelblätter sich golden färbten und über den Schulhof wehten. Und noch einmal schlug er mich, als große weiße Schneeflocken fielen. Auch die kleine Elfie und Adusch wurden von dem Lehrer geschlagen. «Wer hat da gefurzt? Wer hat da gefurzt?», wollte er wissen und lief schnüffelnd im Raum umher. Stets blieb er bei dem kleinen Adusch stehen. Vor den Augen der ganzen Klasse schlug er Adusch auf die Hände. Adusch hatte keinen fahren lassen. Die Schule war so schön und so gemein.

Ein Jahr war vergangen, seit wir in eine der Baracken in der Straße mit der Biegung gezogen waren. Wieder lag Trutzhain inmitten von grünen Feldern. Ich ging mit meinen Eltern, Elfie, Adusch und Gustav zur Kirmes, die im Sommer in Ziegenhain stattfand. Ganz Trutzhain und ganz Steina gingen auf der Asphaltstraße in die Stadt.

Wenn wir ein Buch über die Welt gewinnen würden, dann würde ich sie verstehen können. Ich bat Mutter und Vater darum. Zum Geburtstag hatte ich von Johanna einen dicken Band mit *Grimms Märchen* erhalten. Was für eine Freude, einfach lesen zu können, wenn niemand Bücher besaß, wenn Bücher ein Vermögen kosteten! Aber ein Buch über die ganze Welt – es musste einfach ein Buch geben, das die ganze Welt erklärte.

Wenn es auf der Kirmes Bücher zu gewinnen gäbe, würde sie eines für mich gewinnen, das versprach mir Mutter.

Wir wanderten die Erlenallee entlang. Die Leute hatten ihren Sonntagsstaat angelegt. Sie redeten mit schlesischem, tschechoslowakischem, ungarischem, polnischem oder russischem Akzent. Wir hatten unsere polnisch geprägte Aussprache und trugen die feine Kleidung, die unsere Vettern aus Amerika geschickt hatten – Sommerkleider für Mutter, Elfie und mich, Hosen und Hemden für Vater und die Jungen. «Geschlagen» – hatte Mutter uns Kinder während der ersten Monate in Trutzhain genannt. Heute sahen wir so fein wie alle anderen aus.

Auf dem Stadtplatz in Ziegenhain wehte Tanzmusik über die Menge. Das Geschnatter eines Puppenspiels vermischte sich mit dem lauten Gerede der Einheimischen. Manche Frauen trugen Trachten mit auffallend weiten Röcken. Man machte ihnen Platz. Die schwarzen Röcke mit roten und grünen Zierbändern schwangen weit hin und her.

Am Schießstand verfiel die Masse in Schweigen. Gustav zielte mit einem Gewehr auf Reihen mit funkelnden Preisen. Er drückte den Schaft des Gewehrs gegen sein Gesicht. Alle schauten unserem recht stattlichen Bruder zu. Er betätigte den Abzug. Eine Glocke erklang. Die Masse jubelte. Gustav war ein Scharfschütze.

«Diesmal nehme ich eine blaue!» Er zeigte auf eine Reihe von Blechuhren.

Der Schausteller sah bestürzt drein. «Schluss jetzt. Nichts geht mehr. Geh weiter. Such dir einen anderen Stand.» Er fuchtelte mit den Armen.

Gustav hatte viermal getroffen, und jedes Mal hatte er eine der kleinen bemalten Uhren verlangt. Junge Damen bewunderten ihn. Er genoss jeden Augenblick.

«Unglaublich!», lachte Gustav. Die Damen um ihn herum lachten ebenfalls.

«Es ist alles ein wenig verrückt …»

«Die Welt steht eben Kopf …»

«Früher mussten wir den Kugeln ausweichen. Jetzt schießen wir und gewinnen damit Preise …»

«Wer hätte das gedacht. Letztes Jahr trugen wir das Grau von Potulice. Nun führen wir Geschenke aus Amerika vor …»

«Einfach verrückt», meinte Vater zu dem Eisverkäufer.

«Auf jeden Fall ein Grund zum Feiern.» Der Eisverkäufer und alle anderen lachten.

Wir aßen Eis und waren ganz gierig nach jedem neuen Geschmack. Weihnachten hatten wir zum ersten Mal den Geschmack von Orangen kennen gelernt, dann feines Weißbrot, schließlich den Apfelkuchen mit den Früchten von der Straße nach Obergrenzbach. Elfie lutschte ihr Eis und richtete die Augen zum Himmel, wie es die Engelchen auf Heiligenbildchen taten. Ich lachte über die Eiskrem mit dem Geschmack von Vanille. Ein wunderschöner Name.

Wir schlossen uns den Gästen an einem Biertisch an. Die Ortsansäßigen waren sich vollkommen einig, dies sei die beste Kirmes seit Kriegsende. Alle frohlockten über einen Zeitungsartikel vom Vorjahr – ein großes Loblied auf die Leute von Trutzhain.

Welch feine Begabungen, welche Energie und welche Geschicklichkeit hatten sie aus allen Teilen Europas mitgebracht. In den Lagerwerkstätten schufen sie fein gewebte Brokatstoffe, zarte Seidenblumen und solide Schreiner- und Schneiderarbeiten, außerdem gab es den besten Räucher- und Salzhering – und das, obwohl die Schwalm keineswegs am Meer lag. Es müsse unbedingt weitere solcher Märkte geben, da stimmten die Hiesigen mit dem Blatt überein. Einheimische und Fremde stießen miteinander auf die Zukunft an.

Ich zog an Mutters Arm. «Alles gelogen», sagte ich und meinte den Zeitungsartikel.

Wanda hatte den Beitrag aus dem *Schwälmer Echo* mit nach Hause gebracht und ihn laut vorgelesen. Mutter schaute gar nicht fröhlich drein, als Wanda die Zeilen über Mutter las, in denen es hieß, dass Mutter geweint habe, weil die Polen uns allen Besitz genommen hätten.

«Das ist eine Lüge», wandte ich ein. Ich konnte die falsche Behauptung nicht ertragen, die Mutter so darstellte, als wären ihr ein paar Habseligkeiten wichtiger gewesen als ihre Kinder. Mutter hatte geweint, weil wir so geschlagen aussahen. Besitz könne man ersetzen, hatte sie stets betont.

Mutter drückte meinen Arm. Ich sollte mich nicht so aufregen. «So ist es eben. Zeitungen sehen nur einen Teil des Bildes», flüsterte Mutter mir zu.

Wir blieben beim Tanzzelt stehen, wo eine Kapelle lautstark flotte Polkas spielte. Ein Paar führte einen flotten Tanz vor. Die anderen Tänzer machten ihm Platz. Viele strömten zusammen und schauten sich die flinken Füße und die weit schwingenden Röcke an.

Der Glanz der Kirmes verbreitete sich auch noch über unser Frühstück am Morgen danach. Bemalte Uhren gingen von Hand zu Hand. Ihre Wecklaute klangen schrill und blechern. Sie schepperten und ratterten zwischen Tellern und Bechern.

Vater blickte finster drein. «Hier werden wir nicht bleiben und anderswo auch nicht.»

Endlich begriff ich das Wort *Land*. Ich verstand es tatsächlich. Länder führten Kriege. Sie wollten einander vernichten. Die Puzzleteilchen, die ich zum Thema Krieg und Länder zusammengefügt hatte, versetzten mich in Aufregung.

Vater schaute immer noch finster. *«Verwünscht*. Länder, Krieg, Europa – das ist alles verwünscht.»

«Aber wir sind jetzt in Deutschland.»

«Das ändert überhaupt nichts. Wir haben genug Krieg erlebt. Wir bleiben nicht in Europa.»

«Verwünscht!» – Mit diesem Wort gab Vater zu verstehen, dass wir dieses Land zu verlassen hätten. Auf eigene Faust hatte ich nur weniges über die Geschichte unserer Familie herausgefunden. Wir waren *Volksdeutsche*, die in der Narew-Gegend in Polen gelebt hatten. Was war so schlecht daran, in Polen zu einer Minderheit zu gehören? Deutschland hatte Polen überfallen. Angriffe waren immer schrecklich für uns gewesen. Während des Ersten Weltkriegs war Mutter in die russische Wolgagegend verschleppt worden. Vater war in Russland unfreiwillig bis nach Astrachan am Kaspischen Meer gelangt. Nach dem zweiten großen Krieg mussten wir die Gefangenschaft und Potulice erleben.

Auf der Flucht hatten die Rotarmisten uns alle töten wollen. Warum? Weil Deutschland Russland angegriffen und viele seiner Menschen getötet hatte. Also schlugen die Russen zurück und brachten Deutsche um, auch jene, die am Narew-Fluss in Polen lebten.

So funktionierte der Krieg eben. Aber wozu war der Krieg eigentlich gut? Auch das musste ich wieder einmal selbst herausfinden. Es war nicht anders als in der Gefangenschaft. In Potulice stellte niemand Fragen. Niemand gab Antworten. Die Kinder von Trutzhain fragten die ganze Zeit: «Was ist dies? Was ist das? Warum? Wozu?» Sie waren es gewohnt, Fragen zu stellen. Wir aber waren es gewohnt, auf uns allein gestellt zu sein, wenn wir etwas herauskriegen wollten.

Ich schaute Vater an. Seine wunderbare Kraft war dem Krieg nicht gewachsen. Er war den Kriegen nicht rechtzeitig entkommen. Er kannte das Alphabet nicht. Für einen Menschen ohne Alphabet waren Kriege zu gewaltig.

Vater rückte seinen Stuhl gerade, wie er es immer tat, wenn er wichtige Angelegenheiten zu besprechen hatte. Er wirkte entschieden.

Sonntage, an denen sich alle um den Küchentisch versammelten, waren allemal wichtig. Pauline war aus Steina gekommen und hatte Eier sowie einen Liter Milch mitgebracht. Das war ein Teil ihres Lohns für die Arbeit auf dem Hof des Bauern Schlemmer. Gustav lebte immer noch im Schoß der Familie. Die Arbeitsplätze von Lydia und Wanda lagen zu weit weg. Johanna war im Dezember nach Amerika zu den Verwandten ausgewandert.

Mutter räumte den Tisch frei. Vater wollte einen wichtigen Brief diktieren.

«Es ist unmöglich, dass ein Kind allein nach Kanada geht», sagte Mutter, als wir über die Frage der Auswanderung sprachen. Wenn es nicht möglich war, dass wir alle zusammenblieben, sollten zumindest Lydia und Gustav gemeinsam reisen. So lautete der jüngste Plan.

Wir entschieden uns alle für die große Reise um die halbe Welt zu Onkel Eduard nach Kanada. Der Onkel war Junggeselle ohne weitere Verpflichtungen, und sein Geld reichte gerade für die Überfahrt einer Person nach Kanada. Wie wenig verlässlich der Onkel auch immer sein mochte, die Eltern wollten es dieses Mal auf keinen Fall versäumen, Europa zu verlassen. Damals, im letzten Sommer vor dem Zweiten Weltkrieg, hatten sie ihre Chance nicht wahrgenommen. Alles war für die Auswanderung nach Kanada vorbereitet, es musste nur noch ein Stück Land verkauft werden. Zweimal war Vater in die Bezirkshauptstadt Makow gereist, um unsere Abreise zu verschieben. Dann brach der Krieg aus. Keiner konnte Polen mehr verlassen. Hätte Vater lesen und schreiben können, hätte er ein Buch über die Welt besessen, dann hätte er vielleicht den Krieg kommen sehen. Und die Abreise wäre vielleicht nicht verschoben worden. Wir hätten schon zehn Jahre früher in Kanada sein können.

Wenn und Aber halfen nicht weiter. Auch kein Selbstmitleid. Die Eltern sprachen nicht über die Fehler der Vergangenheit.

Vater begann mit ernster Stimme zu diktieren. Pauline schrieb.

«Vielen Dank für den letzten Brief. Wir versuchen immer noch das Geld zusammenzubekommen, damit Gustav und Lydia zu zweit reisen können. Es ist eine Enttäuschung, dass die Simons in Edmonton uns nicht unterstützen können, indem sie eine Passage übernehmen. Ich könnte vieles über unsere Leiden in der Vergangenheit und über all die Jahre berichten, da man uns wie die schlimmsten Kriegsverbrecher behandelt hat. Die Hälfte der Leute, die wir gekannt haben, sind verschwunden oder tot. Unser Bruder Albert ist vermisst. Christine Wahl schied in Potulice oder auf dem Weg in die Freiheit dahin. Grüße Simon und erinnere ihn an das biblische Gleichnis vom armen und vom reichen Mann.

Wie du weißt, machen sich Natalie und ich wegen der Kinder große Sorgen. Wir bitten nicht um ein Almosen, sondern um einen Kredit. Wir werden alles versuchen, Mittel zu finden, um eine weitere Überfahrt zu ermöglichen.»

Mutter schien unzufrieden. Das Gleichnis vom armen und vom reichen Mann hätte sich Vater für jemand anders aufsparen sollen. Vater sah das anders. Das Gleichnis passe auf Simon. Es helfe uns vielleicht nicht. Es werde uns wohl keine Schiffskarte nach Kanada verschaffen, aber es treffe auf diesen wohlhabenden Anverwandten genau zu.

Den ganzen Sommer lang schmiedeten die Eltern Pläne für Kanada. Ich hütete Gänse und lernte, mit Murmeln zu spielen. Die lebendigen, atmenden Häufchen aus Flaum knabberten an meinen Fingern und bewegten sich auf meinen Handflächen. Selbst Kanada war mit den phantastischen Gänschen in meiner Hand nicht zu vergleichen. Ich pflegte meine Brut von sechs kleinen Gänsen, sah jede von ihnen wachsen – sie bekamen weiße Federn und starke gelbe Schnäbel. Ich hielt immer ein wachsames Auge auf sie, auch wenn ich mit den Jungen auf dem Sportplatz Murmeln spielte. Sie waren dabei sehr geschickt. Ich aber auch.

«Ein kräftiger Stoß mit dem Daumen», erklärte ein Junge seine Kniffe beim Murmelspiel. Er hatte die letzte Runde gewonnen.

Ich benutzte nicht den Daumen. Mit dem Zeigefinger ging es besser. Auf diese Weise wurde ich einige Male Sieger. In meinem kleinen Säckchen gab es Murmeln aus Ton und einige «Katzenköpfe», die hoch geschätzten Glaskugeln. Winkend verabschiedete ich mich von den Mitspielern, sammelte meine Gänse ein und begab mich mit ihnen zu ihrem Pferch bei den Vorratsbaracken. Dann lief ich heim, glücklich über meine Erfolge.

Ein paar Tage später hämmerte ein Mann an unsere Tür. «Frau Schulz, ihr Gänsemädchen, es hat …»; der Kopf des Mannes wies heftig in meine Richtung. «Sehen Sie mal, was es angerichtet hat.» Er drehte uns sein Hinterteil zu und wies auf die großen schwarzen Streifen an seinen kurzen Hosen.

«Sie hat gar nichts verbrochen», sagte Mutter zu meiner Verteidigung.

Worüber sprach er eigentlich? Die dreckigen Striemen auf seinen kurzen Hosen stammten nicht von mir.

«Das geht nicht zusammen.» Er wies auf seine Streifen. «Gänse und Fußball passen nicht zusammen. Hast du das nirgends gelernt?» Er stierte mich an.

Mutter wartete ab, bis der Zorn des Mannes ein wenig verflogen war.

«Frau Schulz, diese Gänse müssen verschwinden.»

«Was bedeutet Fußballspiel?», ließ ich mich hinter Mutter hören. Es war eine ganz ernste Angelegenheit.

«Und sie fragt, was Fußball ist?! Frau Schulz, Sie haben eine sehr unbedarfte Tochter.» Der Mann zeigte auf die Streifen, dann auf mich. «Der ganze Sportplatz ist voll davon. Die Trikots. Und die Schuhe.»

«Da ist doch nichts Schlimmes passiert. Nehmen Sie Wasser und Seife und machen Sie die Sachen sauber.» So lautete Mutters Ratschlag wegen des Gänsekots, in den die Spieler getreten waren, der sie zum Rutschen gebracht und ihnen beinahe den Hals gebrochen hatte.

«Jetzt reicht's … Unerträglich … Die Gänse müssen verschwinden.»

Sieger wurde der Fußballsport. Ich zog mit meinen unliebsamen Gänsen zum Weiden in das Lotterfeld.

An den Sonntagen schmiedeten die Eltern, die großen Schwestern und der große Bruder Pläne und riefen sich Vergangenes ins Gedächtnis. Sie erinnerten sich an das, was uns beinahe das Leben gekostet und was uns gerettet hatte. Ich lauschte den Erinnerungen, steuerte aber selbst nichts bei. Die Gegenwart hatte mich gepackt, und ich griff nach ihr. Die Tragödien der Gegenwart waren viel größer als jene, die wir in der Vergangenheit durchlebt hatten.

«Habt ihr je gesehen, wie ein lebendes Wesen gefressen wurde?» Ich war mir sicher, dass Mutter das noch nie erlebt hatte. Dass niemand dies mit eigenen Augen gesehen hatte. Eine Ratte hatte eine meiner Gänse angegriffen und die Hälfte eines Flügels abgenagt. Der Stumpf war mit Maden bedeckt.

«Kein schöner Anblick», meinte Mutter. Sie wusch die Maden weg, als täte sie das jeden Tag. Dann verband sie den Stumpf und machte eine Schlinge.

«Lebendig gefressen. Ekelhaft.» Eine Kreatur, die eine andere fraß. Scheußlich!

«Als die Soldaten deinen Vater erschießen wollten, das war ekelhaft.» Mutter konnte nicht vergessen, wie sie um Vaters

Leben gefeilscht und einen Mantel dafür hingegeben hatte. «Welches Kleidungsstück wollt ihr denn? Nehmt den Mantel oder die Jacke», bot sie den Soldaten eine Wahl aus Vaters Garderobe an. Die Soldaten nahmen den Wintermantel und ließen Vater leben. Ich erinnerte mich an diesen Handel. Er schien mir nicht so ekelhaft wie das Anfressen einer lebendigen Gans, wie ein Stumpf, auf dem Maden herumkrochen.

Die Erwachsenen erinnerten sich weiter. Vater konnte nicht vergessen, wie er ein Stückchen Fahrradschlauch versteckt hatte, mit dem man Schuhe flicken konnte. Dafür wurde er von den Bewachern entsetzlich verprügelt. Sie hatten das lose Dielenbrett im Fußboden bemerkt, unter dem das Gummi lag.

Doch die Schläge eines Jungen in Steina verschafften mir blaue Flecken an den Beinen und machten mich fassungslos. Auf dem Weg zum Katechismus-Unterricht trat er mich mit der Kraft eines Erwachsenen. Seine Fäuste schlugen schnell und kräftig zu. Wie konnte ein Junge schlagen und treten, wo doch nur die Wachen geprügelt hatten? Wie konnte er schlagen und treten, wenn dies keines der Mädchen in der Kinderbaracke je getan hatte?

Mutter hatte tüchtig über die mangelnde Fürsorge geschimpft, die sie gleichzeitig als Mangel an Zusammenhalt sah. Sie äußerte laut ihren Zorn über die Männer in Aduschs Baracke. «Was denkt ihr denn, wessen Kinder das sind?» Die Jungen sahen zerlumpt und ausgehungert aus. «Dies sind eure Kinder, eure Kinder», zog sie in unserer Küche in Trutzhain immer noch über die Männer her, die die Jungen vernachlässigt hatten.

In Trutzhain nahm ich jedes Unrecht als besonders schlimm wahr. Wie sollten wir in der Freiheit zusammenhalten können, wenn ein Junge zutrat, ein Lehrer schlug, ein Mann seinen Hund auf uns hetzte? Rita hatte sich zur Wehr gesetzt. «Wie können Sie Ihren Hund auf die Kinder hetzen?», warf sie einem Mann vor, der uns erwischt hatte, wie wir sein Weizenfeld durchquerten. Mutter und wir Kinder hatten uns für Vater eingesetzt. Aber der Mann mit dem Hund gehörte nicht zur Miliz. Was hatte er gegen uns?

Monate später, als niemand mehr an die Kirmes und an die gewonnenen Uhren dachte, als ich mit meinem zweiten Lehrer in Trutzhain sehr glücklich war, erklärte Mutter am Frühstückstisch: «Wir sind *Flüchtlinge!* In erster Linie Flüchtlinge!»

«Flüchtlinge?», kam das Echo von allen Seiten.

Ich wollte wissen, was denn an Flüchtlingen so schlecht sei.

Bei ihrer Teilzeitarbeit als Hausmeisterin einer höheren Schule lernte Mutter junge Menschen mit Büchern und strahlenden Gesichtern kennen. Sie redeten so klug. Das war etwas für ihre kleine Tochter, die sich so sehr nach einem Buch sehnte.

Feuer glühte in Mutters dunklen Augen, als sie die Worte des Rektors wiederholte. Er hatte das Wort *Flüchtlinge* benutzt. Er hatte es ausgesprochen, als handele es sich hier um die selbstverständlichste Sache der Welt: *Flüchtlinge* gingen eben nicht zur höheren Schule.

«Wer ist denn daran schuld, dass wir Flüchtlinge geworden sind? Wer hat denn Polen überfallen?», hielt Mutter dem Rektor entgegen. Die Umstände, so sagte der Schulleiter, seien eben für alle nicht leicht gewesen. Das war sein äußerstes Zugeständnis.

Vater sah es nicht anders: Das Ganze sei eine Riesenschande.

Tagelang waren wir Mutters endlosen Ausführungen über «Flüchtlinge» ausgesetzt. Die guten Bürger der Schwalm hatten ihre Häuser behalten. Sie hatten keine Peitsche zu spüren bekommen. Nun glaubten sie, die Flüchtlingskinder könnten sich mit ein paar Mark, ein bisschen Milch und Eiern hier und da ein neues Leben aufbauen.

«Die Polen und die Deutschen, die Russen und die Deutschen, oder die Volksdeutschen und die Reichsdeutschen – so hieß es damals. Jetzt sind es die Flüchtlinge.» Mutter war außer sich.

«Es ist gut, dass wir nach Kanada gehen», sagte Vater.

«Wir sind Flüchtlinge – ist das denn ein Verbrechen – sind wir denn an allem schuld? Das ist wie eine Peitsche, nur dass du nicht mal die Striemen auf deinem Rücken zählen kannst.»

Ich wollte überhaupt nicht nach Kanada. Mein zweiter Lehrer in Trutzhain, Herr Filtz, hatte mir den aufrechten Gang beigebracht. Niemand hatte mich je dazu angehalten, gerade zu gehen.

Gustav zog an meinen Haarflechten. «Gänselieschen», neckte er mich.

Ich wollte nicht von hier weg. Herr Filtz spielte Geige. Er brachte uns die schönsten Melodien bei. Das war meine Musik. Und er schlug niemanden. Mit der Musik dieses Lehrers und dem aufrechten Gang sah die Gegenwart so viel besser aus als jede Zukunft, die uns Kanada möglicherweise zu bieten hatte.

Nichts würde Vaters Pläne ändern können. Wir hielten an der Absicht fest, nach Kanada auszuwandern.

***

Kanada. – Ich versuchte, es mir vorzustellen. Länder bedeuteten Krieg. Aber in Kanada herrschte kein Krieg. Länder bedeuteten unterschiedliche Sprachen. In Kanada sprach man englisch. Wanda hatte mir das Zählen auf Englisch beigebracht. *Won, two, trie …* – bis zehn konnte ich zählen. Länder waren Karten auf einer Buchseite. Aber ich hatte mir keine Karten angeschaut, als in Trutzhain ein Buchverkauf stattfand. Ein Raum voller Bücher. Es gab so viel zu sehen. Unsere Schule hatte keine Bücher. Keine Landkarten. Mich interessierte ein Buch mit farbigen Vögeln in Rot, Gelb und Blau, auf den Seiten fliegend, im Druck festgehalten. Nun bedauerte ich es, dass ich mir den Atlas nicht angesehen hatte. Kanada war für mich ein Krokodil. Zum ersten Mal war ein Film nach Trutzhain gelangt. An den Mauern hing ein Filmplakat. Ein Mann und ein Krokodil griffen einander an. Es gab ein Ringen im Wasser, ein Reißen mit Zähnen. Kanada war für mich das Krokodil, das einzige ausländische Wesen, das ich je gesehen hatte.

Mutter schrubbte, flickte, schnitt Haare für die wichtige Entscheidung, ob Kanada uns würde haben wollen oder nicht. Vor einem Jahr bereits waren Lydia und Gustav nach Kanada abgereist. Die Reise über den Ozean dauerte sieben Tage, dann ging es noch zwei Tage weiter durch endlose Wälder. Jetzt waren wir an der Reihe und mussten die Einwanderungsbehörde in Bremen aufsuchen, um uns mustern und untersuchen zu lassen. Ich zählte «*won, two, trie*» und dachte an das Krokodil.

Vater übte seine Unterschrift. Seine Hand machte einen unbeholfenen Eindruck. Sein Stirnrunzeln vertiefte sich. «Es reicht», sagte er und schob den Schreibblock weg. Ich nahm einen Brief aus einer Schachtel und begann zu lesen. Seit die älteren Schwestern und der Bruder uns verlassen hatten, war ich der Briefschreiber der Eltern. Kanada sei ein wundervolles Land, berichteten Gustav und Lydia. Es sei ein großes Land, in dem es alles gebe. Nur an Menschen fehle es, an Leuten «wie uns».

«Aber wie stehen die Dinge wirklich? Über Eduard sagen sie nicht viel. Wie leben die Menschen dort?», fragte Vater.

«Wenn wir hart arbeiten, werden wir ein gutes Leben haben. Was wollen wir mehr?», sagte Mutter. Sie vertraute auf tüchtige Arbeit, alles andere kümmerte sie wenig.

Um uns auf Bremen vorzubereiten, lasen wir die Briefe immer wieder und dachten über die Ratschläge, Gerüchte und Warnungen zum Thema Auswanderung nach.

Auch ich steuerte meinen Rat bei: «Vater sollte den Behörden erzählen, dass ihm bereits eine Arbeitsstelle in Kanada versprochen worden ist. Und dass er auf eine Farm spart.» Das würde den Kanadiern gefallen. Ein guter Vorschlag.

Auch Mutter hielt mit ihrem Rat nicht zurück: «Die Regierung will keinen haben, der zu einer Belastung werden kann.»

«Wir waren noch nie eine Last für eine Regierung. Aber die Regierungen waren mit Sicherheit eine Belastung für uns», wandte Vater ein.

In Bremen drückten wir unsere Gesichter gegen die Fenster eines Busses, um einen Blick auf hohe Gebäude mit Säulen und Bögen zu werfen. Hier gab es weit und breit keine Baracke. Die Autos und Lastwagen auf den breiten Straßen wussten alle, wo sie hinrollten. In Auslagen strahlten die Schaufensterpuppen voller Stolz. Auf den Bürgersteigen eilten feine Leute dahin, mit sicheren Schritten, ohne Makel und ohne Beulen. «*Won, two, trie …*», zählte ich. Es gab keine Krokodile in Bremen.

Im Gebäude der Auswanderungsbehörde gingen wir an steinernen Köpfen und Bildern von Männern mit ernsten Gesichtern vorbei. Sie schenkten dem Geplauder und den Leuten in Sommerkleidung oder in feinen Anzügen keinerlei Beachtung. Eine breite Tür gab den Weg in ein Wartezimmer voller Bänke frei. Dort hatten sich schon viele Menschen eingefunden. Wir fanden eine Bank und rückten eng zusammen – Mutter, Vater, Elfie, Adusch, Pauline und ich. Wanda durfte nicht auswandern. Sie war noch immer im Sanatorium, um die Tuberkulose auszuheilen, die sie sich in Bromberg zugezogen hatte. Die Krankheit hatte ein drei Zentimeter langes Loch in ihre Lunge gefressen.

Einige Bänke vor uns weinte eine Familie. Sie weinten alle – die Eltern, ein älterer Junge, ein jüngerer und ein Mädchen. Der ältere Knabe hatte die Gesundheitsprüfung nicht bestanden. Er durfte nicht nach Kanada. «*He blifft hier – dat gait so nich*», die Familie klagte in Worten, die ich verstand, in Plattdeutsch.

Die Menschen blickten sich verängstigt um. Wer im Raum würde wohl als Nächster abgewiesen werden? Eine Arzthelferin kam und ging. Sie lächelte mit ihren rot geschminkten Lippen. Dann kamen wir an die Reihe. Wir folgten ihr zur ärztlichen Untersuchung. Der Mann im weißen Kittel sprach englisch. Die Helferin übersetzte. Der Arzt hatte ein blasses Bürokratengesicht und sehr saubere Hände. Er saß an einem Tisch und schrieb. Wir standen dicht gedrängt beieinander und warteten. Vater drehte seinen Hut zwischen den Händen.

Im Untersuchungsraum spürten wir einer nach dem anderen die kühlen Hände des Arztes. Er horchte uns ab, prüfte den Herzschlag. Für uns war er ein Land. Er war Kanada. Unsere Herzen pochten.

Wir zogen uns wieder an. Folgten erneut der Angestellten. An einem weiteren Schreibtisch saß ein Mann im weißen Hemd mit offenem Kragen und feinen braunen Hosen. Er sagte etwas auf Englisch. Die Helferin übersetzte. Sie sahen beide so gepflegt und gesund aus, ihre Kleidung war tadellos, ihre Gesichter strahlten Sorglosigkeit aus.

«Der Junge wird in Kanada gutes Essen brauchen», sagte die Angestellte. Sie unterhielt sich mit ihrem Kollegen über die Wichtigkeit von guter Ernährung. Einen Teil des Gesprächs übersetzte sie. Adusch litt an Rachitis, hatte schwache Knochen.

Wir wussten schon Bescheid – die Kinder von Potulice hatten schlechte Verpflegung und einen schlechten Knochenbau.

Vater unterzeichnete Formulare. Viele Male schrieb er seinen Namen. Immer wieder musste er schriftlich versichern, dass er der kanadischen Regierung nicht zur Last fallen werde.

Am Nachmittag nahmen wir den Zug zurück nach Ziegenhain. Wir hatten die Untersuchungen und Prüfungen erfolgreich hinter uns gebracht. Wir hatten einen ersten Eindruck von Kanada gewonnen – der Mann im weißen Kittel, der mit der braunen Hose, die Helferin, ihr sorgloses Geplauder. In Kanada würden wir nicht schlechter als sie aussehen.

«Aber wir werden Trutzhain nicht mehr haben», regten sich Elfie und Adusch auf. Sie wollten nicht weg.

Auch ich hatte meine Bedenken. Ich war gerade in den inneren Kreis der wichtigen großen Mädchen aufgenommen worden.

Vater kannte keine Zweifel. «Ich werde die Bienen verkaufen», sagte er und dachte dabei an die zehn Bienenstöcke, die er inzwischen besaß.

Auch Pauline würde ohne Bedauern Abschied nehmen. Sie schmiedete schon Pläne.

«Es geht um unsere Zukunft. Wir werden fahren!» Das war Mutters letztes Wort.

Der mächtige Mann im weißen Kittel, der Hüter des Tores nach Kanada, hatte unsere Herzen schlagen gehört. Er hatte uns Einlass gewährt. Und wir machten nun die letzten Schritte. Wir würden Trutzhain, Deutschland, Europa für den Rest unseres Lebens hinter uns lassen.

Ich blickte Mutter an, schaute in ihre tief liegenden Augen, ihr wunderschönes Gesicht. Seltsam, wie oft wir uns wegen eines neuen Ortes als Erstes hatten ausziehen müssen. Diesmal hatte sich Mutter damit wohl weniger schwer getan als am ersten Tag in Potulice. In Ziegenhain hatte man unsere Lungen mit einem Gerät durchleuchtet. Alle waren in Ordnung, nur die von Wanda nicht. In Bremen legten wir unsere Kleider ab und mussten uns entblößt einem Land präsentieren. Was bedeutete das – nackt vor der Gefangenschaft, nackt vor dem Flüchtlingslager, nun vor einem Land? Deutete das etwa auf eine größere, eine vollkommenere Freiheit hin?

«Die Straßen werden dort nicht mit Gold gepflastert sein. Das ist gewiss», wollte uns Mutter mit ihrer Lebenserfahrung vor unrealistischen Hoffnungen bewahren. Ich konnte mir keine größere, keine bessere Freiheit vorstellen. *«Won, two, trie ...»*, zählte ich vor mich hin und dachte dabei an den Hüter der Pforte nach Kanada.

Der Zug schlingerte. Ich stieß gegen Vater.

«Ich möchte wetten, dass sie noch nie ihre Suppenschüssel sauber geleckt hat», scherzte er über die Angestellte, die uns in Empfang genommen hatte.

«Ganz sicher nicht», stimmte ich zu.

«Ich wette auch, dass sie nie Gänse auf einem Sportplatz geweidet hat, nie eine ganze Fußballmannschaft zum Ausrasten gebracht hat.»

«Wie sollte ich mich mit Fußball auskennen?», protestierte ich erneut.

«Ich wollte nur sagen: Es ist, wie wenn ein Reicher einem Armen rät, er solle sich besser ernähren, und selber nichts dazu beisteuert», meinte Vater zu dem Ratschlag der Helferin, was das Essen betraf. Dann schloss er die Augen und lehnte sich in seinem Sitz zurück.

Ich lehnte mich an Vater. Kanada hatte sich dafür entschieden, uns aufzunehmen, trotz krummer Knochen, trotz schlechter Ernährung, trotz Stottern und aller anderen Mängel. Der Hüter des Tores nach Kanada hatte uns Vertrauen geschenkt.

An einem warmen Sommermorgen im August 1952 standen wir – Mutter, Vater, Elfie, Adusch und ich – auf dem Deck der *Beaverbrae.* Pauline knipste mit ihrem Apparat Abschiedsfotos. Luftschlangen hielten noch die Verbindung zwischen den Menschen an Bord und jenen am Kai aufrecht. Sie klammerten sich an die letzte Bindung. Eine Kapelle spielte Abschiedslieder.

Es war unser erstes Schiff, unser erster Ozean. Diesmal würde es eine ganz und gar vollkommene Freiheit sein, selbst wenn ich sie mir nicht vorstellen konnte. Seit Wochen hatten wir uns nach dem Schiff und nach dem Meer gesehnt. Wir hatten geplant, gepackt, uns verabschiedet. Nun waren wir endlich an Bord und würden den Großen Teich kennen lernen.

Das Schiff entfernte sich langsam von der Landungsbrücke. Viele winkten. Die Papierschlangen rissen und sanken ins Wasser. Die Abschiedslieder verklangen.

«Wiedersehn! Wiedersehn! Gott mit euch, bis wir uns wieder sehn!» Mutter summte das Abschiedslied, das die Mennoniten in Yiufka gesungen hatten. Jetzt ging es auf eine große Fahrt, mindestens so lang wie der Fußmarsch von der Wolga zurück in ihr polnisches Dorf. Es war eine sehr große Reise – Wanda hatten wir in der Lungenheilanstalt zurückgelassen.

Die *Beaverbrae* gewann an Tempo und fuhr in Richtung offenes Meer. Hafenmasten, Takelagen, der Hafen und die Häuser verschwanden am Horizont im Dunst.

«Ein Eisberg», schrien die Kinder und rannten unbekümmert um die Leute herum, die sich an Deck befanden. Eines hatte sich am Zipfel des Regenmantels einer beleibten Frau verfangen. Beide wälzten sich am Boden.

Die Frau stand auf und schimpfte.

In einem Liegestuhl an Deck schüttelte ein Herr im Kamelhaarmantel seinen Kopf über diese Sorte von Kindern.

Ich blickte mit einer Sehnsucht zu den Kindern hinüber, die größer war als das Verlangen nach Eisbergen. Wunderbar, so frei umherzutollen und zu lärmen, sich um einen Platz am Geländer zu drängen. Ich konnte hinter ihnen herlaufen und die Gischt des Meeres in meinem Gesicht spüren. Aber ich könnte die beleibte Frau zu Fall bringen. Wir könnten über Bord rollen und im grenzenlosen, finsteren Wasser untergehen.

Der Eisberg sah wie eine kleine Wolke am dunklen Himmel aus, wirkte kleiner als unser Schiff. Wir waren nicht mehr als ein Pünktchen auf den endlos wogenden Wellen. Aber auf dem Meer wurde das Auge getäuscht, Entfernung und Größe verzerrt, hatte der Mann im Kamelhaarmantel behauptet. Drei Tage lang hatte der Himmel sein trostloses Grau behalten. Ein starker Wind brachte das Schiff in Schräglage. Die Kälte jagte uns durch Mark und Bein.

Jeden Tag versuchte ich dem gewaltigen Ozean zu entfliehen, der das Schiff wie ein Sandkorn hin und her schleuderte. Hinter einem Stapel von Rettungsbooten spielte eine Gruppe von Mädchen Karten. Ich zog einen Liegestuhl in ihre Nähe. Die Mädchen spielten jeden Tag. Ich kroch näher heran und lauschte. Es ging um Komponisten und Musikstücke. Es gab Namen darunter, die süß wie die Zigeunerzither klangen. Johannes Brahms, Rimski Korsakoff, Wolfgang Amadeus Mozart, der *Feuervogel,* die *Carmina Burana, Aus der Neuen Welt.*

In der Nähe unterbrach ein zorniges Gerede das Thema Musik. «Ich habe es dir gesagt …» Ein Mann versetzte seinem Sohn einen kräftigen Schlag ins Gesicht. Dann schrie er erneut: «Ich habe es dir doch gesagt …» Im Gesicht des Jungen wurde der Abdruck der väterlichen Hand knallrot sichtbar. Er stammelte etwas. Der Mann winkte mit der Hand, mit der er geschlagen hatte. Der Junge ging weg.

Ich zog meine Decke straff. Johannes Brahms und die Symphonie *Aus der Neuen Welt* waren mir jetzt egal. Wie kann ein Vater sein Kind schlagen? Das war doch das Recht der Wetter gewesen. Wie kann es einen Vater geben, der nicht zu seinem Sohn hält? Prügeln oder Zusammenhalten – auf welcher Seite stand dieser Vater? Dieser Schlag wirkte auf mich wie ein Riss durch die wunderschöne Erde. Selbst wenn ich den Jungen nicht sah, konnte ich die rot angeschwollenen Spuren der Hand vor mir sehen.

Im Speisesaal zählte ich die Hauptmahlzeiten, die wir auf der *Beaverbrae* einnahmen. Dies war unser fünftes großes Mahl. Mutter, Elfie und Adusch nahmen dabei kaum etwas zu sich. Jeder von ihnen schälte sich eine Apfelsine und aß sie langsam Stück für Stück. Ihre Gesichter waren blass, von Seekrankheit gezeichnet. Pauline interessierte sich für andere junge Leute. Sie fand Freunde unter den jungen Männern. Vater und ich verzehrten die Mahlzeiten mit einem gesunden Appetit.

Die Menschen erzählten, Kanada sei ein wundervolles Land. Das Essen an Bord war ein Beweis dafür. Ein wunderbares Land, so dachte auch Vater. Kanada erwartete, dass wir fleißig wie die Biber zu seinem Aufbau beitrugen. Vater legte dar, was er über die

Wünsche Kanadas in Erfahrung gebracht hatte. Unser Schiff hieß *Beaverbrae.* Man müsse nur ein paar Tatsachen in den richtigen Zusammenhang stellen. Beaver sei das englische Wort für Biber. Biber stünden in dem Ruf, die geschicktesten aller Bauleute zu sein, und sie führten niemals Kriege gegen irgendwelche Gegner. Das könne nur bedeuten, dass Kanada Bauleute und keinen Krieg wollte. Da würde Vater ein neues Leben aufbauen können.

Uns gegenüber zeigten Mutter, der kleine Bruder und die kleine Schwester kein Interesse an Bibern oder an sonst was.

Nur die Mutigsten hielt es an den Esstischen. Sie taten sich in Gruppen zusammen und schmiedeten Pläne für das neue Land, das sie mit biberhaftem Eifer aufbauen wollten. Vater und ich waren dabei. Vaters Gesicht wirkte gutmütig und großzügig. Ich erinnerte mich an den roten Handabdruck im Gesicht des Jungen. Nie wieder würde das Glück so ungebrochen sein, wie es das einmal gewesen war.

Der siebente Tag. Unser letzter Tag auf der *Beaverbrae* war angebrochen. Unter den Passagieren an Deck breitete sich Rastlosigkeit aus. Die Luft schien undurchdringlich und feucht. Der Wind trug den Duft sommerlicher Felder herüber.

Alle warteten darauf, dass das Festland in Sicht kam. Die Menschen wollten endlich einen ersten Blick auf ihre neue Heimat werfen. Sie drängten sich ans Geländer. Das Schiff glitt langsam dahin, und allmählich stieg eine Turmspitze aus dem Wasser empor. Dann folgten Büschel von Grün. Hier und da deuteten Punkte auf Städte hin. Die Küste bestand aus dahinfließenden grünen Wäldern. Unter uns glitt das Schiff durch sanftes, grünliches Wasser. Seemöwen stießen laut und aufdringlich auf die *Beaverbrae* herab.

Vater zog seinen Hut vor dem neuen Land, das sich aus dem Meer erhob. Er bewegte die Krempe zwischen den Fingern und schaute mit Augen, die viel von Äckern und von Jahreszeiten verstanden. Ich konnte die Krümmung der Erde wahrnehmen. Konnte sie am Aufstieg der Turmspitze erkennen, spürte sie im Gleiten des Schiffes.

Die *Beaverbrae* legte im Hafen von Quebec an. Wir gingen mit ziemlich wackligen Beinen an Land. In der großen Abfertigungshalle gab es endlose Schlangen. Stundenlang saßen wir mit zerknitterten Kleidern auf unserem Sack und Pack und warteten. Unsere grünen Metallkisten, zurechtgebastelt aus den «Eisschränken» im Lotterfeld, hatten die Überfahrt gut überstanden. Niemand konnte unsere neue Adresse übersehen. Mit weißen Buchstaben hatten wir darauf gemalt: Barrhead, Alberta, Kanada. Beamte stempelten unsere Papiere ab. Auf dem Gesicht des geschlagenen Jungen waren keine Spuren mehr zu entdecken. Er lächelte beim Reden. Trotzdem würde ich die roten Abdrücke der Finger in seinem Gesicht genauso in Erinnerung behalten wie die Adresse auf unserem Gepäck.

Am Abend bestiegen wir Busse, die uns zum Bahnhof Montreal bringen sollten. Silberregen war im Scheinwerferlicht zu erkennen. Der Niederschlag verschleierte den Anblick der beiden Städte. Bei Tagesanbruch würden wir unser neues Land vom Zug aus sehen.

Als wir am nächsten Morgen die Gesichter gegen die Fensterscheiben eines Zuges der Canadian Pacific Railroad drückten, zog die ungezähmte Landschaft an uns vorbei. Meilen von Wäldern, große Lichtungen, abgestorbene Bäume und Seen bedeckten das Land, als hätten die Arme eines gewaltigen Riesen sie ausgestreut. In der wilden Natur Kanadas herrschte wenig Ordnung.

«Was wird bloß aus uns werden?», fragte jemand.

Der Zug fuhr jetzt durch eine Sumpfgegend. Tote Bäume ragten in den Himmel. Baumstümpfe faulten vor sich hin. Dann durchbrach eine Reihe zarter Birken unsere trübe Stimmung. Wolken schienen auf dem stillen Wasser eines Sees dahinzutreiben, der Zug bewegte sich an gleitenden Wolken vorbei.

Mittags kam der Zug neben einer Ansammlung staubiger Gebäude zum Stehen. Vater und einige andere Fahrgäste ließen sich durch die Bilder von Brot und Obst in einem Schaufenster anlocken. Den ganzen Morgen lang hatte sich Vater wegen des Proviants Sorgen gemacht. Man musste doch etwas zu essen haben. Die Frage war nur, was es zu kaufen gab und wie man daran kam. Ein Frühstück im Speisewagen würde den gesamten Erlös seiner zehn Bienenstöcke kosten.

Vater kam mit Brot und Milch zurück. Er öffnete die Verpackung und verteilte sehr weiße Brotscheiben. Wir aßen schweigend.

Ich aß mit einem gewaltigen Hunger. Das Brot allerdings war kein Brot. Es gab nichts zu beißen. Es war weich und kraftlos. Dann trank ich einen Schluck Milch aus dem kartonartigen Behälter. Auch die Milch schmeckte nicht nach Milch.

«Esst einfach», verlangte Mutter.

Wir ließen den Pappbehälter mit Milch zwischen uns kreisen, tranken die ungemein hygienische Milch und aßen das ausnehmend saubere Brot.

Eine endlose Wildnis zog mit Wellen von Buschwerk, Seen und Lichtungen an den Fenstern vorbei. Gelegentlich stand eine Hütte am Rande eines Sees. Manchmal stand ein phantastisch poliertes, stolzes Auto neben dem kleinen Haus. Die Einwanderer machten nachdenkliche Bemerkungen:

«Ist das die Art, wie die Menschen hier leben?»

«Ob sie wohl in den Hütten oder in den Autos schlafen?»

«Hätte ich das Geld, führe ich sofort nach Hause zurück.»

Vater wäre am liebsten sofort wieder heimgereist. Aber wir hatten kein Geld. Wir mussten bleiben. Mussten es schaffen. Durchhalten.

Am nächsten Morgen machten die Wälder einen noch wilderen Eindruck. Eine riesige Unberührtheit erstreckte sich bis zum Horizont. Immer wenn der Zug auf einen Tunnel zuraste, ließ er ein lautes Signal ertönen. Die Einwanderer flüsterten miteinander:

«Die erste Generation kommt für den Tod. Die zweite für die Not. Die dritte findet das Brot.» Das Gemurmel wanderte von einem Sitz zum anderen.

Ich wollte wissen, ob ich zur ersten oder zur zweiten Generation gehörte.

Mutter konnte es nicht beantworten.

«Wohin geht die Reise?», wollte der Mann wissen, der Vater gegenübersaß.

«*Barrhe-ad*», lautete Vaters Antwort.

«Wir reisen nach Barrhead», sagte der Mann. «Es liegt hundert Kilometer nordwestlich von Edmonton.

«*Barrhe-ad* auch. Ungefähr hundert Kilometer.»

«Dann reisen wir an denselben Ort. Auf Englisch heißt er Barrhead», erklärte der andere Fahrgast die englische Aussprache.

«Aber jeder sagt doch *Barrhe-ad*», da war sich Vater ganz sicher.

Der Mann holte Stift und Papier aus der Tasche und schrieb den Ortsnamen aufs Papier, damit Vater sah, dass es sich bei dem unterschiedlich ausgesprochenen Namen um denselben Ort handelte.

Vater schielte auf das Gekritzel. Ich zog meinen Rock stramm, bewegte meine Füße und setzte mich neben ihn. Ich griff nach seiner Hand.

In Winnipeg verließen weitere Einwanderer den Zug, dafür stiegen kanadische Reisende ein. Der erste Kanadier machte einen ungeheuren Eindruck auf mich. Es war ein großer Mann mit dichten blonden Locken, er trug blaue Hosen und ein bunt kariertes Hemd, dessen Ärmel er aufgerollt hatte. Sein braun gebranntes Gesicht und seine kräftigen Arme ließen ihn stark und gesund aussehen. Er öffnete eine glänzende Tüte und nahm eine Hand voll gelber Kringel heraus. Dann gab er die Tasche an die Umsitzenden weiter. Sie sagten etwas. Er sagte etwas. Alle verstanden die Worte: «Europa … Atlantik … Quebec.»

«Welcome to Canada», sagte er.

Ich kaute einen Kringel. Herzhaft. So etwa wie Käse und Butter.

Der erste Kanadier hielt einen Schaffner mit einem Imbisswagen an, kaufte Becher mit Eis, verteilte sie alle, bis keine mehr zu haben waren. Die Einwanderer und der Kanadier aßen, sprachen mit Händen und Füßen und lachten:

«Europa … Calgary … Kelowna …»

«Welcome … Welcome!», hieß er die Einwanderer willkommen. Er sagte «Good». Sie antworteten: *«Gut.»*

Ein kleiner Junge belauerte den hünenhaften Mann. Der Junge kam ihm immer näher, bis er schließlich neben ihm stand. Er langte nach dem dicken braunen Arm, berührte ihn und lief davon. Der Mann winkte den Jungen wieder herbei. Er ließ ihn seinen Arm mit beiden Händen umfassen, damit er sich einen Eindruck von dessen Umfang machen konnte. Dann verglichen sie ihre Hände. «*Hand*», sagte der Mann. Der Junge sagte: «*Hand*».

Die Nacht verbrachten wir in einem Schlafsaal der Einwanderungsbehörde in Edmonton. Am Morgen, ehe wir wieder den Zug bestiegen, nahmen wir in aller Eile ein Frühstück aus Toast und Marmelade ein. Vater nannte die Stadt noch immer *Barrhe-ad*. Ich bewunderte das Zimmermädchen genauso, wie ich am Tag zuvor den großen Kanadier angestaunt hatte. Es fegte und sang dabei eine flotte Melodie. Die Kanadierin tanzte in engen, blauen Hosen und einem knapp sitzenden rosa Pullover.

«Heute Abend gehe ich tanzen», verkündete sie einer Kollegin, die die Betten machte. Sie machte ein paar Tanzschritte, schwang ihren Besen in alle Richtungen und plauderte weiter über *dancing* und *night*.

Ich verstand den ersten englischen Satz. Ich begriff ihn tatsächlich. Die junge Frau wollte heute Abend tanzen gehen. Sie wirkte glücklich. Unter Hose und Pullover zeichneten sich die Kurven ihres Körpers ab, regten sich bei jedem Atemzug. Ich hätte sie gern berührt, um festzustellen, ob sie wirklich echt war – so wie der Junge den großen Kanadier angefasst hatte. Ich wollte Tanzschritte ausprobieren, um ihre Kraft zu spüren. Mit meinen Blicken verfolgte ich den Pullover, der nie zum Stillstand kam, der zu atmen schien. Das Zimmermädchen hielt inne.

«*Tanzen*», sagte ich.

«*Dancing*», lachte sie und begann zu tanzen.

2

Die Neue Welt

Überleben contra Leben. Jahrzehntelang standen wir stärker im Banne dieses Gegensatzes, als uns klar war. Warum war das Leben für uns so schwer, wenn wir – nach außen hin – die typische Erfolgsgeschichte von Einwanderern verkörperten?

«Überleben ist leicht. Leben ist schwer», sagte meine Freundin Wendy White-Ring kürzlich bei einem gemeinsamen Gespräch in Phoenix. Sie hatte Recht, so paradox das klang.

Um zu überleben, handeln die Menschen zielgerichtet, eindeutig, strukturiert. Die Aufgabe ist klar und kann nur durch Bündelung und Konzentration aller Kräfte bewältigt werden.

Der Versuch zu überleben schafft Bindungen, die durch die Gefahren und Nöte eines Lebens im Schwebezustand geschmiedet werden. Ich gab meinen Zucker für einen freundlichen Blick. Das Mädchen, dem ich den Zucker gab, sparte ihn für seinen Vater auf. Das Mädchen und ich führten unseren Tauschhandel mit Zucker durch, als wüssten wir genau über die gegebenen Prioritäten Bescheid – ein beziehungsloses Leben war nicht vorstellbar.

Intensive Bindungen und das Gefühl für den Wert menschlichen Lebens waren für mich normal gewesen. Damit war ich aufgewachsen. Überleben war normal. Der gewöhnliche Alltag in Freiheit – das Leben – wurde dagegen zur Plage. In der neuen Welt der Freiheit war das Knüpfen von Bindungen weder leicht noch selbstverständlich. Jahrelang sollte ich nach den Grundlagen suchen, die Voraussetzung dafür waren.

Barrhead – ein staubiger Platz, herausgeschlagen aus dem Dickicht. Eine einzige Straße aus kahlem Erdboden. Kleine graue Gebäude, in kleine Quadrate aufgeteilt. Hinter uns ragten hohe Getreidespeicher in den Himmel. Wir warteten neben den Eisenbahnschienen, eingekeilt zwischen dem Dorf mit seiner einen Straße und den Getreidetürmen.

«Hallo», sagte ein Mann. Er trug dichte Koteletten und nickte kurz mit dem Kopf. Er schien ebenso staubig und derb wie das Dorf.

«Hallo! Hallo!», wiederholten wir und umarmten Lydia mit einer Flut von Worten. Sie stellte uns dem Einwanderer vor, der inzwischen schon lange hier lebte und gekommen war, uns vom Zug abzuholen. Gustav arbeitete weit weg im Waldland. Onkel Eduard lebte auf seinem fern gelegenen Ackerland. Lydia gab sich Mühe, uns die Situation zu erklären. Ich hatte sie jünger in Erinnerung. Sie wirkte abgearbeiteter und erschöpfter, als ich es erwartet hatte.

Wir luden unser Gepäck auf den Lastwagen, den der Alteingesessene «trock» nannte. Es sollte noch eine Zeit dauern, bis wir erkannten, dass auch er Englisch mit einem Akzent sprach und mit «trock» eigentlich das englische Wort «truck», also Lastwagen, meinte.

Wir saßen hinten auf dem «trock», fuhren die unbefestigte Straße entlang und schluckten den aufgewühlten Staub. Wir versuchten uns festzuhalten. Unsere Körper zitterten unter dem Rattern des Stahls. Wir spürten das Neuartige und verloren unser Gefühl der Zugehörigkeit. Daran war weder Alberta noch sonst irgendjemand schuld. Unsere Strategie des Zusammenhalts, das Gefühl der Kostbarkeit, das uns verbunden hatte, konnte uns nun keinen Rückhalt mehr geben, keine Richtung mehr weisen. Ich hielt mich am Lastwagen fest, einer gewaltigen Schüttelmaschine.

Dann saß ich in meinem ersten kanadischen Klassenzimmer. Vierte Klasse. Überall das englische Geplauder. Mädchen und Jungen rempelten einander, sausten umher. Ich staunte über ihre Art zu gehen, in jedem Schritt steckte ein Schwingen. Sie strahlten Sicherheit aus. Ein Winken mit der Hand, das Schütteln des

Kopfes – alles wirkte kinderleicht. Ich bewunderte die runden Gesichter, glatt wie Ballons, die Arme, kräftig wie junge Pappeln. Schön wie Statuen sahen diese Kinder aus, so gesund und stark wie Weizen.

«Martha», sagte die Lehrerin beim Namensaufruf. Sie sprach meinen Namen mit einem englischen «Th» aus, die Zunge zwischen den Zähnen. Das war einer dieser unaussprechlichen Laute im Englischen. Mit seinem feuchten Prusten klang «Thththth» entschieden hässlich. Meine Ohren wollten immer noch das vertraute «Marta» hören. Es gab einige Dinge hier, die ich bewunderte, andere lehnte ich ab.

«Hier», sagte ich und ahmte damit alle anderen nach. Dabei hörte sich mein «Hier» nicht wirklich so an, als säße ich «hier», mit meinem unaussprechlichen Namen in meinem ersten Klassenzimmer in Kanada.

Die Lehrerin machte Wortgetöse. Ihre rot bemalten Lippen bewegten sich entschlossen und deutlich, streckten und bogen sich. Ihre hochhackigen Schuhe klapperten hölzern. Die Kreide kratzte scharf auf der Tafel.

Ich hörte zu, rätselte herum und ahmte nach. Edwin, ein kräftiger Bursche mit breiten Schultern, saß auf dem Platz vor mir. «*Sure*», sagte er, jeder sagte *sure* und *okay*.

Pause. Wortgetöse. «*You're it! Tag! Gimme that!* – Du bist's! Gefangen! Gib her!», riefen die Mädchen und jagten einander. Ich hatte meinen Spaß an «tag». In Deutschland hieß das Spiel «Fangen». Sorglos konnte ich spielen und umherlaufen. Allerdings gingen diese Mädchen erst in die vierte Klasse. Ich war zwölf Jahre alt, im Dezember würde ich dreizehn. In Trutzhain hätte ich nun zu den großen Mädchen gehört. Hier aber ging ich in die vierte statt in die sechste Klasse.

«Lebensretter oder Backenbrecher?», fragte Edwin und hielt dabei ein Bonbon in der ausgestreckten Hand.

«Lebensretter», sagte ich und lachte über Süßigkeiten, die man als Lebensretter und Backenbrecher bezeichnete.

Edwin gab mir von beidem, vom *lifesaver* und vom *jawbreaker*. Die englischen Worte um mich herum nahmen den Geschmack von kühlender Minze und von Backenbrecher-Lakritze an.

Geplauder begleitete das Mittagessen, das wir in unserem Klassenzimmer einnahmen. Alle mampften leckere Butterbrote, Kekse, Kuchen und Äpfel. Ich aß mein Marmeladenbrot. Zum ersten Mal hatten Elfie, Adusch, ich und die Eltern genug zu essen. Endlich gab es gutes Essen, selbst wenn wir zu Mittag nur Brot und Marmelade bekamen. Ich aß und war überrascht, wie hungrig ich stets gewesen war – während all der Zeit in der Gefangenschaft und in Trutzhain – so lange ich zurückdenken konnte.

Die Kinder aßen glücklich und sorglos. Ein Mädchen tauschte seine Kekse gegen eine Banane.

Ba-na-ne, sprach ich das seltsame Wort in Gedanken nach. Diese Mädchen wussten, wie man Bananen aß. Sie zogen die dicke Schale ab. In Ziegenhain hatte Pauline eine Banane gekauft, sie riss ein wenig davon ab, dann warf sie das ganze Ding weg, weil sie dachte, es sei giftig. Ich schaute gierig zu. Gerne hätte ich gewusst, wie Bananen wirklich schmecken.

Am Nachmittag stand ich neben der Lehrerin. Sie saß an ihrem Tisch vorne im Raum. Die Klasse arbeitete über das Thema «Ernte in Kanada». Die Kinder befestigten Skizzen von Manitoba, British Columbia und den anderen Provinzen Kanadas an den hinteren Wänden des Raumes. Sie zählten auf: Weizenfelder, Wälder, Nutzholz und alles Übrige, was zu den Erträgen im Lande beitrug. Die Lehrerin und ich arbeiteten an meiner Lesefertigkeit. Sie las einen Satz vor. Ich wiederholte ihn anschließend. Sie korrigierte mich. Manchmal erklärte sie auch eine Regel: *oo* und *ee* standen jeweils für einen langen Ton. Alles, was sie sagte, unterstrich sie mit einer Handbewegung. Der Plural von *sheep* sei *sheep*, der von *fish fish*. Sie ging auf weitere Besonderheiten beim Plural ein. Die Mehrzahl von *man* lautete *men*, die von *child* war *children*. Ich lauschte auf Worte, die im Deutschen ähnlich waren. *Man, fish, house* und *ball* klangen in beiden Sprachen ähnlich. Ich achtete auf kleine Unterschiede: *father* entsprach *Vater, mother* war *Mutter, running* kam *rennen* gleich. Jemand hatte die Buchstaben durcheinander gewirbelt und Varianten geschaffen.

Diese Schule besaß Bücher. Alle Kinder in allen Klassen von

Barrhead hatten Bücher. Ich las mit Begeisterung, selbst wenn die Bücher nur von Dick, Jane und Spot handelten, davon, wie sie aussahen, wie sie umhertollten. Ich las mit großer Lust, auch wenn die Bücher nur wenig von der Welt vermittelten. Selbst wenn ich kaum ein Wort verstand.

Ich wiederholte die Sätze der Lehrerin. In sechs Monaten würde ich die englische Sprache beherrschen, hatte Frau Hoffmann, eine alte Einwandererin, gesagt, als wir das erste Mal nach Barrhead kamen. Wörter. Wörter. Wörter. Für alles auf Erden gab es Wörter, manche schön wie der Gesang der Vögel, andere hässlich wie Gänsegeschnatter. Mit Wörtern konnte man von allen Dingen auf Erden berichten. Die bloße Vorstellung, aus Lauten Wörter zu bilden und aus Wörtern die ganze Welt, hatte mich schon immer fasziniert. Aber «meine Welt» mit den dazugehörigen Wörtern hatte ich verloren. Für die Ereignisse um mich herum hatte die Neue Welt nur Geräusche, die ich noch nicht deuten konnte. Jedes Ding war da und starrte mich isoliert von allen anderen an. Nichts stand mit etwas anderem in Zusammenhang. Die Lehrerin mit ihren stark geschminkten Lippen redete, aber für meine Ohren stellte sie keine Verknüpfungen her, nicht einmal, wenn die Schüler antworteten. Die Worte waren nichts als Lärm.

Es läutete. Der Schultag war zu Ende. Alles stürmte zur Tür. Ich auch, ich wollte bei der Masse bleiben. Mein Heimweg führte die Hauptstraße entlang. In diesem grauen Dorf sah auch sie staubig und grau aus. Überall erweckte der Herbst einen öden und leeren Eindruck. Alles zog sich in sich selbst zurück. Auch ich blieb auf mich allein gestellt. Auf dieser Straße hatte ich für nichts Wörter. Vor dem Laden *Five & Dime* machte ich Halt, um die Auslagen im Schaufenster zu bewundern. Es gab kleine Globen von der Größe eines Tischtennisballs, die die ganze Erde mit kleinen blauen Ozeanen und hohen Gebirgen zeigten. Sie waren so winzig, dass ich einen davon in meiner Hand hätte halten können. Einige der Weltkugeln lagen aufgebrochen herum. Im Inneren sah man den Mechanismus kleiner Bleistiftspitzer. Eine äußerst triviale Art des Umgangs mit unserer Erde.

Ich ging die Hauptstraße hinunter, auf der «Erde» des Bleistiftspitzers ein unermesslich kleines Fleckchen. Zumindest entdeckte ich jetzt vor mir jemanden, den ich kannte. Ich holte Elfie ein.

«Adusch ist fort. Weggelaufen», erklärte Elfie, ihr kleines Gesichtchen war kummervoll.

«Wohin?», wollte ich wissen und hielt Elfie am Mantel fest.

«Mrs. Fischer hat ihn geschlagen. Er hat geschrien. Dann habe ich nichts mehr von ihm gehört.» In einem Wirrwarr von Worten und Gesten berichtete Elfie, wie ihre und Aduschs gemeinsame Lehrerin einen großen Riemen aus ihrem Pult genommen hatte. Sie hatte Adusch auf den Flur gezerrt und Elfie hatte seine Schreie gehört. Sie war ins Büro des Direktors gelaufen. Aber Elfie konnte zu wenig Englisch. Sie führte vor, wie sie auf Mr. Jenkins' Riemen gezeigt und durch ihre Bewegungen Schläge angedeutet hatte. Mr. Jenkins war herbeigeeilt und hatte Mrs. Fischer den Riemen weggenommen. Aber Adusch war schon auf und davon.

«Er kann nicht weit gekommen sein. Wo sollte er schon hingehen», meinte ich.

«Mrs. Fischer hat gesagt, wir seien am Krieg schuld. Aber so ist es nicht. Wir können nichts dafür», sagte Elfie weinend.

Wir forschten im *Red & White Store* nach Adusch. Zwischen den Regalen mit Konserven gab es keine Spur von ihm. Dann suchten wir ihn im Eisenwarengeschäft. Anschließend gingen wir die Straße entlang zum *Army & Navy Store*. Auch dort fanden wir Adusch nicht.

Am Ende der Hauptstraße tauchte er schließlich zwischen zwei Gebäuden auf, die Schultern vor Kälte zusammengezogen, die Lippen blau.

«Wo bist du gewesen?» Aufgeregt umarmte Elfie unseren Bruder.

«Draußen», sagte Adusch in seiner wortkargen Art.

«Mr. Jenkins hat den Riemen bei sich behalten. Es ist alles in Ordnung», versicherte Elfie ihm. Die beiden waren unzertrennlich. Gemeinsam sammelten sie Bierflaschen und verkauften sie für einen Penny das Stück. Sie kauften sich billige Süßigkeiten und teilten alle ihre Erfolge und Misserfolge miteinander.

Das war doch nicht fair! Was sollten diese Schläge? Was sollte das heißen, wir hätten den Krieg begonnen? Auf dem hohen Getreidespeicher über uns stand «Alberta Wheat Pool». Was bedeutete *wheat*, was *pool?*

Ein Jahr später verstand ich, was die Vokabeln *wheat* und *pool* bedeuten. Ich war jetzt in der siebten Klasse und konnte nun einigermaßen Englisch. Aber die Wörter dieser Sprache schienen mir dürftig, ohne Leben. Während ich die wilden Alberta-Rosen am Straßenrand bewunderte, sehnte ich mich nach einer Umgebung, die Ähnlichkeit mit Hessen hatte, vermisste die Volkslieder des Lehrers Filtz in Trutzhain. Ich bewunderte die starken, gesunden Menschen hier, aber ich gehörte nicht dazu. Beim Sprechen musste ich immer erst nachdenken, wie der Satz auf Englisch hieß; dabei hätte ich so gern einfach drauflosgeredet. So begann ich die siebte Klasse, dazu verurteilt, nachzudenken, bevor ich den Mund aufmachte, wohl überlegt zu handeln, mich zurückzuhalten.

Elfie, Adusch und ich nahmen jeden Tag in aller Eile das Frühstück ein, das Lydia auf dem Resopalküchentisch bereitet hatte. Dann gingen wir die Hauptstraße hinunter, vorbei an den Geschäften *Red & White Store* und *Five & Dime*, zur Schule von Barrhead, die am anderen Ende des Dorfes lag. Für den Rest des Tages waren wir verwaist. Das ganze Jahr über waren wir ohne die Eltern gewesen. Während des Winters hatten Vater und Mutter in einem Sägewerk in der Wildnis gearbeitet. Dann mieteten sie das weit entfernte Gehöft von Onkel Eduard, wo sie im Frühjahr das Land bestellten. Wir Kinder blieben mit Lydia in unserem Zweizimmerhaus in Barrhead. Lydia arbeitete den ganzen Tag im *Dallas* Hotel an der Hauptstraße. Alle arbeiteten schwer. Niemand konnte uns bei irgendeinem Thema helfen, das mit Schule, mit Englisch oder mit Kanada zu tun hatte.

«Sei fröhlich! Du blickst ja drein, als drücke die Last der ganzen Welt auf deine Schultern», meinte mein Lehrer, Mr. Bujeau, zu Beginn des siebten Schuljahres.

«Sei fröhlich!», sagte ich zu mir selbst und zog mir die Haarfransen über meine Sorgenfalten auf der Stirn. In Potulice hatte ich zu jemandem gehört, zu Mutter, die in der nächsten Baracke lebte, zur Kinderbaracke, eben zu unserem Fleckchen Erde. Im Klassenzimmer von Barrhead in der Provinz Alberta gab es keinen, mit dem ich wirklich verbunden war. Ich saß in einem Raum voller Menschen und entbehrte die Menschen.

Sportstunde. Volleyball. Ich war mit dem Aufschlag dran. Ballte eine Faust. Das Leder ging mit einem kräftigen langen Satz über das Netz.

«Großartig», riefen Mr. Bujeau und die Mitspieler und spendeten Beifall.

Bei jedem Aufschlag war ich die reine Konzentration. Der Ball katapultierte sich in eine Flugbahn hinein. Einen Augenblick lang war ich mit dem Volleyball eins. Brauchte nicht über das Sprechen nachdenken. Und ich machte Punkte für meine Mannschaft.

Den Rest des Tages saß ich nur so für mich in meiner Klasse. Ich hatte das Gefühl, anders als die anderen zu sein, auch wenn der Unterschied nicht sehr groß war, selbst wenn ich wie alle anderen aussah; niemand schaute nach mir oder kümmerte sich um mich.

Im Frühling unseres zweiten Jahres in Kanada kaufte Vater zehn Meilen außerhalb von Barrhead eine Farm mit einem großen Blockhaus und einen verfallenen Stall. Wir zogen noch tiefer in die große, leere Wildnis, die nächsten Nachbarn lebten ungefähr eine halbe Meile entfernt. Den ganzen Frühling und Sommer über reichte die Leere von Horizont zu Horizont, Vaters Traktor war nicht mehr als ein Pünktchen auf der braunen Erdscholle. Wir waren dabei, unseren Weg in diesem großen Land zu finden, das uns so klein machte und zugleich eine gewisse Großzügigkeit besaß. Die ersten Tiere, die wir auf dem Hof hatten, bekamen Junge: Kälber, Schweine, Hühner und Kätzchen. Unser Garten schenkte uns einen Überfluss an Nahrungsmitteln, wie wir Kinder ihn nie kennen gelernt hatten. Aus kleinen grünen Pflänzlein sollte sich Gemüse entwickeln, wie es auf dem Samenpäckchen abgebildet war – Blumenkohl, Tomaten, große gelbe Rüben und rote Rettiche.

Am Abend saßen Klein-Elfie, Adusch und ich am Resopalküchentisch und machten im Schein einer Kerosinlampe unsere

Hausaufgaben. Vater saß auf der Kiste, in der wir unsere Habseligkeiten nach Kanada gebracht hatten. Darauf stand immer noch in weißen Buchstaben unsere erste Adresse in der Neuen Welt. Er reparierte ein altes Pferdegeschirr. Niemand in Kanada setzte bei der Landarbeit Pferde ein. Auch Vater nicht. Aber einige Gäule behielt er für Gelegenheitsarbeiten und aus Neigung zu alten Gewohnheiten.

«Brrr», sagte Vater und brach in Lachen aus. «Brrr», wiederholte er und führte vor, wie er es dem Traktor zurief, um ihn zum Stehen zu bringen. Aber der Traktor nahm davon keine Notiz. Er fuhr einfach weiter.

Wir alle lachten über das «Brrr». Wenn man neue Verhaltensweisen lernen muss, so wurde uns klar, konnte man sich genauso lächerlich anstellen wie Vater, als er vom Pferdegespann auf den Traktor umstieg.

An Winterabenden drang das hohe Geheul der Steppenwölfe durch die frostbedeckten Fenster, ein Chor, der aus allen Richtungen zu kommen schien. Er war von eigenartiger, wilder Schönheit. Durch die oberen Fensterscheiben blickte der Nachthimmel mit einer dichten Fülle von Sternen auf uns nieder. Trotz meiner Verdrossenheit wurden die Abende, die wir um die Kerosinlampe in der Küche verbrachten, zu einer Heimat.

Es gab Freundlichkeit in Kanada, man musste nur ein Gespür dafür entwickeln. Die Menschen schlossen sich nicht in ihre Häuser ein, sie hatten ein offenes Haus. «Falls du in einen Schneesturm gerätst oder im Frühjahr auf der aufgetauten Lehmstraße stecken bleibst, dann nimmst du einfach, was du im Haus vorfindest», hatte Willie Dotzlaf, der Nachbar, erklärt, der eine halbe Meile von uns entfernt wohnte. Hier hockte man nicht eng aufeinander wie in Potulice, aber gerade darum hielt man zusammen.

Der Küchentisch wurde zum Ankerplatz in der großen Wildnis. Wir trugen unsere Mahlzeiten und unsere Hausarbeiten, unser Glück und unsere Enttäuschungen dorthin. Das taten auch die älteren Schwestern und der Bruder, wenn sie am Wochenende aus Edmonton, der Hauptstadt von Alberta, zu Besuch kamen. Sie lernten das Leben in der großen neuen Stadt kennen.

Gustavs blauer Mercury bog in die Auffahrt ein und hielt vor unserem Blockhaus.

Da wir immer für Geselligkeit zu haben waren, eilten Elfie und ich zur Tür, um festzustellen, wer da gekommen war.

«Hallo Mädels!», begrüßte uns Gustav von der Tür her, begleitet von einem Stoß kalter Luft. «Wo stecken die Eltern?»

«Beim Bauen», sagte Elfie mit ihrem Grübchen – aufgeregt vor lauter Glück.

«Am Getreidespeicher hinter dem Schuppen», fügte ich hinzu.

Gustav rieb sich das Gesicht. «Es ist kalt draußen.» Er zog einen Schal um Hals und Kinn und ging hinüber, um bei den Bauarbeiten zu helfen.

Elfie und ich beeilten uns mit dem sonnabendlichen Saubermachen. Für Hausarbeit hatte Mutter nur wenig Zeit. Elfie und ich waren ein wenig eingebildet. Ein Haus, das wir nicht in einen modernen vorstädtischen Bungalow verwandeln konnten, empfanden wir als erniedrigend.

Zu Mittag gab es belegte Brote und Kaffee. Gustav sprach vor jeder Mahlzeit ein Gebet. Dabei faltete er die Hände und schloss die Augen. Er pries den Herrn für die Gaben auf unserem Tisch, für die Führung und den Schutz, für Gnade und Vergebung angesichts unseres unwürdigen Tuns. Er betete für unsere Erlösung.

Ich hörte mir Gustavs Gestammel an. Nicht einen Augenblick glaubte ich an unsere Sündhaftigkeit. Auch nicht an Gustavs Verderbtheit. Ich ärgerte mich über einen Gott, der uns als Sünder ansah und seine Lobpreisung im Gestotter meines Bruders gern hinnahm. Die Bitte um Erlösung – das war Gustavs Ansatz, sich der gewaltigen neuen Welt zu stellen. Meiner sollte es nicht werden.

«Es liegt im Süden der Stadt», berichtete Gustav dann über das Haus, das Pauline und ihr kanadischer Ehemann Erich in Edmonton gekauft hatten.

«Vierzig Morgen sollten reichen», sagte Vater über die Wildnis, die er urbar machen wollte.

«Der Bulldozer wird nicht billig sein. Das Bauholz vom Sägewerk wird noch mehr kosten», veranschlagte Mutter. Dann stellte Vater seine Berechnungen an.

Jeder arbeitete, sparte, kaufte Häuser, baute, rodete Land, säte und erntete, züchtete Vieh. Und als sei all dies noch nicht genug, fand auch noch jeder seine Erlösung. Ich glaubte nicht einen Augenblick, dass die Menschen Sünder sein sollten. Sie waren wertvoll, ganz gleich, was irgendwer über sie sagte.

Die Vorstellung, dass Menschen an sich schlecht sein sollen, schien mir fremdartiger als die ganze englische Sprache. Fremder als Kanada. Die ersten Beispiele dafür, wie Menschen als schlecht abgestempelt wurden, hatten mich entsetzt: Das betraf die Diebe in Potulice, die als Strafe für den Diebstahl Schilder tragen mussten, auf denen stand, was sie verbrochen hatten. Ich wusste, dass diese Schilder mehr als eine Strafe bedeuteten. Ich wusste, dass sie alle Häftlinge gegen eine bestimmte Person aufbrachten. Es hatte mich entsetzt, als mich mein erster Lehrer in Trutzhain auf die Hände schlug und mich zwang, vor der Klasse niederzuknien. Das war schlimmer als Hiebe. Es hatte mich entsetzt, als die Lehrerin in Barrhead auf Adusch eingeschlagen und behauptet hatte, wir seien am Krieg schuld. Auch das war schlimmer als eine Tracht Prügel. Ich erwartete Zusammenhalt, musste aber stattdessen schmerzliche Zurückweisung kennen lernen. Manchmal hielt die Welt eine Abfuhr bereit, die ich überhaupt nicht verstehen konnte.

Achte Klasse. Auch in der achten Klasse wurde ich nicht froh. Ich war kritisch, überlegte, bevor ich den Mund aufmachte, verbarg meine Sorgen, fügte mich ein, ohne dazuzugehören.

Alvin saß eine Reihe vor mir. Er war klein, schnell und hatte ständig ein Grinsen im Gesicht. Alvin war freundlich und gemein zugleich.

«Behalt sie», sagte er und gab mir seine alten Bücher.

Im Biologieunterricht war ich einfach nicht in der Lage, einen Wurm auseinander zu schneiden, der über einen sehr treffenden Namen verfügte. Alvin schnitt meinen Regenwurm auf. Und während er den Wurm zerlegte, beschmierte er den Rock der Lehrerin mit Tinte. Einige der Jungen johlten.

Miss McGill drehte sich um und blickte verstört drein. Sie ging von Pult zu Pult und sah sich unsere Würmer genau an.

Alvin hielt den Spiegel einer Puderdose unter den Saum ihres Rockes. Die Klasse war außer Rand und Band. Die hoch gewachsene Miss McGill schleppte Alvin ins Büro des Direktors.

Ich zog meinen Rock glatt und hatte schwer zu schlucken. Vor mir saß Alvin mit all seinen guten und schlechten Eigenschaften. Ich konnte es nicht fassen.

In der Nacht träumte ich, dass ich davonlief und Elfie und Adusch mit mir schleppte. Wir liefen über ein schwarzes, schlammiges Feld, vorbei an Bombentrichtern und glimmenden Baumstümpfen. Wasser stand in Kraterlöchern. In schwarzen Lachen spiegelte sich ein wolkiger Himmel. Die Hände von Bruder und Schwester, die ich in meinen hielt, fühlten sich glitschig an. Unsere Füße rutschten in dem schwarzen Morast. Sollten wir stolpern, würden wir in einen Krater stürzen. Der Matsch unter unseren Füßen ging nun in eine dünne Erdkruste über, die sich wie eine gewaltige Kugel bog. Die Kruste schien wie von Bomben durchlöchert, Wolken wälzten sich heftig darin. Ein falscher Schritt, und wir würden durch die Erde hindurch in die endlosen Wolken stürzen. Doch bevor es dazu kommen konnte, wachte ich schweißgebadet auf.

Ich saß hinter dem zugleich freundlichen und gemeinen Alvin und lernte eifrig. Die Schule musste doch etwas über die mir unbegreifliche Welt wissen. Bücher mussten etwas wissen. Ich las und lauschte dem Unterricht. Der Schulbus brachte uns zum Unterricht und wieder zurück. Der Geschichtslehrer behandelte den Frieden von Paris, wie England Kanada gewann und wie die Social Credit Party die Regierung in Alberta übernahm. Miss McGill erklärte die Photosynthese, die Zellteilung und die Plattwürmer. Ich aber wollte wissen, wie man Leid vermeiden konnte. Ich wollte erfahren, wie man ein allseits akzeptierter und zugleich guter Mensch wurde, wenn man nichts Böses tat, eifrig lernte und gute Noten bekam. Auf solch wichtige Fragen hielt die Schule keinerlei Antworten bereit.

In der neunten Klasse wollte ich unbedingt tanzen, einfach zum Klang der Musik dahingleiten. *Baby, let me be your lovin' teddy bear. Put a chain around my neck and lead me anywhere*, sang Elvis Presley mit seiner unverwechselbaren Stimme in der Turnhalle der Schule. Ich stand wie erstarrt auf dem Balkon im zweiten Rang. Unbefangene Arme und Beine bewegten sich und schwangen zum Klang der Musik. Ungezwungene Freude ging auf das glatte Holzparkett über. Auf, nieder, rundherum bewegten sich Arme und Beine im Tanz. Wenn ich mich bloß so frei bewegen könnte, mich zum Rhythmus der Musik drehen und schweben. Aber ich konnte es nicht, würde es nie können. Angesichts all meiner erbärmlichen Angst würden meine Gelenke knacken. Niemandem würde meine Steifheit verborgen bleiben. Alle würden lachen. Daher schaute ich zu, sehnte mich danach, ein Teil der Masse zu sein, traurig, dass ich es nicht war. Jeden Freitagmittag beobachtete ich die Mitschüler beim Twisten und Swingen.

Ich fand den Mut nicht. Auch im Unterricht machte ich weiterhin den Mund nicht auf. Mrs. Ott rief mich gleichwohl manchmal auf: «Martha, kannst du es uns sagen?» Ich nahm mich zusammen und dachte über die richtigen Sätze nach. Ich gab mir große Mühe, ruhig zu bleiben. Dann antwortete ich, und mit den Worten kroch die Anspannung ans Tageslicht. Danach dachte ich darüber nach, wie es geklungen hatte, ob ich leicht und heiter gesprochen hatte.

Eines Tages wollte Mrs. Ott einige Comic-Hefte loswerden. «Willst du sie haben?», fragte sie.

«Nein, die lese ich nicht», sagte ich.

«Das ist sowieso kein guter Lesestoff», meinte Mrs. Ott und warf sie auf den Müll.

Wie steif und korrekt ich mich äußerte. Dabei wollte ich diesen Eindruck gar nicht erwecken. Eigentlich wollte ich swingen: *Baby, let me be your lovin' teddy bear.*

Die Mädchen der neunten Klasse schauten sich Filmstars in den Zeitschriften an, wollten wie Debbie Reynolds sein. Sie trugen Pferdeschwänze, Bluejeans und Söckchen, bunt karierte Röcke und Blusen. Die Tauwetter- und Matschsaison des Frühjahrs konnte ihre ungemein romantischen Träume nicht bremsen. Auch ich verlangte nach Unbefangenheit, Söckchen und einfachen Träumen. Ich stellte mir vor, dass ihre Träume auch meine Träume waren. Ich probierte sie an und zog sie aus, und schwankte zwischen alten und neuen Zugehörigkeiten hin und her, zwischen der Alten Welt mit ihren dichten Worten und Zusammenhängen und der Neuen Welt mit ihrem dünnen, inhaltsleeren Englisch. Ich konnte zwar Englisch, fühlte mich aber in dieser Sprache nicht zu Hause. Englisch hatte nur wenige Beziehungen und besaß überhaupt keine Worte für hungrige Kinder, die Brot haben wollten, die von Elvis nie gehört hatten und keine Bücher über Filmstars besaßen.

***

Jeden Herbst, wenn wir nach der langen Sommerpause wieder den Schulbus bestiegen, warteten wir gespannt, was uns das neue Schuljahr bringen würde. In den ruhigen Sommerwochen pflegten wir eine beschränkte Geselligkeit unter uns oder wir teilten sie mit den Tieren auf der Farm und dem Geheul der Kojoten in der Nacht. Jetzt, zu Schulbeginn, waren wir auf Menschen erpicht. Jedes Jahr kletterte ich voller Verlangen nach Wissen die Stufen des Busses hinauf. Diesmal bestieg Adusch nicht gemeinsam mit uns den Bus. Er war vierzehn Jahre alt, hatte Lernprobleme, konnte nicht mithalten. In der Gefangenschaft hatte er viele Schläge auf den Kopf erhalten. Nun rieten die Lehrer, er solle zu Hause bleiben und Landwirt werden. Der Bus fuhr weiter. Elfie setzte sich zu ihren Freundinnen im hinteren Teil. Ich wählte einen Platz in der Mitte.

Ich rückte die neuen Schreibhefte auf meinen Knien gerade. Oberschule. Endlich die zehnte Klasse. Ein Klassenzimmer im zweiten Stock des großen Stuckgebäudes. Mein eigenes Schließfach mit Kombinationsschloss. In vielerlei Hinsichten, die für die Schule wichtig waren, war ich erwachsen geworden.

An der nächsten Ecke bahnte sich eine Gruppe von Kindern

durch Staubwolken den Weg zum Bus. Margie, ein kräftiges Mädchen, ließ ihre Fülle in einen Sitz plumpsen, schnurstracks, ohne Wichtigtuerei. Ich bewunderte sie, vielleicht, weil sie wie ein Bauernmädchen aussah und damit zufrieden war. Vielleicht, weil sie es verstand, etwas Wichtiges zu tun. An einem Sonntag im Sommer nahm sie den Traktor ihres Vaters auseinander. Den ganzen Nachmittag saß sie auf dem Boden, umgeben von Motorteilen, hockte da und reparierte. Ich schaute zu und staunte, mit welcher Selbstverständlichkeit sie dies tat.

An der nächsten Haltestelle setzte sich Colette, die Tochter unserer Nachbarn, neben mich, sie war weder freundlich noch unfreundlich. Ihr Vater, Mr. Hummelle, betrieb in seinem Farmhaus ein kleines Postamt und einen winzigen Gemischtwarenladen – er bot hauptsächlich Zucker, Kaffee, Dosenfleisch, Obstkonserven und Zigaretten der Marke Parliament an.

«Bereit für die Schule?», fragte ich mit all dem Eifer des Schuljahresbeginns.

«Wie immer», sagte Colette. Ihr braunes, welliges Haar breitete sich wie ein Zelt über ihre Schultern. Colette war damit zufrieden, einfach so dazusitzen und mit dem ihr Dasein zu teilen, was eben da war – wenn es ein Baum war, dann saß sie eben unter Bäumen.

«Wie ich dich liebe? Lass mich zählen wie.» Die Mädchen um uns herum kicherten über das Gedicht. Würde je eines von ihnen sagen: «*How do I love thee? Let me count the ways?*»

«Nein.» «Nie.» «Niemals.»

Sie kicherten über die Englischlehrerin, Mrs. O'Brien, ihre breite Taille, ihren breiten Kunststoffgürtel und darüber, wie sehr sie für das Gedicht *How do I love thee?* schwärmte.

Ich mochte die meisten Themen, die Mrs. O'Brien im Unterricht behandelte, sogar *How do I love thee?* Das war für mich nichts Lächerliches. Doch schon bei Schuljahresbeginn beobachtete ich wieder und stand abseits.

Wie schnell die alten Zweifel wieder angekrochen kamen, wie sehr sie Körper und Geist bedrängten und infizierten. Je weiter wir fuhren, umso mehr Dinge passten nicht zusammen. Ich gehörte einfach nicht dazu. Mir war nicht klar, was hier fehlte.

Hier ging es nicht um eine Amöbe, ein Protozon, eine Zellteilung. Es ging auch nicht um Saturn oder um die Milchstraße, nicht um Röhren, die unser batteriebetriebenes Radio zum Spielen brachten und Elvis Presley laut singen ließen: *You ain't nothin' but a hound dog* – Du bist nur ein heulender Hund. Meine Fragen wurden in den Büchern einfach nicht beantwortet. Aber vielleicht würde das irgendwann einmal anders sein. Vielleicht ja schon in diesem Jahr.

Der Bus hielt an, um die letzten Fahrgäste aufzunehmen. Elfie und ich trugen neue Röcke, Blusen und Schuhe. Einen Teil des Sommers hatte ich für unsere Garderobe gearbeitet und Pauline in Edmonton geholfen. Zumindest war unsere Kleidung in Ordnung.

Der Bus überquerte die Brücke über den Paddle River und bewegte sich auf die Hauptkreuzung der Stadt zu. Ein früher Frosteinbruch hatte die Pappeln bereits gelb werden lassen. Braune Blätter lagen um nackte Stämme herum. Ein einsames Neonlicht hellte den öden grauen Herbst auf.

Ich verließ den Schulbus. Neben mir marschierte Colette kerzengerade wie ein Baum. Der Wind blies ihr durchs Haar. Wir gingen auf die zweistöckige Oberschule aus Stuck zu. Während des Namensaufrufs und auf dem Weg in die Englischklasse von Mrs. O'Brien verhielt ich mich so unauffällig wie eine Pappel aus Alberta. Endlich war ich in der Lage, einfach so in der Klasse zu sitzen, als ein Gesicht unter vielen.

Mrs. O'Brien verteilte die blau geschriebenen Diskussionsfragen, die von einer Matrize abgezogen worden waren. Sie stiefelte auf ihren dünnen Beinen auf und ab. Ein breiter brauner Gürtel glich wie üblich die fehlende Taille aus. Mrs. O'Brien hielt die Schnalle mit einer Hand.

«Nun, Schüler», sagte sie wie immer.

Wir wandten uns noch einmal der Kurzgeschichte «*Antidote for Hatred* – Ein Mittel gegen den Hass» von Ann Morse zu.

Margie konnte sich an die Geschichte nicht erinnern.

Ich auch nicht, obwohl ich das Wort «antidote» nachgeschlagen hatte. Es bedeutete Gegengift. Aber ich wusste nicht mehr, welche Rolle Gift in der Geschichte spielte.

Wer kann die Geschichte zusammenfassen?», fragte Mrs. O'Brien.

Ich lauschte den Einzelheiten der Story. Miss Newton, eine ältliche Jungfer, lebte in der Stadt Wilton. In ihrer Kindheit waren ihre Eltern Missionare in Burma gewesen. Sie hatte eine Schwester mit Namen Elise, die einen wohlhabenden, vornehmen Polen kennen gelernt und geheiratet hatte. Nach dem Krieg kehrte Elise mit ihrem kleinen Sohn in die Vereinigten Staaten zurück. Vorher schon krank, starb Elise bald darauf. Ihre Schwester, eben Miss Newton, nahm den Neffen bei sich auf.

Miss Newton war glücklich, Josef bei sich zu haben. Er war blass, unterernährt und hatte einen glatt rasierten Kopf. Miss Newton mochte sein Gesicht. Sie schätzte es, wie er sich über Ungerechtigkeit aufregen konnte, aber seine Grundhaltung machte ihr Sorgen. So sagte Josef zum Beispiel: «Menschen, die anderen Schaden zufügen, haben ihr Lebensrecht verwirkt. Ich würde sie töten.» Insbesondere hasste Josef den Raufbold der örtlichen Schule, Charlie Talent. Charlie schlug die kleineren Schüler, zertrümmerte die Brillengläser eines Jungen, lockerte die Schrauben eines Fahrrads und war daran schuld, dass ein Schulkamerad sich einen Knöchel brach. Josef fasste den Plan, Charlies Rennschlitten so zu präparieren, dass er sich den Hals brechen würde.

Das bereitete Miss Newton großen Kummer. Josef würde seine Handlungsweise ändern müssen. Denn wenn er sich Charlies Methoden bediente, würde er schließlich selbst wie Charlie werden. «Wir haben Gesetze, haben Gerichte und eine öffentliche Meinung», belehrte Miss Newton ihren Neffen. Jeden Abend kam sie am Hang von Cleese Hill vorbei. Charlie Talent lud sie ein, eine Talfahrt auf seinem Schlitten zu probieren. Dumm und klug zugleich, wie sie war, setzte sich Miss Newton auf den Schlitten. Der Schlitten schoss den Hügel hinab und brauste in einen über dem Boden gespannten Draht. Der Unfall lockte viele Leute herbei. Die Polizei verfasste ein Protokoll. Die Lokalzeitung berichtete. Jeder erfuhr, was Charlie Talent gemacht hatte. Er hatte den Draht absichtlich gespannt, damit Miss Newton sich verletzen sollte.

Ich starrte auf die Seite. Aus dem Artikel sprangen mich Sätze an, wie ich sie zuvor noch nie wahrgenommen hatte. Josef kam aus Polen, aus Europa. In dem Bericht hieß es: «Dieser Ausländerjunge war verschwiegen, und er war durch die Schule der Gewalt gegangen.» Josef müsse «andere Vorgehensweisen» lernen als jene, «die in der Schule des Krieges zu lernen» waren. Miss Newton stellte am Ende fest: «Josef ist eben ein Europäer. Er gehört zu den Kindern, die gelernt haben, dass es eine schnelle Art gibt, mit Leuten wie Charlie fertig zu werden.»

Ich wischte meine Hand am Rock ab. Es war mir egal, dass Josef gewalttätiges Verhalten beigebracht worden war, dass er nicht die hier üblichen Methoden anwandte, dass er schnelle Lösungen bevorzugte. Es störte mich auch nicht, dass er – in dieser Geschichte – Charlie töten wollte. Aber dass alle Kinder aus Europa töten wollten und Josefs schnelle Wege kannten – diese Behauptung war mir zu viel. Schließlich war auch ich ein Kind aus Europa. Kannte ich also auch die schnellen Lösungen und war auf Töten aus?

Ich blickte mich um.

Einige Schüler meldeten sich und taten ihre Meinung kund. Selbst Margie, die ansonsten mit Büchern nicht viel anfangen konnte, hob ihre Hand.

Mrs. O'Brien stellte Fragen: «Man darf sich der Gewalt nicht mit Gewalt widersetzen. Wofür gibt es denn die Polizei?»

«Die Polizei ist dazu da, Recht und Gesetz Geltung zu verschaffen», warf jemand voller Eifer ein.

Es entwickelte sich ein nettes Gespräch über eine nette Polizei, die eine nette Stadt beschützte.

Ich wollte losplatzen: «Kinder aus Europa sind keine Mörder. Ich bin kein Mörder.» Ich wischte meine verschwitzten Hände ab, als wolle ich den schlechten Leumund fortwischen, der mir und allen Kindern auf der anderen Seite des großen Ozeans unterstellt wurde.

Den ganzen Tag ging mir der Begriff Mörder durch den Kopf, aber ich sagte kein Wort. Ich redete mit niemandem, wenngleich keines der Kinder aus Barrhead jemals den Krieg, meinen Akzent oder die Tatsache, dass ich keine Kanadierin war, erwähnt hatte.

Nur Mrs. Fischer war auf den Krieg zu sprechen gekommen, als sie in jenem ersten Winter Adusch geschlagen hatte. Und nun passierte diese Geschichte! Mir tat der Kopf weh. All das konnte ich nicht begreifen.

Im Bus tat ich so, als würde ich lesen – nur damit ich nicht sprechen musste. Im Englischunterricht hatten alle die Erzählung vom Mittel gegen den Hass gelesen. Jetzt könnten alle über mich genauso wie über Josef denken – könnten in mir jemanden aus Europa sehen, der imstande war zu töten. Sie alle würden mich «anmachen», mir etwas antun. Meine Gedanken rasten im Schwung des Busses.

Die Sprache, die mir zunächst als ein unverständliches Gebrabbel erschienen war, sich dann in schwache Worte verwandelt hatte, die wenig Bedeutung in sich trugen, wandelte sich nun ein weiteres Mal und stempelte mich beinahe zum Mörder ab. Manchmal waren die Worte, die ich lernte, gewalttätiger als die Aufseher in Potulice und die Milizen während der Flucht. Niemand von diesen Leuten hatte beinahe einen Mörder in mir gesehen, jemanden, der schnelle Lösungen bevorzugte.

Erntezeit. Selbst die Schule trat nun in den Hintergrund. Das Getreide auf den Feldern einzubringen war jetzt wichtiger. Wir mussten uns beeilen, um dem Frost und dem ersten Schnee zuvorzukommen. Bei der Ernte hatte ich meinen Platz, Elfie und ich wirkten als Helfer in der Küche, wir backten Kuchen, hielten das Haus in Ordnung und sorgten für die feineren Dinge des Lebens, für die Mutter wenig Zeit hatte. Sie war bei jeder Mahlzeit für das Hauptgericht zuständig. Der Rest war unsere Sache. Mutter widmete sich wie Vater ausschließlich der Landwirtschaft.

Mit großem Verlangen hatten Elfie und ich den Katalog von Eaton's durchgeschaut, aber kaum etwas gekauft. Keine unserer Bemühungen könnte den hausbackenen, blattgrünen Linoleumboden im Vorderzimmer durch etwas Besseres ersetzen. Wir würden den Mangel an Stil ausgleichen müssen, indem wir alles peinlich sauber hielten, besondere Leckereien zum Nachtisch backten und kanadische Gerichte zubereiteten, wie wir es im Hauswirtschaftsunterricht gelernt hatten.

Samstag. Vater, Mutter und Adusch bereiteten das Dreschen vor. Elfie und ich putzten das Vorderzimmer und die Küche. Wir füllten die Wassereimer und die Brennholzkiste. Die abgespaltenen Scheite hinterließen Kratzer an meinen Armen, breit geschwollene Streifen, Striemen, so dick wie meine Finger. Meine Arme sahen lädiert aus, doch ich spürte kaum etwas. Ich kratzte mich an einer unversehrten Stelle meines Arms und prüfte die geschwollenen Streifen später. Den ganzen Nachmittag über kratzte ich mich zur Probe und beobachtete, wie die Striemen kamen und gingen.

Sonntag. Ich las die Zutaten im Lehrbuch für den Hauswirtschaftsunterricht nach und verdreifachte alle Mengenangaben für das Rezept *angel cake* – Engelkuchen. Dreimal ein Dutzend Eiweiß, das bedeutete sechsunddreißig Eier. Ich zählte die Eier, brach sie auf, und trennte Eiweiß und Eigelb. Engelkuchen waren nicht meine Spezialität geworden, weil ich sie besonders gern machte, sondern weil unsere Hühner im Frühjahr sehr viele Eier legten und wir das Überangebot verwerten mussten. Ich stand am Tisch und schlug das Eiweiß mit dem Schneebesen, beobachtete, wie es erst schäumte und dann fest wurde und die Masse schließlich die Schüssel füllte.

«Pass auf das Feuer auf. Nicht zu heiß. Nicht zu kalt», verlangte ich von Elfie. Sie nahm Pfannen aus dem Schrank und machte dabei einen großen Radau.

«Und was noch?», fragte sie dann.

«Marmelade», lautete meine Antwort.

«Kein Gelee aus dem Laden?» Elfie zog den Mund zusammen, grollte, weil wir nie etwas im Geschäft kauften, nicht einmal Gelee für Biskuitrollen aus dem übrig gebliebenen Eigelb. Elfie mochte schöne Dinge, strebte nach Popularität und wollte überall angesehen sein.

Ich schlug die Eiweiße und bemerkte dabei, wie eine Kratzspur an meinem Arm aufschwoll. Jetzt merkte ich, was los war. Meine Schürfungen konnten sprechen. Die Schrammen protestierten: «Berühr mich nicht. Komm mit deinem Gift nicht einmal in meine Nähe.» Die Schrammen gaben Antworten, auch wenn ich keine Worte fand. Elfie und ich waren vollkommen anständig, überhaupt nicht gewalttätig oder in dem Sinne durchtrieben, wie Josef es war. Ich schlug die Eiweiße. Ich würde drei wunderbare Engelkuchen backen – auf diese Weise konnte ich mich wehren. Engelkuchen gegen den Teufel.

Dreschtag. Vater machte einen glücklichen Eindruck. Er mochte die Art, wie die Farmer in Alberta sich auf das Dreschen vorbereiteten. Angehörige von Nationen, die in Europa Kriege gegeneinander geführt hatten, arbeiteten hier beim Dreschen als Mannschaft zusammen. Vater und Willie Dotzlaf droschen gemeinsam mit dem Russen, dem die Dreschmaschine gehörte. Dotzlaf hatte die alten Zeiten in Polen erlebt, war während des Ersten Weltkriegs in Sibirien gewesen und hatte für den Zaren Trompete gespielt.

Den ganzen Tag über fuhren die Farmer ihre Leiterwagen zwischen Feldern und Dreschmaschine hin und her. Ohne Unterlass prustete die Maschine Stroh aus und schichtete hinten auf unserem Hof einen goldfarbenen Berg auf. Getreide strömte aus einem Rohr. Mutter leitete den Strom von Weizen, Hafer oder Gerste in die Getreidebauten.

Die Drescher luden Garben, bis die Sonne unterging. Am Abend nahmen sie alle ihren Platz am Küchentisch ein, der ausgezogen worden war, damit ein Dutzend Männer daran sitzen konnte. In ihren Gesichtern, durchzogen von braunen Falten, leuchteten die Augen hell. Trotz ihrer müden Glieder zeigten sie ein freundliches Lächeln.

Mutter, Elfie und ich trugen nur das Beste auf – Braten, Eingemachtes, Gemüse, Obst und Soßen, die Engelkuchen aus sechsunddreißig Eiweiß und Biskuitrollen mit Marmelade, außerdem Nachspeisen mit viel Schlagsahne. Vater sprach deutsch und polnisch. – Die Prärie erinnere an die Steppen Russlands. In der Ukraine seien die Böden ebenso ertragreich wie in Alberta. «*Anoway*», sagten die Drescher in ihrer Einwanderer-Aussprache. Glücklich und müde sprachen sie vom Hektarertrag, vom Schweinepreis, vom Austausch von Bullen zu Zuchtzwecken. Sie waren in ihrem Element.

«*Anoway*», klinkten sich meine Gedanken ein. Ich überließ mich dem Glück des Augenblicks, borgte es mir aus, machte mir vor, dass es vier Jahreszeiten des Lebens gebe. In jeder von ihnen wusste ich, wer ich war und was sie von mir verlangte. Die staubigen Gesichter, die Geselligkeit trotz der Erschöpfung hatten mich auf ihre Seite gezogen. Die müde, doch frohgemute Unterhaltung klang ansprechend, auch wenn sie leider nicht aus Fragen über die Welt bestand.

Wir hatten eine hervorragende Ernte. Den ganzen Sommer lang hatte Vater seine Felder vermessen. Er plante, noch etwa hundertsechzig Morgen Land von den Martins, einer Einwandererfamilie in der Nachbarschaft, hinzuzukaufen. Auch sie bewirtschafteten ihr Land mit Erfolg und waren auf eine größere Farm gewechselt. Vater und ich wollten uns bei der Bank um einen Kredit bemühen. Ich sollte Vater als Übersetzerin zur Seite stehen. Sein Englisch war immer noch äußerst dürftig.

«Es geht ja nur um einen Kredit. Der Mann wird Ja oder Nein sagen», versuchte ich Mutter zu beruhigen.

«Eigener Herd ist Goldes wert», entgegnete sie mit einem ihrer Sprichworte. Sie schüttelte das Wasser in einem Einmachglas. Dann leerte sie das Wasser aus, spülte das Glas und begann es mit einem Handtuch abzutrocknen. Ihr Haar wurde langsam, aber stetig immer grauer.

«Die Bank wird nicht an unserem Haus interessiert sein. Es geht um mehr Land, mehr Wohlstand. Das weiß man dort zu schätzen.»

Mutter regte sich auf: «Was die Bank an Sicherheiten haben will! Die wollen wahrscheinlich eine Garantie, dass Hagel und Frost die Ernte nicht vernichten. Wenn wir uns dafür verbürgen könnten, müssten wir so reich an Hilfsquellen wie der Allmächtige sein.»

Ich legte ein Holzbrett über die Lehnen zweier Stühle und darüber eine Decke. Dann begann ich Vaters Hemd zu bügeln. Das Bügeln hätte Mutter einfach zu viel Stolz und Geduld abverlangt. Für die Bank bügeln zu müssen war ungefähr mit der Situation des Dorfmusikanten zu vergleichen, der aufspielte und dann den Hut herumgehen ließ. Wenn er dies ganz von Herzen tat, würde er ein paar Münzen mehr einheimsen.

Unser Lastwagen hoppelte die bucklige Landstraße entlang. Nach dem Tauwetter am Ende des Winters und der Schlammphase im Frühling war sie in Ordnung gebracht worden. Doch schon bald hatte der Sommerregen wieder seine üblichen Furchen und Löcher hinterlassen. Vater hielt das Steuer mit beiden Händen und wandte seinen Blick nicht von der Straße ab. Wir fuhren an sauberen, kurz geschnittenen Feldern vorbei. Entlaubte Wälder ließen Fetzen des Himmels aufblitzen. Schon an den Stoppeln konnte Vater erkennen, welche Art von Getreide auf einem Acker gewachsen war. Ich fragte. Er antwortete. Es gab Weizen, Hafer, Gerste. Winterroggen fehlte ihm. Außerdem vermisste er Hartholzbäume, Apfelbäume und eine längere, wärmere Vegetationszeit.

Ich blickte in Vaters Gesicht, das sich nahe an die Windschutzscheibe drängte. Es war braun gebrannt und mit Falten durchzogen. Seine Augen waren klar. Der Schirm seiner Mütze war nach hinten geschoben. Beim Fahren sagte er kein Wort. Jeder Stoß, jede Delle in der Straßendecke erforderte seine Aufmerksamkeit. Ich wollte seine Hand berühren, seine Wange, wollte im Voraus einen Ausgleich für die Enttäuschung schaffen, die ich später in der Bank erleben würde. Er würde auf seine bäuerische Art daherreden, würde ins Stottern geraten, wenn er sich seiner Sache nicht sicher war. In der Stadt würde er einen unbeholfenen Eindruck machen, auch wenn er unter der Oberfläche ein außergewöhnlicher Mensch war. Er war ein guter Farmer, die Landarbeit passte ihm besser als mir die Schule. Wie stets plante er für seine Zukunft im Rahmen von Jahreszeiten, Feldern und Viehzucht.

Ich konnte mir meine Zukunft überhaupt nicht vorstellen. In der Gefangenschaft schien mir die kommende Zeit genauso lange wie das Warten auf die nächste Mahlzeit zu währen, wie der Wunsch nach etwas Gutem in der nächsten Schale Suppe. Maßstab der Zeit war für uns, wer lebte und wer starb, wer verschwand und wer wieder auftauchte. Da gab es die Zeitspanne, als Mutter verschwunden war. Den Augenblick, da Vater uns besuchen kam. Als wir durch das Tor von Potulice marschierten, verfügte ich über keinerlei Vorstellung von Freiheit. Und jetzt, da ich neben Vater in unserem Lastwagen saß, konnte ich mir die

Freiheit noch immer nicht vorstellen, noch nicht einmal in diesem freien Land Kanada. Die Zukunft war, was ich von den Mitschülerinnen in Barrhead borgte oder vielmehr größtenteils zurückwies. Ich konnte mir nicht vorstellen, was nach der höheren Schule, in etwa fünf oder zehn Jahren, sein würde. Ich wusste, dass ich nicht in die Landwirtschaft gehen würde. Ich konnte mir in Barrhead keinen Jungen vorstellen, für den ich mich entscheiden würde. Gregory Peck war erstaunlich hübsch. Doch es war die Sensibilität, die Denkermiene dieser Art von Mann, für die ich als Sechzehnjährige mit Verlangen schwärmte. Mit irgendeinem Burschen aus diesem Städtchen konnte ich mir keine Romanze vorstellen, nicht mit jemandem mit einer Elvis-Presley-Tolle über den Augen und einem Elvis-Presley-Grinsen. Diese einfache, plumpe Gutherzigkeit würde ich gleichzeitig an mich drücken und zurückweisen.

Der Hunger nach Wissen bestimmte meine Zukunft. Angst war meine Zukunft. Es gab keine Atempause von dieser Angst. Nach der Geschichte vom Mittel gegen den Hass ganz bestimmt nicht. Ich würde schon meine Haarfransen über meine Ängste ziehen. Ich würde nett ausschauen – ein nettes Kleidchen tragen, eine nette Frisur haben, zurückhaltend sein, hart arbeiten, keinen Ärger machen. Meine Zukunft bestand aus Alpträumen, gegen die ich nicht ankonnte. Es war immer wieder derselbe Alptraum – verzweifelt rannte ich über ein schlammiges Feld, vorbei an Bombenkratern voll von schwarzem Wasser. In den Pfützen spiegelten sich dahineilende Wolken wider, der Horizont bestand aus schwarzweißem, grobkörnigem Firmament. Das vermatschte Feld verwandelte sich in eine dünne Kruste, durchschossen, voller Löcher. Ich zerrte Elfie und Adusch mit mir. Ein einziges Stolpern, und wir würden in den endlosen Himmel stürzen, der sich in der hohlen Erde wälzte. Den Hunger nach Wissen, die Angst und jenen Alptraum – diese drei trug ich überall bei mir.

Die Hauptstraße lag verlassen da, bald würde Schnee fallen. Vater parkte den Laster vor der Bank of Nova Scotia, einem niedrigen Stuckgebäude am oberen Ende der Hauptstraße. Im Wartezimmer der Arztpraxis, in das man von der Straße aus hineinsehen konnte, hielten sich nur wenige Patienten auf. Daneben lag das Polizeirevier, das geschlossen zu sein schien, der einzige Teilzeitpolizist des Dorfes hatte entweder keinen Dienst oder war irgendwohin gerufen worden.

In der Bank verliefen die Verhandlungen mit dem Direktor freundlich. Der große, kahlköpfige Mann behandelte die finanziellen Angelegenheiten der Farmer mit Humor, seine Mitarbeiterin hielt sich stets im Hintergrund.

«Sie wollen also die Farm ihres Nachbarn kaufen ... Die Ernte ist sehr gut ... Alle Kredite werden bedient», sagte er. Er studierte Vaters Bericht und wandte sich dann mir zu: «Er sagt, dass die Kinder in Edmonton arbeiten.»

Vater sprach. Ich hörte zu. Das Gespräch ging hin und her, bis Vater die Fragen und Begriffe des Bankiers verstand. Vater verbeugte sich. Ich legte meine Hände zusammen und ertrug seine Bücklinge.

«Oh ja, danke, ja, vielen Dank», antwortete Vater dem Direktor.

Der große Bankier war nicht weniger freundlich als die Landwirte. Die schmale, graue Mitarbeiterin mit den scharfen Augen prüfte ein paar Rechnungen.

«Vielen Dank, vielen Dank», sagte Vater, verneigte sich und steckte die Rechnungen in seine Brieftasche. Mit wippenden Knien und einem leichten Nachschleppen der Fersen ging er von dannen.

Vaters Dankeschön enthielt zu viele Verbeugungen. Der Banker und seine Angestellte wären mit einem einfachen Ja oder Nein zufrieden gewesen. Vater war zu beflissen. Ich litt unter dem Eindruck, Unterschiede ausgleichen zu müssen, was Sprache und Verhaltensformen betraf. – Vater stand mit dem Hut in der Hand da, als sammle er die Essensreste der freien Arbeiter in Bromberg ein, und ich zog meine Ponyfransen über meine Kümmernis, suchte immer noch irgendwo zwischen Alt und Neu meinen Platz, verstand keine der beiden Welten.

***

Suchen war der Kern allen Wissens. Würde ich die richtigen Fragen kennen, dann hätte ich eine Orientierung, könnte auf der Karte den Weg meines Strebens festlegen. Es musste Anhaltspunkte geben. Vielleicht waren sie in der Reihe der Lichter zu finden, die sich ausbreiteten und zu einem gewaltigen Leuchten wurden. So wie ich Edmonton am liebsten sah, wuchs die Stadt zunächst wie ein Glühen vor dem dunklen Horizont aus der Nacht, entwickelte sich dann weiter als dünner Bogen von Licht, das sich ausbreitete, entfaltete und zu einer grellen, elektrisch aufgeladenen Stadt führte. Aus der Leere stieg Hoffnung auf. Meine Zukunft setzte sich aus Fragen zusammen. Ich würde sie in den Lichtern der Stadt begreifen lernen, in den Reibungen zwischen Menschen und Ideen.

Die glatte Fernstraße sauste auf uns zu. Das blasse Grün des Frühlings war in die stärkeren Farben des Sommers übergegangen. Peggys Bruder hatte mich mitgenommen, er fuhr eine Ladung Schweine in die Stadt. In der neunten Klasse hatte Peggy ihr Leben «ruiniert», sie war schwanger geworden und aufgefordert worden, die Schule zu verlassen. Während unseres ersten Jahres in Barrhead hatte Peggys Familie uns gegenüber auf der anderen Straßenseite ihr Fuhrgeschäft gehabt.

Meine Füße hielten den kleinen Koffer fest. Mein Ziel war es, sehr viel zu begreifen, und über die Welt – weit über Barrhead, die Farm und die Schlammperiode hinaus – Bescheid zu wissen. Ich sollte einen Sommerjob in Edmonton antreten – als «Lückenfüller» in der Küche des Krankenhauses der University of Alberta aushelfen. «Lückenfüller» klang viel versprechend.

«Soll ich das Radio anmachen?», fragte Peggys Bruder über das Poltern und Quietschen des Lastwagens hinweg. Als wir gerade Barrhead verließen, hatte er zum ersten Mal angeboten, es anzustellen. Auf dem letzten Stück vor Edmonton fragte er erneut. Sein schwach ausgeprägtes Kinn hob seine Nase scharf hervor. Wenn er dazu beim Lachen seinen Kopf schüttelte, sah er seiner jüngeren Schwester sehr ähnlich.

«Nein», antwortete ich.

«Ist vielleicht auch nicht so gut, mit all den Schweinen da hinten.»

Ich hielt eine Puderdose und einen Lippenstift in den Händen, bereit, die ganze Schweineszene, das Gequietsche des klappernden Sattelschleppers, auf dem eine lebendige Ladung hin und her geschleudert wurde, auf diese Weise zu «verjagen».

Peggys Bruder grinste. «Gib nicht dein ganzes Geld bei Hudson's aus.»

«Ich werde nur schmierige Fingerabdrücke an den teuren Sachen hinterlassen», sagte ich unüberlegt.

«Auf was denn?»

«Robben aus Stein», antwortete ich und meinte das ernst. Ich bewunderte tatsächlich Seehunde aus Stein und sah sie mir bei jedem Besuch in Edmonton an.

«Ich verstehe gar nicht, was die Leute daran finden», rief er beim Lärm des Wagens zurück.

Ich dachte an die Ausstellung in der zweiten Etage des Hudson Bay Kaufhauses und an die von Eskimos gemeißelten Tiere. Die schlanken Robben wussten, was es hieß, durchs Wasser zu gleiten. Ich würde mir die Robben aus Speckstein ansehen, vielleicht auch eine anfassen und durch meine Hände gleiten lassen. Schon der bloße Gedanke an Bewegung, die im Stein festgehalten war, verlieh diesem Sommer eine Bedeutung.

Ich strich mit dem purpurroten Stift über beide Lippen und schaute mir meinen übertrieben geschminkten Mund im Spiegel an. Herzförmig waren meine Lippen nun, erinnerten vielleicht ein bisschen an Ava Gardner, das hoffte ich wenigstens mit einem Anflug von Eitelkeit.

In der Nähe einer Bushaltestelle am nördlichen Rande der Stadt kam der Lastwagen langsam zum Stehen. Ich öffnete die Tür.

«Tue nichts, was ich nicht auch tun würde», sagte Peggys Bruder. Dabei grinste er breit.

«Ganz bestimmt nicht», bei diesen Worten stieß ich schnell die Tür auf.

Das Gequieke der Schweine verlor sich in der Ferne. Ich wartete auf den Bus, der in den Süden der Stadt und in Richtung Paulines Wohnung fahren würde. Ich hatte vor, bei meiner Schwester Pauline und ihrem Mann Erich zu wohnen. Zwei ganze Monate würde ich die Annehmlichkeiten der Großstadt genießen können – fließendes Wasser, ein Vollbad in der Wanne, die Eleganz der Jasper Avenue in der Innenstadt. Ich würde mit der einjährigen Evelyn spielen, dem liebenswürdigsten und schönsten Zuwachs unserer Familie, mit ihrem silberblonden Flaum und ihrem makellosen Babygesicht.

Der Bus fuhr durch das Geglitzer der Großstadt die Jasper Avenue hinab. Ich hielt nach den Kaufhäusern Eaton's und Hudson Bay Ausschau. Wir kamen am großartigen Hotel «Macdonald» vorbei, das stolzer und englischer aussah als ein großes Schloss des neunzehnten Jahrhunderts. Nun führte die Straße nach unten zur Low Level Bridge. Wir überquerten den North Saskatchewan River. Sein breites braunes Wasser mit den steilen Uferböschungen teilte die Stadt in Nord und Süd. Schließlich passierten wir die alten Häuser am Südufer, meist Stuck- oder Schindelbauten, einige stammten vielleicht noch aus der alten Pioniersiedlung Strathcona. In den Kirchen am alten Südufer predigten betagte Einwanderer, und neue fanden hier ihr Seelenheil.

Ich rieb mir die Spuren meines Lippenstifts ab, als ich Paulines Haus betrat. Pauline brachte das Essen auf den Tisch und sprach ein inbrünstiges Tischgebet mit einem Stottern, das mich an Gustav erinnerte. Sie hatte sich von allen weltlichen Eitelkeiten losgesagt, trug einen Haarknoten, war vollkommen schmucklos. An ihren Ohrläppchen konnte man nur noch den schwachen Ansatz von Löchern erkennen, die Ohrringe hatte sie längst weggeworfen.

«Oh, das musst du sehen. Und das. Und das.» Pauline zeigte mir ihren Garten, den Holzapfelbaum und ihren neuen Mixer. Sie hatte etwas für Küchenmaschinen übrig. Die kleine Ev und ich schauten zu und bewunderten all das. Pauline und Erich mussten für alles schwer arbeiten. Ihnen gehörte ein eigenes Haus und alles, was sich darin befand.

«An der Low Level Bridge findet eine Versammlung statt. Die wird euch gut tun», verkündete Gustav, als er uns am Abend besuchte.

Was mich zum Mitkommen veranlasste, war allerdings eher

Höflichkeit als Begeisterung. Der Gedanke, der dem Ganzen zugrunde lag – Erlösung von den Sünden –, weckte in mir den Wunsch, Einspruch zu erheben. Das war aber nicht erlaubt. Nur die Kratzer auf meiner Haut waren imstande, Stellung dagegen zu beziehen. Ich mochte Gustav, er war ein sehr liebenswürdiger und verwundbarer Mensch, und sein Stottern machte mir beides immer wieder deutlich. Gustav plante, ein eigenes Haus am Stadtrand zu bauen. Lydia hatte einen kanadischen Farmer geheiratet, auch sie war glücklich.

Ich saß neben meinem Bruder in einem großen Zelt und dachte an meinen neuen Job als «Aushilfe». Was würde ich in der Küche vorfinden? Große Küchenmaschinen? Große Mixer? Spezielle Diäten für Kranke? An einer Stätte der Wissenschaft?

Auf dem Podium traten ein stattlicher Prediger, seine schöne Frau und ihre Zwillingsschwester in rosafarbenen Gewändern als Gesangstrio auf. «Die verstehen es, gute Veranstaltungen zu machen», sagten die Leute um mich herum über die Prediger, die aus den Vereinigten Staaten kamen. Sünder traten nach vorn. «Halleluja! Preiset Gott!», beteten sie und legten Zeugnis ab. Dann folgte ein lebhaftes Klatschen zu einer heiteren Melodie. *I went to the rock to hide my face.* – Ich ging zum Fels mein Gesicht zu verbergen. – *The rock said no, no hiding place down here.* – Der Fels sagte Nein, hier gibt's kein Versteck. – *Down here, down here.* – Hier unten, hier unten. Ich klatschte mit: «*No hiding place down here.*» Kein Versteck hier unten. Eine heitere Melodie mit einer traurigen Bedeutung.

Jeden Tag suchte ich nun meine Arbeitsstelle in der Küche des Universitätskrankenhauses auf. Ich schälte Kartoffeln und diente während der Sommerferien als Urlaubsvertretung für das Küchenpersonal. Kartoffelschälen war doch Großmutters Arbeit in Potulice gewesen, erinnerte ich mich eines Tages, als ich einen Sack in eine große Trommel entleerte und einen Schalter anknipste. Ich wünschte mir, ich hätte sie damals gesehen.

In der Küche arbeiteten Einwandererinnen, Frauen aus Breslau, Königsberg und Danzig, Frauen, die voller Ideen, Analysen und Erklärungen steckten, vornehm in Haltung und Geschmack waren. Ich mit meinen offenen Augen passte dazu und schnappte nach Brocken von ihren Gesprächen. Jedes Mal, wenn die Kartoffelschälmaschine anhielt, öffnete ich voller Erleichterung den Deckel. Endlich konnte ich hören, wie sich die Frau aus Königsberg über das Unergründliche, das Sein und die Selbsttäuschung äußerte.

Die große Frau aus Königsberg hatte aus nichts etwas schaffen müssen. Sie hatte zwei Kinder. Ihr Ehemann war aus dem Krieg nicht zurückgekehrt. Eine Küche sei ein guter Ort, um von vorn anzufangen, meinte sie über ihre Arbeit. Mit ihrem hoch aufgetürmten Haarkranz und ihrem kerzengeraden Rücken konnte sie sogar Kartoffeln einen gewissen Anschein von Würde verleihen. Sie tunkte einen Malerpinsel in den Schmalztopf und bestrich Backkartoffeln mit ausgelassenem Fett.

Mir gegenüber leerte die kleine, untersetzte Frau aus Breslau eine Kiste mit Sellerie in einen Kübel. Ihre rundlichen Arme bewegten geschäftig grüne Bündel.

«Wenn du den Geruch von verwesenden Menschen vom Gestank verwesender Pferde unterscheiden kannst, dann hast du in alle Tiefen geblickt», sagte die Frau aus Königsberg. Sie konnte nicht genau beschreiben, wie sich diese Gerüche voneinander unterschieden. Ausdünstungen nimmt man außerordentlich subjektiv wahr. «Du kennst den Abgrund, wenn du seinen besonderen Duft kennst.»

«Ich nehme nicht an, dass es in Königsberg so viele Pferde gab.» Die kleine Frau aus Breslau machte einen verwirrten Eindruck, als drehe sich das Gespräch um Pferde.

Die Königsbergerin zog die Schultern hoch. Es habe viele Pferde auf dem Land gegeben, sie seien auf den Straßen, in den Gräben verendet.

Was konnten Gerüche über das Unergründliche mitteilen? Ich strengte mich an, dem Gespräch zu folgen. Wie unwissend ich doch war!

Jeden Tag ging ich zwölf Häuserblocks weit zur Arbeit und fragte mich, was die Frau aus Königsberg als Nächstes aus den tiefsten Tiefen heraufholen würde. Hatte sie Antworten auf die Fragen, die mich bewegten? Dann war es denkbar, dass Elfie,

Adusch und ich nicht länger in meinen Alpträumen durch das Innerste der Erde stürzen mussten. Ich ging durch schläfrige Straßen, an sauber geschnittenen Rasenflächen und üppig wachsenden Bauernrosen vorbei. Ich lauschte glücklich dem Zwitschern der Vögel am Morgen, und ich war glücklich wegen der Einwandererinnen.

«Wenn du dem Unergründlichen begegnet bist, dann weißt du etwas über das Sein», verkündete die Große aus Königsberg mit wohl gesetzten Worten. «Wir müssen uns selbst immer wieder neu entwerfen. So ist es nun einmal. Wir bestehen aus unseren Handlungen. Wir sind, was wir tun.»

«Darüber habe ich eigentlich nicht viel nachgedacht. Wir sind einfach froh, noch am Leben zu sein», sagte die Kleine aus Breslau.

Die kleine Schlesierin war kein großes Licht. Das aber konnte die Große aus Königsberg nicht bremsen. «Im Krieg sind wir mit unserem Handeln identisch», erklärte sie. In Kriegszeiten könne man nicht lügen, was Leben und Tod anging. Leben war Leben, und Tod war Tod. Vor dem Krieg hatten sich die Menschen mit Lügen und Propaganda groß getan.

Voller Erregung angesichts einer ihrer seltenen Einsichten ließ die kleine Breslauerin ihre Arme wild kreisen. «Denkt an die Berlinerin, wie sie es mit dem Hilfskoch trieb, ohne einen Gedanken an ihre zwei Kinder zu verschwenden. Im Krieg habe ich keine Frau erlebt, die ihre Kinder im Stich ließ.»

Wir unterhielten uns über die äußerst attraktive Berlinerin. Genau zwei Tage lang hatte sie in der Küche des Krankenhauses gearbeitet. Alle hatten sich nach ihr umgedreht. Dann verschwanden sie und der hübsche Hilfskoch, erschienen nicht mehr zur Arbeit, liefen davon, niemand wusste, wohin. Ihr Ehemann war im Begriff, einen Roman über einen sowjetisch-amerikanischen Zusammenstoß in den Northwest Territories zu schreiben. Auf den Erfolg dieses Buches hatten sie ihre Zukunft gebaut.

Da ich zu wenig wusste und zu verlegen war, um etwas zu sagen, hörte ich einfach zu.

Am nächsten Morgen ging ich beschwingt zur Arbeit. «Wir bestehen aus unserem Handeln», wiederholte ich innerlich. Fast hätte ich es zu der Frau, die ihre Katze aus dem Haus ließ, zum Milchmann und zum Zeitungsjungen gesagt.

Bei der Arbeit ließ ich mir die Worte durch den Kopf gehen. *Wir bestehen aus unserem Handeln* – das klang so überzeugend. Die Kinder aus Potulice hatten niemandem etwas angetan. Auch die Kinder aus Polen und Osteuropa nicht. Ich blickte von meinen Kartoffeln auf und atmete tief durch. Die große Küche schien warm zu sein. Selbst der Koch mit den buschigen Augenbrauen blickte freundlich drein. Wenn ich das nächste Mal durch die Jasper Avenue ging, würde ich stolz einherschreiten, mich umschauen und sehen, was es dort gab. Ich würde den gemeißelten Tanzbären im Kaufhaus Hudson Bay bewundern. Wir waren mit unserem Handeln identisch, wie die Tiere mit dem ihren, ganz gleich, was diese Geschichte über den Hass sagte.

Nun kam die «Edmonton Exhibition» in die Stadt, das größte Ereignis des Jahres. Da ich bislang nichts Bedeutenderes erlebt hatte als die Kirmes von Ziegenhain, begleitete ich Gustav sehr gern dorthin. Die rasende Karussellfahrt presste unsere Gesichter ganz platt. Vom Riesenrad konnten wir bis zum Stadtrand blicken. Wir blieben vor Buden mit übergroßen Grizzlybären stehen, vor steifen «Mounties» – berittenen Polizisten – aus Plastik, und überall waren Porträts von Königin Elizabeth zu sehen. Die jungen Damen schauten bewundernd zu uns herüber. Gustav war sehr stattlich, ein Typ wie Rock Hudson.

In großen Buchstaben stand über einem Zelt: «Die fetteste Frau der Welt». Gustav bewegte sich auf den Eingang zu. Ich folgte ihm.

Wir saßen auf Klappstühlen. Die vibrierende Melodie einer Mandoline erfüllte den dunklen Raum. Kratzige Musik kam von einer ausgeleierten Schallplatte. Der Vorhang ging auf. Berge von Fleisch bebten über dem Publikum. Ein stark geschminktes Gesicht blickte in die Menge. Die fetteste Dame der Welt, eingepackt in einen rosa Faltenumhang, tanzte einen Twostep. Ziermünzen blitzten rosafarben. Die schwabbeligen Fleischmassen, eine rosa Sülze, bebten im Takt der Mandoline. Die fetteste aller Damen verbeugte sich.

In Trutzhain hatte ich schon einmal eine Live-Vorstellung erlebt. Dort traten ein Mann und eine Frau mit einem weißen Pferd auf. Durch Klopfen mit den Hufen zeigte das Pferd, wie es addieren und subtrahieren konnte. Die Frau ritt stehend auf dem Pferd. Später wetterte unser Lehrer, Herr Filtz, wir sollten unser Geld nicht für Firlefanz ausgeben.

Harte, schnelle Töne eines Klaviers, eine weitere zerkratzte Platte. Die fetteste aller Frauen tanzte. Ihre kleinen, kindlichen Hände hoben einen Zylinder und einen Rohrstock von einem hohen Stuhl hoch. Sie paradierte mit stattlichen Posen. Eine kleine Hand berührte den Hut, die andere ruhte auf Wülsten von rosa Fleisch aus. Unterhalb des sich wiegenden Hügels von rosigem Fleisch vollführten ihre zierlichen Füße winzige Tritte in der Luft.

Jemand lachte. Das Lachen nahm unter Pfeifen und Kichern zu.

Die Pyramide von Potulice, ich in der zweiten Reihe von oben. Was für ein Spaß muss das für die Augen jener gewesen sein, die uns hinter Schloss und Riegel gebracht hatten. Mit unserer Turnvorführung hatten wir das Leben in Potulice als so angenehm dargestellt.

Die fetteste aller Frauen zog lange durchsichtige Schals aus dem Hut. Die niedlichen Händchen schwangen den regenbogenfarbenen Stoff um ihre gewaltige Leibesmitte. Sie glitt in einen Regenbogen hinein und warf ihren Kopf mit einem Schmollen zurück.

Das Gelächter wuchs mit jeder albernen Bewegung und jedem Zappeln des fetten Fleisches.

Gustav stieß die Lehne seines Stuhls mit einem lauten Knall zurück und wandte sich zum Gehen.

Ich nahm die Verachtung im Gesicht meines Bruders wahr und ging mit ihm.

«Sie ist ordinär», sagte Gustav.

Waren wir etwas Besseres als sie? Wir waren hinausgegangen und hatten ihr damit weitere Beleidigungen zugefügt. Das Publikum lachte über die Blöße der Frau, über ihr dummes und groteskes Aussehen, über ihren lächerlichen rosa Körper. Für einige

Zeit verweilten meine Gedanken bei der fettesten Frau der Welt, dabei, wie sie in den Farben des Regenbogens tanzte, wie Gustav und ich sie beleidigt hatten.

In der Küche hatte das Gesprächsthema gewechselt. Alle nahmen nun Englischunterricht an der Abendschule. Die lange Königsbergerin gab ihre Beurteilung der englischen Sprache zum Besten. Ohne Englisch konnten Neuankömmlinge hier wenig erreichen, da blieb nur die Arbeit in der Küche, in der Schlachterei von Swifts oder das Putzen fremder Häuser.

Ich war in der neuen Sprache nicht unbedarft. Einiges konnte ich auf Englisch sagen. Der Plural von *fish* war *fish*, der von *sheep* war *sheep*. Aber es gab noch andere Unregelmäßigkeiten bei der Mehrzahl. Was das Englische anging, so konnte ich anderen mit Rat und Tat zur Seite stehen.

Der große bebrillte Krankenpfleger tauchte hinter einer Reihe von Essenswagen auf. Er winkte, wie es seine Art war. Dann blieb er neben der Frau aus Königsberg stehen und legte ihr einen Arm um die Schulter.

«Wie steht's mit Immanuel Kant heutzutage?», fragte er mit seinem österreichischen Akzent.

Da lachte die Königsbergerin. «Wir haben seine Sittlichkeit preisgegeben, und nun verdienen wir es, von den Existenzialisten gequält zu werden.»

«Ist das nicht ein wenig gefühlsduselig?», fragte der Pfleger.

«Mit klarem Kopf möchte ich dazu bemerken: Unsere Zukunft wird durch unser Handeln bestimmt.» Die lange Königsbergerin hielt an ihrer Überzeugung fest.

Was für eine Selbstsicherheit dieser Krankenpfleger besaß. Was für einen Stolz. Er studierte immerhin an der Universität und arbeitete nur in den Sommerferien hier. Ich dagegen war eine Küchenhilfe, die nicht einmal die höhere Schule abgeschlossen hatte. Ich hörte mir alles genau an, was er und die Königsbergerin sagten, das leichte Geplauder, die großen Worte, deren sie sich bedienten, ich nahm das Selbstvertrauen wahr, mit dem sie sich eine Welt bauten.

Der Pfleger winkte und verschwand.

Die Zukunft bestand aus dem, was wir taten. Wie gut das klang. Ich würde auch das nicht vergessen. Was wir taten, bestimmte die Zukunft, nicht die Geschichte vom Mittel gegen den Hass.

«Der Krieg ist vorbei», schimpfte eine eingewanderte Frau. Was die Königsbergerin und die anderen von sich gäben, sei ein abstoßendes Geschwätz. Was solle denn all das Gerede über den Krieg, den Tod und das Sein?

Die große Königsbergerin und die kleine Breslauerin hielten dagegen. Würden sie nicht darüber sprechen, könnten sie aus dem Krieg nichts lernen.

«Das ist nicht die Art, wie sich ein Kanadier verhält. Wir sind in Kanada. *Seid Kanadier*», schimpfte die Frau.

Ich warf einen zornigen Blick auf die Spielverderberin. Nichts war wichtiger als die Zukunft und unser Handeln in dieser großen Küche mit Bottichen aus rostfreiem Stahl, mit drei Küchenchefs in Weiß und einer Mannschaft von Mitarbeiterinnen, die aus kultivierten Einwandererinnen bestand.

«Ich werde die Existenz studieren», kündigte ich an, um der langen Königsbergerin beizuspringen.

«Das ist ganz süß von dir, meine Kleine. Ein wunderbares Fach, aber du solltest es nicht um meinetwillen tun», entgegnete die Lange aus Königsberg.

Am Ende des Sommers hatte sich mein spontanes Verlangen in einen festen Entschluss verwandelt. Ich wollte unbedingt die Universität besuchen, wie es dieser selbstsichere Pfleger tat. Ich würde mich mit dem Studium des Seins beschäftigen. Ich würde es lernen, über die Erde zu laufen und nicht durch sie hindurchzufallen.

Die Frau aus Königsberg brachte einen Katalog des Bertelsmann Buchklubs mit zur Arbeit. Tagelang ging er unter den Frauen von Hand zu Hand. Wir studierten die Angebote. Ich interessierte mich für sentimentale Romane, für Ganghofers «Waldrausch» – da ging es um Förster und um Mädchen, so lieb wie Heideröschen. Die große Königsbergerin bestellte Schopenhauers «Urwille und Welterlösung».

«Das will ich auch haben», verkündete ich. Unbedingt wollte

ich wissen, was Schopenhauer über einen Sturz durch die Erde zu sagen hätte – und wie er den vermeiden würde.

«Nicht ein Wort wirst du davon verstehen», warnte mich die lange Königsbergerin.

Ich bestellte das Buch. Selbst wenn ich nur einen Satz davon verstand, so konnte dieser doch sehr wichtig sein.

Der Sommer war vorbei. Es war Zeit, die Arbeit hier zu beenden und nach Hause und damit in die Schule zurückzukehren. Ein letztes Mal sah ich mir die Steinrobben an. Im Kaufhaus Hudson Bay nahm ich den Aufzug zum zweiten Stock und blieb vor den in Stein gebannten Kreaturen stehen. Ein vertrautes Gesicht. Eine Robbenmutter und ihr Junges. Zwei Seehunde rieben ihre Nasen aneinander. Und da war sie – eine Robbe, die durchs Wasser glitt. Ich griff nach dem einsamen Schwimmer, hielt den glatten Steinleib in meinen Händen. Ich befühlte die sanften Kurven, die sich unter dem Druck meiner Finger mit Leben zu erfüllen schienen.

Dann entdeckte ich den Tanzbären, aus dunkelgrünem Felsgestein gehauen, dunkel, beinahe wie schwarze Fichte. Wenn ein Fels tanzen könnte, dann wäre er wie dieser aus Stein gearbeitete Bär. Wenn ein Fels tanzen könnte, dann würde ich das Wesen des Seins studieren und nicht durch den Mittelpunkt der Erde stürzen. Ich nahm den Bären. Meine Finger folgten den Kurven. In meinen Händen begann er zu tanzen.

Große Pläne lassen sich nicht sofort in die Tat umsetzen. Auch meine nicht. Erst einmal setzte sich die nüchterne Realität durch. In Barrhead gab es kaum jemanden, der zur Universität ging. In meiner Familie war das überhaupt noch nie vorgekommen. Das verstieß einfach wider die Natur. Ich überlegte, war unsicher. Barrhead schien begrenzter denn je. Zum Abschlussball trugen wir Abendkleider aus Chiffon, wirkten recht unreif, aber gaben uns intellektuell.

Over the rainbow – so lautete unser Abschlussmotto, das in farbigen Papierbuchstaben über uns flatterte. «Wir müssen nicht über den Regenbogen hinaus. In Alberta gibt es Nordlicht», spottete ich. Margie gefiel mir beim Reparieren des Traktors viel besser, als wenn sie in ein malvenfarbenes Seidenkleid gequetscht war.

Auf der Bank of Nova Scotia in Edmonton trug ich nun Soll und Haben in ein Hauptbuch ein und besorgte die Post. Meine Tage bestanden aus Soll und Haben. Dann die Wochen. Dann die Monate. Ich erinnerte mich an *Over the rainbow* und bewarb mich für eine Ausbildung als Psychiatrieschwester in Oliver, der Heil- und Pflegeanstalt unserer Provinz. Wenigstens würde ich dort etwas lernen, wenn ich auch von Geisteskrankheiten keine Ahnung hatte. Ich hatte noch nie jemanden kennen gelernt, der ein psychisches Leiden hatte. Auch ein anderer Gesichtspunkt war wichtig: Ich würde während der gesamten Ausbildung ein Gehalt beziehen.

Meine Ausbildung begann schlicht und einfach mit den Grundlagen der Krankenpflege. Die Schüler mussten eine Plastikpuppe im Bett waschen. Wir lernten, einander Salzlösungen zu injizieren. Die erste Station, der ich zugeteilt wurde, lag in einem angenehmen, offenen Gebäude; hier waren die Patienten auf dem Wege der Besserung und hatten erhebliche Freiheiten. Auf den geschlossenen Stationen war alles ganz anders. Ein großer Schlüssel an einer Kette diente zum Öffnen und Schließen der Türen. In dem durch Glas abgetrennten Schwesternzimmer wurden Krankenakten mit Diagnosen wie Schizophrenie, Paranoia, Hebephrenie und Katatonie gesichert aufbewahrt. Die Schwestern notierten täglich ihre Beobachtungen. Elektroschocktherapien wurden durchgeführt. Die Auszubildenden wirkten dabei und bei der Insulinstoßtherapie mit. Ich lernte, Knie und Hüften so festzuhalten, dass sie bei Spasmen nicht brachen. Wussten die Ärzte überhaupt, was sie da taten? Wusste es das Spital? Wusste es irgendjemand? Die Patienten waren so verletzlich, und unsere Methoden schienen außerordentlich gewaltsam zu sein.

Eines Morgens weinte eine große Frau, die unter Katatonie litt. Zwei von uns hatten sie gewaschen, hatten ihr ein Patientenkleid aus bedruckter Baumwolle angezogen und ihre Lippen geschminkt. Sie weinte. Etwas rührte sich in ihrer gewaltigen, wortlosen Starre, doch es gab keinen Zugang von außen. Sie saß in der Falle. Und ich trug den großen Schlüssel bei mir und notierte in ihren Unterlagen, dass sie geweint hatte. All die Schlüssel, Diagnosen und Notizen der Pfleger konnten gegen ihre Tränen nicht an – sie taugten mehr zum Verschließen und Einschränken als zum Öffnen.

«Kannst du mir helfen? Kann ich zu dir kommen?», fragte ich in einem Ferngespräch nach Detroit, Michigan.

«Ja», antwortete meine Schwester Wanda. Sie wollte mir behilflich sein, dass ich auf die Universität gehen konnte. Die Vereinigten Staaten hatten ihren Einwanderungsantrag akzeptiert. Wanda hatte sich meiner Schwester Johanna in Michigan angeschlossen. Im Jahr zuvor war Johannas Ehemann an Krebs gestorben, und sie war mit zwei kleinen Kindern zurückgeblieben. Unsere Situation würde nicht einfach sein.

Wieder bereitete ich mich auf eine neue Freiheit vor. Der Pass, den ich für die Vereinigten Staaten benötigte, setzte die kanadische Staatsbürgerschaft voraus. Meine Eltern waren kanadische Bürger geworden und ich mit ihnen. Dennoch musste ich verschiedene Formulare ausfüllen, um mich als Staatsbürger registrieren lassen und den Anspruch auf ein Reisedokument erheben zu können. Mit all dem war eine ärztliche Untersuchung verbunden. Wieder einmal musste ich im Sprechzimmer eines Arztes sitzen, warten und mich ausziehen.

«Oh, Dermographie*», sagte der Arzt angesichts eines angeschwollenen Kratzers auf meinem Arm. «Da muss man etwas auf die Haut schreiben», erklärte er und malte mit dem stumpfen Ende seines Kugelschreibers meinen Namen auf meinen Oberkörper. Wir konnten deutlich sehen, wie die Buchstaben auf meinem Leib anschwollen.

Auf dem Bahnhof stieg ich in einen Zug der Canadian Pacific Railroad und reiste Richtung Osten. Mit Schopenhauer in meinem blauen kanadischen Koffer und meinem Namen «Martha» in dermographischer Spur auf meinem Oberkörper machte ich mich auf, das Sein zu erkunden.

***

* Streifen- oder Striemenbildung auf gereizten Hautstellen

Ich lief die Forest Street entlang, während rote Blätter langsam dahinsegelten. Der Wind blies meine Kleider auf. Herbstsemester. Die Herrlichkeit, der blendende Glanz des Lernens. Die University of Michigan – das Himmelreich. Und ich im Jubelwahn. Ich konnte nicht ahnen, wie viel das Studium, das ich gewählt hatte, wie viel das Sein mir beibringen würde. Ich konnte mir nicht vorstellen, dass Orte des Lernens und der Gelehrsamkeit mir viel mehr als Buchwissen vermitteln, dass sie mir die Gefahren des gewöhnlichen Lebens deutlich machen und mich bis an den Rand der Erde und darüber hinaus führen würden. Ich trat diese neue Reise mit Hingabe und völliger Ahnungslosigkeit an.

Ann Arbor, Michigan, war großartig. Ebenso die herbstlichen Birken, der Ahorn, die Eichen, der Holunder und der rote Sumach. Alberta hatte keine farbig leuchtenden Laubbäume, kein roter Sumach säumte die großen Landstraßen. Und was wusste Barrhead, Alberta, von den großen Ideen der Menschheit, von Thorstein Veblens «Theorie der feinen Leute», von Stonehenge, von Darwins Reise mit der *Beagle*, von Descartes' Satz: «Ich denke, also bin ich.» Nichts. Nicht das Geringste. Ich fing ein Geflatter von Blättern in Rostbraun und Zitronengelb ein. Wie hatte Descartes den Satz «Ich denke, also bin ich» formulieren können? Er hatte doch die Frauen in Mutters Baracke nicht sagen hören: «Die Wärter können das Innere nicht anrühren.» Natürlich machte sich Descartes keine Sorgen um Aufseher. Er machte sich Gedanken um «die Ursprünge des Wissens». Verfügten die Bücher nicht über wunderbare Methoden, Dinge zu formulieren? «Die Ursprünge des Wissens». Es gab keine Gewissheit in der Wissenschaft, in einem Bereich des Wissens, der sich auf Vernunft stützte. Der Zweifel war eine Gewissheit. Ich vergrub mein Gesicht in einem Arm voller Blätter, atmete den starken Geruch der sich immer wieder erneuernden Erde ein, ließ ihn tief in mein Innerstes dringen.

Ulrich's Book Store war ein Buchladen – was sonst. Als ich ihn das erste Mal bemerkte, ging ich hinein und starrte die Titel an. Hier konnte man alles Wissen über weit mehr Themen, als ich sie mir vorstellen konnte, käuflich erwerben. Den Verkauf von Büchern hatte ich nur an Schulen, in Bücherkatalogen von Einwanderern und auf dem Büchermarkt in Trutzhain kennen gelernt. Geschäfte für Bücher – was für eine gute Idee! Ich war gewiss die einzige Person auf dem Campus, die vor ihrer Universitätszeit nichts über Buchläden und Bibliotheken gewusst hatte.

Ich überquerte das als «Quad» bekannte Karree und nahm die zuversichtlichen Gesichter der Menschen hier wahr. Dies war ein Hort des Lernens. Dass alles so neuartig war, heiterte mich auf, flößte mir aber auch Angst ein. Ich folgte einem Strom von Studenten durch die Fish Bowl zur Angell Hall, ging eine breite Treppenflucht hinauf und betrat den Hörsaal, wo die Lehrveranstaltung «Griechisches Denken und Literatur» stattfinden sollte. Ich setzte mich auf einen Platz ganz vorn, öffnete mein Schreibheft und wartete auf die Erhabenheit Griechenlands und wie sie über mich hinwegrauschen würde. Der alte Professor Pearls, dessen Haupt auffallend den Köpfen aus der Antike ähnelte, hielt diese Lehrveranstaltung schon seit Jahrzehnten.

«Was wir vor allem schätzen müssen, ist nicht das bloße Leben, sondern das gute Leben», rezitierte Pearls Sokrates' Worte. Seine Stimme wurde lebhaft, wenn er die Worte der alten Philosophen vorlas.

«Daran denken wir möglicherweise nicht.» Er hob das «Wir» hervor, während er die Studenten anblickte.

Ein unbehagliches Rascheln von Papier verbreitete sich im Raum.

«Was wollte Sokrates damit sagen? Was meinten die Griechen, wenn sie von einem guten Leben sprachen?» Pearls blickte auf die erhobenen Hände mit milder Skepsis und Toleranz gegenüber dem, was er nun zu hören bekommen sollte.

Seit langem schon daran gewöhnt, keine Fragen zu stellen und keine Antworten zu geben, meldete ich mich nicht freiwillig. Ich ging meinen persönlichen Fragestellungen nach. Schließlich hatte ich die Antwort gefunden. Schließlich verstand ich die Frage. Selbstverständlich drehte es sich um das eine – wie man auf dieser Welt leben sollte, wie man gut lebt, wie man ein gutes Leben lebt. Es konnte kein größeres Glück geben als das Glück der Griechen: «Die Ausübung vitaler Kräfte nach Maßstäben der Vortrefflichkeit in einem Leben, das diesen Raum gibt.» Ich wollte das Beste aus mir machen, was ich aus mir hervorbringen konnte. Die Griechen versicherten mir, dass ich dies erreichen konnte. Sie sahen darin eine Verpflichtung. Und diese großartige Universität, an der man vieles über die alten Griechen lernen konnte, erwartete ebenfalls von mir, dass ich mich um Außerordentliches bemühte.

«Und wie hat sich Sokrates gegen den Vorwurf der Gottlosigkeit und der Verführung der Jugend verteidigt? Worin besteht der Kern seiner Rechtfertigung?» Pearls beantwortete die eigene Frage, indem er aus der Verteidigungsrede des Sokrates vorzulesen begann.

«Solange ich noch atme und es vermag, werde ich nicht aufhören, nach Wahrheit zu suchen und euch zu ermahnen ... Für Einsicht aber und Wahrheit und für deine Seele, dass sie sich aufs Beste befinde, sorgst du nicht, und hierauf willst du nicht denken? ... Und wenn mich dünkt, er besitze keine Tugend, behaupte es aber, so werde ich es ihm verweisen, dass er das Wichtigste geringer erachte und das Schlechtere höher.»

Ich unterstrich die Formulierung «das Wichtigste» zweimal. Ich ging den Text durch und hob alles hervor, was Sokrates als wertvoll anerkannte: Wahrheit, Tugend, Schönheit, Gerechtigkeit, Weisheit. Sokrates hatte sich geweigert, seine Kinder vor dem Gericht aufmarschieren zu lassen, um die Sympathie der Geschworenen zu gewinnen. Dies wäre weder «ehrbar noch erlaubt» gewesen. Sokrates war kein «großer Heuchler». Er zog sich nicht die Haare über seine Sorgenfalten. Er lächelte nicht, um eine Stellung zu bekommen. Er wusste, wofür es sich zu sterben lohnte.

Dann begann der alte Professor aus einem Text von Pindar vorzulesen: «‹Aber menschliche Vortrefflichkeit wächst wie ein Weinstock, genährt von grünem Tau, unter dem unbeständigen Himmel, gepflegt von weisen und gerechten Männern.› Was würde Pindar über das gute Leben und die Volksgunst zu sagen haben?», fragte Pearls und wandte sich der Hörerschaft zu.

Ich hatte erlebt, dass gute Eigenschaften sich am besten offenbarten, wenn die Lage am schlimmsten war. Sie waren für mich eine aktive Lebenskraft.

Pearls schlug sein Buch zu, sammelte seine Notizen ein und steckte sie in eine alte Aktentasche.

Ich verließ mit einer Gruppe von Studenten den Saal und hörte zu, wie sie die Vorlesung diskutierten und nach Schwachstellen suchten. Ich hingegen hielt nach etwas Ausschau, das ich «lieben» und bewundern konnte. Es war mir überhaupt noch nicht in den Kopf gekommen, dass man nach Schwächen statt Stärken suchen konnte und sie fand. Würde mir eine kritische Haltung weiterhelfen? Ich warf die Büchertasche über meine Schulter. Geduld. Geduld. Zunächst würde ich mich weiterhin um den griechischen Glücksbegriff bemühen und studieren – für Vater, der sich zu tief verbeugte, für Adusch, der inzwischen in genau der Heil- und Pflegeanstalt war, an der ich ausgebildet worden war. Adusch lebte nun hinter verschlossenen Türen, wurde diagnostiziert, seine Krankengeschichte schwarz auf weiß festgehalten.

In Michigan erwies sich der Herbst als überraschend ausgedehnt und warm. Mein langer Heimweg führte an großen Häusern vorbei. Eine gewaltige rote Sonne setzte alle Fenster in Brand, und überall auf dem Rasen glühten Spuren des Herbstes: Blätter so rot wie Erdbeeren, Blätter so purpurn wie platt gedrückte rote Weintrauben. Ich sammelte ovale Blätter in Schattierungen von Kupfer. Ein Blatt nach dem anderen, bis ich eine kupferfarbene Rose zusammen hatte.

Ich atmete die feuchte Luft ein. In Michigan waren alle Jahreszeiten feucht, die dichte Kälte des Winters, die kompakte Augusthitze und nun die Luft voll herbstlicher Gärung. Mein Zuhause, ein zweistöckiges weißes Holzhaus in der Woodlawn Avenue, thronte jetzt auf Bergen von glühenden Blättern. Im Schimmer der sinkenden Sonne jagten rote Schatten die Wände auf und ab, wie es die roten Eichhörnchen hier in Michigan taten.

Ich konnte mir meine Vermieter, das alte Ehepaar, vorstellen, wie es im Haus herumwerkelte. Die beiden hatten sich an meine Gegenwart gewöhnt und ich mich an ihre. Ich klopfte und öffnete die Tür.

«Die Nachrichten», sagte Mrs. Watkins. Sie winkte mir zu,

mich ihr und Mr. Watkins anzuschließen. Beide saßen vor einem leeren Fernsehbildschirm. Es zischte und knatterte – es gab wohl eine elektrische Störung.

Ich zeigte entschuldigend auf ein Ohr, um mein Unvermögen anzudeuten, bei den Nebengeräuschen etwas zu verstehen, während die beiden offensichtlich kein Problem damit hatten. Mr. Watkins, ein großer, weißhaariger Mann, der stets Anzug und Krawatte trug und wie ein betagter Staatsmann wirkte, betrachtete gern mit nachdenklicher Miene sein Vorderzimmer. Mrs. Watkins, jünger als er, war eher praktisch veranlagt. Pummelig, liebenswürdig und effizient, trug sie bedruckte Baumwollkleider und gab gelegentlich freundliche Ratschläge. Etwa von der Art, dass Gänseschmalz und Flanell gut gegen Grippe seien. Ich fragte, wie man diesen Rat anwende. Es sei ganz einfach, betonte Mrs. Watkins. Man reibe den Oberkörper mit dem Schmalz ein und bedecke ihn mit einem Flanelltuch.

In der Diele nahm ich meine Post an mich, einen braunen Umschlag, die Adresse ließ Wandas Schrift erkennen. Der Absender lautete: Henry Ford Hospital, Detroit, Michigan. Der Umschlag fühlte sich steif und schwer an. Ob es wohl gute oder schlechte Nachrichten über die Auswirkungen der Tuberkulosebazillen sein würden, die Wandas Lungen erneut angegriffen hatten? Geduld, Ruhe und die Zauberkraft des Penizillins – darauf vertrauten die Ärzte im Henry Ford Hospital.

Ich stieg mit schweren, kribbelnden Beinen die Treppe hoch. Als ich den Umschlag in meinem Zimmer öffnete, fielen zwei Stücke Pappe heraus, die von einem Gazeverband zusammengehalten wurden. Dazwischen steckte eine dünne Kupferplatte mit einer geprägten Kupferrose vor schwarzem Hintergrund.

«Es geht mir sonst gut», hieß es in dem beiliegenden Brief. Wie viele Briefe hatte ich in Vaters Namen geschrieben, die stets mit dieser allgemeinen Versicherung des Wohlbefindens schlossen, selbst wenn Vater eine Reihe kleinerer und größerer Katastrophen aufgezählt hatte. Wanda litt zwar an Tuberkulose, aber sonst war alles in Ordnung, das wollte der Brief zum Ausdruck bringen. Eine absurde Botschaft! Einen Augenblick stellte ich mir vor, wir hätten aus der Gefangenschaft solch einen Brief geschrieben. «Wir verhungern. Das Prügeln ist entsetzlich. Ansonsten geht es uns gut.» Ich unterdrückte ein Lachen über die Gepflogenheiten meiner Familie, die sich so tief eingebrannt hatten, ob wir sie benötigten oder nicht. Wandas kupferne Rose war wunderschön, selbst wenn sie bei der Beschäftigungstherapie in der Klinik entstanden und in einen Gazeverband verpackt war.

Am nächsten Tag nahm ich den Bus nach Detroit, ich wollte wenigstens für ein paar Stunden erleben, wie gut Wanda mit der Tuberkulose zurechtkam.

Henry Ford Hospital – ein Labyrinth von Fluren. Unverständliche Schilder. Apparate mit Armen langten ins Leere. Ich suchte die Tuberkulose-Station.

Wanda setzte sich in ihrem Krankenbett auf, ein blaues Bettjäckchen über dem Nachthemd war jetzt ihre Tageskleidung.

«Das ist aber ein großes Buch», sagte ich mit einem Blick auf den Wälzer, den sie gerade zuklappte.

«Da habe ich lange genug zu lesen», erwiderte Wanda, teils lachend, teils achselzuckend.

«Sechs Monate?», fragte ich und wollte andeuten, dass sie möglicherweise ein halbes Jahr in dieser Klinik zubringen müsse.

«Schon möglich», antwortete sie.

«John Dos Passos, ‹USA›», las ich laut Autor und Titel vor. «Sieht umfangreich genug aus», fügte ich hinzu. Gut so, dass es ein großes Thema war, dass es um das Land ging, das wir gerade zu unserem machten. Wanda erforschte die USA, vom Bett aus, hatte das Land auf den Seiten eines Buches vor sich. Vor einem Jahr, als sie noch so gut wie kein Englisch konnte, hatte sie mit einer Ausbildung zur Kosmetikerin begonnen, arbeitete dann in diesem Beruf und besuchte daneben den Abendunterricht in der Denby High School. «Sonst geht es mir gut» – wie hätte es auch anders sein können? Solange ich zurückdenken konnte, hatten wir stets unter extremen Umständen gelebt – am Rande eines Abgrunds, der gefährlich war oder nicht, uns manchmal bewusst, mitunter nicht. Wandas Tuberkulose war nur eine andere Variante dieser Grundkonstellation – ihr Leben verbrachte sie jetzt mit Kupferrosen und einem riesigen Land auf den Seiten eines

Buches. Und ich lernte – mit dem Glücksbegriff der alten Griechen –, am Rande dieses Abgrunds zu tanzen.

Zu unterschiedlichen Jahreszeiten ging ich die Forest Street und die Woodlawn Avenue hinunter, vermisste die Chinook-Stürme von Alberta, atmete im Frühling den Duft von Flieder ein, legte in *Ulrich's Book Store* einen Zwischenstopp ein und überquerte den Campus. Ich bewohnte weiter mein Dachstübchen mit meinen Büchern, nickte Mr. und Mrs. Watkins freundlich zu, studierte mit höchster Intensität und großer Neugier. Unser aller Leben hatte sich jetzt etwas beruhigt. Wanda hatte sich von ihrer Tuberkulose erholt. Adusch war inzwischen aus der Heil- und Pflegeanstalt entlassen worden. Elfie hatte die üblichen Auseinandersetzungen mit den Eltern. Unsere schöne Johanna litt immer noch sehr unter dem Tod ihres Mannes. Ihre zwei kleinen Kinder konnten sich so gut wie gar nicht an ihren Vater erinnern. Sein Ende war für uns alle ein schwerer Schlag gewesen: Diese junge Familie war so glücklich gewesen, so bezaubernd anzuschauen, ein Traum, der Wirklichkeit geworden war.

Semester um Semester lernte ich bis spät in die Nacht hinein. Ich las, exzerpierte, schlug Hunderte von Wörtern nach, strich Definitionen in Lehrbüchern an. Ich verbesserte meine Methode, die eigenen Fragen zu beantworten: Stets schlug ich mehrere Informationsquellen nach, zunächst die herkömmlichen, dann aber auch – der Feinheiten und meiner Wissbegier wegen – die spezielleren. Da ich auf fremde Hilfe nicht angewiesen zu sein glaubte, forderte ich von meinen Lehrern nichts. In meinem Zimmer mit Blick auf den Gemüsegarten im Hinterhof las ich viele, viele Bücher, beschäftigte mich mit Themen, die von quadratischen Gleichungen über den Cromagnon-Menschen bis zu den Gedichten von Rainer Maria Rilke reichten. Meine Noten waren sehr gut. Mein Eifer und meine Freude beim Lernen unermesslich.

Das alte Ehepaar nannte mich «Chile», in ihrem Dialekt das Wort für «Child», Kind. Es war gewiss das innigste Wort der ganzen englischen Sprache. In ihrer Mundart waren die Vokale lang gezogen, ein wenig wie im Plattdeutschen, das Mutter und Vater untereinander sprachen. Die Vokale der Watkins' aber stiegen und fielen in Gleitlauten und Melodien, in Wörtern, die für mich oft unverständlich waren. Ich schlug Brücken über die Lücken und bemühte mich, immer mehr zu verstehen.

«Das Leben ist zum Leben da», hatte meine Mutter vor langer Zeit gesagt. Nun war die Zeit gekommen, mein Leben zu erweitern. Ich kannte kaum andere Studenten, wusste nichts über viele wichtige Themen, die die Universität, die Stadt, den Staat, das Land bewegten. Nicht einmal John Dos Passos' «USA» hatte ich gelesen.

Es war Zeit, in größerer Nähe zum Campus zu wohnen. Sicher würde Mrs. Watkins einen Mieter finden, der ein Auto besaß. Andere Studenten aus Chinatown, aus Kanada und von sonst woher würden dann bei ihr wohnen. Jeden von ihnen würde sie mit ihren melodischen Vokalen «chile» nennen, stellte ich mir vor, als ich meine Habseligkeiten zusammenpackte und den blauen kanadischen Koffer schloss.

Meiner Nachbarschaft, meiner Umgebung hatte ich wenig Aufmerksamkeit geschenkt. Mein Interesse galt den Ideen, die in Büchern zu finden waren. Auch über Lawrence hatte ich kaum nachgedacht, wenngleich sein sensibles Gesicht meine Aufmerksamkeit auf sich gezogen hatte und wir einander einige Male getroffen hatten. «Ich stimme vollkommen mit Demokrit überein. Eine einzige Angelegenheit zu verstehen wäre ihm lieber gewesen, als König zu sein», hatte Lawrence vor einigen Monaten gesagt. Er liebte die großen Fragen. Das tat ich auch. Er liebte die große Musik. Genau wie ich.

Lawrence hatte meine paar Sachen schon von Wandas Heim nach Ann Arbor geschafft. Er hatte auf seinem Steinway Werke von Johann Sebastian Bach gespielt. Er spielte mit Hingabe Klavier, sein Kopf rollte hin und her, die Augen waren geschlossen. Ich hatte mir einen Teil der Goldberg-Variationen angehört, langsam anhaltende Noten, einen Triller, dann eine Variation, die die Erde mit einem Aufschwung in unermessliche Höhen verließ.

Unten hörte ich die Haustür ins Schloss fallen. Lawrence stieg die Treppe hoch. Nun stand er im Flur, groß, schlank, das wellige braune Haar kaum gebändigt.

«Fertig?», fragte er.

«Natürlich», antwortete ich.

Wir verabschiedeten uns von Mr. und Mrs. Watkins. Beide hielten die Ohren gegen das Fernsehgerät gepresst. Es gab kein Bild, aber gewaltige Störgeräusche. Das Fernsehgerät war aus zweiter Hand und stand inmitten anderer gebrauchter Möbel, die Mrs. Watkins, die als Putzfrau arbeitete, überlassen worden waren.

«Es geht um etwas sehr Wichtiges, um Martin Luther King», sagte Mrs. Watkins.

«Ich kenne Martin Luther King nicht. Kingsley Avenue ist jetzt meine Straße», sagte ich und winkte zum Abschied.

Mr. Watkins winkte zurück, ohne sein Ohr von dem Gerät wegzubewegen.

Lawrence steuerte seinen DeSoto. Ich saß neben ihm, all mein weltlicher Besitz befand sich im Kofferraum seines Wagens. Diesmal wusste ich, wohin ich mich begab. Als ich das erste Mal nach Ann Arbor gekommen war, hatte es in der gesamten Stadt kaum eine Unterkunftsmöglichkeit gegeben. Die guten Bleiben in der Nähe der Universität waren sämtlich besetzt. Lawrence hatte mir damals eines der wenigen Domizile empfohlen, die noch zu haben waren – angenehm, aber vom Campus weit entfernt, das Stübchen oben bei Mr. und Mrs. Watkins.

Lawrence fuhr die Kingsley Avenue hinunter. Mit ihren kleinen zertrampelten Vorgärten und großen Wohnblocks war sie keine schöne Straße, aber dafür nur vier Blocks vom Campus entfernt. Wir schafften meine Siebensachen ins Vorderzimmer eines großen Hauses. Auf der anderen Straßenseite standen zwei kleinere Miethäuser. Viele Leute gingen ein und aus, trugen Bücher, Lebensmittel und Babys bei sich. Schoben Kinderwagen.

«Brauchst du Wasser?», wollte eine neue Mitbewohnerin durch die offene Tür der Gemeinschaftsküche wissen. Sie hielt ein Gefäß mit Wasser in der Hand. Sie war eine Austauschstudentin aus Japan, die im Hauptfach Englisch studierte, daran erinnerte ich mich. Ich hatte sie kennen gelernt, als ich das Zimmer gemietet hatte.

Wir saßen unter viel Lachen am Tisch der Gemeinschaftsküche, hinter einer geschlossenen Tür das Geschiebe von Möbeln. Schließlich knallte die Tür auf. Ein Pärchen stürzte in die Küche. Eine junge Frau und ein junger Mann versuchten, sich dem Zugriff des anderen zu entziehen.

«Gib das her, Nancy!»

Die Studentin mit Namen Nancy schwang ihre Hüften in engen Bluejeans. Eine Reihe gewaltiger falscher Zähne blitzte auf und griente zwischen ihren Lippen.

«Wie gefallen euch die?», wollte Nancy mit ihrem New Yorker Akzent wissen, sie meinte die falschen Zähne, die sie zwischen ihre bis zum äußersten gespannten Lippen gepresst hatte.

«Wunderbar», johlten wir alle.

«Ich werde durchfallen», jammerte der junge Mann und griff hastig nach Nancy, wollte das künstliche Gebiss zurückhaben, das er im Rahmen seiner Ausbildung an der Zahnmedizinischen Fakultät angefertigt hatte.

Eine dritte Hausbewohnerin bereitete zum Mittagessen gerade eine Hühnerbrust zu. Damit, so erklärte sie, wollte sie ihrem Freund einen Liebesdienst erweisen. Den Gedanken, dass sie zunehmen könnte, fand er unerträglich.

Lawrence und ich schlossen uns dem unbeschwerten Treiben in der Küche an. Dem Gerede, dem Lärm, dem Posieren in knappen Jeans, den Hühnerbrüsten und den Übungsgebissen, die auf dem Küchentisch herumlagen. Nicht das Geringste wusste Barrhead, wusste Alberta von solchen Dingen. Das Spiel mit den Übungsgebissen war mit nichts in meinem bisherigen Leben zu vergleichen. Eine Gaudi, bei der es um die Zähne eines anderen Menschen ging. Nicht einmal die schlimmsten unter den Bewachern hatten je mit Zähnen Schabernack getrieben. Vor meinem inneren Auge verwandelte sich das künstliche Gebiss in ausgeschlagene Zähne, das Ganze wurde zu einem «Spaß», den wir uns mit dem Körperteil eines anderen Menschen machten. Ich saß in der Küche, entsetzlich verstört, nicht in der Lage, Albereien, Gebisse, ausgeschlagene Zähne und Wachpersonal auseinander zu halten.

***

Im Haus in der Kingsley Avenue nahm ich am Gemeinschaftsleben teil, kochte, wenn ich an der Reihe war, und lernte über Ideen zu sprechen, die ich in Büchern kennen gelernt hatte. Lawrence kam zu Besuch mit seiner Mischung aus wichtigen Fragen, großer Musik und seiner Neigung zu Späßen. Bei kurzen Spaziergängen zum Campus, in Buchläden, ins Kino und in Cafés schien ein gutes Leben vorstellbar, auch wenn es vielleicht nicht ganz den antiken Idealen entsprach.

Ich öffnete die Tür zum Hobbyraum im Keller. Kein angenehmer Raum, die Luft war feucht und muffig. Eine alte Couch, mehrere morsche Stühle und ein funktionierender Fernseher bildeten die Ausstattung des fensterlosen Gemachs. Ganz hinten befand sich ein Schrank mit Putzzeug, das unser Hauswirt in der Hoffnung dagelassen hatte, uns zur Reinlichkeit anzuregen. Manchmal sah sich hier jemand die Nachrichten oder ein bestimmtes Programm an. Ich nahm vom Fernseher keine Notiz, eher aus Gewohnheit denn aus Mangel an Interesse. In Alberta und in Edmonton hatten wir ohne Nachrichten, ohne Zeitungen und ohne Fernseher gelebt. So ging ich nur nach unten, wenn ich einen Besen holen wollte.

Ich hielt mich am Treppengeländer fest und tat einen Schritt in die Dunkelheit unter mir. «*Let freedom ring* – lasst die Freiheit erklingen», verkündete eine majestätische Stimme aus der Tiefe. Ich tat einen weiteren Schritt nach unten. «*Let freedom ring*», wiederholte der Redner. Ich schritt hinunter zu der Freiheitspredigt, die aus dem Fernseher kam.

«*Let freedom ring from Stone Mountain of Georgia. Let freedom ring from Lookout Mountain in Tennessee …*» Ich hielt inne, um zuzuhören. Auf dem Bildschirm hörten Tausende dem Redner zu.

«*Free at last.* Endlich frei. Gott dem Allmächtigen sei Dank, endlich frei», schloss der Redner seine Ansprache.

«Was ist los?», fragte ich.

«Der Marsch auf Washington», sagte eine Kommilitonin von der zweiten Etage des Hauses.

Ach so, in Ordnung, dachte ich. Eine Freiheitsfeier in Washington. Ich setzte mich und vergaß, dass ich eigentlich nur einen Mopp aus dem Putzschrank holen wollte.

Nun war wieder die Stimme eines unsichtbaren Redners zu hören. Ich schnappte einzelne Brocken auf. Der Berichterstatter schätzte, es seien eine Viertelmillion Menschen zusammengekommen. Sie hatten sich ohne Zwischenfälle versammelt. Die Demonstranten waren vom Washington Monument zum Lincoln Memorial marschiert. Martin Luther King hatte eine höchst bemerkenswerte Rede gehalten. Die Bürgerrechtsbewegung gewann nun nationale Bedeutung.

Freiheit. Bürgerrechte. Zwischenfall. Marsch. Ich ließ diese Tonfolgen durch mich hindurchströmen, erinnerte mich an unseren Marsch in die Freiheit, der von Potulice nach Nakel geführt hatte. Aber wir waren schließlich wirklich unfrei gewesen, hinter Stacheldraht und von Schusswaffen bedroht. Was verlangte Martin Luther King eigentlich? Worum ging es den Marschierenden? Was waren überhaupt Bürgerrechte?

Ich schwieg. Noch ein Wort, und die andere Studentin würde mich für einen Trottel oder ein Scheusal halten.

Gleichgültig nippte die Studentin an ihrer Cola. Auf der Couch wickelte Ako, die japanische Kommilitonin, noch einmal das Handtuch um ihr gewaschenes Haar. Sie quetschte alles in einen hohen Turban. «Ako» war nicht ihr vollständiger Name, sondern nur die letzte Silbe, die wir verstehen konnten.

Zu dritt schauten wir uns die Rückblenden auf frühere Ereignisse der Bürgerrechtsbewegung an. Vor einem Jahr, im Juli 1962, hatte Martin Luther King das Gefängnis in Birmingham verlassen. Von Birmingham und auch von Alabama hatte ich noch nie gehört, ich kannte nicht einmal die Namen der wichtigsten Städte oder Staaten im Land. Nach meinem Verständnis waren Länder immer noch in Provinzen unterteilt, wie in Kanada. Der Kommentator zitierte nun aus dem Brief, den Martin Luther King aus dem Gefängnis in Birmingham geschrieben hatte: «Wird die Gerechtigkeit zu lange aufgeschoben, dann wird sie verweigert.»

Ein weiterer Szenenwechsel – der Kinderkreuzzug von Birmingham im Frühjahr 1963. Die Kinder marschierten und sangen: «*I'm on my way to freedom land, o Lord.* – Ich bin auf dem Weg ins Land der Freiheit, oh Herr.» Um wie viel besser war es doch, mit einem Freiheitslied auf den Lippen zu marschieren, als das Lied von der alten Frau mit dem Hahn zu singen, wie wir es in Potulice getan hatten. Auf dem Bildschirm bildeten die verhafteten Kinder eine Schlange, stiegen in Busse und stellten sich vor den Gefängnissen erneut auf. Unter Kindern, die in einer Schlange auf das Gefängnis warteten, fühlte ich mich zu Hause. Aber hier ging es nicht um ein Konzentrationslager. Wir befanden uns im Heimatland der Freiheit.

Weitere Szenen folgten. Eine Nahaufnahme des fetten Polizeichefs Bull Connor. Nahaufnahmen von Polizeihunden, die an Armen und Beinen zerrten. Die Wucht von Wasserwerfern. Sie brachte Menschen zu Fall, schwemmte sie hinweg, nagelte sie an Mauern fest und fetzte ihnen die Kleider fort. Schläge waren in Potulice ganz alltäglich gewesen, normal wie das Wetter. Die unfreie Freiheit, der gefährliche Polizeichef, der nicht regierende Gouverneur von Alabama interessierten mich sehr. Wie hatten sie diese unfreie Freiheit geschaffen, die in ihrer Gewalttätigkeit an Potulice und an die Kriegsfront erinnerte?

Nach dieser Rede von Martin Luther King sah ich mir die Nachrichten öfter an. Sogar die Studentenzeitung, *Michigan Daily*, war jetzt für mich interessant. Ich versuchte aufs Geratewohl die Bilder von Ereignissen zusammenzufügen. *Color* – Farbe. Das Formular, das ich hatte ausfüllen müssen, als ich das erste Mal nach Michigan kam, hatte nach der «Farbe» gefragt. Ich hatte schon die Farbe meiner Haare, meiner Augen, meine Größe und mein Gewicht eingetragen. Dann kam «Farbe» und ein leerer Raum, um etwas einzutragen. Aber die Farbe wovon war denn gemeint? Ich kramte in meiner Handtasche, putzte mir die Nase, kratzte mich am Kopf, studierte die Farbe der Wände, der Pulte, der Bilder zwischen den Fenstern. Dunkelhäutig war ich nicht. Also schrieb ich «hell» in das leere Feld.

Wann tauchte vor meinem inneren Auge das Wort «*Negroes*» – «Neger» in dem leeren Feld auf? Ich versuchte mir klar zu machen, wie ich herausgefunden hatte, dass die Watkins' Schwarze, Afroamerikaner waren. Das war passiert, nachdem ich ihr Haus verlassen hatte und bevor ich begann, mir die Nachrichten im Fernsehen anzuschauen. Einige lauernde, gerissene Gedankenverbindungen, die sich einige Schritte vom Bewusstsein entfernt abspielten, hatten meine Ansichten über Hautfarbe verändert. Nie wieder würde menschliche Haut für mich einfach hell oder dunkel sein.

Über Zusammenhalt wusste ich Bescheid, über Verbundenheit. Aber hier handelte es sich um eine ganze Gesellschaft, die sich auf das Gegenteil gründete. Auf Trennung. Während der Nachrichtensendungen im Hobbykeller sah ich mir die weißen Gesichter genau an. Sie waren fremdartiger als die Marschierenden, die Hunde und die Wasserwerfer. Eine weiße Frau schlug eine Schwarze mit einer Handtasche. Die Weiße machte einen mütterlichen Eindruck. Gewiss war sie jemandes Mutter. Ein junger Weißer verhöhnte die Marschierer und schlug mit seinen Fäusten auf sie ein. Auch er war ein Sohn, ein Bruder. Weiße Gesichter verzerrten sich bei Sticheleien. Ein überzeugter Hasser verkündete: «Ich bin für Rassentrennung. Darauf bin ich stolz.» Überall war die Großmannssucht und der Hass eines Gouverneurs zu hören: «Rassentrennung heute, Rassentrennung morgen, Rassentrennung in Ewigkeit.»

Die Ereignisse hatten ihre eigene Sprache, ihren eigenen Wortschatz, Worte, die ich sehr schnell verstand, für die mir aber die emotionale Tiefe und Erfahrung fehlten: Rassentrennung, Integration, Diskriminierung, Jim Crow, Unruhestifter, Agitatoren, Bürgerrechte, Gewaltlosigkeit, Protest, Märsche, Reformpolitik, Lynchen, Bigotterie, Rassismus, Sit-ins, Freiheitsmarschierer, Wählerregistrierung, Ku-Klux-Klan, Grand Dragon, der Süden und der Norden, Yankee, Dixie – und schließlich die Ausdrücke von Hass und Erniedrigung. Diese Worte besaßen eine lange Geschichte, die teilweise bis in die Epoche der Sklaverei zurückreichte. Die Freiheit hatte Jahrhunderte der Sklaverei gekannt. Für mich waren die Worte so dürftig und hohl wie die ersten «bösen» Wörter, die ich in der englischen Sprache gelernt hatte. «Monkey, donkey, shut up!» – so hatte ein Junge, der von den «alten» Einwanderern abstammte, das Geheimnis der drei wirklich bösen Wörter im Englischen verkündet. Wir liefen die Hauptstrasse von Barrhead entlang und schrien: «Monkey, donkey, shut up!»

Mein Einwandererleben hatte mit einer unverständlichen Sprache begonnen. Überall wurde hier Englisch gesprochen, keine andere Sprache konnte weiterhelfen. Das hatte zur Folge, dass ich von vielem ausgeschlossen war. Aber die Sprache des Hasses, die aus dem Fernseher kam, verfügte über Wörter, Struktur und Grammatik, die ein giftiges Netz knüpften. Das brachte eine neue Befürchtung in mein Leben. Die Rubrik «Farbe» war mächtiger als Aufseher oder Lager. «Farbe» konnte Menschen ohne Wachen und Zäune einsperren. Dazu war es nur nötig, «Farbe» wahrzunehmen. Und welch unendliche Zahl von Möglichkeiten konnte solch eine Kategorie mit sich bringen! Jeder Mensch konnte seine eigenen Konzentrationslager errichten, dazu bedurfte es nur solch einer Trivialität wie der Farbe, dazu konnte alles dienen, was sich in ein leeres Feld auf einem Formular eintragen ließ.

Meine Mitbewohner und ich sahen uns die Nachrichten an, nicht weil uns die politischen Veränderungen um uns herum so ungeheuer wichtig waren, sondern weil die explosiven Ereignisse unser Studium unterbrachen und uns in den Keller führten, um dort fernzusehen. Über die Geschehnisse auf dem Bildschirm sprachen wir kaum, diskutierten sie noch weniger, ergriffen nicht Partei, wenn auch unsere Sympathien bei den marschierenden Bürgerrechtlern und Martin Luther King lagen. Mit einigen der Hausbewohner hatte ich vieles gemein: Krieg und Schweigen, schlaflose Nächte, lautlose Stimmen. Vielleicht waren die Ereignisse auf dem Bildschirm für sie genauso aufreibend wie für mich. Ako, die Studentin aus Japan, konnte nachts nicht schlafen, sie hörte die Bomben, die auf Tokio fielen, sah ganze Mauern von Feuer auf Menschen stürzen, die auf den Straßen umherirrten. Eva, die Hausgefährtin, die sich von Hühnerbrüstchen ernährte, um gertenschlank zu bleiben, hatte in Europa Angehörige verloren. Ihre Eltern waren dem Blutvergießen des Zweiten Weltkriegs nur knapp entkommen. Das alte Ehepaar rief häufig an und bediente sich eines angstvollen, mitteleuropäischen Tonfalls. Ich erzählte nichts von meinen jahrelang anhaltenden Alpträumen, in denen ich über die verbrannte Erde lief. Auf eine seltsame Art passte ich also genau in das Haus in der Kingsley

Avenue. Wir sahen uns die Ereignisse auf dem Bildschirm an, trugen unsere eigenen hartnäckigen Bilder in uns, gaukelten uns gegenseitig Normalität vor und setzten unser Studium fort.

Die Bewohner des Hauses in der Kingsley Avenue gingen gemeinsam in den Filmclub, um sich den ersten Film des neuen Semesters anzusehen. In der klaren, kalten Nacht schien das Joch der Lehrveranstaltungen, der Seminararbeiten und der Prüfungen irgendwie noch in ferner Zukunft zu liegen. In der Nähe des Burton Tower machten wir Halt, schauten zu, wie Nancy und Michael, der Zahnmediziner, im Schnee miteinander balgten. Es dauerte nicht lange, da machten alle mit, warfen Schneebälle, verhielten sich albern und unreif, nur die japanische Studentin und ich schlossen uns nicht an. Wir beide schauten nur mit halbem Frohsinn zu, wir waren uns unseres linkischen Wesens bewusst.

Die Plätze im Filmclub füllten sich schnell. Dann trat Schweigen ein. Wir saßen in Reihen von finsteren, zweidimensionalen Silhouetten, blickten alle in eine Richtung. Vor grauem Hintergrund bewegten sich Gestalten auf der Leinwand. Schwarz gegen Weiß, Dunkel gegen Licht. Publikum und Film verschmolzen miteinander.

Auf der Leinwand waren die Lücken zwischen den Zähnen eines Altmännergesichts zu sehen, ein Gesicht voller Stoppeln. Vielleicht handelte es sich um lockere Zähne, die möglicherweise durch Hunger und Mangelerscheinungen wacklig geworden waren. Aber der Mann war gar nicht alt. Alle schauten alterslos, zeitlos, geschlechtslos aus. Der offene Mund – war das ein Lächeln?

Aber unter den Gesichtern hinter Stacheldraht schien eines beinahe rund zu sein. Jedoch nicht auf gesunde Weise rund. Es war aufgedunsen und erinnerte mich an geschwollene Beine. Die Farbe der Haut war kaum festzustellen – der Film war schließlich schwarzweiß. In Potulice war die Haut meist durchscheinend gewesen, milchig grau. Das graue, aufgedunsene Gesicht schaute freundlich in die Kamera. Um welches Lager handelte es sich hier? Belsen? Dachau? Auschwitz? Oder gar alle drei?

Eine Planierraupe räumte nackte Leichen weg und schob sie

in ein Erdloch. So bestattet man doch keine Menschen, protestierte ich innerlich. Die Kamera schwenkte jetzt über einen Hügel von Leichen und konzentrierte sich auf die Baggerschaufeln, die die Leichen ins Loch warfen. Beim Anblick der hinunterfallenden Leichen krampfte ich meine Hände zusammen. Die Toten wurden von einem großen Gerät unter den Erdboden gescharrt. In Potulice dagegen hatte man die Leichen mit Schippe und Spaten ins Erdreich geschaufelt.

Die hellen Sterne im Film – sie erinnerten mich an die Frauen in Potulice. Sie hatten beim Appell große gelbe Sterne an den Hosenbeinen gehabt. Mutter hatte gesagt, bei diesen Frauen handle es sich um Jüdinnen, ein Wort, das mir damals nichts sagte. Es könnte sein, dass die Frauen mit den gelben Sternen in Potulice die Stätten überlebt hatten, die auf der Leinwand zu sehen waren – Auschwitz, Birkenau –, und später in Potulice erneut in Gefangenschaft gerieten. Sterne an Hosenbeinen, muss sich der Kommandant von Potulice gesagt haben, seien etwas anderes.

Die Kamera wandte sich nun Männern zu, die Kranke auf Tragbahren davontrugen und auf einen Lastwagen luden. Der eine auf der Bahre wird sehr bald nicht mehr am Leben sein. Vielleicht ist es in ein paar Minuten mit ihm vorbei. Die Blicke seiner Augen waren schon nicht mehr aufeinander abgestimmt. Zunächst fiel ein Lid nach unten und schloss sich, dann das andere. Noch ein paar Meter Film, und er wird den Tod gefunden haben, die Befreiung des Lagers kam für ihn zu spät. Sein auseinander strebender Blick ging in Richtung Kamera.

Auf der Leinwand war nun ein Arzt im weißen Kittel zu sehen, der sich einen nackten, buckligen Mann ansah. Der Nackte führte seine Missbildungen mit unterwürfigen kleinen Verbeugungen vor. Verbeug dich nicht, bedank dich nicht unterwürfig, rotierten meine Gedanken. Zweifellos war auch der Arzt jemandes Ehemann, Vater und Sohn. Er war nicht einfach nur ein Unwetter. Dann traten Deutsche in Uniform auf. Sie sprachen meine Sprache, gehörten zu meiner «Rasse». Auch sie waren Söhne, Ehemänner und Väter.

Lawrence saß regungslos da. Ich saß wortlos neben ihm. Auf

den Wänden um uns herum verfolgten die Schatten der gefilmten Toten die Lebenden im Raum. Ich faltete die Hände. Auf der Leinwand begann der nächste Film – *Hiroshima, Mon Amour.* Eine in Schutt und Asche gelegte Stadt. Kilometer um Kilometer Trümmer, dazwischen war das Netzwerk der Hauptstraßen noch zu erkennen. Die grauen Gesichter des ersten Films gingen in die Ruinenlandschaft von Hiroschima über. Ein knöchernes Gesicht mit lockeren Zähnen lächelte, ein graues, aufgedunsenes Gesicht schaute freundlich drein, und der nackte Mann zeigte seine Missbildungen. Im Schutt von Hiroschima trug ein Stärkerer einen Schwächeren. Eine verbrannte Frau trug ein verbranntes Kind.

«Ausgang» – das Schild leuchtete mit harten roten Buchstaben. Die kalte Nachtluft traf mein Gesicht wie Eis auf Feuer. War es draußen hell? War es dunkel? Hatten wir den Campus überquert? Die Hausbewohner samt Gefährten waren verschwunden. Die Menge um uns herum zerstreute sich. Lawrence und ich gingen wortlos weiter. Auf dem Bürgersteig bewegte sich mein Schatten im Gleichschritt mit dem seinen.

Lawrence und ich saßen in einem Restaurant. Sprachlos. Überwältigt. Jeder von uns starrte auf eine Tasse Kaffee. Wir hatten die Gewalttätigkeit dieser Welt erlebt. In diesen wenigen Stunden war sie durch alle Zellen unseres Körpers gejagt.

Ich nippte am Kaffee. Einfach. Schwarz. Hart wie der Film. Lawrence nippte am Kaffee. Einfach. Schwarz. Sein Gesicht war voller Schmerz.

«Ich dachte, vielleicht gefällt er dir», sagte Lawrence am nächsten Tag über seinen neuen Plattenspieler, den er ins Haus in der Kingsley Avenue mitgebracht hatte. «Ich habe noch keine große Schallplattensammlung. Nur Beethovens Fünfte und Mozarts Vierzigste Sinfonie.» Er arbeitete ganz ruhig, als er das neue Gerät zusammenmontierte. Über die Filme im Filmclub sagte er nichts. Auch ich hatte dazu geschwiegen. Er wusste über Potulice Bescheid und über die Tuberkulose, die sich Wanda in der Gefangenschaft zugezogen hatte. Nur diese Tatsachen, mehr nicht. Nach mehr hatte er nicht gefragt. Und ich hatte von mir aus nicht mehr erzählt.

Lawrence hatte mir seine Musik gebracht. Er spielte Bach auf seinem Steinway. Er spielte seine Lieblingsstücke und auch neue, die er noch für seine Klavierlehrerin Miss Mannebach, die pensionierte Pianistin des Detroiter Sinfonieorchesters, einüben sollte. Ich dachte an Herrn Filtz, den Lehrer in Trutzhain. Er hatte den Flüchtlingskindern seine Geige und seine Lieder gebracht.

Ich hörte Beethovens Fünfte Sinfonie, eine grandiose Musik. Ich hatte erlebt, wie die hässliche Erde ihre Gewalt gegen die eigenen Kreaturen richtete. Ich würde die letzten Momente, in denen Menschen sich an das Leben klammern, nie vergessen – den Mann mit dem aufgedunsenen, freundlichen Gesicht, den mit den flackernden Augen, die Frau mit den Verbrennungen, die das schwer verletzte Kind durch die Ruinen von Hiroschima trug. Ich würde mithalten. Als Gegenmittel. Denn gerade wenn ich es am wenigsten erwartete, würde mich die Rubrik Farbe auf eine unvorstellbare, hässliche Weise verschlingen.

***

Lawrence und ich heirateten Mitte der sechziger Jahre, am Rande der großen Ereignisse, die unser Land bewegten. Präsident Kennedy wurde erschossen, als er in einem offenen Wagen durch Dallas fuhr. Vizepräsident Lyndon Johnson wurde als Präsident vereidigt, während Mrs. Kennedy in ihrem immer noch blutüberspritzten rosa Kleid neben ihm stand. «Ich habe einen Traum», verkündete Martin Luther King mit einem gewissen Sinn für die Schönheit der Sprache. Die Parolen «Nieder mit den Schweinen» und «freie Liebe» verbreiteten sich von Campus zu Campus. Die Bürgerrechtsbewegung marschierte für die Freiheit. Ihren Anhängern ging es um gewaltfreien Protest. Diese Idee war so groß wie der Alte Bund, so groß, wie die Gesetze es für Sokrates gewesen waren. Amerika war zugleich frei und unfrei, auf eine Weise, die ich kaum begreifen konnte.

Lawrence wollte promovieren. Das Fachstudium in Physik hatte er erfolgreich mit dem Diplom abgeschlossen. Jetzt wollte er als Doktorand in Philosophie weitermachen. Er studierte Unterlagen und füllte Anträge aus.

Mir war die Vorstellung fremd, ein Zusatzstudium zu absolvieren. Trotzdem entschloss auch ich mich dazu. Was sollte ich studieren? Welche Fakultät würde meinen Interessen entsprechen? Mein Interesse hatte sich auf ein tödliches Thema konzentriert. Die offene Rubrik «Farbe» auf dem Formular, das ich ausgefüllt hatte, als ich an die University of Michigan kam, schien mir todbringend zu sein. Dieses harmlose leere Feld konnte alles bedeuten: Menschen mit gelben Sternen an der Brust, Kinder aus Europa in der Geschichte vom Mittel gegen den Hass, Flüchtlinge in Trutzhain. Ich besaß kein Wort für das unsichtbare Gift, diesen sich anschleichenden Killer ohne Gesichtszüge, den ich erkennen, benennen und verstehen wollte.

So hatte ich ein leeres Feld im Kopf, während Lawrence mit tief philosophischen Fragen beschäftigt war. Also fingen wir gemeinsam unser Studium als Doktoranden an. Das Lernen wurde zum wichtigsten Element in unserem Leben. Wir maßen unsere Zukunft an den Meilensteinen Einsicht und Verständnis, an den entdeckten Ideen, an schon Gemeistertem und an dem, was wir als Nächstes lernen würden.

«Die westliche Literatur steckt voller Tod und Niedergang», sagte ich zu Lawrence. Diese Erkenntnis fasste meinen Gesamteindruck und meine Unzufriedenheit mit meinem Literaturstudium zusammen.

Lawrence zuckte die Achseln. «Ist die Kunst nicht ein Spiegel der Gesellschaft? Wenn ich Kafka lese, dann ist es nicht anders, als wenn ich die Zeitung lese. Er beschreibt nur, was ist.»

«Sogar in ‹Die Verwandlung›?»

«Gewiss. Er ist ein Fremder in seiner Familie. Viele Leute sind Fremde in ihrer eigenen Familie. Das ist normal. Ganz gewöhnlich.»

Ich konnte mir nichts Schlimmeres als Gregor Samsas Verwandlung in eine Kakerlake vorstellen, sein Vater wirft mit einem Apfel nach ihm, und Gregor stirbt, weil der Apfel seinen Panzer durchbricht. Lawrence begriff Gregor auf eine Weise, die ich nicht nachvollziehen konnte. Ich wandte mich dem Studium der

Psychologie zu. Hier direkte Antworten zu finden, erwartete ich nicht. Ich vertraute einfach darauf, mehr über die menschliche Natur zu erfahren.

In der Damentoilette der Psychologischen Fakultät puderte ich meine Nase und lächelte in den Spiegel, eine schnelle Erinnerung daran, dass ich in der Lehrveranstaltung, die ich als Wissenschaftliche Assistentin durchführen sollte, zu lächeln hätte, in Amerika lächelte jeder so viel. Meine Studenten grinsten von einem Ohr zum anderen. Soll es ein sonniges Lächeln sein?, fragte ich mein Gesicht im Spiegel. Ein glückliches Lächeln? Ein Lächeln mit Fältchen? Das Lächeln zu erlernen war eine komplizierte Angelegenheit. Bislang hatte ich gelächelt, wenn mir danach war. Wen hätte ich auf der Farm in Alberta schon mit meinem Lächeln beeinflussen sollen? Ich zog eine Augenbraue hoch und grinste wie ein Medici, der brutal wirken wollte, seine Ausbildung zum Schurken aber noch nicht beendet hatte.

Die Kollegin, die das Büro mit mir teilte, wusch sich am nächsten Becken die Hände und trocknete sie übertrieben gründlich ab. Ohne direkt hinzusehen, bemerkte ich das gequälteste Gesicht, das ich seit Potulice gesehen hatte. Wenn ich wüsste, was Karen so schmerzte, würde ich einiges über das Böse auf dieser Welt wissen. Die Gesichter in der Gefangenschaft hatten einiges über die Umstände im Lager mitgeteilt, über Krankheit und schlimme Tage. Ich kannte die Welt durch Gesichter. Karens Gesicht brachte nichts Bestimmtes zum Ausdruck.

«Warum hast du die Experimentalpsychologie aufgegeben?», wollte ich wissen und schüttelte meine Haarfransen.

Karen steckte sich eine Haarklammer zwischen die Lippen und blickte ihr Spiegelbild finster an. Sie schaute auf mein Konterfei im Spiegel. Ich zurück auf das ihre.

«Ich bin abserviert», presste Karen zwischen Lippen und Klemme hervor.

«Was?»

«Ja. Abgeschoben», wiederholte Karen, jetzt ohne die Haarklemme im Mund.

«Das kann ich nicht glauben.»

«Ich sei nicht ernsthaft genug bei der Sache.»

«Nicht ernsthaft genug?»

«Das haben sie gesagt.»

«Aber deine Magisterarbeit. Das war doch eine gute Arbeit. Und all die zurückgebliebenen Kinder, die du hier in diesem Staat aufgespürt hast, die Fahrerei, die Tests!» Karen war auf der Magisterstufe vom Weiterstudium ausgeschlossen worden, weil sie ihre Arbeit angeblich nicht ernsthaft genug betrieb. Sie hatte ein Stipendium von der National Science Foundation. Wie konnte man da ihre Bemühungen in Frage stellen?

Karen zuckte die Schultern: «Sag es niemandem», bat sie. Im Spiegel sah ich die Tränen in Karens Augen. Sie warf ihre Tasche über die Schulter. In Karens Gesicht entdeckte ich etwas, das mich an die Diebin in Potulice erinnerte, vielleicht betraf es die Art und Weise, wie die Frau ihre Schilder richtete, als sie inmitten der sonntäglichen Menge auf einem Tisch stand. «Diebin» verkündeten die Schilder auf Brust und Rücken. Die Tatsache, dass Karen lächelte, erschütterte mich. Die Diebin hatte nicht gelächelt. In der Gefangenschaft nahmen die Menschen Schläge ohne jede Spur von Lächeln hin. Sie waren hungrig, ohne zu lächeln.

«Sie hatte das schmerzverzerrteste Gesicht, das ich seit langer Zeit gesehen habe. Wenn ich ihr Gesicht ergründen könnte, dann würde ich etwas Wichtiges begreifen», sagte ich an jenem Abend zu Lawrence.

«Das ist merkwürdig. Warum willst du über ein Gesicht Bescheid wissen?», gab Lawrence zurück.

«Um herauszufinden, was Menschen bedrückt, glaube ich.»

«Warum willst du das in einem Gesicht suchen?»

«Ich weiß es nicht. Ich habe darüber noch nicht nachgedacht. Es ist einfach so eine Idee.» Es war mir peinlich, nur so dürftige Gründe angeben zu können, während Lawrence immer alles so genau analysierte.

Als ich später in jener Woche wieder einmal den Campus überquerte, fühlte ich mich leicht inmitten der herbstlichen Blätter, die der Wind durcheinander wirbelte. Am Ende würde ich

Karens Lächeln verstehen. Ich würde endlich den Satz «Sag es niemandem» verstehen.

«Gehst du mit zur Party?», fragte mich Joan, die wie ich Psychologin war.

«Ich weiß nicht», antwortete ich, glücklich, Joan zu begegnen.

Sie hatte einen scharfen Verstand. Ich unterhielt mich gern mit ihr. «Von diesem Professor habe ich noch nie gehört. Ich weiß nicht einmal, wie er aussieht», meinte ich über das Mitglied der Fakultät, das die Party zum neuen akademischen Jahr veranstaltete.

«Das ist keine Entschuldigung», drängte Joan.

Am Abend stiegen Joan und ich aus ihrem Volkswagen. Wir gingen zum vorderen Eingang eines Hauses. Es stand im Schutz schattiger Bäume. Joan öffnete die Tür. Ich blieb noch einen Moment stehen, um das Haus zu bewundern. Die von Grün umrankten Giebel erinnerten mich an unser hölzernes Farmhaus, ebenso die Fenster, die ohne Vorhänge waren. Menschen gingen auf und ab, hielten Gläser, unterhielten sich leise vor der hell erleuchteten Partykulisse.

Gestalten bewegten sich im Schatten der nahen Bäume. Nur wenige Gäste hielten sich draußen auf. Aus der Dunkelheit hinter mir vernahm ich die beiden höhnischen Wörter: «Sieg Heil! Sieg Heil!» Ich bemühte mich, genauer hinzuhören.

Aus der Dunkelheit tauchte der Gastgeber auf und trat jetzt neben mich. Ich sagte einige freundliche Worte über das Haus.

In beißendem Ton wiederholte der Professor: «Sieg Heil! Sieg Heil!»

Was war das? Was sollte das? Warum sagte dieser Professor das, der mich nicht kannte, dem ich noch nie zuvor begegnet war? Eis und Feuer tobten durch meine Adern. Joan war inzwischen in der Menge verschwunden. Geschminkte Lippen grinsten inmitten weißer Zähne, nippten an Drinks, plauderten. Im Esszimmer umzingelte eine Schlange das Büfett mit den Vorspeisen. Ich schloss mich den anderen an und griff nach unbekannten Leckerbissen. Unter einem Fonduegericht flackerte eine blaue Flamme. *Sieg Heil! Sieg Heil!* Die Delikatessen hüpften im blauen Licht. Die Schar der Gäste wirbelte im Tanz.

Ich hielt mich an einer Stuhllehne fest. Ich hatte nicht einen Funken Widerstandskraft. Keine Entgegnung kam mir in den Sinn, die man mit Mutters Sätzen hätte vergleichen können: «Das sind alles meine … Für wessen Kinder halten sie die wohl? … Ohne ihn gehen wir nicht.»

Shrimps am Spieß bedeckten in wohl geordneten Reihen eine Platte. Wie aß man die? Die Garnelen hopsten davon, unter eingelegten Pilzen, gefüllten Eiern, Rosetten aus Rettich – mir schwirrte der Kopf.

Ich wandte mich vom Büfett ab, hielt meinen Teller fest, täuschte Interesse am Essen vor. Von einer gewaltigen Truhe streckte ein Leuchter aus Bronze drohend seine Arme nach mir aus.

In einer Anwandlung von Übelkeit lehnte ich mich gegen die Wand. Mit lauten Schlucken trank ich Bowle.

Jenseits des Tisches im Esszimmer nippte der Professor an seinem Wein und lachte.

Ich trat ins Studio. Eine kleine Gruppe von Leuten unterhielt sich, ihre Zähne gaben das Geklapper großer Gebisse von sich, Übungsgebisse klapperten im Haus in der Kingsley Avenue in Ann Arbor. Köpfe wandten sich um. Lippen lächelten. Der Raum geriet ins Schlingern, drohte mich herumzuwirbeln.

Der Professor schritt mitten in den wilden Strudel hinein. Sein Gesicht brachte eine gewisse Freundlichkeit zum Ausdruck, als wären die schneidenden Worte nicht von seinen Lippen gekommen. Er erweckte den Anschein, als hinke er. Vielleicht stolperte er. Seine Bewegungen hatten etwas Ungewöhnliches an sich. Er zog mich in die Strömung hinein. Der Strudel kam auf mich zu, war im Begriff, mich fortzureißen, wie er die Marschierer im Süden weggespült hatte – wie Papierschnitzel, wie Kehricht.

Ich ging zurück ins Wohnzimmer. Ein alter Mann mit großherzigem Gesichtsausdruck saß auf dem Sofa, es war der alte Professor Rabin. Neben ihm befand sich eine freundliche Frau, Professor Ferguson. Mehrere Studenten standen in der Nähe. Ich gewann meine Fassung zurück und hielt auf das Sofa mit den freundlichen Gesichtern zu. Langsam tauchten aus dem Nebelschleier Gesprächsfetzen auf.

«Hat es dir Spaß gemacht?», fragte Joan auf dem Heimweg.

«War schon in Ordnung», sagte ich, bemüht, vor allem gelangweilt zu erscheinen, um zu kaschieren, wie entsetzlich dieser Abend gewesen war.

«Immerhin haben wir uns blicken lassen, haben für dieses Jahr unsere Pflicht erfüllt», erwiderte Joan.

Daheim lag das Haus in fast völliger Dunkelheit, nur ein Außenlicht und eine schwache Birne über der Küchenecke brannten. Lawrence war bereits zu Bett gegangen. Auf Fußspitzen schlich ich mich durch das Wohnzimmer und ging durch die Hintertür wieder hinaus. Draußen ließ ich mich in einen Liegestuhl fallen. Zweige der großen Eiche knackten, begleitet vom Gequake der Frösche und dem Zirpen der Grillen. Es herrschte die Stille der Farm, das Schweigen der Eltern, die Ruhe von Lawrence, wenn er schlief. Alle befanden sich in Sicherheit, und Lawrence war glücklich mit seinem Studium. Elfie studierte an der University of Michigan. Die Eltern hatten die Farm verkauft. Sie waren nach Edmonton gezogen und besuchten uns Kinder in den Vereinigten Staaten. Vater litt an der Sprachstörung Dyslexie, hatte Elfie berichtet, als wir das letzte Mal miteinander telefonierten. Er konnte geschriebene Buchstaben nicht mit Lauten in Verbindung bringen. Sein Analphabetentum schien mir nun völlig unwichtig. Ich wusste nicht, warum ich an alle dachte, warum ich wollte, dass es ihnen gut ging. «Sonst geht es mir gut», schrieben sie immer noch in ihren Briefen. Niemals wieder würde ich imstande sein, einen Brief mit diesen Worten zu beenden.

Wochenlang saß ich in Hörsälen und Seminaren und dachte intensiv nach. Wenn ich nur Karens Gesicht «lesen» könnte, würde ich wissen, was ihr widerfahren war.

Linda, die früher das Gemeinschaftsbüro mit mir geteilt hatte, trug Kisten in ihr Auto.

«Ich ziehe aus», verkündete sie mit einem Achselzucken und lächelte dabei nachdenklich.

«Wohin geht es denn?», wollte ich wissen.

«Ich habe das Interesse an der Psychologie verloren. Ich werde nicht promovieren», berichtete Linda. Nach dem Magisterabschluss hatte man sie «aussortiert». Sie habe zu viel um Hilfe gebeten, sei zu abhängig gewesen, nicht selbständig, erklärte Linda.

«Du und unselbständig? Das kann nicht sein!», protestierte ich.

Linda hatte freiwillig als Entwicklungshelferin in Afrika gearbeitet. Und das drei Jahre lang. Sie hatte Suaheli und Kolonialfranzösisch gelernt und eine Arbeit über westafrikanische Literatur publiziert. Niemand in dieser Fakultät hatte Ahnung von Suaheli, westafrikanischer Kunst oder Französisch. Linda hatte einen ganz normalen Wunsch geäußert, sie wollte wissen, wie sie die Daten ihrer Magisterarbeit mit dem Computer auswerten und die Ausdrucke durcharbeiten konnte.

Wochenlang gingen mir die Begriffe «nicht ernst zu nehmen» und «unselbständig» durch den Kopf. Diese Worte verdammten Karen und Linda auf die gleiche Art und Weise, wie das Wort «Dieb» die Frau in Potulice verdammt hatte. Mein neues Thema sollte «Erniedrigungen» heißen. Erniedrigende Handlungen richteten sich gegen Bindungen, gegen das tragende Netz sozialer Strukturen. Ich saß in meinen Lehrveranstaltungen und plante meine Untersuchung, die Erinnerung an Karens und Lindas Gesichtsausdruck motivierte mich dabei. Welche Arten von Erniedrigung mussten Opfer erfahren? Wie reagierten sie darauf? Ich wollte Fragebogen verschicken, die Raum für umfangreichere Antworten ließen. Die Antwortenden konnten Erlebnisse schildern, berichten, was ihnen angetan wurde und wie sie reagierten, wenn sie zur Zielscheibe geworden waren. Ich wollte auch ein paar Fragen nach Alter, Beruf und Einkommen stellen. Mit Hilfe dieser Methode würde ich Material sammeln. Das wäre ein Anfang. In der wissenschaftlichen Literatur gab es nichts, was mir bei meinen Bemühungen als Leitfaden dienen konnte.

Ich spürte Zuversicht. Die Untersuchung nahm Form an, ich stieß auf geringere Schwierigkeiten, als ich erwartet hatte. Bei der Verwaltung der Universität besorgte ich mir die Namen von Frauen, die in den einzelnen Fakultäten tätig waren. Wie wenige weibliche Professoren es gab! Viel zu wenige für eine Erhebung. Aber es gab viele weibliche Hilfskräfte in Lehre und Forschung, Handlangerinnen aller Art. Ich konzentrierte mich auf Frauen in der Erwartung, von ihnen mehr Auskünfte über Erniedrigungen zu erhalten als von Männern. Ich adressierte und versandte mehrere hundert Kuverts.

«Das ist mutig», sagte Karen.

«Aber irgendwie geht es plötzlich nicht vorwärts mit diesem Thema», sagte ich.

Zwei Tage später saß ich im Büro des Direktors des Instituts für Psychologie und zählte die Maschen an seinem Pullover, ängstlich und das Schlimmste erwartend, wie bei jeder Respektsperson.

«Drei Dekane haben mich angerufen», sagte der Institutsleiter und äußerte sich vage über die Telefonate an jenem Vormittag.

«Es handelt sich doch nur um einen Fragebogen. Ich sammle Beispiele zum Thema ‹Erniedrigungen›», erklärte ich und bemühte mich, möglichst sachlich zu klingen und zu lächeln. Ich hatte nicht erwartet, dass schon der Fragebogen zu Schwierigkeiten führen würde.

«Dafür ist die Universität doch da, Fragen zu stellen. Bemühen Sie sich um einen Betreuer aus dem Lehrkörper. Jemand, der Sie beraten kann», riet er mir. Es war nicht auszumachen, ob er für die freie Forschung eintrat oder für die drei Dekane, die ihm den Vormittag verdorben hatten.

Den Studentinnen der Fakultät gefiel meine Arbeit. So sprach mich zum Beispiel Lorraine an, eine Kommilitonin mit Interesse an philosophischen Themen. Sie schätzte die neue Strömung des Feminismus und der Frauenbefreiung. Sie hatte den Eindruck, dass meine Arbeit in diese Richtung passte.

«Aber Sexismus ist keine Erklärung. Rassismus ist keine Erklärung. Die Zugehörigkeit zu einer bestimmten Gruppe ist keine Erklärung. Keiner der *Ismen* ist eine Erklärung. Es muss universelle Prinzipien geben», wandte ich ein.

«Ich hoffe, du hast Recht», sagte Lorraine.

«Ich weiß es nicht. Manchmal bin ich so ratlos», entgegnete ich.

Lorraine ergriff Partei für den Feminismus. Ich tat es nicht. Die Idee der Frauenbefreiung kam mir seltsam vor, manchmal sogar dumm. Wir hätten uns erschießen lassen, um einen Mann, unseren Vater zu retten. Er setzte sich uneingeschränkt für meine Mutter und uns Kinder ein. Warum hätte ich mir wünschen sollen, von ihm befreit zu werden?

Die Fragebogen kamen nicht in dem Maße zurück, wie ich es mir erhofft hatte. Vielleicht zwanzig waren vollständig ausgefüllt worden. Wenn ich mich sehr bemühte, würde ich vielleicht dreißig zusammenbekommen. Ich ging das Material durch, um einen ersten Eindruck zu gewinnen.

«Warum werden Sie nicht schwanger, um sich selbst zu verwirklichen?» Das wurde eine Studentin bei einer Sitzung des Dissertationsausschusses von einem Mitglied gefragt.

«Wenn ich Ihre Beine hätte, würde ich auch Ihre Zensuren bekommen», so ein Kommilitone in einem Mathematikkurs. Niemand griff ein. Einige kicherten.

«Frauen in der Wissenschaft machen Kongresse interessanter», hieß es bei einem Chemie-Kongress über eine Chemikerin. Auch hier kicherte das Publikum nur stillvergnügt vor sich hin.

Bei einem wissenschaftlichen Kongress von nationaler Bedeutung legte eine Biologin ein Papier vor. Sie hatte sich auf die Beantwortung von Fragen eingestellt. Es kamen keine Fragen. Aber sie erhielt fünf Einladungen zum Essen.

Lorraine blickte finster drein. «Wenn man sich vorstellt, dass wir promovieren, um Kongresse zu beleben und Einladungen zum Essen zu erhalten.»

«Die Reaktionen in den Beispielen beziehen sich nicht auf das, worum es tatsächlich gehen sollte – die wissenschaftliche Arbeit und ihre Diskussion. Sie scheinen sich auf die Person zu konzentrieren, auf die körperliche Erscheinung, die Rolle, den Status, Persönlichkeitsmerkmale, sogar die grundsätzliche Kompetenz», sagte ich.

«Und es gibt keinen gültigen Maßstab für Richtig und Falsch», fügte Lorraine hinzu. «Du kannst abhängig oder unabhängig sein, schöne oder hässliche Beine haben, kompetent oder inkompetent sein, alles kann gleich nachteilig ausgelegt werden.»

Mich überraschte der feministische Inhalt der Fälle. Die Befragten gaben Beispiele von Erniedrigung, über die unsere Kultur die Stirn zu runzeln begann. Andere Beispiele nannten sie nicht. Mein Thema schien sehr schwer fassbar.

Zu Hause legte Lawrence eine alte Schallplatte auf, Wanda Landowska spielte das *Wohltemperierte Klavier*. Das hatte er in den letzten Wochen oft gespielt. Ich lauschte.

«Warum redest du dauernd von Erniedrigung? Schon das Wort tut so weh», fragte Lawrence am Ende des Stücks.

«Vielleicht ist der Schmerz wichtiger als alles andere. Ich kann die Gesichter nicht vergessen – das von Karen, von Linda, von der Diebin in Potulice. Wörter sind oft schlimmer als Prügel», antwortete ich.

Meine Arbeit kam zum Erliegen. Ich hatte keine Idee, was ich mit meinem Thema sonst noch hätte anstellen können. Ich konzentrierte mich auf mein Studium, darauf, die Promotion abzuschließen, voranzukommen.

Zwischen Fachseminaren und Dissertationen erforschten Lawrence und ich unsere Umgebung. Inmitten von Kornfeldern entdeckten wir ein Lagerhaus voller Spinette. Zum Rascheln von Getreidefeldern spielte Lawrence Musik von Bach. Wir bewunderten den Hauch des höfischen Europas, den wir inmitten des amerikanischen Getreidegürtels entdeckten. In der Stadt Williamston fanden wir Treibhäuser, die einem Holländer gehörten. Ich bewunderte exotische Pflanzen – viele der Arten hatte ich noch nie gesehen: Ananasgewächse, Geweihfarne, eine besonders schöne Variante des Hibiskus. Der Niederländer hatte sein erstes Treibhaus nach dem Krieg in Holland gebaut, einen kleinen Schuppen mit einem Holzofen. Dann ging er nach Amerika. Er zeigte uns sein erstes kleines Gewächshaus, seine Siedlerstelle. Er hatte Erfolg in der neuen Heimat.

Ich begann Gewächse zu sammeln, wollte dem Holländer nacheifern. Wenn ich bestimmte Pflanzen nicht in Treibhäusern bekommen konnte, zog ich sie aus Samen groß. Lawrence und ich suchten Sayer's Samenfarm auf. Harry Sayer war ein alter Mann von etwa fünfundsiebzig Jahren mit wirrem Haar und wachen Augen. Er erzählte viel von alten Zeiten und seiner Samenhandlung, die er vor Jahren aufgegeben hatte, über die Wolfsmilchsamen, die er für Kunden in South Carolina gesammelt hatte, von seiner Tochter, die ihn von seinem Besitz vertreiben wollte. Beim Sprechen blickte er nervös aus dem Fenster.

Ich suchte einige Päckchen Samen aus.

Harry Sayer trug seine Meinung über die Gesellschaft und die Welt vor. Er verkündete uns freimütig, wie er zu den Nazis stand. «Sie waren großartig.»

«Sie sind verrückt. Sie sind wahnsinnig», schrie Lawrence und warf einige Samenpäckchen auf den Tisch.

Wir fuhren heim. Lawrence, voller Zorn auf Fanatiker, lenkte den Wagen. Ich saß niedergeschlagen da. Harry Sayer jagte mir einen noch größeren Schock ein als der Professor, der sich auf der Party über mich lustig gemacht hatte. Zumindest war dem Professor das Dritte Reich verhasst. Sayer dagegen betrachtete es mit Wohlgefallen. Ob im Positiven oder im Negativen, von niemandem wollte ich mich mit den Nazis in einen Topf werfen lassen.

Ich säte ein Päckchen von Sayers Samen aus, begoss die Erde und wartete ab. Es vergingen Wochen, ohne dass etwas geschah. Ich kippte die Erde aus den Töpfen und schaute mir die bohnenförmigen Samen an. Sie waren nicht gekeimt. Als ich den letzten Topf leerte, suchte ein langer Wurm mit hastigen Bewegungen nach Deckung.

Wochenlang gingen mir der alte Sayer und der Wurm nicht aus dem Kopf. Ich flüchtete mich in das Gewächshaus des Holländers und dessen Liebe zu seinen Pflanzen. Ich suchte nach freundlich erscheinenden Professoren. Ich saß in den Seminaren und machte mir Sorgen, meine Angst könne auffallen. Jemand könnte meine Angst und darin eine Einladung, mich ins Unglück zu stürzen, entdecken.

Lawrence schaute bekümmert zu, erkannte, wie wenig Widerstandskraft ich besaß. Er redete mir zu, erklärte, appellierte an mich, schimpfte darüber, wie ich kleine Kränkungen ohne weiteres hinnahm.

«Woher stammen Sie eigentlich?», fragte mich jemand in einer Philosophieveranstaltung.

Lawrence blickte zu mir herüber.

«Aus Europa. Aus verschiedenen Ländern dort. Russland,

Polen, Ungarn, Deutschland. Das können Sie sich aussuchen», antwortete ich mit einer flüchtigen Kopfbewegung.

Lawrence versuchte, etwas Hilfreiches zu sagen, aber seine Worte kamen in meinem Kopf nicht an. In Augenblicken des Entsetzens war mein Gehirn vollkommen leer.

Das würde meine Lösung sein. Aus mehreren Ländern stammen! Ich würde die Leute verwirren, ihre Klischees durcheinander bringen, Schubladen vertauschen, in die sie mich stecken wollten. Auf diese Weise würde ich mich selbst bewahren.

«Freiheit, Freiheit», sang ich mit einem Überschwang, wie ich ihn lange nicht mehr erlebt hatte. Ich schwebte von Zimmer zu Zimmer, packte Kisten, machte Pläne für eine neue universitäre Lehrverpflichtung.

«Du bist wohl sehr glücklich», meinte Lawrence zu meiner unbändigen Sangeslust.

«Ich weiß nicht, warum. Wir werden getrennt sein. Ich sollte gramgebeugt sein.»

«Aber du hast das erreicht, wofür du gearbeitet hast. Endlich ein großer Erfolg.»

«Ich weiß nicht. Es ist mir nie um einen Job oder um Erfolg oder um die Universität an sich gegangen.»

«Es wird nicht ewig dauern», tröstete Lawrence.

«Ich werde publizieren müssen, neue Lehrveranstaltungen vorbereiten. Da bleibt nicht viel Zeit», fügte ich hinzu.

Worüber war ich so glücklich? Ein Neubeginn? Neue Chancen? Chancen für was? In meiner Bewerbung hatte ich Studiengebiete und Examina aufgeführt, auch den Wechsel von der Literaturwissenschaft zur Psychologie. Das Studium der Germanistik hätte mich womöglich weniger akzeptabel gemacht, einfach des Wortbestandteils «German» wegen. Es konnte mir Türen verschließen. Deshalb sprach ich nicht von Germanistik, sondern von Literaturwissenschaft. Wen genauer interessierte, welche Art von Literatur ich studiert hatte, der konnte sich ja erkundigen. Nach dem Geburtsort und nach Erklärungen für ungewöhnliche Lebensstationen wurde nicht gefragt. Eine höhere Schule in Kanada besucht zu haben war schon in Ordnung. Das war nichts

Ungewöhnliches. Meine Biographie sah vollkommen normal aus. Die Lehrtätigkeit in New England würde mich endgültig retten. Die Universitäten waren schließlich die Hüter der Zivilisation, der wertvollsten Traditionen.

***

«Freiheit, Freiheit», sang ich, und Lawrence schlug den breiten Queens Highway ein, die kanadische Route von Michigan nach New England. Die Strecke war angenehm und kürzer als der südliche Weg um den Lake Erie. Der Wagen war mit Pflanzen beladen, die während der Zeit meiner Promotion gewachsen waren. Auf der Fahrt in meine Zukunft passten wir so gut in die Vegetation im Wagen, als gehörten wir zu den Pflanzen. Hinter uns folgten Lester und Anne mit ihrem Lastwagen, der mit meinen Kisten beladen war. Wir waren Studienfreunde. An der Grenze zwischen Kanada und den Vereinigten Staaten hielt Lester seinen Lkw an. Wir stoppten ebenfalls und warteten mit Lester und Ann auf die Grenzposten, die uns durchwinken oder kontrollieren würden. Lester kratzte sich am Bart. Sein Lachen klang gezwungen und unsicher.

«Die jagen mir einen Schreck ein. Alle Uniformen. Polizisten, Zollbeamte, Aufseher.» Lesters Eltern waren den Gräueln in Europa gerade noch entkommen. Er war zwar in diesem Land geboren, hatte die Ängste seiner Eltern aber übernommen. Über meine Ängste sagte ich kein Wort.

Wir fuhren jetzt nach Süden. Uralte Granitberge bewegten sich an unseren Fenstern vorbei, eine hinreißende Mischung von dunklen Kiefern, zarten Birken und Ahorn, dessen Blätter sich beim Wechsel der Jahreszeiten rot färbten. New England war unbeschreiblich schön. Wieder einmal reiste ich mit großen Erwartungen in eine neue Freiheit. Alte Enttäuschungen schienen mir inmitten der Sommerpracht bedeutungslos. Die Natur verlieh immer wieder neue Kraft. Ich hatte sie nie als knauserig erlebt. Vom bewaldeten Rand der Fernstraße her schaute uns ein

Hirsch mit breitem Geweih unerschütterlich an; wir wurden ihm präsentiert. In großen weißen Buchstaben gab das Straßenschild unseren Bestimmungsort an. «New Brighton» taufte ich die Stadt. Der Name entsprach meinen großen Erwartungen. Wir fuhren in die Altstadt, an Kirchtürmen vorbei und wandten uns einem grünen See zu, der im Sonnenuntergang glühte.

Am Morgen stieg aus den Tälern dichter Nebel auf. Zu viert frühstückten wir und suchten in der Zeitung nach Wohnungsangeboten. Wir fanden ein Apartment, das drei Blocks vom See entfernt lag, ein Stück Wasser war vom Erkerfenster aus zu sehen. Wir kauften Waschmittel und Dosen voller Thunfisch, Konservenmahlzeiten, trugen Bücherkisten in mein Arbeitszimmer, gingen ins Eisenwarengeschäft. Lester prüfte den Luftdruck der Reifen seines Lastwagens. Wir hielten an Tankstellen. Dann reisten Lester und Anne ab. Schließlich auch Lawrence.

«*Ici Radio Canada* – Sie hören Radio Kanada», die Stimme des Ansagers knatterte störungsreich, als ich mir einen Pullover über den Kopf zog. Zum Wecken hatte ich eine weit entfernte Station in Montreal eingestellt, die mit viel Geknackse und der Durchsage *Ici Radio Canada* den Tag ankündigte. Es war eine Verbindung zu Lawrence, der den Sender der Canadian Broadcasting Corporation in Windsor hörte, eine Verbindung zu allen in Edmonton, zu Nordlichtern, Kojoten und der High School in Kanada. Meine Vereinsamung war schlimmer denn je, schlimmer als auf der Schule in Kanada. *Ici Radio Canada* fehlte die Wärme der Farmer von Alberta.

Ich durchquerte das Wohnzimmer mit seinen großen Erkerfenstern und dem polierten Parkett. Die Stimme des Ansagers klang wie ein Echo auf die neue Leere in meinem Leben. Ich stand am Küchentisch und nippte meinen Kaffee inmitten von Dingen, die an Lawrence erinnerten. Das Bügeleisen auf dem Tisch – Bügeln gehörte zu meinen Aufgaben. Salz- und Pfefferstreuer – die zählten zu meinem Anteil am gemeinsamen Haushalt, ich musste sie also nicht neu kaufen, darauf hatte Lawrence bestanden. Keiner von uns beiden hatte sich den Seelenschmerz vorstellen können, den die neue Regelung mit sich bringen würde. Während all der Studienjahre hatten wir nie an die Möglichkeit gedacht, dass die Arbeit uns eines Tages Hunderte von Meilen auseinander führen könnte. Wie blind glaubten wir doch an die Wissenschaft, als könne die alles regeln.

Ich ging die halbe Meile zum Campus durch traditionsreiche Straßen, vorbei an stattlichen Häusern. Ein strahlender Herbst gebot über die alte Stadt und den See, der nun in einem kräftigen Blau dalag. Ich schlenderte an Bäumen in Karminrot, Zinnober und Ocker vorbei und wunderte mich über den ruhigsten und schönsten Traum, den ich je gehabt hatte. Ich träumte davon, dass ich mit leichten, fließenden Schritten durch einen märchenhaften Nadelwald ging, die Stämme standen vollkommen aufrecht, die Nadeln der Fichten waren ganz ebenmäßig. Ein Bär tänzelte mit langsamen, schwebenden Schritten. An einer anderen Stelle saß ein roter Vogel mit perfekt gewachsenen Federn auf einem Zweig. Die Szene war von einer immens einfachen, naiven Vollkommenheit, wie ich sie in der fünften Klasse hätte zeichnen können. Behände ging ich durch den Wald und schwang dabei einen Korb in meiner Hand, wie ich es in Trutzhain beim Pilze- und Beerensammeln getan hatte. Der Traum ergab keinen Sinn. Die Dinge passten nicht zueinander. Wie konnte ich Beeren und Pilze pflücken, wenn in den dichten Nadelwäldern gar keine wuchsen? Auch der tanzende Bär und der rote Vogel passten nicht hierhin.

Ich überquerte die Straße. An der nächsten Ecke schob das Psychologiegebäude seine Mauern ins herbstliche Laubwerk. Ich öffnete den Seiteneingang und schloss mich dem morgendlichen «Verkehr» auf dem Flur an, der zum Postbüro der Fakultät führte. Jemand winkte. Die männlichen Kollegen grüßten mich mit breitem, warmem Lächeln. Tagelang hatten sie wissen wollen, ob ich eine Wohnung gefunden hätte. So viele Leute lächelten mich an. Man konnte dem Grinsen nicht entgehen. Ich lächelte ängstlich zurück und versuchte meine Furcht zu verstecken.

In meinem Büro im zweiten Stockwerk wässerte ich meine Pflanzen, die ich unter einem großen Fenster mit Südlage zusammengedrängt hatte.

«Es ist das einzige große Ereignis des Jahres, du solltest kommen.» Da sein Büro direkt neben meinem lag, tauchte mein neuer Kollege Red häufig an meiner Tür auf, um mich über die Entwicklungen auf dem Laufenden zu halten. Heute Morgen lud er mich zum Picknick der Fakultät ein, das jedes Jahr bei ihm zu Hause stattfand. Ich würde kommen, versicherte ich ihm, wenn ich auch Partys nicht mochte.

In Reds Haus hielt ich mich abseits, es ging um Volleyball, Würstchen und Bier, man plauderte in überfüllten Räumen und auf dem Hof. Ich beobachtete, wie ein Junge gierig ein Stück Kuchen aß. Dann fiel er in einen tiefen Schlaf. Das war für einen Fünfjährigen sehr ungewöhnlich. Was ihn zum Schlafen veranlasste, war sicher nicht Hunger oder Müdigkeit. Aber was war es dann?

Die Nacht war warm und feucht, gelegentlich gab es Schauer, wie es nach einem bewölkten Tag vorkommt. Ich fuhr mit einem jungen Ehepaar aus der Fakultät nach Hause. Feuchte Dunkelheit füllte das Schweigen zwischen uns. Aus dem Nirgendwo erschütterte ein dumpfer Schlag den Wagen.

«Ich glaube, wir haben einen Bären erlegt», sagte der Mann erregt.

Wir hielten an. Der lädierte Kühler des Wagens war eingedrückt; der Abdruck des großen runden Körpers des Tieres war zu erkennen. Bärenspuren führten durch den Straßengraben und verschwanden im nahen Wald. Bestimmt war der geflohene Bär tödlich verwundet.

«Was für ein Anfang», neckten mich am nächsten Tag Red und andere Kollegen und meinten damit den Zusammenhang zwischen dem Schicksal des Bären und meinem Debüt an der Fakultät.

Ich lachte mit und machte mir Sorgen. Ein Teil meines Traums war Wirklichkeit geworden. Und der Bär war überfahren worden.

Im Flur kam der stellvertretende Institutsleiter auf ein anderes Thema: «Ich habe vergessen, Sie über den Treueeid zu informieren. Das ist nichts Bedeutsames – einfach ein Relikt – Sie wissen schon, McCarthy und der Ausschuss für unamerikanische Aktivitäten.»

«Gewiss. Wo muss ich da hin?», fragte ich.

«Es ist nur eine Formalität. Am besten, Sie bringen das schnell hinter sich», erklärte er.

Ich suchte nach dem Büro, in dem der Eid abzulegen war.

«Etwas ziemlich Törichtes, aber immer noch Vorschrift», lachte der mit dieser Aufgabe betraute Beamte, für den Treueeid gleichsam um Verzeihung bittend.

Ich hob meine rechte Hand und schwor Treue zur Verfassung der Vereinigten Staaten von Amerika. Ich distanzierte mich von allen Staatsfeinden im Lande und außerhalb. Ein dumpfer Schmerz bedrängte meine Brust. Was sollte das denn heißen – ein törichter Loyalitätseid? Dieser Mann hatte wohl nie eine Zeit ohne Verträge erlebt. Er konnte sich eine solche wohl auch nicht vorstellen, selbst wenn er sich darum bemühte. Können wir Verträge eingehen, einen großen Bund schließen, wie Abraham es tat? Mein Hirn folgte den Spuren von Potulice, den Stimmen der Frauen in Mutters Baracke, ihrem Gelächter über den Gedanken an Verträge mit den Aufsehern. Mit wirklicher Freude hatte ich vor einigen Jahren den Bürgereid geschworen, mit dem Versprechen, mein Bestes zu leisten.

Ich ging in mein Büro zurück. Die Universitäten hatten sich geändert. Jeder kämpfte voller Eifer für oder gegen etwas – Bürgerrechte, den Krieg in Vietnam. Ich dagegen versuchte immer noch, mit dem Einwandererglauben an harte Arbeit und Ausbildung voranzukommen. War voller Skepsis gegen Parolen und Uniformen, gegenüber der abgewetzten Arbeitskleidung jener, die die Armut gar nicht kannten, gegenüber moralischen Empörungen derer, die nichts durchlitten hatten. Das allzu mühelose Eintreten für die Menschheit ängstigte mich, ebenso wie der «törichte Treueeid» und das allzu häufige Lächeln.

Ich überquerte die Straße. Der in meinem Traum tanzende Bär ähnelte sehr dem aus Stein gemeißelten Bären, der in jenem Sommer in meinen Händen getanzt hatte, als ich in der Küche des Krankenhauses der University of Alberta arbeitete und mich entschloss, das Sein zu studieren. Würde es mir wie diesem Tier ergehen? Würde ich auf einer Überlandstraße in den Verkehr hineinlaufen?

In meinem Büro korrigierte ich den ersten Multiple-choice-Prüfungsfragebogen des Semesters, war dankbar für eine Lehrveranstaltung mit freundlichen Studienanfängern, glücklich, dass mir das Unterrichten nicht mehr solche Angst machte. Im Seminar für Fortgeschrittene musterten die Studenten mich mit kritischen Blicken.

«Sie sind schwer zu formulieren, aber leicht zu korrigieren», sagte Red und schaute mir über die Schulter, als ich die Multiple-choice-Tests auswertete.

«Richtig», räumte ich lachend ein.

Red ging zum Tisch unter dem Fenster hinüber und hob eine Topfpflanze hoch. «Für die Pflanze hängt alles von den Fenstern ab. Stimmt's?»

«Das ist wohl richtig, denke ich.»

Curly, mein anderer Nachbar an der Hochschule, erschien in der Tür. Er ging in seiner lockeren, fahrigen Art quer durch den Raum. Red und Curly unterhielten sich über die seltsamen Formen von Kakteen, den Sukkulenten. Sie lachten über das Wort «sukkulent», als habe es etwas Schlüpfriges an sich.

«Wir haben dich eingestellt, weil du eine Frau bist», schwatzte Curly drauflos.

«Eine Frau!» Das Wort verstörte mich. Zum ersten Mal in meinem Leben.

«Sieh mal, was sie für ein Gesicht macht», lachten Curly und Red und zeigten auf mich. Die beiden lachten, als handle es sich bei der Verknüpfung von Sukkulenten, Frauen und Universitäten um einen schlüpfrigen Witz.

Ich versuchte, mir mein Gesicht vorzustellen, wollte herausfinden, warum es möglicherweise komisch wirken konnte.

«Das war doch nur ein Scherz», versicherte Red.

Schließlich gingen die beiden.

Eine Frau. Mir war noch nie der Gedanke gekommen, dass ich etwas nicht tun könnte, weil ich ein weibliches Wesen war. *Eine Frau.* Was konnte ich denn daran ändern, dass ich eine Frau war? Da waren schon all die anderen Etiketten – Flüchtling, Gefangene, Verschleppte. Ich hatte gelernt, aufrecht zu gehen, meine Haarfransen über meine Sorgen zu legen, mich nett anzuziehen, zu lächeln und zu sagen, dass ich aus verschiedenen Ländern stammte. Und nun war ich eine Frau. Dagegen war ich machtlos.

Curly und Red wollten mir nichts Böses, sagte ich mir. Ihr Lachen war ohne jede Tücke. Mein Gefühl, meine Reaktion war übertrieben. Hatte mir Professor Fuerst nicht beigebracht, mit Emotionen zurückhaltender umzugehen? Red und Curly lachten über meine Schockreaktion. Sicher spielte Sexismus hier keine Rolle. Trotzdem begann ich, mir Gedanken darüber zu machen, dass ich die einzige Frau an einer Fakultät von jungen Männern war, die kaum über dreißig, intelligent, energisch und nett waren.

Ich ging nach Hause, das Laub raschelte unter meinen Füßen. In den herbstlichen Hügeln entdeckte ich das stumpfe Grau von Mutters verrußtem Gesicht. Rotarmisten kamen auf unsere Behausung auf Rymarkiewicz' Gut zu. Mutter machte einen angespannten Eindruck, ihr Atem ging schnell. Es war etwas im Busch. Sie hatte einen Eimer mit Kartoffelschalen über den Holzboden geleert, um die Klappe im Boden zu verdecken. Es war schon sehr seltsam, dass sich Mutter Asche ins Gesicht schmierte und was sie mit den Kartoffelschalen trieb, überlegte ich damals mit dem Verstand einer Fünfjährigen. Die Schalen sollten meine Schwestern und all die anderen Mädchen und Frauen schützen, die sich im Keller versteckt hielten. Mutter mit ihrem schmutzigen Gesicht trug Elfie auf einem Arm. Sie öffnete die Tür. Die Sowjetsoldaten ließen sich nicht beeindrucken. An das, was danach geschah, habe ich keine eigene Erinnerung. Zwei Soldaten haben sie vergewaltigt. Der Dritte sagte: «Zu alt …» So erinnerte sich Gustav an das Geschehen.

Wochenlang leuchtete New Brighton in Herbstfarben. Ich sah, wie die strahlenden Hügel das Grau entlaubter Wälder annahmen. Auf den Herbst folgte der lange Winter New Englands mit dicht bewölktem Himmel und feuchter Kälte.

Joe ging neben mir. Wir überquerten den Campus. Die Männer des Fachbereichs waren nach wie vor nett. Joe war besonders freundlich und liebenswürdig.

«Wir stammen aus Ungarn», berichtete Joe über seine Familie. Er erzählte, wie schwierig der Beginn in Amerika gewesen war.

Joe versuchte mir damit anzudeuten, dass auch ich über meine Vergangenheit sprechen könne. Dass ich keine Angst haben müsse.

Nein. An diesem Ort des übertriebenen Lächelns, des törichten Treueeides würde seine Freundlichkeit schnell dahinschwinden. Es war kaum denkbar, dass ich ihm etwas von Potulice erzählen könnte. Er würde mich in die Rubrik FARBE stecken. Ich wäre dann erledigt wie der Bär, der sich auf die Fernstraße verirrt hatte.

Ich sagte etwas Belangloses. Joe und ich gingen auseinander. Wenn ich verschlossen bleiben und Distanz halten könnte, würde ich vielleicht in der Lage sein, in der akademischen Welt zu überleben.

Es klopfte an meiner Tür. Die Unterbrechung war mir willkommen. Eine Studentin trat ins Zimmer. Ein liebliches Gesicht, doch etwas scheu, der Blick nach unten gerichtet. Dunkles, welliges Haar lag über ihren Schultern, sie trug eine ausgeblichene Baumwolljacke.

«Ich weiß nicht so recht, ob ich das zur Sprache bringen sollte», meinte sie zögernd.

«Wie soll ich es dann wissen?», erwiderte ich. «Fahren Sie fort.»

«Es geht um das Seminar im letzten Jahr, also dem Jahr, bevor Sie hierher gekommen sind. Alle Teilnehmer sind durchgefallen. Es ging nicht fair zu. Wir wissen nicht, warum er das getan hat, warum er sich so heftig gegen die Studenten gewandt hat.»

«Wer ist denn ‹er›?»

Die Studentin nannte einen Namen, an den ich mich nicht erinnern konnte. «Er war wirklich sehr beliebt. Wir haben ihn sogar einmal zum Dozenten des Jahres gewählt. Wie dem auch sei, wir haben gedacht, da Sie hier neu sind, könnten Sie helfen, den Ärger aus der Welt zu schaffen. Das ist vielleicht leichter für jemanden, der noch nicht lange an dieser Hochschule ist.» Sie machte beim Sprechen einen hoffnungsvollen Eindruck.

Politik. Hochschulpolitik war mir vollkommen fremd. Ich hatte Angst davor.

«An der Universität muss es doch bestimmte Vorschriften oder Regeln für Fälle wie diesen geben», sagte ich abschließend.

Für heute war mein Friede heftig gestört. Nachdem die Studentin gegangen war, klopfte ich an Reds Tür. «Warum sind in dem Seminar alle Studenten durchgefallen?»

«Ach, diese Lehrveranstaltung. Er ließ alle durchrasseln.» Red griff nach einem Stapel Papier. Während er sprach, tat er so, als würde er dem Chaos in seinem Büro ein Ende bereiten. «Erinnerst du dich, wie es war, als du dich für diese Stellung beworben hast?»

«Ja.»

«Jemand hat dich damals gefragt, ob du irgendwelche Fragen hättest, die uns oder die Fakultät betreffen.»

«Richtig.»

«Daraufhin wolltest du wissen, ob es in der Fakultät irgendwelche Schwierigkeiten gab.»

«Daran erinnere ich mich dunkel. Es war wohl ein wenig dreist von mir, so direkt danach zu fragen.»

«Wir hielten das schon für in Ordnung. Allerdings haben wir die Frage gar nicht beantwortet.»

«Ach wirklich, warum nicht?»

«Also gut, es hat ein gewisser Aderlass stattgefunden. Was sich in diesem Seminar abspielte, war sozusagen eine Nebenwirkung davon. Es war nicht die eigentliche Schlacht, sondern nur ein Rückzugsgefecht.» Red lehnte sich in seinem Stuhl zurück.

«Und worum ging es bei dieser Auseinandersetzung?», wollte ich wissen. Welche Art von Schlachten konnte es geben, wenn das Leistungsprinzip Hauptrichtlinie der Universität war?

Ein Knäuel von Animositäten offenbarte sich. Red berichtete vom früheren Institutsleiter, der eine Studentin geschwängert hatte. Einige Mitglieder der Fakultät hatten dies zum Anlass genommen, ihn als Chef loszuwerden. Es folgten Vergeltung und Gegenangriff. Auf dem Höhepunkt des Durcheinanders habe man die Studenten durchfallen lassen. Für Red persönlich, so legte er dar, sei das Verfahren, bei dem es um seine Festanstellung ging, eine Qual gewesen. Er bekam schließlich seine Daueranstellung. Um sich von allem zu erholen, so Red, habe er erst einmal eine Reise nach Europa unternehmen müssen.

Was Red hier offenbarte, war nicht gerade Vertrauen erweckend. Die Fakultät operierte ziemlich unaufrichtig. Die Kollegen hatten die Lage des Institutsleiters ausgenutzt, um ihre eigenen Zwecke zu verfolgen. Sie alle hatten ihre Stellung an der Universität behalten. Alle waren vorangekommen. Die Studenten waren die Hauptopfer der Konflikte gewesen.

Ich verließ Reds Büro. Universitätspolitik wurde selbst in fortgeschrittenen Semestern nicht gelehrt. Es hätte ein Seminar zu dem Thema geben sollen, dachte ich, als mir auf dem Flur der stellvertretende Institutsleiter entgegenkam, der das Institut seit dem Rauswurf des Institutschefs kommissarisch leitete. Das war die Gelegenheit, einer Bemerkung von Curly nachzugehen, die mich schon länger beschäftigte.

Während mir der stellvertretende Institutsleiter mit übertriebener Gebärde zulächelte, suchte ich nach der passenden Formulierung.

«Also, ich habe eine Frage an Sie», sagte ich.

Der stellvertretende Institutsleiter lächelte aufmunternd.

«Curly sagt, jemand hätte zu Papier gebracht, ich wäre keine besonders angenehme Person. Dies habe in einem der Referenzschreiben gestanden, die ich meiner Bewerbung beigelegt habe.»

«Das ist überhaupt nicht wahr», wehrte mein Gegenüber mit einer Geste ab. «In dem Empfehlungsschreiben wird hervorgehoben, dass Sie über klare Bewertungsmaßstäbe verfügen und den Studenten zur Seite stehen.»

«Ist das wirklich so?»

«Curly erzählt viel, wenn der Tag lang ist», spielte der stellvertretende Institutsleiter die Sache herunter.

Ob es nun stimmte oder nicht, als nicht angenehm betrachtet zu werden war eine politische Angelegenheit, die lawinenartig an Bedeutung gewinnen konnte.

Auf den Bücherregalen in meinem Büro waren deutsche Autoren und Titel zu finden, die anrüchig erscheinen konnten: Thomas Manns «Buddenbrooks», Theaterstücke von Bertolt Brecht, «Die Deutsche Literatur», «Deutsche Romantiker». Eine auffällige Zurschaustellung. Wie unbedacht von mir! Ich richtete die Rücken der augenfälligsten deutschen Bücher zur Wand.

Nun waren die Titel nicht mehr zu lesen. Die Werke von Goethe, Schiller und Kleist stellte ich auf dem Regal ganz weit nach oben. Dagegen ließ ich die französischen Bücher zur Geltung kommen. «L'Héritage Français» würde niemanden stören. Ebenso wenig Stendhals «Le Rouge et le Noir», Sartres «Les Mains Sales» oder die auffallenden französischen Titel einer ganzen Reihe von Taschenbüchern, die ich gekauft hatte, als ich mich sehr für französische Literatur interessierte.

Ich dachte darüber nach, wie ich hier Freunde finden, etwas über Politik lernen und zumindest die Bekanntschaft einiger vertrauenswürdiger Leute machen könnte. Dann tüftelte ich einen kühnen Plan aus. Ich nahm mir vor, den ehemaligen Institutsleiter zum Essen einzuladen. Er war jetzt wieder ein ganz gewöhnliches Mitglied der Fakultät ohne besonderen Rang. Aber seine Erfahrung könnte höchst wertvoll sein, hatte er doch die Hochschulpolitik und den blutigen Aderlass aus erster Hand erlebt. Und schließlich war da noch der Kollege «Pillsbury», der dem Mehlkloß aus der Fernsehwerbung so ähnelte. Auch ihn wollte ich einladen. Seine milde Freundlichkeit erschien mir harmlos.

Einige Wochen später stand ich wartend an der Vordertür des Seminargebäudes und zitterte bei jedem Kältestoß, der durch die Eingangshalle zog. Der frühere Institutsleiter kam auf mich zu. Er lächelte ein wenig schief. Seine kleinen dunklen Augen fanden nicht so leicht einen Ruhepunkt.

«Wir können meinen Wagen nehmen», bot er an. Ich war einverstanden.

Der ehemalige Institutschef öffnete den Reißverschluss seines Parkas. «Ich würde gern wissen, wessen Geschlechtsteil Sie nachjagen», fragte er. Seine Augen blitzten verschmitzt.

Ich lächelte mit hochrotem Gesicht, als Pillsbury sich uns anschloss.

Ich nahm nicht wahr, in welcher Straße wir anhielten, in welches Restaurant wir traten, an welchen Tisch wir uns setzten, und ebenso wenig nahm ich die Speisekarte wahr. Die Worte des früheren Institutsleiters schwirrten durch mein Hirn – männlichen Geschlechtsteilen nachjagen …

Die beiden Männer sprachen über Forschungsmittel.

«Das wurde aus RFP nicht klar. Die Richtlinien des DOT waren an diesem Punkt sehr undeutlich», sagte Pillsbury.

«Die Richtlinien sind immer verschwommen. Aber wenn Sie genug Dinge in den Antrag hineinschreiben, wird am Ende schon etwas von dem Erwünschten dabei sein.» Seine Stimme ließ erahnen, dass er offenbar schon viele Kämpfe um Forschungsgelder geführt hatte.

Ich starrte auf Pillsburys Teller. Hatte er «Huhn à la Véronique» bestellt? Was bedeutete Véronique? War das eine Französin? Hatte sie siegreichen Soldaten aufgelauert? Das taten Frauen doch. Sie hielten sich an die Soldaten wegen der Rationen, es ging um belegte Brote, um alles, was man essen konnte.

«So sind halt die RFPs. Die engen Termine sind eine Sauerei, aber das Geld ist erfreulich.» Die Stimme des ehemaligen Institutsleiters klang fest und selbstsicher.

Mein Pilz-Crêpe, das Huhn à la Véronique, DOT und RFP sausten um den Rand des Tisches. Véronique? Ein Mädchenname? Sie sei eben eine Sau, meinte der Ex-Institutschef ...

Die ganze Zeit über hatte ich kein Wort gesagt. Meine sprachliche Erstarrung war in Lähmung übergegangen, und das sollte sich nicht ändern, wiewohl die Worte nur so durch mein Hirn jagten. Mutter hätte in dieser Situation gewiss nicht geschwiegen: «Es sind alles meine ... Ohne ihn gehen wir nicht.» Mutters Worte und die Jagd nach männlichen Geschlechtsteilen – dieser absurde Gegensatz lockerte meine Erstarrung. Einen Augenblick lang war ich versucht, in unkontrolliertes Gelächter auszubrechen und damit alle Gäste im Restaurant zu schockieren.

Als ich später mit Lawrence telefonierte, weinte ich etliche Male ohne besonderen Grund.

«Willst du den Job hinschmeißen?», fragte Lawrence am anderen Ende der Leitung.

«Nein, ich will nicht kündigen. Ich habe noch nie in meinem Leben etwas abgebrochen, egal, wie erbärmlich ich mir dabei vorkam.»

«Es geht um Konkurrenz. Willkommen in der Welt des Wettbewerbs!»

«Ein Sport, bei dem der Beste gewinnt?»

«Nein. Kein Sport. Um Sport geht es dabei nun wirklich nicht. Das ist nicht der Punkt», betonte Lawrence, verzweifelt über meine Unfähigkeit, das Wesen des Konkurrenzkampfs zu begreifen.

Hatte ich einen «Aderlass» erlebt? Oder handelte es sich um Politik? Oder um Konkurrenz? Vielleicht um einen Wettstreit um das Geschlechtsteil des abgesetzten Institutsleiters? Nun, auf ihn und sein Geschlechtsteil hatte ich es sicher nicht abgesehen. Ich wünschte, ich hätte das deutlich gesagt.

***

Erniedrigung war ein Schlüsselbegriff in meinem Bild vom vergifteten Netzwerk. Meine Überzeugung war, dass erniedrigende Worte oder Handlungen nicht nur das Selbstwertgefühl des Opfers beschädigen, sondern auch das soziale Netz positiver Bindungen, das uns am Leben hält.

Viele Menschen mussten erniedrigende Erfahrungen gemacht haben, aber nur wenige sprachen darüber. Ich würde mit sehr viel Sensibilität zuhören und sehr schwer fassbaren Phänomenen auf den Grund gehen müssen.

In der Psychologie arbeitet man manchmal mit einer Methode, die mir Erfolg versprechend schien: Man gibt den Anfang einer Geschichte vor und lässt die Geschichte dann fertig schreiben.

Ich würde den Studenten eine Situation vorgeben, in der sich eine Form von Erniedrigung abspielt, und sie auffordern, die Situation weiterzuspinnen. Aus dem, was sich die Schreibenden ausdachten, konnte ich vielleicht entnehmen, wie sie mit Erniedrigungen umgingen oder welche Erwartungshaltung sie in Bezug auf das Thema hatten.

In den Geschichten präsentierte der Protagonist oder die Protagonistin einer Gruppe von Kollegen und Kolleginnen eine eigene Arbeit. Jemand in der Gruppe meinte dazu: «Sie halten sich sicher für gut.» Bei der Hälfte der Geschichten war der Vortragende männlich, bei der Hälfte weiblich. Von Beruf waren sie Ärzte, Lehrer oder Krankenschwestern.

Ich hatte die Geschichten meinen Studenten vorgelegt, und sie hatten sie vervollständigt. Jetzt ging ich an die Auswertung.

Ich nahm das oberste Blatt vom Stapel und begann zu lesen: Der Arzt John war bestürzt und zögerte. Dann verteidigte er sich – seine Vorgehensweise sei richtig. Eine Reihe von Gruppenmitgliedern stand auf seiner Seite. Der «Störenfried» wurde in die Schranken gewiesen. Was für ein Unterschied zu den Berichten über tatsächliche Demütigungen, die ich vor einiger Zeit aufgrund meiner Fragebogenaktion unter Frauen gesammelt hatte! Diese Frauen hatten weder etwas zu ihrer Verteidigung gesagt, noch hatten andere sie verteidigt. Im Gegenteil: Andere Anwesende trugen aktiv zu ihrer Erniedrigung bei. Diese Geschichte hier hatte keinerlei Ähnlichkeit mit den realen Situationen, von denen mir berichtet worden war.

Ich las weitere Geschichten. Wieder und wieder gab es am Anfang Zögern und Verwirrung, doch dann verteidigte sich der Protagonist, und das Publikum unterstützte ihn. Dieses Muster galt, was den Protagonisten anging, für beide Geschlechter und für alle Berufe. Die jungen *männlichen* Studienanfänger verfassten Geschichten, in denen Erniedrigungen entgegengetreten wurde. Die Würde der Hauptfigur, ob männlich oder weiblich, wurde wiederhergestellt.

Doch welche Art von Geschichten verfassten die weiblichen Studenten? Ich machte eine erstaunliche Feststellung. Bei den Studentinnen wurde nicht einmal erwähnt, dass der Arzt John sich möglicherweise verletzt gefühlt haben könnte. In keiner dieser Geschichten zeigte sich John bestürzt. Ich hatte erwartet, dass männliche Studenten zum Thema Gefühle schweigen würden, zumindest aber zum Thema Schmerz. Stattdessen zeigte es sich, dass weibliche Studenten keine Emotionen ins Spiel brachten, wenn der Held ein männliches Wesen war. Sie schilderten den unverwundbaren, starken Mann.

Nun nahm ich Virginia Woolfs Buch «Ein eigenes Zimmer» aus dem Bücherregal meines Büros.

«Frauen haben seit Jahrhunderten als Spiegel gedient, Spiegel mit der magischen und erhebenden Kraft, die Gestalt des Mannes in doppelter Größe wiederzugeben. Ohne diese Kraft wäre die Erde wahrscheinlich immer noch ein Sumpf und Urwald. Die Ruhmestaten all unserer Kriege wären unbekannt …»

Warum mussten Männer das Gefühl der Überlebensgröße haben? Das Leben sei für beide Geschlechter «mühsam, schwierig, ein ewiger Kampf», schrieb Virginia Woolf. Es verlange Mut, Stärke und Selbstvertrauen. Das erforderliche Selbstvertrauen ließ sich durch Gefühle der Überlegenheit am schnellsten erwerben.

Diese Erklärung klang außerordentlich einleuchtend. Aber wenn ich über unsere extreme Lage in der Gefangenschaft nachdachte, entdeckte ich keinen Fall, wo das Postulieren einer Überlegenheit lebensrettend gewesen wäre. Es gab natürlich auch Überleben durch Überlegenheitsgefühle, allerdings waren die für andere nicht förderlich. Mutter, Vater und – was das betraf – die meisten Gefangenen erhöhten sich nicht selbst durch ein Gefühl der Überlegenheit. Sie gingen vielmehr Risiken ein, um das Leben anderer zu retten.

Wenn Überlegenheitsgefühle in lebensbedrohlichen Situationen nicht im Geringsten von Bedeutung waren, was war es dann, was zum Überleben entscheidend beitrug? Darauf gab es immer wieder nur die eine Antwort – Wertschätzung. Wertschätzung und Kostbarkeit der Menschen. Wie lächerlich naiv! Kindisch. Zu einfach für Erwachsene. Aber man stelle sich Potulice ohne diese Werthaltung vor. Ohne ein Gefühl für die Bedeutung des Menschen hätte es kein Überleben geben können, darum kreisten meine Gedanken. Trotzdem sprach einiges für Virginia Woolfs Erklärungsansatz. Es gab unzählige Beispiele von Überlegenheit und Unterlegenheit und den damit verbundenen Phänomenen Bevorzugung und Benachteiligung.

Ich verließ nun die von Optimismus bestimmte Welt der Geschichten, die die Studenten entwickelt hatten, denn ich war mir bewusst, dass die wirkliche Welt vollkommen anders funktionierte. Dass die Studentinnen nicht zur Kenntnis nehmen wollten, dass auch Männer verletzliche Wesen sind, machte mich traurig. Der Arzt John, der Krankenpfleger oder der Lehrer zeigten angesichts der Erniedrigung keine Gefühle – wenigstens erkannten die jungen Studentinnen keine. Kein Wunder, dass Männer zornig waren. Diese Tatsache sollte jeden mit Zorn oder Verzweiflung erfüllen.

Den Sommer wollte ich in Kalifornien mit Forschungsarbeiten verbringen, die langweilig und anregend zugleich waren. Mit Hilfe einer kleinen Geldsumme, die mir zugesprochen worden war, und einer studentischen Hilfskraft hatte ich vor, Wörter zu zählen.

Als ich eines Morgens in meiner Wohnung in Palo Alto erwachte, fiel mein Blick auf das Schattenspiel an der Wand. Es war ein stummes Flattern von Blättern auf einer sonnenbestrahlten Fläche. Draußen ließ der Wind nach. Die Schatten an der Wand lauerten regungslos. Durch die lebende Tuschzeichnung dieses goldenen Morgens flatterte ein Kolibri.

Der Ruhepunkt meiner Welt in Kalifornien war ein kleines Apartment. Den fünf Kilometer langen Weg von dort nach Stanford legte ich mit dem Bus zurück. Dieses eingegrenzte Areal war in meinen Augen eine – allerdings sehr bescheidene – archäologische Fundstätte, deren eines Ende der Aktenschrank im Erdgeschoss in Stanford bildete und das andere der Arbeitstisch im Esszimmer in Palo Alto. Ich war dabei, etwas sehr Altes auszugraben. Vielleicht etwas so Altes wie die Erbsünde von Adam und Eva im Garten Eden. Ich grub nach Wörtern, insbesondere nach den Worten *gut* und *böse* und ihren Synonymen. Diese wertenden Begriffe zählten wohl zu den ersten, die Kinder lernten. Sie gehörten vielleicht überhaupt zu den ersten Wörtern der Menschheit.

Wie viele Seiten konnte ich am Tag lesen? Wie schnell konnte ich die Wörter *gut, böse, scheußlich, wunderbar, nett, unanständig* aus den Texten herausfischen? Ging es um das Kind oder um die Tat des Kindes? Hieß es «Johnny ist gut» oder «Johnnys Zeichnung ist gut»? Die zahllosen Aktendeckel im Parterre enthielten transkribierte Interviews mit Müttern fünfjähriger Kinder. Die Fragebogen basierten auf den Rohdaten der großen Sozialisationsstudie von Sears, Rau und Alport aus den frühen fünfziger Jahren. Doch galt mein Hauptinteresse nicht der Kindererziehung. Die Frage, wie die Menschen die Wörter *gut* und *böse* benutzten, hätte man an jeder Bevölkerungsgruppe untersuchen können. Lucy Rau Ferguson, die zu den Autoren der Studie zählte, hatte meine Dissertation betreut. Ich kannte ihre frühen Arbeiten und die alten Interviewdaten.

Ich sprang aus dem Bett. Der Kolibri war genauso wichtig wie die Wörter in den Akten, bei denen es um *gut* und *böse* ging. Ich wollte unbedingt wissen, was dieses übereifrige Vögelchen trieb. Ich eilte zum Fenster des Esszimmers und hielt den Atem an. Zwei winzige Eier, nicht größer als grüne Erbsen, lagen wohl behütet auf dem Boden eines winzigen Nests von der Größe einer japanischen Teetasse. Ein wunderbarer Morgen, um zu arbeiten, in Gesellschaft dieses ganz jungen Vogellebens am Fenster.

Der Pulverkaffee in meiner Plastiktasse schmeckte dünn. Ich räumte den Arbeitsplatz auf, ordnete codierte Bogen, Bleistifte, Büroklammern und allerlei Krimskrams. Dann nahm ich eine Akte aus der Kiste. Ich musste schnell lesen. Mir blieben nur noch sieben Wochen. Falls ich länger brauchte, würde dies von meiner Zeit mit Lawrence abgehen.

Ich blätterte in einem Fragebogen. Aus den erniedrigenden Erfahrungen, die ich während des Promotionsstudiums gesammelt hatte, konnte ich eine überprüfbare Hypothese entwickeln: Herabwürdigungen beruhen auf Werturteilen über eine Person.

Sie finden zwar im Rahmen von leistungsorientierten Situationen statt, haben aber nichts mit der realen Leistung zu tun. Sie bereiten Schmerz, vernebeln das Denken und mindern die Leistungsfähigkeit erheblich.

Das alles ließ sich durch Stichproben beweisen. Ich konnte die Wörter *gut* und *böse* und ihre Synonyme zählen. Ich konnte bestimmen, ob sie sich auf eine Person oder eine Handlung bezogen. Die Auswirkungen, die dieser Sprachgebrauch auf Lernen und Leistung hatte, ließen sich ebenfalls messen.

In den Fragebogen, die ich auswertete, antworteten Mütter auf Fragen nach dem Verhalten ihrer Kinder. Ich unterschied zwei Bedeutungen des Wortes «gut». Einmal bezog es sich auf die jeweilige Handlung, das Verhalten, das andere Mal auf die Person des Kindes selbst. Ich übersprang die Interviewfragen und las die Antworten der Mütter:

«Sie ist in vielfacher Hinsicht zu *gut.*»

«Sie bemüht sich sehr darum, in der Schule *gut* zu sein.»

«Sie sitzt einfach da und versucht *gut* zu sein.»

«Sie ist so *gut* in der Schule, dass mittags, wenn sie heimkommt, die Hölle losbricht.»

«Ich kann ihr damit drohen, dass ich sie, wenn sie sich draußen *schlecht* benimmt, schlagen werde, und das mag sie nicht, und ich weiß, wenn sie sich draußen *schlecht* benimmt, kann ich ihr sagen, schau mal, die Soundso in ihrem Fenster drüben, die sieht, wie *schlecht* du bist – sie hat es lieber, wenn jeder ihr sagt, wie *gut* sie ist.»

Was für ein komplizierter Tanz um *gut, schlecht* und *nett!* Das Mädchen war dabei genauso gewandt wie die Mutter.

Im nächsten Interview ging es um die Mutter eines fünfjährigen Jungen. Der Junge kannte eine ganze Menge unanständiger, «böser» Wörter. Ich wandte mich dem nächsten Interview zu. Eine Unmenge von *guten, guten, guten* Wörtern. Der Knabe war sogar *schön* und *klug*, aber ganz entschieden kein *Weichling.* Warum wollte die Mutter, dass ihr Junge ein *Mann* sei? Er war gerade einmal fünf Jahre alt. Er war ein Bürschchen. Geduld. Es gab immer noch ein ganzes, wohlgefülltes Regal voller ausgefüllter Fragebogen.

Ich saß im Bus, die Kiste mit den ausgezählten Interviews hatte ich neben mir. Ich brachte die durchgearbeiteten Akten zurück und holte noch nicht ausgewertete zu mir nach Hause. Wie schön doch Kalifornien war, das galt wenigstens für die fünf Kilometer, die ich vom Bus aus sah. All die Blumen, Büsche und Bäume mit exotischen Farben und Formen. Von den meisten Pflanzen kannte ich nicht einmal den Namen. Einige wenige hatte ich im Treibhaus des Holländers gesehen. Der Hibiskus besaß große, flammende Blüten – rote oder pfirsichfarbene Trompeten.

Die Veranstaltungsräume und Büros des Psychologischen Seminars waren weiträumig und neu, sie erzeugten mit ihren dicken Holztüren und großen Fenstern, die den Blick auf Bauten im spanischen Stil freigaben, den Eindruck einer soliden, fundierten Universität.

Ich blieb vor Darryls Büro stehen. Darryl war Lehrassistent im Rattenlabor gewesen, als ich mein Studium an der University of Michigan begann. Inzwischen war er ein berühmter Professor. Die Erinnerung an das Rattenlabor würde ihm wohl ein stillvergnügtes Lachen entlocken.

Ich klopfte an.

Darryl machte die Tür auf. Er grinste und wies auf einen Stuhl. «Ach ja, das Rattenlabor», lachte er. Er erinnerte sich an das Rattenlabor, aber nicht an mich.

«Na ja, da gab es so viele Studenten», lachte ich zurück. Das war irrsinnig. Warum sollte er noch irgendein Interesse am Rattenlabor haben, wo es mindestens zehn Jahre her war, dass er dort als Lehrassistent gearbeitet hatte.

«Was mich nach Stanford bringt? Ich mache eine Nachevaluation zu *Patterns of Child Rearing*. Werte die Studie auf der Grundlage von mehreren neuen Variablen noch einmal aus», erklärte ich beinahe entschuldigend. Wie bombastisch der Psychologenjargon doch klingen konnte.

«Dann haben Sie wohl gemeinsam mit Bob Sears einen Förderbeitrag?», wollte er wissen und machte dabei immer noch einen sehr freundlichen Eindruck.

«Nein, ich arbeite selbständig, ich habe eigene Forschungsmittel.»

«Tatsächlich?» Offensichtlich verlor Darryl das Interesse. In einer halben Stunde begann seine Lehrveranstaltung. Das Unterrichten im Sommer war wohl eine hektischere Angelegenheit, als man erwarten mochte.

Das sah ich vollkommen ein.

Wir verabschiedeten uns per Handschlag.

Ich schleppte mich ins Parterre zurück und füllte meine Kiste mit einem weiteren Stoß Akten. Es machte mir kaum etwas aus, dass ich dabei den Staub von zwanzig Jahren aufwirbelte, einatmete, Gesicht und Hände beschmutzte. Darryl hatte nur eins wissen wollen: ob ich oder Sears die Forschungsmittel erhalten hatte.

Sears war emeritierter Dekan des Kollegiums für Geisteswissenschaften an der Universität von Stanford, also der Vertreter aller geisteswissenschaftlichen Institute der Universität, und zu solch einer Persönlichkeit pflegte man gute Beziehungen. Der Bus ratterte und schaukelte voran. Die fünf Kilometer hatten ihren Zauber verloren, sahen ganz gewöhnlich aus, ein ganz normaler Straßenzug, von niedrigen Gebäuden gesäumt.

Zu Hause wusch ich mir Hände und Gesicht und machte mir Sorgen wegen der Haare auf dem Boden des Badezimmers. Es waren einfach zu viele. Warum fielen mir die Haare aus? War es Stress? – Aber ich hatte doch gar keinen. Diese Phase meiner Arbeit war außerordentlich langweilig. Ich nahm die Klammer aus meinem Haar und befühlte meine Kopfhaut. Auf der linken Seite war das Haar dünner und weniger geworden. Rechts sieht es ganz ordentlich aus, dachte ich, und zog die Ponyfransen über die Sorgenfalten. «Gutes Mädchen, nettes Mädchen», sagte ich zu mir selbst, und dachte an das Mädchen, das allzu gut hatte sein wollen, und an die Mutter, die damit gedroht hatte, es in Verlegenheit zu bringen. Es war ein uraltes Muster, dieses Feilschen um *gut* und *böse*.

Der nächste Aktensatz wartete auf dem Tisch des Esszimmers. Ich öffnete den Hefter und begann zu lesen, konzentrierte mich auf die Worte, die mit *gut* und *böse* zu tun hatten. Dabei sprang mir immer wieder der Ausdruck «echter Junge» entgegen. Es schien ungeheuer wichtig, dass ein Junge ein «echter Junge» war. Da war es wieder – ein Junge war kein Junge, solange er nicht den gesellschaftlichen Normen entsprach. Das war, als sagte man: Er existiert nicht, nicht als Junge jedenfalls. Niemand verlangte von den Mädchen, ein «echtes» Mädchen zu werden. Entsprechender Druck wurde nur auf die kleinen Burschen ausgeübt.

«Ich möchte, dass er ein *echter Junge* ist. Ich bin sicher, sein Vater will das auch. Es hat mich beunruhigt, dass es in der Nachbarschaft so wenige Jungen gibt, und ich möchte, dass er Dinge wie Baseball und Football spielen lernt.»

«Ich möchte unbedingt, dass er ein *echter* Junge wird. Ich erwarte eine Menge. Ich möchte, dass er ein *wirklicher* Junge ist, dass er die Dinge mag, die Jungen mögen, besonders gern habe ich es, wenn er Spiele mit seinem Vater spielt.»

Und dann das Thema *Weichling*. In einem Fall ging es um einen Fünfjährigen, dem man den Blinddarm entfernen musste. Der Junge wollte eine Puppe haben. Die Mutter kaufte ihm eine, trotz des Spotts von Seiten des Arztes. Schließlich war ihr Sohn ein Kind, das Zuwendung brauchte.

Der Sommer in Kalifornien ging zu Ende. Es blieb nur noch eine Woche, um den letzten Stapel von Fragebogen durchzuarbeiten, alle Materialien zurückzugeben, einzupacken und zu Lawrence heimzufliegen. Eine Fernehe zählt, so empfand ich es, wohl zu den erbärmlichsten Formen der Ehe.

«Gibt es irgendwelche Forschungsarbeiten über die Verwendung der Begriffe *gut* oder *böse*?», fragte ich Lawrence ganz arglos bei einem unserer letzten Telefongespräche.

«Ganz sicher, seit zweitausend Jahren. Was möchtest du wissen?», fragte Lawrence und ließ sein unwiderstehliches, offenes Lachen erklingen.

«Nein, nicht zweitausend Jahre. Ich denke, zweitausend Jahre kann ich nicht auswerten.»

«Wie viel kannst du denn gebrauchen?», wollte Lawrence wissen und lachte wieder am anderen Ende der Leitung.

«Ich weiß es nicht. Alles, was erklären kann, warum Worte mehr verletzen können als eine Peitsche», antwortete ich.

Meine Frage nach der Verwendung der Wörter *gut* und *böse* hatte mich nicht glücklich gemacht. Offensichtlich war die Abwertung anderer ein tief verwurzeltes Grundmuster, das im Gebrauch dieser und ähnlicher Begriffe (wie echter Junge, nettes Mädchen) zum Ausdruck kam – auch bei Müttern, die über ihre fünfjährigen Kinder nicht nur sprachen, sondern unbewusst auch urteilten.

***

«Joy and woe are woven fine, a clothing for the soul divine.» – «Freude und Weh sind fein miteinander verwoben, ein Gewand für die göttliche Seele.»

Diese Verse von William Blake gingen mir immer wieder durch den Kopf, seit ich sie zu Beginn meines Studiums zum ersten Mal gelesen hatte. Verbindung und Trennung, Zusammenhalten und Loslassen, das Gewebe des Wertvollen und die Zerstörung des Zusammenhangs, all dies waren Stränge in Blakes Geflecht. Wie hatte er all diese Fäden so miteinander verknüpft, dass es ein sicheres, gutes Leben gewährleistete?

Ich wusste nur, dass ich mich vom Giftnetz fern halten musste, ansonsten würde es mich bei nächster Gelegenheit verschlingen.

Ich machte Pläne für einen weiteren, ganz anderen Forschungsansatz. Ich hatte vor, ein Programm für Kinder zum Thema «Einschätzung» zu entwickeln. Ich wollte Kindern den Unterschied zwischen verschiedenen Formen von Bewertungen beibringen, jenen, die sich auf Personen richteten, und solchen, die sich auf Handlungen und Verhaltensweisen bezogen. Wenn sie diesen Unterschied verstünden, würden sie besser gegen Klischees, Vorurteile und Herabsetzungen gewappnet sein.

***

«Es wäre gut, wenn du bei der Anhörung zur Verfassungsergänzung über die Gleichberechtigung eine Stellungnahme abgeben würdest», meinte Dolores. «Es könnte hilfreich sein.» Dolores war die neu ernannte Gleichstellungsbeauftragte der Universität und zugleich die einzige schwarze Frau auf dem Campus.

Ich zweifelte daran, ob ich einen Beitrag zu dieser Frage würde leisten können. Ich hatte mich nie ungleich gefühlt. Aber schließlich erklärte ich mich dazu bereit, einfach deshalb, weil es Dolores war, die darum gebeten hatte.

Am Abend der Anhörung hatte sich eine große Menschenmenge versammelt. Ein Redner nach dem anderen trat auf. Das

Publikum hörte zu. Ich schritt beschwingt zum Mikrofon. Das war Demokratie. Freiheit. Ich sprach davon, dass ich um der Freiheit willen nach Amerika gekommen war. Nicht ein Wort über Potulice und das Lager kam über meine Lippen. Ich sprach über die Töchter der Einwanderer und über die Chancen, die ihnen verschlossen blieben. Über Einwanderer im Allgemeinen. Über Freiheit im Allgemeinen.

Meine Worte wurden positiv aufgenommen. «Sehr erfreulich», «sehr bewegend.» Frauen gratulierten mir.

Wie erstaunlich. Ich hatte mich wirklich wie eine Staatsbürgerin verhalten. Die Demokratie funktionierte. Was für ein großartiges Konzept, den Stummen eine Stimme zu geben.

«Wie wunderbar. Das ist Demokratie», sagte ich am Morgen, als ich meine Post abholte, zum Institutsleiter. Er stand zufällig im Postbüro, und ich war noch so erfüllt vom vorherigen Abend.

Er sah mich gleichgültig an. «Assistenzprofessoren sind durchaus entbehrlich», bemerkte er aus heiterem Himmel. Die Schatten unter seinen Augen verdeckten das Spiel der Emotionen in seinem Gesicht. Er war inzwischen zum neuen Chef ernannt worden.

Ich verstummte, war plötzlich erschöpft und bewegte mich mit wirren Gedanken den Korridor entlang. Warum hatte er das gesagt? Offensichtlich versuchte er stark zu wirken; er trug oft Lederkleidung, was ihm ein Aussehen gab, das mit seinem feingliedrigen Körperbau kontrastierte. Was meinte er mit dem Wort «entbehrlich»? Ich sah meinen Kopf ziellos in Staub und Abfällen dahinrollen.

Mein neues Forschungsprojekt wurde finanziert. Telefonisch wurde mir mitgeteilt, dass ich eine großzügige Zuwendung vom Erziehungsministerium der Vereinigten Staaten erhalten würde. Ich hätte hocherfreut sein sollen. Doch das Gegenteil war der Fall: Den ganzen Sommer über hatte ich gehofft, diese Forschungsmittel nicht zugesprochen zu bekommen. Wenn ich die Forschungsgelder erhielte, würde sich alles zur Katastrophe entwickeln. Und dafür gab es einen Grund – zwei weitere Forscher waren dem Projekt zugeteilt worden. Die Universität hatte die beiden Namen auf meinen Antrag gesetzt, bevor er nach Washington weitergeleitet worden war. Mich hatte man dazu nicht um Zustimmung gebeten. Niemand hatte mich auch nur davon in Kenntnis gesetzt. Ich bekam nur eine Kopie der Zusage zu sehen. Und da standen schwarz auf weiß die Namen der beiden anderen offensichtlich am Projekt mitwirkenden Forscher.

Ich saß in meinem Büro und dachte darüber nach, in Washington anzurufen und zu fragen, ob das Erziehungsministerium bereit sei, das Projekt zu streichen.

Das Telefon klingelte. Der Anruf kam nicht aus Washington, sondern aus dem Büro des Verwaltungschefs der Universität. Es ging um Forschungsgeld. Der Chef wollte mich sprechen.

Ich ging den Flur hinunter und richtete mein Haupt wieder auf. Wochenlang war es hin und her gerollt, während das Wort «entbehrlich» durch meinen Kopf hallte. Ein Störenfried. Das Gegenteil von kostbar. Ich hob den Kopf, straffte die Schultern.

«Eine unangenehme Angelegenheit, die Unstimmigkeit mit den Kollegen», sagte der Dekan mit einem unbekümmerten Lächeln, sein geräumiges Büro vermittelte den Eindruck von Kollegialität und Harmonie.

«Aber es gibt doch gar keine Meinungsverschiedenheit», sagte ich. «Außer mir war niemand an dem Projekt beteiligt. Die Frage, wer sich sonst noch an dem Antrag für die Projektmittel hätte beteiligen können, ist gar nicht diskutiert worden.» Die Namen der beiden anderen Wissenschaftler waren von der für Forschungsförderung zuständigen Stelle eingefügt worden, die Anträge weiterleitete. Wenn man einen solchen Schritt hinnahm, könnten Forschungsgelder auch gleich für jeden beliebigen Zweck verwendet werden.

«Ist dieses Projekt denn kooperationsfeindlich?», wollte der Dekan wissen. Dabei lächelte er ermutigend.

«Ich bin durchaus für Zusammenarbeit», begann ich. Ich hob die eine Schulter, dann die andere und prüfte, ob mein Kopf noch oben saß. Ich bewegte ihn und sagte zum ersten Mal in meinem Leben: «Nein!» Mein Projekt war lohnend. Ich wollte es durchführen, wie ich es mir vorstellte.

Ich verließ das Büro des Dekans und bewegte mich in Richtung Bibliothek. Der Dekan, alle wollten etwas von den Forschungsmitteln. Selbstverständlich, so versicherte der Dekan, liege die Entscheidung nicht bei ihm, sondern bei mir. Eine Professorin brauchte allerdings eine Videoausstattung für ihre Abteilung. Auch der Institutsleiter für Psychologie hatte seine Wünsche. Im Übrigen wollten Studenten gleichberechtigt an allen Entscheidungen beteiligt sein. Ein grobes, ungehemmtes Habenwollen. «Dawai, dawai – gib her!», hatten die Rotarmisten auf der Flucht verlangt und sich mit Dingen von unserem Fuhrwerk versorgt. Wir konnten zumindest erkennen, was diese Soldaten wollten. Das Festhalten an meinen Absichten schien aussichtslos. Der Dekan, der Institutsleiter und alle anderen würden sich des Wagens und all dessen, was sich darauf befand, bemächtigen. Das würde ich jedoch erst herausfinden, wenn es zu spät war, so wie ich zu spät bemerkt hatte, dass man auf dem Antrag weitere Beteiligte genannt hatte.

Hinter mir hörte ich das Geräusch schneller Schritte. Es war eine der drei Frauen, die eine feste Anstellung an der Universität hatten. «Sei vorsichtig», warnte sie mich.

«Wieso?», wollte ich wissen.

«Die Leute reden.» Die Frau bedeckte ihre Lippen mit einer Hand.

«Aber ich habe doch nichts falsch gemacht. Ich tue doch nur meine Arbeit, so gut ich kann», erwiderte ich.

«Du kennst doch das Sprichwort über die Katzen – es gibt viele Arten, ihnen die Haut abzuziehen.»

«Ich weiß nicht, was du meinst», sagte ich, nahm aber sehr wohl die versteckte Drohung wahr, die sich hinter diesem mir unbekannten Sprichwort verbarg.

«Sei vorsichtig!», riet sie mir noch einmal, als wir uns trennten.

Ich zerbrach mir den Kopf über enthäutete Katzen. Am Abend rief ich eine frühere Klassenkameradin an. Alle meine Bekannten, die an einer Universität arbeiteten, hatten offensichtlich kluge Strategien, um in der akademischen Welt zu überleben. Ich hörte mir ihren Rat an, und war binnen kurzem über meine Missgriffe und Schnitzer verwundert.

«Es ist ein strategischer Fehler. Verfrüht», meinte die ehemalige Mitschülerin zu meinem Antrag auf Forschungsmittel.

«Wirklich ein Fehler?», rief ich ungläubig aus.

«Halte dich bedeckt, betätige dich als Wasserträger für die Mächtigen. Mach Kopien für sie. Lies ihre Arbeiten Korrektur. Kümmere dich um ihre Laborausrüstung. Hilf ihnen beim Forschen, beim Schreiben und beim Unterrichten. Betreibe Forschungen, die ihre Hypothesen bestätigen.»

«Ich hatte keine Ahnung.»

«Jetzt bin ich ihr Mädchen für alles, das ist allerdings auch ein Risiko, weil sie immer behaupten können, dass ich nicht eigenständig arbeite. Aber zumindest rüttle ich nicht am Käfig. Deine Art dagegen fordert sie wirklich heraus.»

«Aber ich will doch niemanden herausfordern», entgegnete ich. Ich prüfte den Zustand meines Kopfes. Er saß jetzt wieder fest zwischen meinen Schultern.

Die Methoden des Wettbewerbs, die Strategien des Individualismus waren Rätsel für mich. Das Verfahren, das darüber entschied, ob ich eine feste Anstellung an der Universität bekam, lief parallel zu meiner Bemühung um den Zuschuss. Eine Festanstellung setzte eine Anzahl von Publikationen, gute Leistungen in der Lehre, Mitarbeit in Gremien und bestimmte, nicht formulierte Anforderungen voraus, die ich nicht begriff – Anpassung, Politik, den richtigen Stallgeruch, Schmeichelei und Kriecherei. Was die ausdrücklich genannten Anforderungen anging, so war ich zuversichtlich. Die unausgesprochenen jedoch waren ein ganz anderes Kaliber. Hier war Vorsicht geboten. Manchmal waren sie erkennbar, ein andermal nicht. Ich beobachtete, war Zuschauer von Geschehnissen, die nicht im Zentrum der Bühne ausgetragen wurden, sondern ganz versteckt, irgendwo am Rande, hinter den Kulissen.

«Das ist eben Wettbewerb», hatte Lawrence am Telefon gesagt, wie er es so oft bei seinen Ratschlägen über lange Entfernungen hinweg getan hatte.

«Eine Art Sport? Der Beste gewinnt?», fragte ich, wie stets blockiert, da ich einen Wettbewerb nicht begreifen konnte, der mit Sport nichts zu tun hatte.

«Nein. Kein Sport, sondern Individualismus. Der Beste gewinnt mit Hilfe aller erforderlichen Mittel. Das heißt: sich ganz nach vorn drängen, Ellenbogen einsetzen, sich Vorteile verschaffen, auch auf Kosten anderer.»

«In der Gefangenschaft kamen solche Leute um», wandte ich ein.

«Nun, letzten Endes versteh ich dich ja. Ich begreife deinen Sinn für den Wert des Menschen, für das Zusammenhalten. Die Jahre in der Gefangenschaft sind mit einer lang währenden Katastrophe zu vergleichen, mit einem Wirbelsturm. Bei Katastrophen helfen die Menschen einander, halten zusammen, retten, wen sie retten können. Jedes Leben ist wertvoll. Du hast dich mehr als vier Jahre lang im Zentrum eines Tornados aufgehalten. Bist dort aufgewachsen. Nun bist du davon überzeugt, dass jeder inmitten eines Orkans steckt. Aber wir leben in ganz gewöhnlichen Zeiten. Jetzt steht der Einzelne im Vordergrund. Die Gemeinschaft kann sehen, wo sie bleibt. Du musst dich an diese Umstände gewöhnen.»

«Ich kann es nicht, glaube nicht, dass ich es je kann», protestierte ich, und dabei dämmerte es mir zum ersten Mal, dass meine Perspektive nicht die übliche war. Mir war das «Konkurrenzprinzip» völlig fremd, für mich stand das «Zusammenhalten» immer noch im Vordergrund.

Lawrence hörte auf, etwas zu sagen. Er bedrängte mich nicht weiter. Einige Male hatte er Scherze über meinen Standpunkt gemacht, der so stark von meinen Erfahrungen in der Gefangenschaft bestimmt und so wenig brauchbar war, wenn es um Konkurrenz ging. «Rate mal, wer Selbstmord begangen hat?», hatte er vor einiger Zeit gefragt. Ich tippte auf Freddy Prinze. Am Abend zuvor hatte ich ihn im Fernsehen bei einer Vorstellung im Washington Center for the Performing Arts gesehen. In seinen Augen war ein Abgrund von Verzweiflung zu erkennen gewesen. Immer noch konnte ich den Tod kommen sehen, selbst wenn die betreffenden Menschen vollkommen normal ausschauten. An einem ganz normalen Interview mit Johnny Carson konnte ich wahrnehmen, dass Peter Finch sehr krank war und besser ein Krankenhaus aufgesucht hätte. Eine kleine, nach außen gerichtete Bewegung seines Knies, die eine Sekunde länger als gewöhnlich dauerte, machte deutlich, dass sein Tod bevorstand. Noch in derselben Nacht starb er an einem Herzanfall.

Meine Form der Anpassung, die sich an der Gefangenschaft orientierte, bedeutete in der Freiheit ein gewaltiges Handikap. Als ich ins Rutschen geriet und ins Bodenlose stürzte, sollte ich durchaus etwas über das Sein, über mich selbst und das Gewebe des Lebens lernen.

Ich achtete nun auf die schwer fassbaren Arten von Konkurrenz. Zumindest konnte ich es vermeiden, das Falsche zu tun, dachte ich. In dieser Hinsicht war ich immer vorsichtig gewesen. Ich hatte genau auf meine Schritte geachtet. Dann beging ich ganz unerwartet einen groben Fehler. Ich *sagte* das Falsche.

«Klingt wie das Englisch von Einwanderern», sagte ich zu einer Studentin mit hohen Stiefeln, die im ersten Jahr ihres Fachstudiums an dem Projekt mitarbeitete. Englisch war zwar ihre Muttersprache, aber schriftlich drückte sie sich sehr unbeholfen aus. Ihr Stil erinnerte mich an den Satzbau von Immigranten. Man hatte wohl stets wenig von ihr erwartet und sie zu freigebig gelobt, so vermutete ich.

Die Studentin machte einen verletzten Eindruck. In ihren Augen standen Tränen.

Meine Worte waren zu barsch gewesen. Ehe ich mich entschuldigen konnte, war die junge Frau verschwunden.

Von nun an aber bestimmte die Studentin mit den hohen Stiefeln das Projekt, zumindest, was die Stimmung, die Unzufriedenheit und die Forderungen anging. Ihre Stiefel hallten durch die Räume. Sie trank mit der Sekretärin Kaffee und sicherte sich ihr Wohlwollen. Sie lud die Mitarbeiter regelmäßig am Nachmittag ein. Sie begann mich zu demontieren. Sie schlug mir den Arm und die Schulter ab und warf sie aus dem Fenster. Das Schauspiel hinter den Kulissen dehnte sich aus.

Die Forschungsassistenten waren immer schon davon überzeugt, sehr viele Rechte beanspruchen zu dürfen – das betraf die Teilnahme an Entscheidungen, das Gemeineigentum und die Bestimmung der Wahrheit durch Abstimmung. «Forschung hat mit Demokratie nichts zu tun», hatte ich einmal gesagt. Der Ausspruch wurde zum Gegenstand allseitigen Gelächters. Trotz Unzufriedenheit und Geschrei am Rande machte das Projekt Fortschritte. Wir fanden Lesetexte, die oftmals überraschend gut zu unserem Konzept passten. Die Schüler würden daran zwischen handlungsbezogenen und personengebundenen Werturteilen unterscheiden lernen und feststellen, wie angemessen sie jeweils waren.

Beispiele für Einschätzungen und abschätzige Bewertungen in Cartoons bereiteten allen am Projekt Beteiligten Freude. In einer Folge der *Peanuts* hob Lucy in der Klasse die Hand und stellte die Frage: «Madam? Wie kommt es, dass wir im Geschichtsunterricht nur etwas von Männern hören? Werden wir auch etwas über Frauen lernen? Ich hatte eine Großmutter, die wirklich süß gewesen sein muss.» Die Schüler der fünften und zehnten Klassen bei unserem Schulversuch sollten auf eigene Faust Cartoons sammeln und sie zur Diskussion mit in die Klasse bringen.

Eine Übung zum Thema «falsche Verallgemeinerungen» könnte den Schülern Spaß machen. Die Schüler sollten unsere Beispiele lesen und dann eigene absurde Verallgemeinerungen formulieren:

Ich bin in der fünften Klasse. Ich kann reiten. Alle Schüler der fünften Klasse können reiten.

Ich bin groß. Ich kann nicht gut kochen. Große Leute können nicht gut kochen.

Ich bin Methodist. Ich kann nicht singen. Methodisten können nicht singen.

Ich bin Pfadfinderin. Ich bin gut in Mathematik. Alle Pfadfinderinnen sind gut in Mathematik.

Mitten während der Arbeit am Projekt tauchten der Leiter des Instituts für Psychologie und Red bei mir zu Hause auf.

«Die Fakultät hat entschieden, dir keine unbefristete Anstellung zu gewähren», sagte der Institutsleiter.

Red schaute einfältig drein. Seine Schuhe hinterließen Schneespuren auf meinem Parkett.

«Wegen der Sache mit dem Zuschuss», sagte der Institutsleiter mit den Händen gestikulierend, als hätte ich zu wissen, was daran nicht in Ordnung war.

Ich wusste nicht, was an der Sache mit den Forschungsmitteln falsch war. Ich erstarrte, spürte eine dumpfe Steifheit in allen Gelenken. Auf dem polierten Parkett verwandelten sich die Schneespuren in Wasserpfützen.

Am Tag darauf legte mir der Institutsleiter nahe, mit niemandem über all das zu sprechen. Das Verfahren sei vertraulich.

In Ordnung. Kein Wort. Der nächste Schritt bestand darin, gegen den abschlägigen Beschluss Einspruch zu erheben. Aber wie? Ich sah das Material durch, das die Fakultät ihrer Entscheidung zugrunde gelegt hatte, die Kiste mit meinen Publikationen, die negativen Briefe, die der Institutsleiter erhalten hatte, darunter ein zwanzigseitiger wütender Brief der gestiefelten Studentin und schließlich eine Postkarte mit einer anonymen Notiz. Drei oder vier Briefe waren im Ton milder oder gleichgültig. Meine personenbezogene Kritik, so hieß es im Brief der Studentin, habe sie zu Tode erschreckt. In dem anonymen Schreiben hieß es, ich gehöre in eine Heil- und Pflegeanstalt.

In diesen negativen Beurteilungen konnte ich mich kaum wieder erkennen. Der Institutsleiter hatte mein Gesicht mit der Maske eines Drachens beklebt, mit lockerem Gebiss und gewaltigen Zähnen. Eine flammend rote Zunge strich über meine Nase, wischte mir durch die Augen, leckte mir Krümel vom Oberkörper.

Konnte ich gegen das Angst einflößende Drachengesicht überhaupt etwas ausrichten? Positive Briefe könnten den schlechten Eindruck vielleicht etwas mildern. Somit würde der Berufungsprozess zu einer Schlacht zwischen positiven und negativen Wertungen. Der Ausgang war in meinen Augen völlig offen. Ich konnte nur abwarten und zusehen, welchen Verlauf das Schauspiel nahm.

Ich sammelte Briefe von Kollegen, die meine Arbeit kannten, und von Leuten, die an meinem Projekt mitgearbeitet hatten. Viele Lehrende und Studenten schrieben unaufgefordert Briefe, um mir beizustehen. In einem Brief hieß es, ich verfügte über «dezente Umgangsformen und ein verständnisvolles Wesen». Ich sei eine «warmherzige, sensible und nachdenkliche Person», schrieb ein anderer. Ein Student erklärte sogar: «Ich habe das Gefühl, es wäre ein großer Nachteil für mich gewesen, hätte ich nicht ihre Bekanntschaft und die Arbeitserfahrung mit ihr gemacht.»

An einem warmen Abend fuhr ich zur Revisionsverhandlung der Berufungskommission. Wir saßen um einen Seminartisch. Ich hatte ein Papier vorbereitet.

«Du bist zwanzig Minuten zu spät zu einer Lehrveranstaltung erschienen», warf mir einer der Männer zu Beginn der Sitzung vor.

Ich konnte die Gesichter um mich herum kaum voneinander unterscheiden. Lippen bewegten sich undeutlich. Das Gespräch schien mir zusammenhanglos, der Raum wurde immer dunkler, bis die Gesichter rund um den Tisch einen kreisförmigen Fleck bildeten. Während der Raum in Dunkelheit versank, bemühte ich mich heftig, das Gesagte zu begreifen. Ich verstand nicht ein einziges Wort. Das Papier in meinen Händen war von Schweißflecken bedeckt. Meine Lippen bewegten sich. Ich konnte nicht weitersprechen. Ein schwarzes Loch in meinem Hirn verschlang meine Wörter und die Sätze, die um mich herum gesprochen wurden.

Nur eine Einzelheit blieb mir in Erinnerung. Ein Teil meiner Seminar-Beurteilungen war nicht zu finden. Ich hatte immer alles lückenlos eingereicht. Trotzdem fehlten Unterlagen, das hob der Institutsleiter hervor.

Es war, als hätte mir der Institutsleiter in dieser gesichtslosen Dunkelheit die Beine abgehackt. Ich tastete nach dem, was von den Beinen blieb. Soweit ich es feststellen konnte, fehlten die Beine unterhalb der Knie. Ich saß in der Mitte einer Pfütze, die während dieses blutigen Aderlasses entstanden war. Alle erhoben sich. Brachten ihre Gürtel in Ordnung. Lachten. Die Sitzung war zu Ende. Niemand hatte die positiven Briefe beachtet, niemand meine positiven Leistungen.

Lawrence war zu mir nach New England gekommen. Er bemühte sich endlos, versuchte, meine Probleme an der Universität, mit dem Leiter des Instituts, dem Dekan, dem Lehrkörper, den Studenten zu analysieren. Anschließend gingen Lawrence und ich die Etappen der Entwicklung durch, und wir setzten uns mit meinen Schluckbeschwerden auseinander.

«Es ist derart lächerlich. Ein Krankenhausaufenthalt und eine Vollnarkose, um einen Blick in meine Speiseröhre zu werfen, um festzustellen, warum ich nicht schlucken kann. Wenn sie doch nur eine andere Ursache als Stress gefunden hätten! Psychosomatische Probleme können eine Person so lächerlich erscheinen lassen», sagte ich zu Lawrence beim Frühstück.

«Stress ist nicht weniger real als jeder organische Befund.»

«Nun, es ist schon was dran. Diese merkwürdige Erkrankung will mir etwas mitteilen. Was immer ich geschluckt habe, ich würge daran. Ich sollte aufhören, Dinge herunterzuschlucken. Ich habe es mehr als zur Genüge getan.» Die kleinen Spiegel des Hals-Nasen-Ohren-Arztes sahen nichts von den abgehackten Gliedern, dem Kopf, der auf dem Boden rollte, und dem Drachengesicht. All dies war mir hinter den Kulissen in den Hals gestopft worden.

Einige Zeit nach der Speiseröhrenspiegelung – ich hatte noch immer Schluckbeschwerden – holte mich einer der freundlicheren Mitarbeiter der Abteilung ein. Wir überquerten gemeinsam den Campus.

«Du bekommst nicht alle Informationen», sagte der Kollege. Er erklärte, dass zwei Leute an der Sitzung, bei der über die Festanstellung entschieden wurde, Aussagen gemacht hätten. «Ich war der Ansicht, du hättest ein Recht dabei zu sein. Die Abteilung hielt dich für zu empfindlich. Und noch etwas. Die Abteilung entschied, nichts dürfe nach außen dringen. Alles vertraulich. Daher Schweigepflicht.»

«Ihr habt mir die Freiheit genommen», brach es aus mir heraus. Ein unsichtbares Netz hatte sich über mich gelegt.

«Einen Prozess würdest du möglicherweise gewinnen, allein aus formalen Gründen», meinte der verständnisvolle Kollege.

Wie gescheit sie waren. In Potulice hatte ich verschiedene

Arten sichtbarer Gewalt kennen gelernt. Diese hier war kaum zu bemerken, war subtil, war frei von Zwang. Vertrauliche Aussagen. Die Verfälschung von Fakten. Ein negativer Eindruck, der schwer zu belegen gewesen wäre. Sitzungen mich betreffend, von denen ich ausgeschlossen war. Die Fakultät raubte mir die Freiheit, und ich hatte es nicht bemerkt. Die verdeckte Gewalt war von unsichtbaren Methoden begleitet. Dagegen wirkte die offene Gewalt in Potulice geradezu harmlos. Trotz aller Strafen und Demütigungen hatten die Wärter uns nicht brechen können.

Später im Laufe dieser Woche kam eine Frau in mein Büro. Sie hatte eine Teilzeitstelle an der Fakultät. Ich freute mich, sie zu sehen. Seit Wochen hatte ich mit keiner der Frauen auf dem Campus mehr gesprochen.

«Hier liegt unser Problem», verkündete sie. Ihr Finger zeigte auf die Kiste mit meinen Veröffentlichungen und Arbeiten, die ich für das Revisionsverfahren vorgelegt hatte. «Die Menge entspricht sämtlichen Publikationen des gesamten Colleges of Art and Science.» Ich hatte zu viel produziert.

«Ich werde packen und abhauen», kündigte ich an.

«Schreib einen einfachen Kündigungsbrief», schlug die Kollegin vor. «Einen Brief ohne Beschuldigungen wird man leichter akzeptieren.»

Meine Kündigung enthielt zahlreiche Vorwürfe.

Zwei Tage später konnte ich die Antwort des Vizepräsidenten lesen. Wie man mir warnend angekündigt hatte, wies er meine Kündigung zurück. Mein Ausscheiden, so schrieb er, sei nicht aus freien Stücken, sondern unter Druck erfolgt. Was wollte er damit sagen? Durfte ich nicht einmal mehr kündigen, wann ich wollte? Wie sehr der Vizepräsident doch um meine Freiheit besorgt war. Er nahm sie mir ganz – in meinem eigenen Interesse. Derlei Spitzfindigkeiten hätte sich kein Wärter in Potulice je ausdenken können.

«Allmählich beginne ich zu begreifen, wie man jemandem auf eine Weise Schaden zufügen kann, dass es wie ein Akt der Nächstenliebe aussieht», sagte ich zu Lawrence.

Lawrence strich mir mit der Hand durchs Haar. «Tut mir Leid, dass ich das nicht eher erkannt habe und dir nicht helfen konnte.»

«Aber du *warst* mir doch eine große Hilfe. Ich war ja so blind. Der Vizepräsident kann sagen, was er will. Ich lasse mich da nicht mehr länger hineinziehen», das war mein letztes Wort.

«Ich werde eine Kündigung schreiben, die aus zwei Zeilen besteht: ‹Ich danke für die Chancen. Ich konnte mich persönlich und beruflich weiter entwickeln.›»

Ich war dankbar, die Flucht antreten zu können. Damit war das Thema für mich abgeschlossen.

Das Semester war zu Ende. Ich hatte mich von dem giftigen Netz befreit. Hatte das Gefühl für mich und meinen Körper wieder gefunden. Ich wollte letzte Noten einreichen und einige Dinge zu Ende bringen. Der Frühling war in die Blütezeit des Frühsommers übergegangen. Die Geranien in ihren Kästen leuchteten rot. Allenthalben hing der starke Duft von Flieder in der Luft. Ich atmete tief durch. Im Hauptgang der John Dewey Hall tauchte die gestiefelte Studentin auf. Sie belehrte jeden, der es hören wollte, über den Sexismus in der Abteilung.

Für mich ging es nicht um Sexismus. Vorher nicht und auch jetzt nicht. In meinem Büro las ich ein Mitteilungsblatt der Universität. Unter der Rubrik Stellenbesetzungen und Personalien hieß es zu meiner Person: «Kündigung ohne Begründung». Aber ich hatte doch alles ausführlich dargelegt. Ich saß an meinem Schreibtisch und überprüfte die letzten Noten, ging dann nach unten und gab die Zensuren an die Abteilungssekretärin weiter. Wieder im Büro, sah ich noch einige Papiere durch und räumte meinen Schreibtisch auf.

«Herein», sagte ich, als es an der Tür klopfte.

«Der Institutsleiter lässt Ihnen das hier geben», sagte die Sekretärin. Sie überreichte mir ein dickes, braunes Kuvert und verschwand wieder.

Ich legte den Inhalt des Umschlags auf meinen Schoß. Es waren die Beurteilungen, die die Studenten über meine Lehrveranstaltung abgegeben hatten. Und zwar genau die, die angeblich gefehlt hatten, genau die, von denen der Institutsleiter behauptet hatte, ich hätte sie nicht eingereicht. Hier waren sie also. Er hatte sie bewusst unterschlagen.

Ich schleppte mich nach Hause. Mattigkeit legte sich über alles und machte mir das Vorankommen schwer. Wie ein mechanisches Spielzeug setzte ich einen Fuß vor den anderen. Geranien ergossen sich mit schmutzig roten Klecksen aus ihren Kästen. Der Flieder strömte eine Süße aus, die nach Verwesung roch.

Ich hatte darauf vertraut, durch harte Arbeit Schaden abwenden zu können. Neuankömmlinge besaßen so gut wie nichts als ihre Arbeitskraft. Keine alten Familienbeziehungen. Keine Vertrautheit mit akzeptierten Verhaltensweisen und den Gesetzen des Landes. Immer hieß es, harte Arbeit werde belohnt. Und war das nicht schließlich geschehen? Ich hatte mich aufgemacht, das Sein zu erkunden. Und darüber hatte ich weit mehr gelernt, als ich mir hätte vorstellen können.

Ich stieg die Treppen zur Wohnung im zweiten Stock empor. Meine Kleider waren schweißnass, stanken süßlich: Ich wollte ein Bad nehmen und dann lange schlafen.

Ich ließ Wasser in die Wanne laufen und beobachtete den lebhaften, lauten Strahl. Ich gab einen Schuss wohlriechendes Badeöl hinzu, mit dem Duft der Damaszenerrose, dem Geruch der wilden Alberta-Rosen, wie sie an den Straßenrändern wuchsen. Meine Lippen spiegelten sich in den Wellen des Wassers und wirkten zerfranst, wie abfallende Blumenblätter. Ich stieg in die rosenduftende Wärme.

«Dorthin, wo du hingehst, kann ich dir nicht folgen», hatte Mutter vor langer Zeit gesagt, als ich Alberta verließ, um an der University of Michigan zu studieren. Sie war davon überzeugt, dass mich das Studium in einer Weise verändern würde, die ihr unverständlich bleiben würde. In einem gewissen Sinne würde sie mich verlieren. Und so geschah es fast. Auch ich hätte mich selbst beinahe verloren.

Zwischen meinen kühlen Bettlaken träumte ich von einem unterirdischen Ort. Ich war nicht durch das Innere der Erde gestürzt. Ich lag einfach auf dem Boden einer Höhle, die von sterbendem Moos überwachsen war. Ausgelaugt, fast leblos, lag ich auf einer Felsplatte ausgestreckt. Durch eine runde Öffnung über mir fiel ein Lichtkegel. Ein schmutziges Licht. In seinem Strahl flirrten und kollidierten große und kleine Staubpartikel.

Im hinteren Teil der Höhle war ein großer Stapel von Skeletten zu einer Pyramide aufgeschichtet. Leichen lagen über den Boden verstreut. Bilder aus Todeslagern. Ein großes Schwein und eine gewaltige Ratte von der Größe eines Schweins schnüffelten an den Körpern. Dann wandten sie sich mir zu. Ein gewaltiger blasser Auswuchs um den After des Schweins legte sich über seinen halben Rücken. Bei jedem Schritt wackelte die Geschwulst. Die Ratte huschte nahe an meinem Gesicht vorüber. Ich konnte die dicken, kurzen, verdreckten Haare sehen, strähnenweise verklebt von verdorbenen Körperflüssigkeiten und Blut. Die Tiere machten einen satten und kräftigen Eindruck.

Ich bewegte ein Bein, um ihnen deutlich zu machen, dass ich noch lebte. Sie konnten nicht anhalten und an mir herumschnüffeln, wie sie es bei den Leichen getan hatten. Das Schwein und die Ratte zogen mit verstohlenen Blicken von dannen.

3

Ein Sturz durch die Erde

Die Arbeit im Krankenhaus war für mich das Richtige. Reale gesundheitliche Probleme machten schnelle, konkrete Hilfe erforderlich. Diese Tätigkeit entsprach meinen Neigungen für vielschichtige Themen und meinem Interesse an menschlichen Beziehungen. Mit Hingabe konnte ich bewundern, wie Menschen sich erholen konnten von schweren körperlichen Traumata, nach Unfällen und Operationen oder einen Weg fanden zu widerstehen – wie der alte Indianer vom Stamme der Navajo, der die letzten in seinem Gehirn übrig gebliebenen Worte dauernd wiederholte und sich auf diese eigene Weise an seine Welt klammerte. Ich war dem zerbrechlichen Leben um mich herum zärtlich zugetan. Die klinische Ausbildung und das Studium der Neuropsychologie nach der Lehrtätigkeit in New Brighton hatten mir eine zufrieden stellende neue Berufswelt eröffnet. Und doch hatte ich mich irgendwie verändert, ich war selbst auffallend zerbrechlich geworden. Geheimnisvollerweise hielt mich meine Arbeit mit anderen fragilen Menschen über Wasser.

Ich ging den Flur des Krankenhauses hinunter, folgte einem Schrei: «Hilfe, kann mir jemand helfen?!»

Ich betrat das Zimmer des Patienten, der gerufen hatte.

Er saß auf den zerwühlten Laken seines Bettes, nur mit Unterhosen bekleidet. Seine in Gaze verpackten Beinstümpfe stampften energisch. Ein großes braunes Auge in seinem schmalen Gesicht hielt mich mit einem starren Blick auf Abstand. Sein linkes Auge war halb geschlossen, als leide er an einer Lähmung. So konnte es aber nicht sein. Seine Gesichtsmuskeln bewegten sich ansonsten normal. Er ließ seine Arme zur Seite fallen.

«Alexander Woods?», fragte ich, ohne zu wissen, was ich von ihm zu erwarten hatte oder was er von mir wollte.

«Ja», antwortete er und nahm mich genau in Augenschein.

Ich öffnete Alexander Woods' Krankenakte und stellte den Termin seiner Einweisung fest: Mai 1984. Brandverletzungen. Die schweren Verbrennungen waren zunächst in einer Spezialklinik behandelt worden, bevor man die weitere Pflege anderen Krankenhäusern überlassen hatte. So war Alexander Woods schließlich in unser Krankenhaus gekommen. Ich las weiter. Am linken Bein war eine Amputation unterhalb, am rechten eine solche oberhalb des Knies vorgenommen worden. Keine weiteren Komplikationen. Nur eine Verhaltensauffälligkeit – ständige Rufe nach Hilfe. In die letzte Zeile des Krankenblattes hatte jemand noch eine Bemerkung gekritzelt: «Brennend in einer Mülltonne gefunden.»

Meine Aufgabe bestand darin, eine kurze neuropsychologische Diagnose zu stellen. Das Routinegespräch mit dem Patienten brachte wenig Klarheit. Nein, er wisse nicht, wie er in die Mülltonne gelangt war, auch nicht, auf welche Weise ihm die Verbrennungen zugefügt worden seien. Er könne nicht sagen, ob jemand seine Kleider angezündet habe. Er erinnere sich an nichts, was das betraf. Da habe er einen Totalausfall. Auch habe er nicht bemerkt, ob sich an seiner Denk- oder Erinnerungsfähigkeit sonst etwas verändert habe. Er könne nicht erklären, warum er die ganze Zeit nach Hilfe rief. Er müsse es einfach tun. Er könne nichts dagegen machen.

Dieser einäugige Blick kam mir so bekannt vor. Das halb zerstörte Gesicht eines Mannes – wo hatte ich das schon einmal gesehen? Hatte er auf einem Erdhaufen gelegen? Neben einem Graben? Es war vierzig Jahre her. Aber wie dem auch sei. Wenn ich mich nur erinnern könnte, wo es war. In Potulice? Bei Rymarkiewicz? In Nakel? Gab es nicht Hunderte von namenlosen Gesichtern aus der Zeit der Gefangenschaft? Mit dem Verstand einer Erwachsenen ging ich die in Frage kommenden Orte durch. Auf diese Weise konnte ich der Welt eine Ordnung geben. Doch dabei tauchte immer wieder dieses Bild auf – das Gesicht eines toten Mannes, das eine Auge vom Lid verdeckt, das andere weit offen. Vielleicht war ich stehen geblieben, um ihn mir anzusehen? Vielleicht hatte mich jemand von diesem Anblick fortgezogen?

Ich mischte die Testklötze zur Prüfung des räumlichen Vorstellungsvermögens. Alexander Woods ordnete sie zu geometrischen Mustern. Er arbeitete methodisch. Die einfachen Muster waren leicht zu erkennen. Damit war er sehr schnell fertig. Aber auch die komplizierten Muster legte er mit der Sicherheit eines Mannes, der etwas vom Bauen versteht. Woods setzte die Formen zusammen und brachte Ordnung in seine Welt.

Meine Welt hingegen löste sich auf. Tief in meinem Hirn, wo die Emotionen sitzen, lösten sich wohl geordnete Bereiche auf. Aus Mülltonnen quoll Rauch. Laute Stimmen und brennender Unrat brachen wie Flammen in einem Comic-Heft durch die Fenster der Klinik. Abfallgeruch drang in mein Hirn.

Ich schaute Woods zu. «Dies ist mein Land, das Land, das ich liebe», sang ich innerlich immer wieder. In meinem Kopf griff mein Ehemann korrigierend ein: «‹Land meiner Geburt›, meinst du wohl.» «Ich weiß», antwortete ich, sang aber weiter, «das Land, das ich liebe.» Lawrence und ich hatten uns seit unserer Heirat in den sechziger Jahren immer wieder über diese kurze Zeile unterhalten. Ich bestand darauf, dass meine Version passender sei, wenn Ort und Land nicht leicht zu bestimmen waren.

Das Liedchen konnte kaum Trost spenden. Auch Woods' korrekte Gebilde nicht. Ich fuhr mit einem weiteren Test fort, in dem es ebenfalls um das räumliche Vorstellungsvermögen ging. Jetzt sollten bekannte Formen zusammengefügt werden. Ich breitete die Teile einer menschlichen Gestalt aus. Woods setzte beide Arme, dann die Beine und den Kopf an die richtige Stelle. Er fügte die vollständige Gestalt eines Menschen zusammen. Obwohl ihm selbst beide Beine fehlten.

Dann breitete ich die Teile eines Gesichts auf dem Tisch aus. Woods setzte es zusammen, aber als er die Ohren ansetzte, verwechselte er unten und oben, korrigierte dann das falsch angebrachte Ohr und legte den Mund an die richtige Stelle. Er machte nun einen ruhigen Eindruck, als sei er getröstet. Er stellte das Gesicht zusammen. Sein eigenes war entstellt.

Dann hob er den Kopf und warf mir den Blick eines Einäugigen zu, der mich an jenen Toten erinnerte, den ich an einem Ort gesehen hatte, von dem mein Verstand immer noch nicht wusste, wo er lag. Die Hand meines Patienten bewegte die Teile, wie sich die Hand meines Vaters bewegt hatte. «Armer Kerl», sagte eine Stimme und sang dabei die Melodie des Liedes: «Das ist mein Land, das Land, das ich liebe.» Mein Verstand löste sich auf wie die Teilstücke des Gesichts, das Woods zusammengesetzt hatte, während ich es anschließend wieder auseinander nahm.

Woods' dünner Arm ruhte auf dem Nachttisch. Von dem knochigen Handgelenk hing eine Hand wie eine Klaue herab. War das Vaters Hand, als er in Potulice zum ersten Mal zu Besuch war? Als wir uns durch das kleine viereckige Loch in der Wand sahen? Er hatte geweint und mit seiner Hand die Tränen weggewischt. Auch wir – Mutter und ich – weinten. Wir müssen etwas gesagt haben. Und seine Antwort lautete: «Ich habe euch Brot mitgebracht.» Er hatte tatsächlich einen echten Laib Brot gebracht.

Woods hatte den Test abgeschlossen. Sein Auge schaute mich an. Ich fragte, ob ihn Angehörige besucht hätten. Seine Tochter sei da gewesen, berichtete er. Er habe gute Testergebnisse erzielt, versicherte ich ihm und packte das Material zusammen.

Alexander Woods war offensichtlich nicht schwachsinnig. Er litt an keiner Demenz. Seine kleinen Fehlhandlungen ließen eine so weit gehende Schlussfolgerung nicht zu. Was aber war er dann? Ein Mann aus einem Müllcontainer, weggeworfen, als Unrat entsorgt. Jemand hatte Alexander Woods nicht geliebt. Ich verließ die Pflegestation und nahm den Aufzug zu meinem Büro.

Stettin. Vater hatte gesagt, wir hätten es bis Stettin geschafft. In Wirklichkeit aber schafften wir es nur bis in die Nähe von Stettin. Dort endete diese wahnsinnige Flucht quer durch Polen, jene Flucht vor der trunkenen Wut der Sowjetarmee im bitterkalten Winter 1945. Vater zog seine Stiefel für einen jungen Soldaten mit rosigen Wangen aus, der sein Gewehr auf die Füße richtete, als wolle er die Stiefel, die Füße und alles hinwegfetzen.

«Dawai! Dawai! … Her damit! … Her damit! …», brüllte der Soldat. In Scheunen versteckten wir uns zwischen Garben und Wänden. Über uns stachen die Rotarmisten in das Getreide, suchten nach Menschen. Wir hielten den Atem an, hielten einander fest.

Jemand hatte den beiseite geschafften Mann nicht geliebt.

Im Korridor traf ich den Chefarzt und zwei Psychologen der Klinik.

Ich grüßte flüchtig.

Woods' Schrei ging mir immer wieder durch den Kopf. Er folgte mir den Korridor entlang und für den Rest des Tages.

Auf dem Parkplatz der Klinik fuhr ich mit meinem alten Volvo rückwärts aus der Lücke. Ich versuchte in meiner Fahrspur zu bleiben, mich auf den Verkehr vor und die fahrenden Autos neben mir zu konzentrieren. Der Volvo bog um eine Ecke und fand seine Spur. Pflichtgemäß reagierte er auf alle Zeichen, das hatte er in all den Jahren ordentlich gelernt. An der Haube gab es eine große Roststelle, wo der Vergaser zweimal in Brand geraten war und die Farbe fortgebrannt hatte. Der Rostfleck diente mir als Führer. Solange er vor mir war, konnte nicht viel schief gehen.

Auf dem Schild stand «Highland». Wie war ich nach Highland gelangt? Ich fuhr über die Indian School Road nach Hause. Bewegte ich mich nach Osten oder nach Westen? Das zu wissen war wichtig, wenn ich auf der Indian School Road nach Hause kommen wollte. Highland und 12th Avenue, 13th Avenue, 14th Avenue. Statt nach Osten fuhr ich nach Westen. An der Indian School wendete ich. Ich folgte weiter dem Rostflecken, nun roch es nach brennendem Müll – Woods brannte in seiner Tonne. Wenn ich nur zu ihm gelangen könnte! Wenn es nicht schon zu spät war!

Ich lenkte den Wagen an die Bordsteinkante und schluchzte laut auf.

«Alles in Ordnung, Madam?», hörte ich einen Passanten auf dem Bürgersteig fragen.

«Ich suche die Indian School», sagte ich schließlich. Meine Stimme schien von ganz weit herzukommen.

«An der nächsten Kreuzung nach links.» Der Mann machte eine entsprechende Geste.

Ich konzentrierte mich wieder auf die rostige Stelle und bog beim Stoppzeichen ab.

***

Mir war auf eine seltsame, mir unbekannte Art übel. Ich rief die Verwaltung der Klinik an.

«Ich brauche einen Tag Krankenurlaub», sagte ich der Abteilungssekretärin.

«In Ordnung», antwortete sie, «hoffentlich geht es Ihnen bald wieder besser.»

Dies war schon mein zweiter Krankentag, seit ich den Befund für Alexander Woods aufgenommen hatte. Ich konnte seinen Hilferuf nicht abschütteln, seine beiden Stümpfe, die Teile des menschlichen Körperpuzzles, das falsch angebrachte Ohr. Den ganzen Morgen lief ich um den Frühstückstisch und schaute auf den in Wolken versteckten, schneebedeckten Berg auf dem glänzenden Umschlag von Ernest Hemingways «Schnee auf dem Kilimandscharo». Ich nahm das Buch zur Hand und begann zu lesen. Aber nichts blieb in meinem Kopf. Noch zweimal prüfte ich meine Konzentrationsfähigkeit. Ich scheiterte beide Male. Auf dem Buchumschlag war eine Hyäne. Sie schnupperte, roch das brandige Bein von Hemingways Helden, kreiste ihn immer dichter ein. Die feine Nase der Hyäne würde auch Alexander Woods in seiner Mülltonne aufspüren. Sie würde den Spuren seines Geruchs an meiner Kleidung folgen. Der Tod war die breite Schnauze einer Hyäne.

Hinten im Hof bahnte sich eine rote Katze ihren Weg durch das Gras, das dringend gemäht werden musste. Alle Katzen aus der Nachbarschaft hatten Zugang zu unserem Hof. Den Nystroms, den früheren Eigentümern unseres Hauses, war das so recht gewesen. Walter Nystrom hatte ein Loch in den Holzzaun geschnitten, um sie hereinzulassen, dabei konnten Katzen doch über Zäune klettern. Lawrence und der Makler hatten mich geneckt. Hatten behauptet, ich sähe wie eine hübsche schwedische Dame aus. Die

Nystroms fanden mich sympathisch und hatten uns das Haus zu einem günstigen Preis überlassen. Lawrence nannte mich eine Zeit lang «den Ingrid-Bergman-Typ».

Von der Veranda aus beobachtete ich die Rotgefleckte. Hinterhöfe sollten friedliche Orte sein. Dieser war es gewöhnlich – jetzt aber nicht. Heftige Geräusche kamen von jenen Bereichen des hohen Hundszahngrases, die der Rasenmäher nicht erreicht hatte. Wüstengrillen zirpten laut und schrill. Die gefleckte Katze pirschte sich in die Nähe einer Dattelpalme. Im nächsten Moment drehte sie den Kopf zur Seite und schaute gespannt, die Ohren aufgerichtet, auf leiseste Geräusche achtend.

Dann schlug sie nach etwas, schien dabei unaufhörlich zu grinsen. Sie schlug nach einer Grille, warf sie in die Luft. Grausames Biest! Das Gras stand hoch, und die gefleckte Katze aus der Nachbarschaft war ein großes Tier auf der Jagd nach Beute. Jetzt saß sie da, rieb säubernd ihr Gesicht, war mit sich zufrieden.

«Die breite Schnauze vom Kilimandscharo», sagte ich.

«Aber bitte, es ist doch nur das Kätzchen der Nachbarn. Ich weiß gar nicht, was du mit deinem Kilimandscharo hast», meinte Lawrence. Seine Stimme klang ein wenig panisch. Er hatte sich einen Tag frei genommen, damit ich nicht allein war.

Den ganzen Tag über beobachtete ich die Katze, horchte auf die Grillen, schaute auf den Buchumschlag mit dem glänzenden Berg und duschte immer wieder. Ich bewegte mich zwischen Kaffeetisch und Hinterhof. Hin und her. Am Abend beobachtete ich, wie Lawrence telefonierte. Ich huschte an seiner Tür vorbei, um erneut zu duschen. Ich brauchte eine weitere Brause. Verwesender, brennender Geruch hing in der Luft, sich anpirschende Katzen spielten im Hinterhof mit ihren Opfern. Sie kreisten uns immer enger ein. Meine Haut brannte.

«Hör auf, dich zu duschen. Du wirst ja noch krank davon», rief Lawrence.

Er war ein gewaltiges Hindernis. Bei jedem Schritt, jeder Bewegung war er dabei, beschattete mich mit den allertraurigsten Augen.

«Schachmatt», sagte ich und schlüpfte an Lawrence vorbei, der in seinem Arbeitszimmer telefonierte.

Ich duschte. Ich wusste, mit wem Lawrence sprach. Mit Lester. Im Laufe der letzten Tage hatte Lester häufig angerufen. Wir waren schon seit langem miteinander befreundet, seit wir gemeinsam promoviert hatten. Aber wir hatten kaum je miteinander über Potulice gesprochen. Er wusste nur wenig darüber – kannte bloß ein paar Daten und Orte. Nun sprachen Lawrence und Lester miteinander, als wollten sie die Gespräche nachholen, die wir nicht geführt hatten. Ich nahm an, dass sie irgendwie über mich sprachen. Lawrence hatte es noch nie erlebt, dass ich mich beharrlich mit rot gefleckten, sich anpirschenden Katzen beschäftigte.

«Du lieber Himmel, hör endlich mit der Duscherei auf. Schluss jetzt!» Lawrence wurde sehr laut. Er tupfte mir etwas Kaltes auf den Rücken.

«Hör auf, mich rumzukommandieren. Schluss damit!», gab ich zurück. Auch ich war wütend.

Dann saß ich im Esszimmer und weinte – vielleicht wegen der Grillen im Hinterhof, wegen Männern in Mülltonnen, wegen Alexander Woods mit seinen verstümmelten Beinen. Das grelle Zirpen der Grillen zog mich wieder in den Hinterhof. Da, wo die Hyänen-Katze die Grillen getötet hatte, sang ich ein Totenlied. Die traurige Melodie hallte in meinem Kopf nicht wider. Auf eine erstaunliche Weise wurde sie aufgesaugt. Ich hörte mit dem Singen auf. Hinter Stirn und Augen fühlte sich mein Gehirn wie Watte an. So war es – mein Denken wurde von Watte aufgesaugt. Und dabei fühlten sich die Stirnlappen wie dichte Lagen von Baumwolle an. Oh, Alexander Luria in Moskau würde sich so freuen, zu wissen, wie Stirnlappen sich anfühlten, wie das komplizierte Denken sich anfühlt, wenn es in tausend Fetzen zerfällt.

«Kannst du mich hören, Alexander Luria in Moskau?», rief ich in den warmen Abend. «Stirnlappen fühlen sich wie Watte an. Ist das nicht lustig?»

Alexander Luria hatte die höheren geistigen Fähigkeiten der Stirnlappenfunktion des Gehirns so hervorragend beschrieben: die Fähigkeit zu planen, des Weitblicks und das Urteilsvermögen – all die herrlichen Eigenschaften des Denkens, die uns als

Menschen kennzeichnen, auf die wir als Spezies so stolz sind. Aber Alexander Luria in Moskau antwortete nicht.

Lawrence nahm meinen Arm. Wir gingen ins Haus zurück.

Ich wusste nicht, welcher Tag es war, auch nicht, wie viele Tage Lawrence mich mit den allertraurigsten Augen beobachtet hatte.

«Das wird dir vielleicht Spaß machen», sagte Lawrence eines Tages über das monatliche Treffen der Neuropsychologen, das am Abend stattfinden sollte.

Ich war mit allem einverstanden. Zog mich an. Lawrence fuhr mich zu Pats Haus in Tempe. Der Verkehr auf der Autobahn, die Straßen und die Häuser in den Vorstädten – all das war ein aus den Fugen geratenes Durcheinander, glich den Teilen des Puzzles, die Woods im Wahrnehmungstest hatte zusammenfügen müssen. Lawrence ließ mich aussteigen.

Ich saß auf dem Sofa. Der Rest des Wohnzimmers war voller verschwommener Gesichter. Der Vortragende war ein junger Kinderarzt vom Good Samaritan Hospital.

«Die Kosten für die Behandlung eines zu früh geborenen Kindes betragen hunderttausend Dollar», sagte der Kinderarzt.

Einhunderttausend Dollar Kosten und Woods in der Mülltonne. Hohe Ausgaben für Frühgeburten – und Männer, die in Abfallbehältern brannten. Einige Menschen kosten einhunderttausend Dollar. Andere werden aufgegeben. Sollten die einpfündigen Babys, die man für teures Geld hochpäppelte, aufwachsen, damit man sie später irgendwann entsorgte? Meine Gedanken konnten sich nicht von teuren Babys und auf den Müll geworfenen Menschen lösen.

«In diesem Haus bleibe ich nicht», sagte ich nach dem Vortrag zu Pat, der Gastgeberin. Wir beide gingen in ihrem Garten auf und ab. Sie hielt mich am Arm. Ich redete weiter über hunderttausend Dollar für Frühgeburten und Männer in Mülltonnen, bis Lawrence schließlich kam.

Am nächsten Abend wusste ich, dass ich nicht mehr ins Innere unseres Hauses zurückgehen konnte. An Häusern war irgendetwas grundsätzlich falsch. Ich legte mich ins Gras unter einen großen Mandarinenbaum im Hof. Es war, als läge ich zwischen herzförmigen Dichondra-Blättern. Ausgestreckt in einem Maxfield-Parrish-Druck. Die kleinen, herzförmigen Blätter waren von einem außerordentlich dunklen Grün. Der Baum war eine leuchtende Blutorange. Die Blätterherzen fielen kühl auf mein Gesicht. Ich las die Überschrift dieses Drucks von Maxfield Parrish: «Mädchen im Mandarinenschatten».

«Ich werde die Nacht über bei Audrey auf der anderen Straßenseite bleiben. Ihr Haus ist wunderschön, weiblich. Ich habe die schmiedeeisernen Verzierungen immer gemocht», verkündete ich.

«Aber das kannst du nicht. Das macht doch keinen Sinn», hielt mir Lawrence mit einer verzweifelten Handbewegung entgegen.

Ich fand keine Worte. Unvernünftig? Da schimmerte die Möglichkeit auf, dass ich nicht vernünftig war.

«Wir sollten packen. Wir fahren in die Notaufnahme.» Mit einer ungewöhnlichen Erschütterung in der Stimme erklärte Lawrence mir, dass er seit fünf Tagen versuche, mich dazu zu bewegen. Ich hatte mich strikt geweigert, war ganz patzig und wütend geworden, wenn die Klinik auch nur erwähnt wurde. Ich erinnerte mich nicht daran, dass wir darüber gesprochen hatten. Ich war uneinsichtig, ohne dass es mir bewusst war.

Das Auto glitt schnell aus unserer Auffahrt. Das Licht über dem Eingang zu Audreys Haus beleuchtete das schmiedeeiserne Schmuckwerk in zartem Rosa. Grelle Scheinwerfer kamen auf uns zu und verschwanden wieder. «Notaufnahme», verkündete funkelnd ein rot erleuchtetes Schild mit unmissverständlicher Deutlichkeit, harsch genug, dass ich mich zusammennahm.

«Ihr Name?», fragte eine weibliche Stimme. Im großen, leeren Wartebereich der Notaufnahme löste sie ein Echo aus.

Ich antwortete. Lawrence gab seinen Namen und unsere Adresse an.

«Ich bin der Ingrid-Bergman-Typ, er ist ein Engländer, in Tweed gehüllt. Sogar sein Lieblingsphilosoph ist ein Engländer. David Hume», fügte ich hinzu.

Die Frau hieß Carmen McKenzie und war Assistenzärztin in der Psychiatrie. Sie gönnte mir ein mattes, nachsichtiges Lächeln, wie einem Kind, dessen Fehlverhalten man ein- oder zweimal hinnahm. Sie wandte sich Lawrence zu und ignorierte mich. Sie unterhielten sich eine Weile. Ich schmollte.

«Es ist Ihnen doch klar, dass Sie hier bleiben müssen. Sie brauchen Hilfe.» Jetzt richtete sie ihre Augen auf mich: «Da, hier müssen Sie unterschreiben, es ist eine Erklärung, dass Sie freiwillig hierher gekommen sind.»

«Aber ich hasse Etiketten. Ich habe schon so viele gehabt, ich kann sie kaum mehr zählen. Für den einen oder den anderen Zweck bin ich immer wieder die falsche Person», sagte ich.

«Sie brauchen Hilfe, und Sie müssen hier unterschreiben», sagte Dr. McKenzie.

Lawrence sah verzweifelt aus.

«In Ordnung. Aber ich unterschreibe nur mit meinem Vornamen. Ich hasse alle Belastungen, meinen Akzent, jeden, der mir Fragen stellt. ‹Wo kommen Sie her? Wo kommen Sie her?› Vom Mond – vom Mond – vom Mond, sollte ich antworten. Es ist mir egal. Es spielt keine Rolle. Das Etikett ‹Psychiatriefall› ist nichts im Vergleich zu anderen. Die Menschen wünschen sich unbedingt jemanden, den sie hassen können. Warum sind sie so wütend? Es ist mir egal. Unwichtig.» Schließlich schrieb ich meinen Vornamen hin.

«Sagen Sie mir das heutige Datum», verlangte Dr. McKenzie.

«Heldengedenktag. Ende Mai. Welcher Tag des Monats es ist, das weiß ich nicht genau», tastete ich mich vor. Mein Gott, ich konnte die einfachsten Orientierungsfragen nicht beantworten. Ich wusste, wer und wo ich war, aber was die Zeit anging, fand ich mich nicht mehr zurecht.

«Ich möchte, dass Sie Rechenaufgaben mit Siebenerreihen lösen.»

Ich versuchte es. Die erste Aufgabe – es ging darum, sieben von hundert abzuziehen – konnte ich nicht lösen, von den weiteren Aufgaben ganz zu schweigen; auch von den jeweiligen Ergebnissen sollte ich immer sieben abziehen. Ich begriff, was verlangt wurde, aber mein Kopf schaffte es nicht.

«Ich kann es nicht», sagte ich schließlich. Ich schaffte nicht einmal ganz gewöhnliche Siebenerreihen. Mir war nach Weinen zumute.

«Und was ist mit Sex auf offener Straße und mit Nadines Lastwagenfahrer und damit, dass im Haus etwas nicht in Ordnung ist?», wollte sie wissen.

Hatte ich darüber etwas gesagt? Es musste wohl so sein. Das hatte ihr wohl Lawrence erzählt. Vorwurfsvoll schaute ich ihn an. Er sah elend aus. Ich hatte Mitteilungen geschrieben. Was das Haus anging, so hatte ich ein seltsames Gefühl.

«Also, Sie sind wirklich krank, Sie müssen hier bleiben.»

«Na ja», sagte ich. Sie hatte Recht. Ich war krank. Wirklich krank.

***

Ich war ein Stück Zement. Nie zuvor war ich mir so schwer, so träge, so ohne Leben vorgekommen. Ich beobachtete meinen Zustand mit klinischer Aufmerksamkeit. Tatsächlich war ich ein Teil des Bettes, das eine Zementplatte war. Schwer zu sagen, wo das Bett endete und ich begann. Mein kleiner Zeh war ein Gewicht von zwei Tonnen, befestigt an meinem Fuß. Ich versuchte, meine Augen zu öffnen. Die Lider blieben geschlossen. Würden sich wenigstens meine Augäpfel bewegen? Ich probierte es, spürte aber keine Bewegung. Ich bestand aus Tonnen von Zement, die seltsamerweise atmeten – mit langsamen, gleichmäßigen Zügen. Meine Seele? Auch sie schien aus Zement, alles, was ich wahrnehmen konnte, war die Zementhaftigkeit von allem und jedem. In diesem Zustand war ich schon sehr lange. An andere Zeiten konnte ich mich kaum erinnern. Die Gegenwart war ein tiefes Schweigen, manchmal von einem Schatten unterbrochen, der mein Zimmer betrat und wieder verließ. Draußen gab es selbstverständlich Lärm und Geschäftigkeit. Gelaufe und Gekicher auf den Gängen, aber das war weit weg.

Jemand nahm neben mir Platz. Eine Frau mit einem leicht irischen Tonfall. Ich mochte alle Akzente, nur meinen eigenen nicht, den ich hasste. Sie streichelte mir den Arm. Meine Haut fühlte sich im Gegensatz zu ihren Fingern grob wie ein

Schotterweg an. Empfand sie meine Haut wie Schmirgelpapier?

«Sie ist sehr starr», sagte sie, ihre Stimme schien von sehr weit her zu kommen.

Dr. McKenzies Schatten glitt irgendwo durch den Raum. Schließlich vernahm ich ihre Stimme: «Wir sollten die Dosis etwas heruntersetzen.»

Ich wollte meinen Kopf bewegen und meine Augen öffnen, um herauszufinden, wie sie aussahen. Beide verschwanden, ich verharrte in meiner Starre. Sie versuchten offenbar von Zeit zu Zeit, meinen Zustand zu verändern. Das war offensichtlich nicht einfach. Ich fragte mich, welchen Zustand man bei mir wohl anstrebte. Für mich war es wichtig, das zu wissen, denn in diesem Zustand würde ich leben. Bislang orientierte sich meine Befindlichkeit am Modell der Zementplatte. Ich fragte mich, ob Dr. McKenzie wusste, dass ich meinen Zustand bis jetzt als unverändert empfand.

Mein Geist geriet wieder in Zementstarre. Das hielt stundenlang an. Es machte mich weder glücklich noch unglücklich. Es war einfach so.

«Jetzt wollen wir aber hoch!» Ein Arm hob meine Schultern, ein anderer führte meine Beine und schwang mich aus dem Bett. Ich saß aufgestützt am Rand. Auf Förmlichkeit legen Krankenschwestern gewöhnlich keinen Wert. Diese hier tat es ganz und gar nicht. Die Tatsache, dass sie «wir» sagte, änderte daran nichts. Mir war klar, was sie damit bezweckte. Wenn sie «wir» sagte, glaubte sie, könne sie machen, was sie wollte.

Die Einnahme der Medikamente blieb nicht ohne Nebenwirkungen, darunter Sehstörungen, trockener Mund, das Gefühl der Erstarrung. Welches Mittel gegen Depressionen gab sie mir? Aber das war nicht wichtig. Wer sorgte sich schon darum? Alles war mir egal. Ich existierte – mehr nicht. Ich war jetzt ein Ding. Um den Dualismus von Körper und Geist brauchten wir uns keine Gedanken zu machen. Das Problem war gelöst. Schluck eine Tablette und werde ein Ding.

Die Krankenschwester führte mich, dieses Ding, in den Speisesaal. Als sie mich losließ, berührte eine warme Hand meinen Arm.

Ich lächelte die Patienten, die bereits um den Tisch herum saßen, matt an. Es konnte nur ein schwaches Lächeln sein, denn es bestand die Gefahr, dass mein Gesicht zerspringen würde. Vielleicht konnte es sogar wie ein Fenster zersplittern, das von einem Kieselstein getroffen war.

«Fühlen Sie sich besser?», fragte eine blasse junge Frau.

«Schwer zu sagen», antwortete ich. Meine Stimme klang mechanisch.

Mein Mund bewegte sich, während ich kaute, auf und ab, in zwei Richtungen. Die Suppe fühlte sich warm an, wenn sie durch meinen Hals floss. Ich wollte nicht unhöflich sein. Gönnte der Frau ein kaum überzeugendes Lächeln.

Alle schienen wie Marionetten zu kauen. Aber vielleicht nahm ich das auch nur so wahr. Die Plauderei rund um den Tisch nahm zu, es klang, als äußere sich ein Bauchredner über Gemütsstörungen und Depressionen. An meinem Tisch saßen drei Patienten mit schweren affektiven Störungen – zwei mit bipolaren und einer mit monopolaren. Die übrigen Patienten waren Depressive wie ich. Doch nur bei mir gab es psychotische Züge – zerrüttetes Denken. Ich erwähnte das nicht. Kein Grund, darauf stolz zu sein, nicht einmal hier. Nichts, was man als Neuankömmling hervorheben sollte, selbst wenn Dr. McKenzie mir die Diagnose mitgeteilt hatte.

«Ich wäre lieber nach Seattle gegangen, aber sie haben mich hierher geschickt», berichtete der junge katholische Geistliche. Er sah gut aus: groß, dunkel, eine männliche Erscheinung. Warum hatte er sich für das Priestertum entschieden? Er hatte eine monopolare Depression; die Überaktivität der bipolaren oder manisch-depressiven Patienten blieb ihm erspart. Ihm zuzuhören, war weit angenehmer als den beiden reizbaren und erregten manisch-depressiven Patientinnen.

«Es ist schon faszinierend, wie viel Aufwand die Kirche betreibt, um den äußeren Schein zu wahren», sagte Honeywell. Sie bezeichnete sich als «halb-entfremdete» Katholikin. Sie hatte, so erzählte sie gerne, als Sekretärin für die Firma Honeywell gearbeitet, bis entweder sie oder der Job «verrückt» geworden sei.

«Ich finde es richtig, dass man Sie hierher geschickt hat», sagte die Verwaltungsangestellte vom Salt River Project, eine schlanke Frau mit ergrauendem Haar und starkem Make-up. «Ich denke nicht, dass man Sie in Ihrem eigenen Pfarrbezirk hätte behandeln sollen. Die Kirche hat schließlich eine Verpflichtung, eine gewisse Form zu wahren.» Ihre Stimme grenzte ans Rechthaberische, ganz im Gegensatz zu Honeywells Sekretärinnenstil.

Letztere richtete ihr opulentes blondes Haar mit einer Hand. «Richtig, wir leben im Zeitalter der Public Relations.»

«So habe ich das nicht gemeint», sagte Salt River Project mit Entschiedenheit.

«Phoenix ist wirklich angenehm, sehr angenehm, und noch ist es nicht zu heiß.» Der Priester nahm einen Kurswechsel vor und wollte das Gespräch auf weniger kontroverse Themen bringen.

Das Essen war hier ein bemerkenswert wichtiges Thema.

«Ich kann Rote Beete nur süßsauer ertragen. Diese hier sind zu süß», sagte jemand.

«Gemüse schmeckt schrecklich, wenn es nur süß ist», ließ sich die fettleibige Frau mit hoher Stimme vernehmen.

«Darauf wäre ich nicht gekommen. Süßes Gemüse. Klingt abscheulich», kicherte die Blasse.

Auf meinem Teller umkreiste der Saft der Roten Beete eine Scheibe Schinken und den Reis. Das Stück Schinken sah wie der afrikanische Kontinent aus. Der blutige rote Saft umgab auf allen Tellern rundum Länder und Kontinente. Die Welt lag wie auf einer Landkarte ausgebreitet da.

Schließlich war es passiert. Ich war durch das Innere der Erde gestürzt, und ich blickte von einem seltsamen Ausgangspunkt darauf zurück. Jahrzehntelang war ich in meinen Alpträumen über die verbrannte Erde gerannt, war beinahe durch große Löcher in die unendlichen Wolken gestürzt. Und hier war ich in irgendeiner Unterwelt, die mich stärker ergriffen hatte, als ich es mir hätte vorstellen können.

Auf meinem Teller lag Afrika als Silhouette einer rosa Schinkenscheibe. Zwei Häufchen Reis bildeten die westliche Hemisphäre. Wo lag Europa? Vielleicht war es meinen Befürchtungen entsprechend in einem letzten Akt der Selbstzerstörung untergegangen. Auf der Suche nach Europa blickte ich auf die Teller der anderen. Honeywells Reis entsprach am ehesten den Umrissen des alten Kontinents. Wenn sie eine weitere Gabel voll nahm, dann würde sie Norwegen und Schweden vernichten.

«Tu es nicht», sagte ich, als sie sich Norwegen aufgabeln wollte.

Sie warf mir einen überraschten Blick zu.

«Es ist gar nichts», sagte ich und bemühte mich um ein Lächeln. Ich schnitt ein Stückchen von Afrika ab. Dann steckte ich meine Gabel in Feuerland. Es machte mir nichts aus, Südafrika aufzuessen. Und Feuerland war stürmisch, rau, da war ein erbarmungsloses Stampfen von Meereswellen. Es machte mir nichts aus, auch davon einen Bissen zu nehmen. Beide, Südafrika und Südamerika, schmeckten wie Holz. Ich kaute langsam, um sicherzustellen, dass ich das schlucken konnte. Es war erstaunlich, wie viel jeder von dieser holzig schmeckenden Mahlzeit aß. Besonders merkwürdig bei Depressiven, die in der Regel unter Appetitlosigkeit litten. Als senkte die Umgebung der Klinik die Hemmschwellen – das erinnerte mich an den «Zauberberg» von Thomas Mann. Die Depressiven aßen mit Genuss. Ich musste an Herrn Rieber denken, den rohen Kerl in «Ship of Fools» von Katherine Anne Porter. Für einen Augenblick erinnerten sie alle an Herrn Rieber, aßen mit Genuss und leckten ihre Lippen.

«Stell es dir wie einen Urlaub vor. Denk an ein Hotel», sagte Honeywell zu Salt River Project. Momentan schienen die beiden Frieden geschlossen zu haben.

Wieder fühlte ich mich schwer und starr wie Zement, und ich streckte mich auf meinem Bett aus. Ich wachte erst auf, als Lawrence neben mir saß und meine Hand hielt. Er bemühte sich, etwas zu sagen. Ich strengte mich an, ihn zu hören.

«Ich hab dir den *New Yorker* mitgebracht», sagte er. Ich hatte an einer Karikatur in der letzten Ausgabe viel Freude gehabt. Lawrence gab sich außerordentlich viel Mühe.

Ich konnte nichts sagen, konnte mich nicht rühren. Erneut schloss ich die Augen.

Lawrence saß da und hielt lange meine Hand. Manchmal streichelte er sie. Manchmal sagte er: «Meine Süße.» Und immer wieder: «Es ist nicht fair.»

Der Saft der Roten Beete floss in meiner Vorstellung immer

noch um Länder. Er erinnerte an das prunkende Rot gezüchteter Teerosen. Immer noch schrie der beinamputierte Alexander Woods und winkte mit den Armen. Ich sank in meine Starre zurück.

«Darf ich dir was vorlesen?», fragte Lawrence.

Ich lehnte ab: «So weit bin ich noch nicht.»

Lawrence blätterte den *New Yorker* durch und machte dabei einen unendlich müden Eindruck. Über Nacht hatten sich die Falten in seinem Gesicht vertieft, als sei er blitzschnell um ein Jahrzehnt gealtert. Seine grauen Augen sahen verloren aus. Manchmal schienen sie ziellos umherzuirren. Seine Welt war mit der meinen zusammengebrochen.

«Ein Beet mit leuchtenden Zuchtrosen – Spellbinder, Proud Land, Sutter's Gold, Yankee Doodle. Kannst du dir von den anderen Rosen in Harper's Nursery welche vorstellen?», fragte ich und versuchte dabei, nicht zu sehr zu zeigen, in welchem gelähmten, starren Zustand ich mich befand.

«Wir könnten einige davon pflanzen», bot Lawrence an.

«Nein, keine gezüchteten Teerosen. Vielleicht goldene Grandifloras.»

Ich blickte Lawrence an, sein müdes Gesicht, seine tiefen Falten, die traurigsten aller Augen. Ich würde Grandifloras anpflanzen – für Lawrence' traurige Augen, für Alexander Woods, für die teuren Babys, die hunderttausend Dollar kosten, für den Navajo und seine letzten Worte wollte ich goldene Grandifloras pflanzen.

***

Vom Fenster meines Krankenhauszimmers schaute ich auf einen Parkplatz. Weiter hinten lag die McDowell Road. Seit Tagen, so schien es, hatte ich am Fenster gesessen, den Verkehr auf der McDowell Road beobachtet. Die Ampel wechselte von Rot zu Gelb zu Grün, hin und her.

Ich saß da, um das Wenige zu hüten, das ich halten konnte. Die McDowell Road war tatsächlich da. Der Verkehr kam zum

Stillstand und wieder in Gang, ein hupendes Auto, hohe mexikanische Fächerpalmen und Oleanderbüsche – all das gab es, so erinnerte ich mich. Manchmal wenigstens war ich dazu imstande. Der Parkplatz war da. Ich konnte nach unten gehen und das Pflaster berühren. Nein, das konnte ich nicht. Dr. McKenzie hatte angeordnet: «Kein Ausgang!» Ich durfte die Station nicht verlassen. Sie sah beunruhigt aus, schien um Entschuldigung zu bitten. So etwas war nicht leicht gegen jemanden durchzusetzen, der Gefangener in einem Lager gewesen war.

Ich sah, wie der Verkehr zum Stillstand kam, sich wieder in Bewegung setzte. Wie in aller Welt war ich eigentlich hierher gelangt? Das fragte ich mich jeden Tag tausendmal. Wie war ich mir selbst derart abhanden gekommen? In den Lagern war die Freiheit so wichtig gewesen. Für sie hatten die Menschen gelebt. Ich hatte sie verloren und wusste nicht einmal, wie. Ich war freiwillig hier. Freiwillig!

Der Tod war die breite Schnauze eines Chevrolet auf der McDowell Road, der weiße Chevrolet hielt an der Ampel. Ein roter Toyota grinste, als er den Parkplatz verließ. Alle Autos hatten breite Schnauzen, weite lüsterne Augen und Kühlergitter, die mit perfekten, gleichmäßigen Zähnen grinsten.

Um Gottes willen, wie war ich bloß an diesen Punkt gelangt! Ich dachte, wir hätten ein Talent zum Leben. Mutter hatte es. Ich glaubte, es von ihr geerbt zu haben. Sie hatte keine großartigen Erklärungen zur Hand. Sie lebte einfach so. Ich war der analytische Kopf. Unter meinem Fenster grinsten die Schnauzen von Chevys und Toyotas und sagten: «Wie gefällt es dir jetzt? Wie gefällt es dir jetzt? Wie gefällt es dir jetzt?» Worüber machten sie sich lustig – über mein Leben, die Gefangenschaft, die Freiheit?

Ich saß am Fenster, weil alles, was ich sonst hätte tun können, noch verrückter gewirkt hätte. Wenn ich einfach so dasaß, gab es nicht viel, das mich verraten konnte. In der Nacht, in der man mich eingeliefert hatte, war die Ruhelosigkeit über mich gekommen. Ich musste die Beine bewegen, gehen, hin und her, kreuz und quer. Die Pflegerinnen beobachteten alles, wussten, was sie in meine Unterlagen schreiben würden. Ich war erleichtert, wieder zur Ruhe gekommen zu sein, endlich dazusitzen, nicht auf und ab zu gehen, kein Stück Zement mehr zu sein.

Dann war ich es leid, immer auf die McDowell Road zu schauen, es war stumpfsinnig, sich pausenlos mit den Verkehrsampeln zu beschäftigen, und der Parkplatz war einfach nur ein trostloses Stück Asphalt. Ich beobachtete nun das Spiel von Licht und Schatten an den Wänden meines Zimmers. Ein Flattern wie von Schmetterlingen strich über die Wände – Widerspiegelungen des Chroms an den Autos, die langsam vom Parkplatz fuhren. Manchmal spielten Schattenwellen am Boden. Es war, als schwämme ich in einem gewaltigen Aquarium. Das feine Licht- und Schatten-Gewebe sah wie ein Bett von wogendem Seetang aus. Ein Meer wie im Märchen. Hier fehlten nur noch der Fischer und sein Butt. Ich sang den plattdeutschen Vers:

Manntje, Manntje, timpe te.
Buttje, Buttje in der See,
myne Fru de Ilsebill
will nich so, as ik wol will.

Ich schwamm mit einer gewaltigen Scholle zusammen im Fischbecken. Ich wäre wohl ohne den breiten Klang des Plattdeutschen in Panik geraten. Dieser Dialekt war breit wie die Strömungen im Meer, *platt* oder flach wie die Küstenebene. Plattdeutsch klingt flutend wie der Schatten von Seetang, der sich bewegt. Ich sang das Lied mit lang gezogenen Lauten. Dummes Wortgeklingel. Dummer kleiner Mann, der die Flunder um Hilfe bittet. Dumme Ilsebill, die gerne Kaiser, dann auch Papst wäre. Ich sang und beobachtete das Spiel von Licht und Schatten.

Blitzschnell veränderte sich der Raum. Ich hielt in der Mitte inne, bedeckte mein Gesicht und spähte durch meine Finger. Ein geschmeidiges Biest sprang lautlos durch die Fensterscheibe. Mit einem weiteren Sprung überbrückte es die Wand. In der Ecke vollzog es eine Wendung und raste dann blitzartig an der entgegengesetzten Wand entlang. Wieder drehte sich das Biest und sprang aus dem Raum. Immer wieder raste es durchs Zimmer und ließ seine Röte erstrahlen. Ein Blitze schleudernder Hund kreiste durch den Raum. Ich saß in der Mitte fest, konnte mich nicht bewegen.

Dann nahm ich meine Hände vom Gesicht. Ich schob mich zum Fenster und sah das rot blitzende Licht eines Krankenwagens. Es verschwand. Wie normal und einfach das Licht des alternden Tages sein konnte.

An diesem Tag fiel ich in ein neues Tief. Warum, wusste ich nicht. Vielleicht war das rasende rote Wesen daran schuld. Ich dachte daran, wie ich «schubladisiert» worden war. Ein weiteres Etikett zu erhalten war mir egal. Ein psychiatrisches Etikett war bei weitem nicht so schlimm wie einige der anderen Formulierungen, die man benutzt hatte, um mich abzustempeln. Ein schwacher Trost. Was war das Vernichtende an den Geschehnissen der letzten Zeit? «Schlagen können sie zwar. Doch das Innere können sie nicht treffen», hörte ich eine Frau in Mutters Baracke über die Wachen sagen. Der Chefarzt im Lager konnte schlagen und quälen. Aber auch er konnte nicht anrühren, was innen war. Für mich bedeuteten die Wachen nur «schlechtes Wetter». Sie konnten töten wie ein Sturm, ein Blitz oder die Eiseskälte. Sie waren kein Bestandteil des Universums meiner Werte. Sie waren eine Naturgewalt ohne die moralische Autorität, mir zu sagen, ob ich geschätzt wurde oder nicht, wie meine Eltern es konnten.

Doch all diese bewertenden und abwertenden Worte waren nicht wie das schlechte Wetter gewesen. Sie hatten mir mehr genommen, als ich mir je vorstellen konnte. Hatten mich zu Boden gebracht ohne Waffen und Zäune.

Mein Tief war schlimmer als in den allerschlimmsten Zeiten, die ich durchgemacht hatte. Ich hatte einmal Kraft besessen. Wir waren einmal stark gewesen. Wo war die Kraft geblieben? «Ohne ihn gehen wir nicht. Ihr könnt uns erschießen», hatte Mutter einmal gesagt. Für Mutter ging es nicht um ein Überleben um jeden Preis. Vielmehr um ein bestimmtes Überleben – mit Vater und uns Kindern. Sie hatte ihr Leben dafür aufs Spiel gesetzt. Jetzt befand ich mich in einem Klinikzimmer, war freiwillig da, körperlich in gutem Zustand, doch mit einer Seele, die sich nicht mal die Nase wischen konnte. Mein bloßes Überleben war mir gleichgültig. Der geschmeidige Hund, der durch mein Zimmer raste, konnte alles haben.

«Nehmt es! Nehmt alles!», rief ich und winkte mit einem Arm, als der Hund über die Wände jagte. «Von mir ist nur ein Ding übrig geblieben. Und Dinge sind mir ganz gleichgültig.»

Das Tier war unbeeindruckt. In gewaltigen Blitzen sprang es über die Wände.

Es besaß eine ungeheure Energie. Verhöhnte mich. Umkreiste den Raum mit verächtlichem Schweigen.

Ich winkte mit einem Arm. Immer wieder griff die blitzende Röte danach.

«Dann nimm!», rief ich in den Raum, «nimm die Teile des Skeletts, die umgekehrten Ohren und das Marionettenlächeln.»

***

«*Zusammenhalten.* Andere können das vielleicht nicht ertragen, aber wir müssen es», hatte Mutter gesagt. *Zusammenhalten, aushalten, mithalten, durchhalten* – all die Worte mit *halten.*

Wir hielten durch und zusammen – wie immer es uns möglich war. Wir gaben nicht auf. Wir lernten die Adresse im Westen auswendig, wo wir einander finden konnten, falls wir getrennt würden, wenn wir denn jemals freikommen sollten. Bei den Seidels in Hessen würden wir uns treffen. *Zusammenhalten* – wie man einen Riss im Rock mit einer Sicherheitsnadel zusammenhält. Mutter hielt allerdings nicht viel von Sicherheitsnadeln. Sie waren eine schäbige Lösung. Zugegeben.

Was war es also, was ich zusammenhalten und zusammenfügen konnte? Schwerfällige Bruchstücke an Erfahrung, die unlebendig und nicht von Gefühlen beseelt schienen. Ich spürte nichts. Keine Liebe. Keinen Hass. Keine Verzweiflung. Wie konnte ich mich jetzt zusammenhalten?

Ich sah mich im Essraum um. Es gab verschiedene Neuzugänge. Auch sie versuchten, sich selbst zusammenzuhalten. Sie hatten es dabei leichter als ich, unterhielten sich, waren gesellig, als sei die Situation alltäglich. Der Geistliche und Honeywell am Tisch gegenüber hatten Übung im Kranksein. Ihre Medikation wurde hier von Zeit zu Zeit überprüft und neu eingestellt. Das junge Mädchen neben dem Priester war zum ersten Mal in der Klinik, sie hatte einen Suizidversuch hinter sich, aber jetzt ging es ihr schon wieder besser.

Der Geistliche wünschte mir nickend einen guten Morgen.

«Ihnen geht es wohl sehr viel besser», sagte die große depressive Frau neben mir.

«Na ja», nickte ich und balancierte etwas Rührei auf meiner Gabel.

«Man kann eben immer erkennen, wenn es jemandem besser geht. Essen ist der beste Schlüssel zur geistigen Gesundheit.»

«Ich habe einen Bärenhunger», sagte ich, und so war es wirklich. Ich hatte das Gefühl, seit Tagen nichts zu mir genommen zu haben.

Die große Depressive blickte mich zufrieden an, als hätte ich ihre Vermutung gerade bestätigt.

«Nehmen Sie etwas Ketchup. Dann schmeckt es besser», drängte sie mich.

«Gewiss», lächelte ich und beschmierte mein Rührei mit Ketchup.

«Medizin! Zeit für die Medizin!», rief ein Patient begeistert.

Am Tisch trat Schweigen ein.

Ich setzte ein strahlendes Lächeln auf. Seit ich in New Brighton unterrichtet hatte, war mein Lächeln stets prächtig. Vierzig Jahre nach Potulice konnte ich strahlen wie die Wüstensonne in Phoenix. Etwas Unfreieres hatte ich in meinem ganzen Leben nicht getan, als jenes sonnige Lächeln zu erlernen. Machte mir das Lächeln jetzt noch etwas aus? Nicht viel. Mein Gesicht war wie betäubt. Man versuchte eben sein Bestes.

Die dicke Pflegerin reichte kleine Pappbecher von ihrem Wagen in ausgestreckte Hände. Ihr volles Gesicht strahlte eine Ruhe und Ausgeglichenheit aus, als wolle sie bestätigen, dass von den Wundern dieses Wagens Stärke zu erwarten war. Die Patienten verfolgten ihre Bewegungen.

Die Pflegerin näherte sich mit ihren Zauberpillen. Seit meiner

Einlieferung war eine Woche vergangen. Mein Denken war wieder klarer, fast schon normal. Die Wunderpillen, die dafür sorgten, dass die Betten der Klinik sich leerten, hatten ihre Wirkung getan. Zusammenhängendes Denken schien ein erreichbares Ziel. Subtilere kleine Ausfälle blieben. Könnte ich doch nur den Boden unter meinen Füßen fester spüren, weniger zaghaft sein.

Ich nahm den Becher, den mir die Pflegerin reichte. Sie beobachtete, wie ich die Pillen schluckte. Ich nahm daran keinen Anstoß. Es war ihre Aufgabe, darauf zu achten, dass wir unsere Medikamente einnahmen.

Da. Die biochemische Wirkung der Pillen stärkte mich – im buchstäblichen Sinne. Nicht ganz unangenehm. Ein Gefühl von etwas Künstlichem im Leib. Sicher nicht so unangenehm wie Zahnklammern, Rückenstützen, Beinschienen. Die chemischen Moleküle der Medikamente stützten auf eine Weise, wie ich es mir nicht hätte vorstellen können.

Die Medikamente stützten unauffällig. Anders als die Beinschienen der Vietnamveteranen, die ich im Krankenhaus kennen gelernt hatte. Sie trugen die Schienen über der Kleidung, die manchmal aus militärischen Tarnanzügen bestand. Das sichtbare Metall fiel unangenehm auf und schien die laute Botschaft zu vermitteln: «Schaut, was ihr getan habt.» Hier wurde nichts verschleiert. Hier wurde Kampfbereitschaft gezeigt, jedem auf der Welt gegenüber – nach all diesen Jahren.

Die Pillen waren dezent, mit ihrer Hilfe konntest du weiter deine Rolle im Leben spielen.

Was meinst du dazu, Christine Wahl, fragte ich meine schon lange verstorbene Großmutter. Genügt das, um ein Leben darauf zu bauen?

Ich wartete in Dr. McKenzies Büro auf meinen morgendlichen Termin. Die kurzen Momente des Selbstvertrauens, die ich verspürt hatte, waren vorbei. Alles war wieder unsicher. Der dicke Stamm der mexikanischen Fächerpalme direkt vor dem Fenster sah überhaupt nicht stabil aus. Seine dichte braune Rinde konnte jäh zu trübem Wüstenstaub zerfallen. Die Wände des Raumes konnten jederzeit nachgeben, wenn jemand ihre Stärke erproben wollte. Auch ich war ohne Substanz, saß auf einem mir klapprig erscheinenden Stuhl, obwohl ich sah, dass er gut gepolstert und massiv war. Nur mein Haar war füllig, so schien es mir zumindest, mit Haarspray in Form gebracht und gehalten. Der Klang meiner Stimme schien dumpf und schwer. Das erwartete ich zumindest in dem Augenblick, da ich zu sprechen begann.

Mit einer offenen Akte in den Händen betrat Dr. McKenzie den Raum. Sie war eine kräftige Person mit vollem Gesicht und gerader Nase. Ich stellte sie mir gern als Indianerin vor – eine Apachin, eine Navajo, eine Hopi? Ich fühlte eine gewisse Solidarität. Sie schien eine einheimische Außenseiterin. Ihr dichtes dunkles Haar war auf Ohrenlänge geschnitten.

«Dann sehen wir uns mal die Zahnräder an», sagte sie, wie sie es bereits an den Vormittagen zuvor getan hatte. Sie bewegte jeden meiner Arme am Handgelenk und an den Ellenbogen hin und her. Meine Gelenke bewegten sich sanft, nicht mehr steif und sperrig wie zuvor. «Nicht schlecht. Und wie ist es mit dem Sehen?»

«Das ist auch besser geworden», berichtete ich.

Sie sah in den Unterlagen nach. «Heute sind Sie eine Woche hier.»

«Es tut mir Leid, ich habe es Ihnen schwer gemacht. Und auch Lawrence.» Es tat mir wirklich Leid. Es schien so weit entfernt, dieses Wochenende des Heldengedenktags und meine Einweisung. Ich konnte nur noch ganz schwach hören, wie ich sagte: «Ich bin nicht das Problem. Es ist ein gesellschaftliches Problem.» Wie von fern hörte ich die Antwort von Dr. McKenzie: «Die Gesellschaft kann ich nicht behandeln. Ich kann nur mit Ihnen arbeiten.» Lawrence hatte alle erdenklichen Versuche unternommen, mich ins Krankenhaus zu schaffen. Er sagte, er habe sich fünf Tage lang darum bemüht und mir mindestens zwanzigmal am Tag gesagt, ich müsse unbedingt dorthin. Ich konnte mich nicht daran erinnern. «Sie müssen zulassen, dass wir Sie behandeln. Wenn ich mit Ihnen arbeiten soll, bin ich ganz auf Sie angewiesen», sagte Dr. McKenzie. Sie hatte Recht. Welche anderen Möglichkeiten gab es?

«Erinnern Sie sich daran, dass Sie sich fast jeden Morgen entschuldigt haben? Haben Sie irgendeine Idee, warum Sie das taten?», wollte Dr. McKenzie wissen. Sie lehnte sich in ihrem Stuhl zurück und verschränkte die Hände im Schoß. Ihre dunklen Augen wirkten ernsthaft und konzentriert, sie war bereit, ihre Aufgabe zu erfüllen.

«Es passt so gar nicht zu mir, anderen Mühe zu machen, so ganz und gar die Kontrolle zu verlieren», sagte ich und entschuldigte mich erneut. «Lawrence sagt, dass ich den Handtuchhalter kaputtgemacht habe. Ich soll eine Tür dagegengeknallt haben. Daran erinnere ich mich nicht. Ich weiß nicht, was mich so wütend gemacht hat.»

Dann folgte Schweigen. Das Reden schien sich unter Wasser abgespielt zu haben. Ich würde meine trägen Worte etwas beschleunigen müssen.

«Ich habe sie zugeknallt. Nie zuvor habe ich etwas zertrümmert. Es ist merkwürdig.»

«Sie haben noch nie etwas kaputtgeschlagen?»

«Nein, nie mit Absicht etwas zerstört. Ich habe die Tür ganz fest zugeknallt. Habe den Handtuchhalter zertrümmert.»

«Wie erklären Sie sich das?»

«Warum ich das gemacht habe? Das kann ich nicht sagen.» Ich warf Dr. McKenzie einen verständnislosen Blick zu.

«Erwarten Sie, dass etwas Bestimmtes passiert, wenn Sie Dinge zertrümmern?»

«Oh – dass zurückgeschlagen wird.»

«Dass jemand eine Tür gegen Sie schlägt?»

«So ist es wohl.»

Ihre Augenbrauen zogen sich zu einem fragenden Blick zusammen.

«Ich weiß nicht. Ich weiß nicht, warum ich so wütend war, und was so wütend auf mich ist.»

Dr. McKenzie schwieg.

«Ich denke an einen Alptraum, den ich jüngst hatte», sagte ich, «es muss vor vier Wochen gewesen sein. Ich stürzte durch das Innere der Erde. Es war ganz und gar nicht entsetzlich. Es handelte sich sozusagen um einen guten Alptraum, einen sehr guten sogar, wenn man die Umstände bedenkt.»

Der Traum war anschaulich und leicht zu schildern – die

Säulenhalle eines alten Hauses in New England. Eine dunkle, regnerische Nacht. Die Bodenfliesen des Säulengangs glänzten im Licht einer Straßenlaterne. Der Wind trieb den Regen und gefallene Blätter vor sich her. Als ich gerade in den Regen hinausging, schaute mich die Silhouette eines Gesichts an – ein Typ wie Humphrey Bogart, die gleiche Art von Hut, aber keine Gesichtszüge, als hätte jemand eine weiße Socke darübergezogen. Ich stolperte und stürzte in die gewaltige Ausschachtung einer Baustelle. Ein Seil schwang vor mir hin und her. Ich verschaffte mir Halt. Hatte der Mann mir ein Bein gestellt? Schwer zu sagen. Ruhig ließ ich mich am Seil hinabgleiten. Ich wusste, wie ich hinauskonnte – entweder am Seil hinaufklettern oder mich selbst freischaufeln. Ich wollte schaufeln. Die mühsamere Methode passte besser zu mir.

«Das wirkt doch recht beruhigend – das Seil, wenn man weiß, wie man hinauskommt», sagte Dr. McKenzie. «Warum sollte man da von einem Alptraum sprechen? Sie können es einfach als Traum bezeichnen.»

«Es ist die Abwandlung eines Alptraums, den ich seit Jahren habe. Da renne ich immer voller Verzweiflung und stürze fast durch die Erde. Kurz bevor es geschieht, wache ich jedoch auf. Hier falle ich tatsächlich durch das Innere der Erde, aber es ist nur ein Baustellenloch und nichts passiert. Es ist der erste gut endende Alptraum, den ich je gehabt habe.»

«Interessant. Sie haben nie irgendetwas zertrümmert, hatten nie einen Alptraum mit positivem Ausgang, von diesem mal abgesehen. Ich frage mich, ob es zwischen beidem irgendwelche Zusammenhänge gibt?»

«Das weiß ich nicht. Ich habe die beiden Dinge nicht in Verbindung gebracht. Vielleicht wird alles noch schlimmer, bevor es besser wird. Ich weiß es nicht.»

«Dieser Alptraum stellt eine Beruhigung dar. Sie werden diesen Sturz überstehen.»

«So habe ich das noch nicht gesehen. Er hat mich an all die Alpträume erinnert, in denen ich fast durch das Innere der Erde gefallen wäre. Heute Morgen habe ich über meine Großmutter nachgedacht. Vielleicht ist sie das Seil. Ich bin mir nicht sicher. Als wir gefangen waren, flickte sie stets etwas mit Stückchen und Resten von Garn, Zwirn oder Fäden. Alles, was sie finden konnte, flocht sie in ihren Rock – alle Arten von Schnüren und Flicken. Der Rock sah sehr wild aus, ein Leinensack, in den alles Mögliche hineingeflochten war. Aber er hielt, hielt zusammen, so nehme ich an.»

«Sie haben Ihre Großmutter sehr gern.»

«Ich kannte sie nicht besonders gut. Sie opferte sich, damit wir Kleinen leben konnten.»

«Sie, Ihre Brüder und Ihre Schwester?»

«Hm.»

«Wann ist das passiert?»

«Als wir zum ersten Mal in Gefangenschaft gerieten. Dort, wo wir zuerst waren. Da wurde unsere Familie getrennt. Unser Herr, Rymarkiewicz, schlug vor, Großmutter solle an Mutters Stelle treten. Wir kleinen Kinder brauchten unsere Mutter. Großmutter wurde statt ihrer weggebracht. Sie ging uns verloren.»

«Was ist passiert?»

«Sie gab sich als Vaters Frau aus. Vater, sie und zwei meiner Schwestern kamen in ein Lager in Bromberg. Vermutlich ist sie auf der Reise in die Freiheit im Zug gestorben. Jedenfalls ist das eine Version der Geschichte. Ich erinnere mich nicht mehr, wo ich sie gehört habe. Mündliche Überlieferung. Der eine Flüchtling erzählte das eine. Der nächste etwas anderes. Der zweiten Version nach soll sie in Potulice gestorben sein. Das war unser letztes großes Lager. Sie lebte in der Altenbaracke. Kein guter Ort. Ich habe über ihren Namen nachgedacht. Wahl. Das war für mich lange wirklich eine Ironie. Sie hatte selten eine Wahl, besaß wohl nie ein Stimmrecht. Heute zweifle ich allerdings daran, vielleicht habe ich das falsch verstanden. Man hat immer eine Wahl. In schwierigen Zeiten stehen die Menschen oft vor sehr wichtigen Entscheidungen. Man wird sich in solchen Situationen sehr bewusst, dass das, was man tut, gewaltige Konsequenzen hat. Ich denke, das war ihr klar. Man handelt nicht nur für sich selbst, sondern auch für andere. Sie wusste, was zu tun war, wusste sogleich, was angemessen war. Ich glaube nicht, dass sie zu sich selbst gesagt hat, wenn ich dies tue, dann wird das geschehen. Sie hatte nicht die Zeit, nachzudenken und eine Wahl zu treffen. Sie tat es einfach.»

«Wie sehen Sie das mit Ihrem Rock und Ihren Wahlmöglichkeiten?»

«Ich weiß nicht. Ich bin an einem Punkt angelangt, wo mir alles so gut wie gleichgültig ist. Das eine ist so gut wie das andere. Inzwischen bin ich wohl ganz unfähig, irgendetwas zu wählen. Nicht einmal für eine triviale, egoistische Befriedigung könnte ich mich entscheiden.»

Ich schluckte. Ich sprach schnell, trieb meine schweren Worte voran. Meine Hände umklammerten einander mit festem, feuchtem Griff. Ich trocknete die Handflächen an meinem Rock ab, tat so, als wolle ich ihn straff ziehen. Eine altgewohnte Bewegung, die längst zu einer automatischen Geste geworden war. Wie konnte ich meine innere Leere mit diesem körperlichen Entsetzen in Einklang bringen? Es gelang mir nicht. Das wortlose Entsetzen in meinen Muskeln war schon seit langem da, war Jahrzehnt um Jahrzehnt zu einer ungeheuren Größenordnung angewachsen. Es war seltsam, dass es nun so für sich stehen konnte. Ich kehrte zu dem Alptraum zurück.

«Hier an diesem Ort bin ich sozusagen durch die Erde gestürzt. Der Alptraum sagt, ich kann mich selber an einem Seil herausziehen oder mich herausschaufeln. Aber ich glaube nicht mehr daran, aus eigenem Streben vorwärts zu kommen. Danach ist mir nicht zumute. Es ist ein sinnloses Unterfangen, ein schlechter Witz.»

«Es wird einige Zeit dauern. Jetzt ist die Lösung noch kaum zu erkennen, aber die Dinge werden besser und klarer werden.» Dr. McKenzie sprach mit einer Stimme, die keine Zweifel zu kennen schien.

Ein Luftstoß konnte mich wegblasen. Oder so etwas Triviales wie eine Fernsehwerbung. Ich wischte mir die Hände am Rock ab und sprach über die politische Kampagne von John McCain, der in den Kongress gewählt werden wollte.

«Was ist an der Werbekampagne denn so erschreckend?», wollte McKenzie wissen.

«Ich weiß es nicht. Er will in den Kongress. Ein Kriegsheld.

Lawrence sagt, ich sollte stolz auf meine Herkunft sein. So wie McCain auf seinen Hintergrund.» Ich sprach über die TV-Werbung. McCain saß auf einem Stuhl, umgeben von einem dunklen Kreis. Eine seltsame Beleuchtung. Auf dem Bild war sonst nichts zu sehen, nur der Stuhl und der Mann in totaler Dunkelheit. Eine Unterschrift lautete *POW* – Kriegsgefangener. «Vielleicht erinnert mich das an das Warten in der Dunkelheit. Er ist ganz allein. Keine anderen. Kein Zusammenhalten.»

«Spüren Sie das *heute noch?*», fragte Dr. McKenzie.

Dann schwiegen wir erneut.

***

Ein Jahr danach war ich unterwegs zu Dr. McKenzies Praxis. Eine strahlende Wüstensonne lag über der Stadt. Ihre klare Hitze ließ alle menschlichen Erzeugnisse, alles sterbliche Streben ganz zwergenhaft erscheinen. Hitzewellen glitten über den Asphalt wie durchsichtige Plastikplanen und verliehen den Hochhäusern im Geschäftszentrum einen flackernden Glanz. Alles schien in einer zitternden Flut gefangen. Sogar der Verkehr schien in einem übernatürlichen, metaphysischen Wiederholungszwang zu verharren. Hielt an den roten Ampeln und gehorchte allen Verkehrszeichen. Ein immer gleicher Rhythmus. Auch ich wartete im Stillstand. Doch auf was? Dass sich die Lage besserte? Dass es mir besser ging? Was hieß denn besser?

Jede Woche ging ich an einem festen Termin zu McKenzie. Der Sommer war mit aller Stärke angebrochen. Als wir hierher gezogen waren, hatte jemand gesagt, Phoenix kenne nur zwei Jahreszeiten – den Sommer und die Hölle. Die Kunst des Lebens liegt darin, den Weg durch die Hölle zu finden, ermahnte ich mich. Ich griff nach einer Sprühflasche, um mein Gesicht anzufeuchten, jetzt bedauerte ich, dass mein Auto nicht mit einer Klimaanlage ausgestattet werden konnte. Dafür sei es zu alt, hatte der Mechaniker gemeint.

Ich hielt das Steuerrad vorsichtig mit der Schwere der Handfläche. Dann verlagerte ich die Berührungspunkte zu den Fingerspitzen. Den ganzen Morgen über war der Wagen in der Sonne gebraten worden. Das Handtuch, das ich über das Steuerrad gelegt hatte, war schon vor Stunden heruntergefallen. Ich fuhr zu Dr. McKenzies Praxis und atmete mit kurzen Pfiffen, als hätte ich heiße Kartoffeln in den Händen. Ein Windstoß wehte Sand durch das Fenster. Ich hielt das Lenkrad fest und schnitt eine Grimasse. Der Sand auf meiner Oberlippe brachte mich zum Spucken.

Die scharfe, trockene Mittagshitze versetzte meiner Haut tausend Nadelstiche und spannte sie heftig an. Der Wind wehte Sand über die Seitenwege. Die Alteingesessenen unterhielten sich im Schatten zweifellos über Sonnenteufel, die über Land ritten. Die trockene Hitze brachte uns unsere Sterblichkeit stark in Erinnerung. Kleidung half nichts dagegen. Nur angemessenes Verhalten konnte helfen. Die Wüste verfügt über eine zivilisierende Kraft. Sie zähmt die Frevler, oder sie tötet sie.

Während aller vier Jahreszeiten war ich die McDowell Road entlang zu Dr. McKenzie gefahren: In der Sommerhitze, im weit angenehmeren Herbst, wenn die Pappeln ihre Blätter verloren, zur Weihnachtszeit, wenn einige gewaltige Kandelaberkakteen mit bunten Weihnachtslichtern geschmückt wurden, und schließlich im Frühling, wenn Wüstenmohn und pfirsichfarbene Wüstenmargeriten am Straßenrand blühten. Viele Wochen waren vergangen. Wenig hatte sich verändert. Mir ging es nicht besser.

«Hilfe. So helft mir doch!», schrie Alexander Woods immer noch in meiner Erinnerung mit diesem Blick eines Einäugigen, den ich nicht einordnen konnte. In meinem Kopf sagte der Chefpsychologe das ganze Jahr lang jeden Tag: «So etwas passiert eben.» Vielleicht war Alexander Woods deshalb in der Mülltonne gefunden worden, weil man sich nicht ausreichend um die Patienten kümmerte. Ich zeigte dem Chef Woods' Klinikunterlagen. Drei Monate, bevor man ihn in dem Container fand, war Woods in unserem Krankenhaus behandelt worden. Er war nur einen Tag geblieben. In einem Absatz wurde er als schwachsinnig bezeichnet. Im nächsten wurde seine Entlassung verfügt, und dies ohne irgendwelche Tests, welcher Art auch immer – medizinisch oder psychologisch –, ohne Nachuntersuchung, ohne Einschätzung seiner Lebenssituation.

Ich schaute in meinem Büro nach Alexander Woods' Akte. Es gab keine Akte. Woods' Daten waren nicht mehr da, auch meine Testergebnisse nicht, die ganze Akte fehlte. Woods war aus meinem Büro verschwunden. Es blieb keine Spur, nicht einmal sein Name. Würde ich den Chef jemals wegen der verschwundenen Unterlagen zur Rede stellen? Er würde alles abstreiten, würde behaupten, einen solchen Patienten habe es nie gegeben. Dieser Patient sei ein Produkt meiner übersteigerten Phantasie. Dann würde er den Spieß umkehren und mir vorwerfen, dass ich vollkommen unbegründete Anschuldigungen erhebe.

Ich fuhr auf den Parkplatz. Die Hitze des Asphalts heftete sich an meine Beine. Ich watete durch die Gluthitze. Ich schleppte mich unter der eigenen Last dahin. Zum zweiten Mal war ich in der Psychiatrie des Good Samaritan Hospital gelandet. Wieder war ich selbst Patient. Wieder wegen der fragwürdigen Behandlung eines Patienten. Armer Patient. In der Stadt hatte ein Spezialist für Migräne ihm tausend Milligramm eines Medikaments verschrieben, dessen durchschnittliche Dosis hundertfünfzig Milligramm betrug. Der Patient konnte nicht mehr denken. Er konnte seine Arbeit am Computer nicht mehr verrichten. Der Neurologe im Hospital veränderte die Dosis. Ich maß die Steigerung seines Denkvermögens, entsetzt über das Quantum, das sein Denken in Brei verwandelt hatte.

Ich watete mit dicken, schweren Beinen voran. In zehn Monaten hatte ich zwei Krankenhausaufenthalte erlebt – wegen des weggeworfenen Mannes, der in meinem Hirn noch immer um Hilfe schrie, und wegen des Migräne-Mannes, dessen gestörtes Denken sich noch immer vor meinen Augen abspielte. Ich würde sterben. Wenn ich keine Fortschritte machte, würde es mit mir zu Ende gehen.

Im Wartezimmer schlug ein junges Mädchen die Beine übereinander und schaute gelangweilt drein. Ich ging die Ereignisse der letzten Woche danach durch, ob etwas von psychologischer

Wichtigkeit darunter war. Nur die Hitze des kochenden Asphalts und des Steuerrads kam mir in den Sinn.

In McKenzies Sprechzimmer blieben meine Sprechversuche ein wirres Tappen, ein Hin- und Herlaufen im Dunklen. Meine Worte lösten ein Gefühl der Erstarrung in allen Muskeln aus. Während ich von Thema zu Thema stolperte, konnte ich beobachten, wie die Schweißtropfen auf meinen Händen wuchsen.

«Ich mache mir Sorgen, weil Sie sich so elend fühlen. Nach all diesen Monaten sollte es etwas geben, was Sie wieder ein wenig beruhigt», sagte Dr. McKenzie, während sie ihre Unterlagen durchsah.

Ich saß auf dem blauen, gut gepolsterten Stuhl und strebte nach irgendetwas. Meine Finger spürten eine Naht im Polster.

«Wenn Sie auch nur einen kleinen Zusammenstoß mit jemandem haben, verlieren Sie das Gespür für sich selbst», sagte McKenzie.

«Ich will immer nur nett sein. Wenn mir das gelingt, dann kann ich es irgendwie schaffen, mich über Wasser zu halten», antwortete ich.

«Gibt es einen anderen Weg, damit Sie sich besser fühlen?»

«Nein. Sonst friere ich. Ich erlahme.»

«Sie haben also nur die Wahl zwischen lächeln und frieren.»

Ich nickte.

Dr. McKenzie wartete. Die letzte Wendung ihres Kopfes ließ ihre Ohrringe leicht schaukeln.

Ich schaute weg, blickte auf einen Klebestreifen an der Wand. Er war seit Monaten dort wie ein Anker oder Bezugspunkt, der nichts festhält. «Ich kann Dinge nicht sofort aufnehmen. Sie gehen einfach an mir vorbei. Ich habe das Gefühl, als passiere etwas, kann es aber nicht ergreifen. Ich brauche Monate, um mit den Dingen klarzukommen», sagte ich schließlich.

Das alles waren keine neuen Themen, darüber hatten wir bereits in früheren Sitzungen gesprochen. Manchmal versuchte ich mir und Dr. McKenzie klar zu machen, dass ich nicht immer so gewesen war. Als wir Potulice verließen, hatte ich mich gut gefühlt. Ich war leicht in Angst zu versetzen, ja. Gewiss. Aber ich war doch dem Leben gewachsen gewesen. Ich konnte für mich selbst sorgen, mit allem fertig werden, was mir in den Weg trat.

«Wenn Sie sich erinnern, haben Sie immer Stärken besessen. Und was Sie nicht alles erreicht haben! Und Ihre Arbeit! Das läuft doch gut», sagte Dr. McKenzie. Sie berührte einen ihrer Ohrringe, schien dabei nachzudenken.

«Ich wollte es nicht unbedingt zu etwas bringen. Mir ging es um das Wissen an sich. Ich habe diesen Wissensdurst. Die Leistungen sind nur eine Folgeerscheinung dieses Bedürfnisses nach Wissen», sagte ich schnell.

«Dieses Bedürfnis entsteht nicht einfach so. Etwas muss einen gewaltigen Eindruck auf Sie gemacht haben.» Dr. McKenzie sagte das so, als wolle sie mich aus meiner hilflosen Erstarrung rütteln.

Ich faltete meine Hände. Gewiss ging die Gefahr nicht von Dr. McKenzie aus. Auch nicht von ihrer Praxis. Nahmen meine Hände etwas Reales wahr?

«Und das tut es noch immer, sogar hier. Dabei sind die Situationen hier nicht so bedrohlich wie anderswo. Vielleicht steckt mehr dahinter. Ich bin mir nicht sicher», fuhr Dr. McKenzie fort.

Meine Gesichtsmuskeln spannten sich – als müssten sie gegen eine unsichtbare Kraft antreten.

«Vielleicht konzentriere ich mich besser auf etwas anderes. Erfolg ist nicht das Thema. Universitätsabschlüsse waren vielleicht nicht Ihr Antrieb, aber etwas muss es gewesen sein. Sie sagen, Sie haben es aus Liebe zum Lernen getan?» McKenzie wollte es unbedingt wissen.

«Ich habe immer nach Erkenntnissen gesucht. Ich denke, meine Fragen sind immer so groß gewesen. Ich musste meinen Fragen nachgehen», antwortete ich.

«Welchen Fragen?»

«Ich weiß nicht. Ich habe es nie wirklich gewusst. Ich dachte, es wären große Fragen, aber ich konnte sie nie wirklich klar formulieren. Ich habe nur manchmal eine Ahnung, wovon sie handeln könnten. Vielleicht geht es darum, wie man in der Welt leben soll? Ich weiß es nicht.» Ich wischte meine Hände am Rock ab.

Dr. McKenzie runzelte die Stirn.

Ich brach haltlos in Tränen aus und bedeckte mein Gesicht. «Das macht für mich alles nur noch schlimmer», schluchzte ich.

McKenzie schob mir ein Päckchen Taschentücher hinüber.

«Ich mache Schluss. Ich will aufhören», heulte ich.

Dr. McKenzie hörte ausdruckslos zu.

«Ich kämpfe gegen etwas. Wogegen, weiß ich nicht. Und diese Bemühung lässt alles nur noch schlimmer erscheinen.»

Sie ließ mich weinen. Wir einigten uns darauf, uns nicht mehr jede Woche zu treffen. Ich verließ das Büro, sehr erleichtert, dass sie es nicht persönlich nahm.

Am späten Nachmittag saß ich am Fenster meines Arbeitszimmers und schaute, was sich hinten im Hof abspielte. Seit damals, als sich das gefleckte Kätzchen aus der Nachbarschaft wie eine Hyäne an die Grillen herangeschlichen hatte, blickte ich mit erhöhtem Interesse in den Hof. Ich sah diesen Ort in einem größeren Gesamtzusammenhang. Es war nicht ein so friedlicher Fleck, wie ich angenommen hatte, aber als ich jetzt hinüberschaute, empfand ich Frieden.

Ich wartete auf Lawrence. Er sollte die Berieselungsanlage wieder in Gang setzen. Alle zwei Wochen entfaltete sich ein gewaltiges Drama, wenn er den Rasen einen Fuß hoch mit Wasser überflutete. Ich sah zu, wie sich die Wasseroberfläche bei einem Windhauch kräuselte, wie ein kleines heruntergefallenes Blatt vom Mandarinenbaum vom Wasser bewegt wurde und in den Zweigen eines hohen Unkrauts hängen blieb. Einmal trieb eine kleine Eidechse im Inneren eines krummen Stücks Rinde über das Wasser, bis die Rinde am großen Stamm des Mandarinenbaums hängen blieb. Der schmale graue Rücken der Eidechse schoss auf den Stamm zu und hielt bewegungslos inne. Dann blitzte etwas Graues vorwärts und verflüchtigte sich gleichsam in der Borke. Hatte sich die Borke bewegt? Oder hatte es die Eidechse getan? Dann regte sich nichts mehr.

Hinten im Hof kündigten laute zänkische Stare die Überflutung an. Das Wasser war immer noch, wie ein Wasserloch in der Serengeti, ein Ort von Jubel und Leid. Die Stare zogen von einer neu bewässerten Rasenfläche zur nächsten und pickten sich alle Lebewesen, die nach Sicherheit strebten, heraus. Meist waren es

Grillen, so meinte ich, bis ein Star eine Eidechse in seinem kräftigen Schnabel festgeklemmt hielt. Der Vogel bearbeitete seine Beute, bis er sie der Länge nach hinabwürgte – den Kopf, den Rumpf und die Krallen. Eine Weile hing die Schwanzspitze aus dem Schnabel des Vogels.

Lawrence watete in hohen Gummistiefeln über den Rasen. In der einen Hand schwenkte er einen Zinneimer. Als er am Mandarinenbaum vorbeikam, ließ ein kleiner Vogel eine Salve scharfen Gezirpes los. Das winzige Wesen, kaum größer als ein Kolibri, schimpfte heftig über das Eindringen in seine Brutstätte. Lawrence blickte überrascht auf. Ich winkte, versuchte ihn vom Baum wegzuscheuchen. Lawrence beeilte sich und winkte zurück. Er schöpfte Wasser in ein höher gelegenes Rosenbeet. Ich beobachtete, wie sich seine ergrauenden Schläfen dabei bewegten.

In jüngeren Jahren, als wir frisch verheiratet waren, war Lawrence von der Physik fasziniert gewesen. Als sein Haar grau zu werden begann, konzentrierte sich seine Arbeit und sein Interesse mehr auf die Ethik. Das war kein neues Interesse. Es hatte früher nur nicht eine so zentrale Stellung eingenommen. Unsere Fragen nach «dem Guten» waren immer mehr in lange philosophische Gespräche übergegangen. Stundenlang diskutierten wir, später verbrachten wir Monate, dann Jahre damit. Fünf Jahre lang las ich immer wieder Charles Stevensons «Ethics and Language». Fünf Jahre lang fragte ich: «Was sagt er da?»

«Du musst jetzt endlich mal weiterkommen», sagte Lawrence eines Tages. «Seit Jahren stellst du dieselbe Frage. Entweder du machst Fortschritte, oder du musst das Thema fallen lassen.» Er sagte auch: «Du suchst nach etwas. Aber ich habe keine Vorstellung, wonach.» Bei Lawrence musste ich nicht befürchten, nicht ernst genommen zu werden. Er legte bei mir dieselben Maßstäbe an wie bei sich selbst. Und er stellte an mich die gleichen Anforderungen.

Lawrence' Einwände waren berechtigt. Das galt auch für Dr. McKenzie. Aber ich war in dieser Hinsicht langsam. Obwohl ich zugeben musste, dass ich selbst kaum noch an die erhellende Einsicht glaubte. Und wenn es einen Fortschritt gab, dann ereignete er sich in anderer Form, als ich erwartete. Ich hörte zu lesen auf, suchte nicht mehr nach Gründen und Erklärungen. Ich glaubte auch kaum mehr an die Vernunft. Wie wenige Antworten hatte ich in den Büchern gefunden, in zahllosen Theorien, empirischen Untersuchungen und statistischen Analysen.

Nur die Literatur und die klassische Antike befriedigten mich. Ich fand die altgriechischen Texte in meiner Bibliothek wieder, über die Professor Pearls gesprochen hatte, konnte die Bleistiftnotizen von damals noch entziffern. Ich las die Platonischen Dialoge, die griechischen Dramen und Martha Nussbaums neues Buch über die Griechen, das einen erstaunlichen Titel trug: «The Fragility of Goodness». Ich erweiterte meine englische Bibliothek mit Titeln, die von Jonathan Swift bis zu Iris Murdoch reichten. Zum ersten Mal fühlte ich mich verstanden, als ich Ralph Ellisons «Invisible Man» las. Ich weinte bei der Lektüre von Toni Morrisons «The Bluest Eyes». Ich las mittelhochdeutsche Gedichte, einfache Verse, die zu Herzen gingen, sie kündeten vom Grünen der Lindenbäume, vom Wonnemonat Mai, von der Liebe und von den Lerchen auf den Wiesen. Das hob mein Herz – *do huop sich aber daz herze min* –, ich konnte dem unbekannten Dichter zustimmen. Ich liebte die Sprache des Mittelalters, die dem Plattdeutschen so ähnlich war, den lang gezogenen Lauten der Sprache meiner Eltern. Ich wandte mich einem altenglischen Epos des achten Jahrhunderts zu, dem *Beowulf*, um Ähnlichkeiten mit den plattdeutschen Wendungen zu entdecken, um aus Wörtern Beziehungen herzustellen.

4

Versöhnung

Viele Sommer lang fuhr ich den Volvo mit offenen Fenstern und ohne Klimaanlage. Ich feuchtete mein Gesicht an. Ich war mir der Kraft der Wüste vollkommen bewusst. Längs der Straße erhoben mächtige Kandelaberkakteen, Agaven und der stachlige Birnen-Kaktus Ansprüche auf kärgliche Felsflächen mit zu viel Sonne und zu wenig Regen. «Hier bin ich. Seht her, was ich daraus gemacht habe. Mach es nach, wenn du kannst», verkündeten die Kakteen und die überall zu findenden Kreosoten und Mesquitesträucher. Ich fuhr durch die Stadt, aggressive Kakteen standen neben zarten Grünhölzern, ein Bild natürlicher Anpassung in einer Breite, die von kuriosen bis zu sublimen Formen reichte. Dies war kein Land für Gleichgültige oder für Mutlose. Die Natur äußerte sich hier in einer klaren, höchst nachdrücklichen Stimme, im hellen Licht der Wüste. Die Kraft und Bedeutsamkeit des Lebens war hier in Cañons aus Sandstein eingeschliffen. Auf meine unzulängliche Art würde es auch mir gelingen, einen Weg zu finden.

Ich stand die heißesten Tage und die heftigsten Wüstengewitter des Sommers durch. Der Verkehr trug den Volvo in der Hitze und im grellen Licht des Wüstenglanzes voran. Ich ließ mich mittreiben und hörte die verstärkten Geräusche von Motoren. Wind peitschte den Sand auf die Straßen, wehte ihn gegen fahrende Autos und Lastwagen. Es war, als verdichteten die Stürme das Denken, während der langsame Verkehr durch heiße, braune Wolken oder strömenden Regen kroch. Den ganzen Sommer lang spürte und schmeckte ich die Hitze auf meinen Lippen. Ich besprühte mein Gesicht mit Wasser und versuchte mich anzupassen, wie es die Geschöpfe in der Wüste tun. Ich war entschlossen, mich wie das blendende Licht der Wüste zu entfalten. Mit einer Sprühflasche und mit Wörtern würde ich es schaffen.

An den heißesten Sommertagen saßen Trauertauben in einer Reihe auf der Fensterbank meines Arbeitszimmers, in der Nähe der kühlen Luft, die aus Ritzen und von den Scheiben kam. Auch sie wussten also über Anpassung Bescheid. Eines Tages, als ich beim Schreiben war, fiel eine Taube vom Himmel und landete mitten auf dem Rasen hinter dem Haus. Sie suchte den schmalen Schatten, den der Stamm einer Dattelpalme warf. Den ganzen Nachmittag bewegte sie sich langsam im Einklang mit dem Schatten. Dann hielt sie inne und lag in der Sonne – tot. Leben war Anpassung. Ich war dabei, mit einer Sprühflasche in der Sommerhitze meinen Weg zu finden, in meinem kühlen Arbeitszimmer nach Wörtern zu suchen.

Nachdem ich die Therapie bei Dr. McKenzie beendet hatte, saß ich an meinem Schreibtisch und tastete nach Wörtern und Sätzen. Es gab keine. Ich verfügte über keine. Ich konnte nicht über mein Leben sprechen. Auch nicht darüber schreiben. Ich stand unter Schock. Ich saß an meinem Fenster und beobachtete, wie das Berieselungswasser unseren Hof überflutete. Ich sah Eidechsen und Stare. Ich beschrieb eine Eidechse, die auf einem Rindenstück über das Wasser glitt und bald in den Schnabel eines Stars geraten würde. Ich dachte an ein Mädchen mit geschorenem Haar und aufgerollten grauen Gefängnishosen, das durchs Wasser watete. Sie trug eine Eidechse in der Hand. Ein geheimnisvolles, zartes Wesen. In einem Lager so ungeheuer selten. Unerhört. Das Mädchen hielt das Tier und watete vorsichtig über den Hof. Ich hatte den Eindruck, das Mädchen habe den Zaun aus Rotholz berührt. Der fühlte sich wie die Barackenwand an.

Ich konnte nicht sprechen, aber vielleicht konnte ich über manche Themen doch schreiben. Ich dachte an das gefangene Mädchen, an alle Arten von Gefangenschaft. Ich konnte mir die

Szene kaum vorstellen – wie ein grobkörniges Foto der Sandstürme in den 1930er Jahren in Oklahoma, ein Mädchenschatten, ein Schattenhaus, die Luft voller Staub. Das Mädchen war namenlos. Es war einfach ein Mädchen, ein typisches Mädchen in einem typischen Lager. Langsam begann sie zu lesen: «Und ich werde einen Vertrag zwischen dir und mir schließen …» Ihr Finger folgte den Wörtern und Buchstaben. Langsam tauchte sie aus den Staubwolken auf. Das Lesenlernen hatte mich tief ergriffen. Der Gedanke an Verträge war das Großartigste, was mir in der Gefangenschaft begegnet war. Ich schrieb in langsamen, unbeholfenen Wörtern über diese großartige Erfahrung, als würde ich das Sprechen und Schreiben neu lernen.

Das Mädchen mit den geschorenen Haaren brauchte einen Namen, um eine Person zu werden. Ich nannte sie Katja. Ein Name, der in Mitteleuropa häufig vorkommt, der kaum auffallen und niemanden verletzen würde. Wenn der Name aber doch Aufsehen erregte? Dann würde ich untergehen. Der bloße Gedanke daran brachte mein Schreiben zum Stillstand. In Büchern suchte ich nach Namen. Theresa. So würde ich sie nennen. Niemand hatte etwas gegen Mutter Theresa. Ich wollte sie Goodman nennen. Niemand hatte etwas gegen einen guten Mann, gegen einen guten Menschen. Theresa Goodman marschierte und sang polnische Lieder in einem typischen Lager mit typischen Gefangenen. Aber weder in Polen noch in Deutschland gab es eine wirkliche Theresa Goodman. Das war in Ordnung. Eine Theresa Goodman in Polen war hervorragend. Ich schrieb, wann immer es mir möglich war. Das Formulieren ging mühsam voran, mit gekünstelten Wörtern und verschraubten Redewendungen. Dann trat eine Unterbrechung ein. Das Entsetzen war wieder da. Ich würde zusammen mit Theresa Goodman und all den Namenlosen im Lager untergehen.

«Warum verleihst du ihr nicht deine Züge? Das ist das größte Problem für dich. Ich verstehe nicht, warum du das nicht siehst», drängte Lawrence.

Ich lauschte auf Lawrence' kraftvolle Stimme. Sicher, irgendetwas, das mit meiner Herkunft zu tun hatte, bereitete mir Schwierigkeiten. Mir war nicht klar, was. Wo genau kam ich denn her? Wenn ich mir diese Frage stellte, dachte ich an ein Gericht, das Mutter kochte. Milchsuppe. Niemand sonst bereitete Milchsuppe so zu, wie es die Dörfler vom Narew taten – Klümpchen von Mehl und Wasser wurden mit einer Prise Salz in kochende Milch eingerührt. Niemand sonst kannte zwanzig Arten, Kartoffeln zu kochen – mit Dörräpfeln gefüllte Apfelknödel, Kartoffelauflauf mit Käse und *Fusche*. Letzteres kannte wirklich niemand – Kartoffeln mit Mehl vermischt, ein köstlicher Brei! Für Lawrence hatte ich so etwas noch nie zubereitet. Für die osteuropäische Küche war er nicht zu begeistern.

Wenn ich an meine Heimat dachte, dann fiel mir der breite Klang des Plattdeutschen ein, das einmal die Sprache der norddeutschen Tiefebene gewesen war und das dem Holländischen näher stand als dem Deutsch unserer Gegenwart. Ich dachte an die uralten Wurzeln der Sprache meiner Eltern, der Sprache der Hanse im dreizehnten, vierzehnten und fünfzehnten Jahrhundert. Sie war die allgemeine Verkehrssprache, bis Martin Luther die Bibel übersetzte. Ich dachte daran, wie Vater und Mutter von *Freide, Leid, Sorg* und *Leven* sprachen. In ganz zärtlichen und ganz gefährlichen Momenten redeten sie immer plattdeutsch miteinander. Jener alte Dialekt hatte ihr Leben geprägt. Das Plattdeutsche gab Nähe und Nestwärme. Es war ohne Härte, zumindest hatte ich die nie zu hören bekommen.

Die Landleute vom Narew waren meine Vorfahren. Sie hatten es verstanden, aus sehr wenig viel zu machen, mit Krieg, Revolution und Hunger fertig zu werden, von Saratow an der Wolga nach Warschau in Polen zu ziehen. Sie hatten in schwierigsten Lagen auch Mitmenschlichkeit und Güte erfahren. Meine Wörter kamen nicht aus dem Deutsch, das wir sprachen, noch aus dem Polnischen und Russischen, das wir gekannt hatten, oder dem Englischen, das ich später lernte. Im Plattdeutschen fand ich meine Geschichte.

Ein ganzes Jahr lang, zwei Jahre, schließlich drei Jahre saß ich am Fenster meines Arbeitszimmers und studierte das plattdeutsche Wörterbuch. Auf der Suche nach der plattdeutschen Sprache las ich alles, was ich nur auf Plattdeutsch finden konnte: Eine Geschichtensammlung von Fritz Reuter, sogar die Märchensammlung der Brüder Grimm, die mir meine Schwester Johanna zum zehnten Geburtstag geschenkt hatte. Sie enthielt einige plattdeutsche Märchen.

«Warum gibst du den Gestalten, die du beschreibst, nicht deinen Hintergrund?», drängte Lawrence weiter.

«Ich versuche es ja. Es ist alles so schwierig», antwortete ich.

An dem Tag, da ich den Gefangenen von Potulice ihre tatsächliche Gestalt gab, wie ich sie erlebt hatte, als ich ein Kind in diesem Lager war, ergriff ein intensives Grauen meine Glieder und setzte sich in allen Gelenken meines Körpers fest. Ich war überzeugt, ich würde zugrunde gehen. Das Grauen begleitete mich ins Bett. Ich wachte in Panik auf. In meiner Küche in Phoenix nippte ich an meinem Kaffee und schaute durchs Fenster auf den Camelback Mountain. Morgen sollte ich an meiner eigenen Beerdigung teilnehmen. Einen schwarzen Zylinder und einen Frack würde ich dabei tragen. Ich wusste nicht, warum ich so seltsam gekleidet sein würde. Vielleicht, weil die fetteste Frau der Welt beim Tanzen einen schwarzen Zylinder getragen hatte – in einem lächerlichen, erniedrigenden Tanz. Vielleicht stellten der Zylinder und der Frack die gesellschaftlich angemessene Abendkleidung dar und ich näherte mich einem unheilvollen Ende. In meiner Vorstellung trug ich Frack und Zylinder, als ich den Sarg betrachtete, der meinen kalten Körper enthielt. Ich sah vor mir, wie ich auf dem Friedhof in die Erde gelassen wurde. Der Camelback glühte in fröhlichem Rosa in der Morgensonne, während ich mir in der geordneten Realität der Küche vorstellte, an meiner eigenen Beerdigung teilzunehmen. Den ganzen Tag sah ich in meiner Phantasie meinen Tod, während die Wirklichkeit wie üblich weitertrottete.

Als ich am nächsten Morgen erwachte, spürte ich meine Arme und Beine, meinen regelmäßigen Atem und war überrascht, dass ich nicht gestorben war, ja sogar ein wenig enttäuscht, weil ich noch einigermaßen munter lebte. Ich schlürfte meinen Kaffee und bewunderte den Camelback Mountain, der in der aufsteigenden Sonne pfirsichfarben dalag. Der Kaffee hatte seinen Geschmack nicht verloren, und der Toaster brachte mit seinen unvorhersehbaren Launen immer noch ungleichmäßig gebräunte Scheiben hervor. Ich setzte mich an meinen Schreibtisch und kam recht zügig voran, war froh, unter den Lebenden zu sein, beglückt über Potulice. In der Kinderbaracke berührte ich die Wände. Ich fasste die Stacheldrahtzäune an, fühlte die Asche unter meinen Füßen und beobachtete die Wache auf dem Wall. Die Todesahnungen hatten mich verlassen. Nun war es leicht, in Potulice zu sein und nach Wörtern zu suchen.

Als ich bereits im fünften Jahr an meinem Buch schrieb, schaute ich eines Tages nach den Tauben. Eine hatte die Zehen eines Fußes verloren. Sie reinigte ihre Federn, schüttelte sich und ließ sich nieder. Die Taube, der die Hälfte des Schwanzes fehlte, bemühte sich, ihren Platz zu sichern. Wie konnte ich auf die Nachteile der Freiheit zurückkommen? Über Potulice zu schreiben war leicht gewesen. Ich verstand seine Willkür und begriff, wie wir es überlebt hatten. Das Leiden in der Freiheit dagegen schien unbegreiflich. Meine Gefühle unzureichend. Wie ließ sich ein Weg finden, dieses Leid zu überwinden? Der Professor und seine Begrüßung bei der Party, das Verfahren um die Festanstellung in New England. Alexander Woods, der Mann aus der Mülltonne, der in meinem Kopf noch immer schrie – wie sah die Anpassung aus, die mich mit diesen Szenen fertig werden ließ?

Ich schaute die verkrüppelten Tauben vor meinem Fenster an. Körper und Geist können dem Schmerz, dem Leiden Kräfte entgegensetzen, die dessen Wirkung annullieren. David Livingstone, der große Entdecker des neunzehnten Jahrhunderts, weiß davon zu berichten. Ein Löwe griff an und packte ihn an der Schulter. Livingstone spürte nichts davon. In einem traumartigen Zustand sah er um sich herum alles deutlich – das breite Schutzdach einer Akazie vor dem blauen Himmel, die Jäger, in einem weiten Kreis verstreut. Er roch den Atem des Löwen und hörte das bedrohliche Knurren. Nur den Schmerz nahm er nicht wahr.

Oder ein Junge in einer Stadt – er spielte seine Geige, als die Bomben vom Himmel fielen, Gebäude zusammenbrachen und die Stadt während des großen Krieges unter Trümmern versank. Er nahm die Melodie wahr, nicht die Angst vor der Zerstörung rund um ihn herum. Und da war Jewgenia Ginzburgs Methode, mit dem Gulag fertig zu werden, als die Wärter ihr die Kleider, die Schuhe und sogar den Kamm wegnahmen. In der kalten Zelle, wo das Schweigen einem das Herz brach, rezitierte sie Gedichte von Block, Puschkin und Nekrassow, bis schließlich Puschkin in einer Ecke auf dem Schemel saß. Mit Dichtung, so meinte sie, lasse sich jeder Kerker überstehen.

Jeden Tag blickte ich auf die Tauben und dachte an Ralph Ellison. «Ohne Liebe kannst du es nicht schaffen», hatte er in *The Invisible Man* gesagt. Ohne sie konnte man nicht dorthin zurückkehren, wo man Erniedrigung erlitten hatte. Ich sondierte, wie ich meinen Frieden finden könnte – was den Professor und seine Begrüßung bei der Party anging und auch den entsorgten Alexander Woods. Über diese Szenen konnte ich nicht ein Wort schreiben, obwohl ich wusste, dass ich sie erlebt hatte und mir Bruchstücke davon ins Gedächtnis rufen konnte.

Eines Morgens waren die Tauben verschwunden. Der Sommer war in den Herbst übergegangen. Es war nicht mehr so heiß. Die Vögel benötigten die Kühle, die von der Klimaanlage her bis zur Fensterbank drang, nicht mehr. Ich saß an meinem Pult und schrieb.

In der Szene, die ich beschrieb, stand ich auf dem Tisch wie die Diebin von Potulice auf dem ihren. Es war ein einfacher kleiner Tisch, in keine Richtung konnte man einen Schritt tun. Der Tisch war abgewetzt, aber Stellen von Lack glänzten in der Sonne. Ich bewunderte den Schimmer. Keine der nackten Schlafstellen und Bänke aus Holz in Potulice gab auch nur Hinweise auf vergangenen Glanz. In der Szene, die nun auf den Seiten entstand, trug ich die Schilder der Diebin. Sie waren groß, berührten fast meine Lackschuhe, genau die Schuhe, die ich beim Marsch durch das Tor von Potulice getragen hatte. Ich trug den Rock, den ich beim Transport in die Freiheit angehabt hatte. Ich war neun Jahre alt. Die Riemen der Bretter schnitten mir in die Schultern.

Ich stand auf dem Tisch an einem Ort, der fremdartig und bekannt zugleich war. Der Tisch war von einem Stacheldrahtzaun umgeben. Dahinter sah man Gesichter. Der Professor von der Party schüttelte seine geballte Faust und stieß seine zwei Wörter hervor. Ich sah den Zorn, die finsteren Blicke, die funkelnden

Augen, die geballte Faust. Das ließ meine Gefühle kalt. Das Mitgefühl, das ich für die Diebin empfunden hatte, erlaubte mir dagegen, einfach nach vorn zu schauen. Ich konnte mir vorstellen, dass alle die Gäste auf der Party mich anfeindeten und ihre Fäuste ballten. Ich betrachtete ihren Zorn ganz ruhig und konnte weitere Beschimpfungen mit Gleichmut ertragen.

Ich stand auf dem Tisch und erinnerte mich an den ersten Lehrer in Trutzhain. In meiner Erinnerung befahl er immer noch: «Die Hand hinhalten!» Ich streckte eine Hand aus. Sein Stock sauste durch die Luft und landete auf meiner Hand. Ich spürte nichts. Ich konnte sein verzerrtes Gesicht und seine Erregung anschauen. «Wer hat gefurzt?», hatte er gefragt und Adusch bestraft. In ihm steckte viel Frustration und Verdrossenheit. Ich dachte an all die Klassenzimmer, in denen ich je gesessen hatte, an die Schulen und Universitäten. An die Jahre des Schweigens. Ich konnte dies alles nun hinnehmen. Es war in Ordnung.

«Meine Brustschmerzen sind weg. Sieh mal, keine verschwitzten Hände», verkündete ich Lawrence eines Tages.

Er schaute skeptisch drein.

«Auch kein Flattern mehr. Das ist auch vorbei.»

«Und wenn es sich nur um eine vorübergehende Besserung handelt?»

«Es wird so bleiben. Es ist alles ganz allmählich besser geworden. Nun ist es ganz vorbei. Keine Brustschmerzen, kein Herzrasen, keine verschwitzten Hände. Ich dachte, ich würde das ins Grab mitnehmen.»

«Eine echte körperliche Veränderung», stellte Lawrence fest.

«Ich war stets davon überzeugt, dass jede psychische Veränderung mit einer physiologischen oder biochemischen Veränderung im Körper einhergeht.»

Jetzt begriff ich langsam mehr von diesen biochemischen Veränderungen im Körper. Beim Schreiben war ich in das vergangene Leid zurückgekehrt. Aber nicht mit Stress wie damals, sondern einer gegenteiligen Emotion – mit Empathie. Ich hatte die positive Beziehung zu anderen, hier zur Diebin, wiederhergestellt. Diese empathische Bindung half mir, Demütigungen zu ertragen. Meine Überzeugung war, dass der Botenstoff Oxytocin eine lindernde Funktion dabei hatte. Körperlich, auf der Ebene der Biochemie im Körper, ist es dieser Stoff, der das Entstehen von Bindungen begünstigt. Er tritt vermehrt auf während des Stillens, nach der Geburt eines Kindes. Diese «Bindungshormone» fördern soziale Bindungen. Meine Erfahrung der Empathie, des Mitfühlens, ließ das positive Netz der Bindungen an die Stelle der negativen Erfahrungen treten und baute damit die alte Stresssituation ab.

Ich versetzte mich in eine andere Situation zurück, und ich tat es wieder mit Empathie. Auf den Seiten, die ich schrieb, tanzte ich, wie die fetteste aller Frauen getanzt hatte, jene, die ich vor Jahren in Edmonton gesehen hatte. Ich empfand großes Mitgefühl mit ihr. Beim Schreiben verstärkte ich die Herabwürdigungen, die sie erfahren musste, stellte sie möglichst hässlich dar, um herauszufinden, ob ich diese Gemeinheiten ertragen könnte.

Ein großer Konferenztisch machte sich in dem Seminarraum breit, drängte die Menschen an den Rand. Ich studierte meine Notizen. Allmählich füllte sich der Raum. Niemand grüßte mich. Niemand sprach mit mir. Niemand fragte mich, wie es mir ging. Vielleicht ist das so üblich, dachte ich. Meine Muskeln waren verkrampfter denn je. Es war, als warte ich auf eine Hinrichtung.

«Ich nehme an, wir sind vollzählig», verkündete der Vorsitzende. Sein zartes Gesicht sah ernst aus.

Ich bemühte mich, die Gefahr abzuschätzen. Die Augen der Anwesenden sahen prüfend aus. Ich hatte diese Augen bereits zuvor gesehen. Sie taxierten die fetteste Frau der Welt. Beobachteten das Wackeln ihres Fleisches zu den Klängen einer Mandoline. Ein lächerlicher Anblick. Es ging nicht um Sexismus. Auch um keine anderen Ismen. Das rief ich mir in Erinnerung.

«Sie sind mit zwanzig Minuten Verspätung zu einer Lehrveranstaltung erschienen», sagte jemand.

«Zwanzig Minuten zu spät!» Die Augen um den Tisch verfinsterten sich.

«Ja, ich bin zwanzig Minuten zu spät gekommen», bestätigte ich. Meine schweren Füße begannen auf dem Tisch zu tanzen. Wülste nackten Fleisches schlackerten wie Wogen um mich herum. Ich schaute auf die gerunzelten Stirnen und die tadelnden Augen. Zum ersten Mal konnte ich ohne Furcht und Zorn dorthin blicken.

«Ja, ich war zwanzig Minuten zu spät. Und ich kann mich an den Grund nicht mehr erinnern.» Ich beobachtete mein Fleisch, das wie die Brandung bei Ebbe und Flut rollte.

«Zwanzig Minuten waren es», sagte jemand hinter mir und schnappte nach meinem knappen Stringtanga.

«So war es. So war es», bestätigte ich, während ich in den Knien einknickte. Der Schmerz, den dieser Griff auslöste, lief in einer Hitzewelle über meinen Körper, der bis auf das winzige Höschen nackt war.

Die Köpfe wandten sich um, man flüsterte miteinander. Ich rang nach Luft. Es war dumm von mir gewesen, zu spät zu kommen. Wann war das passiert? Aus welchem Grund? Es war freilich nur einmal vorgekommen. Doch all diese Kleinigkeiten addierten sich zu einer gewaltigen Summe. Es muss sehr viel vorgefallen sein, dass ich so aufgebläht und fett wurde.

Jemand lächelte. Es war das erste Lächeln an diesem Abend. Ich empfand Dankbarkeit.

«Und was ist mit den Beschwerden der Studenten? Die Prüfung in der Mitte des Semesters war fragwürdig. Sie sollen gesagt haben, Sie verstünden genug von Linguistik, um einen genauso guten Test wie jeder andere zu schreiben?», wollte ein lächelndes Gesicht wissen.

«Kann schon sein, dass ich das gesagt habe.» Ich begann einen Hüpftanz zu vollführen. Fleischrollen vibrierten wie Gelee. «Ich war irritiert. Den Studenten schienen meine Fragen nicht klar genug formuliert. Ich hatte mich aber sehr klar und deutlich ausgedrückt.» Fleischrollen fielen angesichts meiner Verärgerung in sich zusammen.

«Ist das eine Art, mit Nachfragen umzugehen?» Einer brachte ein süßliches Lächeln zustande. Er langte über den Tisch hinweg und zog an dem Stringtanga, soweit das Gummi sich ziehen ließ, und ließ ihn dann mit einem lauten Klatsch zurückschnappen.

Ich schrak zusammen und stolperte. Um ein Haar hätte ich mein Gleichgewicht verloren. Meine fleischigen Arme stießen wie Ruder in die Luft. Ich richtete mich auf und sah den Zorn, die Verachtung, die Geringschätzung. Ich konnte mir Zeit nehmen und all das mit Ruhe betrachten.

«Aber ich hatte doch Hunderte von Studenten», antwortete ich.

«Die haben wir alle», sagte jemand hinter mir.

«Hunderte von Studenten», wiederholte ich.

Der Institutsleiter verteilte die Beurteilungen, die die Studenten über meine sämtlichen Lehrveranstaltungen abgegeben hatten. Der Kreis der Köpfe um den Tisch studierte die Unterlagen.

«Und wie steht es mit den Beschwerden, die die Studentin in ihrem Brief erhoben hat?»

«Daneben gibt es viele positive Briefe. Man muss das im Zusammenhang sehen», sagte ich und begann nach meinen Unterlagen zu greifen.

«Ihr Material sollten Sie am Schluss der Sitzung verteilen, wir werden es dann zu Hause studieren. So sparen wir Zeit und können alles in Betracht ziehen», meinte der Vorsitzende.

«Aber unter den Vorwürfen waren doch Lügen», betonte ich.

«Wir werden Gelegenheit haben, das zu prüfen. Hat irgendjemand Einwände?», fragte der Vorsitzende.

Alle waren bereit, die positiven Briefe zu Hause durchzusehen. Ich tanzte wieder meinen Tanz, blickte in scharfe Augen, die sich auf neue Probleme konzentrierten. Ich konnte es deutlich sehen, die Augen richteten sich vor allem auf Mängel. Sie waren nicht immer so außerordentlich kritisch gewesen. Ich wartete in Ruhe ab.

«Bitte, erklären Sie das. Sie haben dieser Studentin gesagt, sie schreibe wie eine Einwandererin. Das war nicht besonders sachlich.»

«Bitte, erklären Sie», wiederholte einer der Männer, als er sich auf den Tisch schwang. Seine eng zusammenliegenden kleinen Augen fuhren blitzschnell über meinen gewaltigen Körper. Sein langes Silberhaar und sein bunter Schal schwebten über der Gruppe der Sitzenden.

«Bitte, erklären Sie mal», sagten alle, ohne von dem Mann mit dem Schal auf dem Tisch Kenntnis zu nehmen.

«Ich war wirklich schockiert», antwortete ich und schaute in die überheblichen, selbstgerechten Gesichter. Ich betrachtete sie genau. Nie zuvor hatte ich die Kollegen so aus der Nähe betrachtet.

«Schockiert?», machten sich alle über mich lustig.

«Es glich tatsächlich dem Einwandererenglisch, das ich sprach, als ich in der neunten Klasse war.» Ich tanzte meinen schwerfälligen Tanz.

«Erklären Sie das mal.»

«Ich verlangte mehr von mir selbst. Ich wollte ein gutes Englisch sprechen. Und ich vermute, auch für diese Studentin wollte ich mehr. Ich weiß es nicht genau. Ich war schockiert.» Mein Tanz ging in ein linkisches Gestolper über.

Der Institutsleiter unterbrach den zunehmenden Tumult. «Ich möchte auf die Bewertungen der Lehrveranstaltungen zurückkommen. Dort gibt es eine Lücke. Für einen Kurs haben Sie die Beurteilungen nicht eingereicht. Und das war genau die Veranstaltung, bei der es Beschwerden über die Prüfung gab.»

«Ich habe alles vorgelegt. Immer und jedes Semester», betonte ich mit Nachdruck. Meine Arme ruderten in der Luft, bemühten sich, mein Fleisch zur Ruhe zu bringen und den Tanz zu beenden, der an das Gestolper eines Betrunkenen erinnerte.

«Nun, einen Teil dieser Unterlagen haben wir nicht», betonte der Institutsleiter.

«Ich habe sie alle vorgelegt», beharrte ich.

Die Köpfe am Tisch berieten sich untereinander. Die Sitzung ging zu Ende. Die Männer erhoben sich von ihren Stühlen, brachten ihre Hosen in Ordnung und bewegten sich in Richtung Tür. Jemand lachte.

Es war, wie Lawrence so oft erklärt hatte, alles eine Frage der Konkurrenz. Ich sah ihren Sieg. Bemerkte das Lachen. Ihr Sieg löste bei mir nicht länger Leid oder Zorn aus.

Während des Schreibens blieb ich kühl. Es war, als rase eine Gruppe Löwen auf mich zu, während ein magischer Schutzschild die Attacken von allen Seiten abwehrte. Irgendwo war auch die Angst in meinem Hirn anwesend und wollte mich ohne Zweifel für immer vernichten. Aber die Angst hatte keine Chance. Ich blieb ganz ruhig. Der Schild, der aus dem Mitgefühl für die fetteste aller Frauen bestand, wies die Verdammung zurück und blockierte den alteingesessenen Stress. Das Netz der kostbaren Bindungen trat an die Stelle der Zerstörung.

Kurz nachdem ich diese Szene geschrieben hatte, rief Fay Loomis aus Kalifornien an. Wir waren seit unserer gemeinsamen Studentenzeit miteinander befreundet. Wir waren stets in Kontakt geblieben, hatten uns über die Ereignisse in unserem Leben ausgetauscht, über die räumliche Entfernung, über berufliche Veränderungen, über Rückschläge und Fortschritte hinweg. Meine jüngsten Abenteuer hatten alle mit dem Schreiben zu tun. Ich berichtete meiner Freundin von der Szene mit der fetten Dame und wie der bloße Akt des Schreibens meinen alten Schmerz hatte verschwinden lassen. Fay lachte am Telefon. Ich lachte mit. Wir erinnerten uns an Männer, die uns nicht gerade gut gesinnt waren. Unsere Unterhaltung wurde zum Phantasiespiel. Wir stellten uns vor, wie wir ihnen untersagten, an unseren Stringtangas zu ziehen. Fays Tochter Diane lachte bei dem Gedanken, ihrem Chef und anderen zu sagen, sie sollten ihre Finger bei sich behalten und von ihrem Stringtanga ablassen, während die Männer doch eigentlich nach ihrer Leistung grapschten. Prudy Hall, eine andere Freundin aus meiner Studienzeit, war der Ansicht, die Episode mit der fetten Dame sei überhaupt nicht peinlich. Bei dieser Art von Erzählung würden die Gefühle geheilt. Wir lachten über die Vorstellung, dass Männer nach unseren Höschen griffen. Der Vorfall war zu einem Witz geworden.

***

El Niño im Februar: Warme Strömungen zu dieser Zeit im Pazifik bedeuten ein Desaster für die Küste Kaliforniens und Überfluss in unserer trockenen Region. Im Vergleich zu dem hohen, tiefblauen Himmelsgewölbe, das sich normalerweise über die Wüste spannte, hing der Himmel nun sehr niedrig über dem

Land. Von Nordwesten her hatte sich eine dunkle Masse über halb Phoenix gelegt, Wolkengeschiebe, Flecken von Blau, Streifen von Sonnenlicht. Tagelang hatte eine Art brauner Brühe die Luft gefüllt und die Lungen der Empfindlichen wie der Unempfindlichen belastet. Mein alter Volvo preschte voran. Die Straße schimmerte schwarz vom Regen. Tropfen, groß wie Kieselsteine, verbreiteten Ringe auf flachen Pfützen. Der Regen säuberte die Hälfte der braunen Stadt. Bei langsam fallendem Regen trat ich die Heimfahrt an.

Ich zog mich um und wandte mich wie jeden Tag dem Schreiben zu. Ich öffnete einen alten Aktenordner mit vergilbten Briefen, die vor zwanzig Jahren geschrieben worden waren. Da gab es zwei Stellungnahmen gegen meine Festanstellung: einen zornigen, zwanzig Seiten umfassenden Brief einer beleidigten Studentin und eine anonyme Notiz auf einer Postkarte, möglicherweise von dem Studenten, dessen Note zu ändern ich mich geweigert hatte. Vor zwanzig Jahren war ich davon ausgegangen, dass meine Leistungen diese Beschwerden bei weitem aufwiegen würden.

Es war leicht gewesen, mich schlecht zu machen. Ein langer, weitschweifiger Brief. Eine anonyme Mitteilung. Angeblich verloren gegangene Unterlagen. Wie wenig ich doch dagegen gekämpft hatte.

Nun wandte ich mich dem zwanzig Seiten langen Brief zu. «Entscheidungen fielen ohne Konsens … Sie entschied allein … Unsere Meinung wurde nicht berücksichtigt.»

Mitgefühl war die Lösung, Empathie, nicht Auseinandersetzung. Ich akzeptierte die Sätze, die Schläge austeilten, wie Vater geschlagen worden war. Ich fühlte mit Vater. Ich zitierte:

«Entscheidungen fielen ohne Konsens …» Dann schrieb ich darüber, wie ich Vaters geschlagenes Gesicht berührt hatte, als er nach den Schlägen krank daniederlag. Schnell und unerwartet verlor der Brief die destruktive Stoßrichtung, die er so lange besessen hatte. Ich hatte einen Weg gefunden, den Zorn der Studentin zu akzeptieren, ihn ohne Widerspruch zur Kenntnis zu nehmen. Indem ich mich in den Geschlagenen einfühlte, mit ihm fühlte, konnte ich die Hiebe, die ich erhielt, ertragen. Und den, der die Schläge austeilte, sah ich zunehmend mit einem gewissen Abstand, einer gewissen Objektivität, und langsam auch mit Sympathie – eine langsame Entwaffnung.

Aber wie kann man den Weg in ein anderes Herz finden? Wie konnte ich mich in Menschen einfühlen, die mir wirklich Schaden zugefügt hatten? Das war durchaus nicht leicht. Wie konnte ich meine Fehler erkennen, wenn ich das Gefühl hatte, sie würden meinen Untergang bedeuten? Auch das war höchst schwierig.

Dann fiel mir ein winziger Vorfall ein. Ich erinnerte mich daran, wie ich den Flur des Psychologischen Seminars hinuntergegangen war. Die Studentin ging vor mir her. Ihre braunen Schnürstiefel reichten ihr bis an die Knie, bedeckten ihre Bluejeans so, dass sie wie Knickerbockers wirkten. Ihr langes gekräuseltes Haar wurde durch ein Band zusammengehalten. Ein Kollege ging neben mir, überholte mich dann. Sein Gesicht nahm einen verächtlichen Ausdruck an, als seine Augen die Stiefel, die Jeans und das ungepflegte Haar musterten. Mir gefiel dieser abschätzige Blick nicht. Die Studentin hatte keine Möglichkeit, darauf zu reagieren, wie sie es wohl normalerweise getan hätte. Sie konnte sich nicht selbst verteidigen. Der Blick meines Kollegen gefiel mir ganz und gar nicht. Ich hatte den Mann bislang stets sympathisch gefunden.

Im Brief dieser Studentin entdeckte ich nun plötzlich ihre schlanken, verwundbaren Schultern und hörte ihre Schritte, als sie vor mir den Flur hinunterging. Ich sah ihr verletztes Gesicht, als ich etwas über ihr schlechtes Englisch sagte. Eine erstaunliche, neue Sichtweise. Ich hatte ihre Verwundbarkeit nicht bemerkt und sie durch harsche Worte verletzt. Ich konnte sie nun mit Sympathie betrachten.

In meiner Phantasie berührte ich ihre schmalen Schultern, wie ich in Potulice ein solches Mädchen berührt haben würde. Die gekränkte Studentin durfte all das sagen. Es war in Ordnung.

Ich schaute mir die Karte mit der anonymen Notiz an. Die Buchstaben waren tintenverschmiert und verliehen dem Vermerk ein unsauberes Erscheinungsbild. Ich sei andersartig, ich hätte im Treppenhaus geschrien. Ich gehörte in eine Heil- und Pflegeanstalt.

Heute empfand ich darüber keinen Groll. Würde keine Einwände dagegen erheben. Ich war eben *anders*.

Ich dachte an meinen letzten Besuch bei Adusch in der Heil- und Pflegeanstalt der Provinz Alberta. Wir saßen nebeneinander. Ich hielt seine Hand. Unsere Köpfe berührten sich. Er flüsterte Unverständliches. Dann zeigte er auf seine Zahnlücke, wo die großen Backenzähne fehlten. Jetzt störte mich die Notiz nicht mehr. Ich konnte bei Adusch sein. Ich konnte seine Hand halten und seinem sinnlosen Flüstern lauschen.

Stets hatte ich mir Sorgen um den Institutsleiter gemacht. Er war ein zerbrechlicher, zarter Mann mit Schatten unter den Augen, seine Lederkleidung schien ihn vor seiner Verwundbarkeit zu schützen. Nie hatte ich reinen Zorn gegen ihn empfunden. Das wäre etwa so gewesen, wie wenn ich auf eines der zierlichen, schwachen Mädchen in Potulice zornig gewesen wäre. Ich konnte verstehen, welchen Verlust er erlitten hatte, vor zwanzig Jahren war sein kleines Kind plötzlich gestorben. Man sagt, der Tod der eigenen Kinder sei die schlimmste aller denkbaren Erfahrungen. «Das sind alles meine», hatte Mutter gesagt und viele Monate Zwangsarbeit verrichten müssen, um uns zu behalten. Oh-Gott-meine-Kinder hatte einen schnellen Blick auf Elfie und mich bei den Sonntagsbesuchen in Potulice geworfen, nur um einmal Kinder zu sehen.

An diesem regnerischen Tag veränderten sich die Fundamente meines Denkens und Fühlens. Verständnis für frühere Kollegen und Studenten trat in den Vordergrund, Verletzungen wurden blasser und verschwanden. In den Vordergrund trat eine mögliche Wertschätzung. Mitgefühl erneuerte alles. Empathie, das Netz der kostbaren Bindungen, ersetzte die zersetzende Kraft der Destruktion. Plötzlich machte es nicht mehr so viel aus, ob man mir Schaden hatte zufügen wollen oder nicht. Ich überwand dieses nebensächliche Ereignis; rannte, sprang, schleuderte mich aus der Vergangenheit.

Natürliches, fließendes Wasser heilt die Erinnerung, sagt Annie Dillard in «Tinker Creek». Ich zog einen Regenmantel an. Hinten im Hof kam ich an Stellen mit Kletten-Klee vorbei. Sein

Wachstum war nicht aufzuhalten, er schickte Ableger aus, formte klettenartigen Samen, um die Existenz der Spezies zu bewahren. Das Hundszahngras sah bleich und nass aus. Mit leichten Schritten passierte ich eine Dattelpalme, ich hielt dort inne, wo im letzten Frühling ein winziges Vogelbaby aus seinem Palmennest gefallen war. Das Kleine hatte platt wie ein Pfannkuchen ausgesehen. Ein guter Ort für ein Nest, so hatte ich zuerst gedacht, denn es gab keine Katzen, Hunde oder neugierigen Menschen in der Nachbarschaft. Trotzdem war das Vogeljunge gestorben.

Große Tropfen fielen mit einem kalten Platsch auf meinen Kopf. Sie landeten in meinem Gesicht und hinterließen einen Kitzel auf meinen Lippen. Der Regen berührte jede Zelle meiner Existenz, floss durch mich hindurch, floss von meinen ausgestreckten Armen hinüber zu den Ablegerarmen des Klees. Ich hatte Verbindung aufgenommen.

Tropfen flossen an meinem Gesicht hinunter. Ich hatte die Gesichter anderer Leute bewahrt, mich im Lächeln geübt, meine Haarfransen über Sorgenfalten gezogen. Der Regen wusch mein Gesicht. Ich erkannte meine eigenen Züge wieder. Ich streckte meine Arme aus, um den Regen auf meinen Handflächen zu fühlen, Verbindung zum Wasser aufzunehmen.

Ich öffnete das Tor zu dem Weg, der hinter dem Haus entlangführte; nackte, schlichte Erde, Unkraut, Reifenspuren, die mit Wasser gefüllt waren. Ein Hund näherte sich schwanzwedelnd und schnupperte an meiner Hand, seine Nase war kalt und nass. Er schüttelte sein Fell, ein Sprühregen umgab ihn. Dann warf er mir einen verärgerten Blick zu und zog seines Weges.

Es hatte zu regnen aufgehört. In einer Pfütze spiegelte sich mein Gesicht wider – umgeben von Wolken. «Ein Gesicht im Himmel», hätten die Mädchen von Potulice wohl gesagt. Die Wolken zogen weiter. Ich beobachtete, wie die Wolken in den Pfützen dahinzogen. Wolken ließen sich nicht einzäunen. Nicht durch Potulice. Nicht durch Steinmauern, nicht durch Holzzäune, die den Weg begrenzten.

«Sie rühren an das Gefüge der Gesellschaft», hatte jemand gesagt, nachdem ich die Ergebnisse meiner Arbeit zum Thema

Erniedrigung einer Gruppe von Psychologen in Harvard vorgetragen hatte. Vielleicht war es Bob Rosenthal gewesen. Allzu aufgeschreckt, sagte ich gar nichts. Auch sonst ergriff keiner das Wort. Was hätte auch jemand sagen können? Lassen Sie die Finger davon? Seien Sie vorsichtig?

«Eine wichtige Arbeit», hatte Marcia Guttentag gesagt. Marcia lehrte in Harvard, wir hatten uns bei einem Kongress kennen gelernt und mochten uns sofort. Dennoch hielt auch Marcia meine Arbeit für «riskant». Demütigungen, Herabsetzungen, subtile Erniedrigungen dienen der Aufrechterhaltung hierarchischer Strukturen. Sie zu untersuchen gefährdete diese Strukturen. Das konnte gefährlich werden, meinte sie. Ich konnte Marcias Einwände nicht begreifen. In der Gefangenschaft gab es nur Gefangene und Wächter, es existierte nichts, was derart nuanciert war wie die Hierarchien einer zivilisierten Gesellschaft.

Ich nahm einen Stock und berührte damit die Pfütze vor meinen Füßen. Die Wolkenbilder kräuselten sich. Was *war* das Gefüge der Gesellschaft? Was meinte Rosenthal damit? Ich wünschte nun, ich hätte ihn das damals gefragt.

Wie seit ewigen Zeiten beruhte das Gefüge auf Hierarchien. Auf Dominanzverhalten. Erniedrigung hielt die Menschen in Reih und Glied. Ich wollte dieses Gefüge berühren, es in Bewegung setzen, wie ich das Wasser mit dem Stock zum Kräuseln bringen konnte. Dabei musste ich an eine Zeile von Toi Derricotte denken: «Was in der Welt ist, ist im Körper.» Robert Sapolsky wusste, was im Körper ist. Er hatte im Blut von Pavianen der unteren sozialen Ränge ein höheres Niveau des Hormons Glucocortin festgestellt, was zweifellos dazu beitrug, die Wirkstoffe zu dämpfen – Noradrenalin und Adrenalin –, die den Körper auf Touren bringen. Diese Tiere steckten Schläge, Hiebe ein, erduldeten Einschüchterung, Diebstahl von Nahrungsmitteln.

Auch Jay Weiss wusste, wie sich Hierarchie und Dominanzverhalten im Körper niederschlagen. Er hatte Ratten untersucht. Die Tiere erhielten alle milde Elektroschocks auf die Pfoten. Jene Ratten, die im Unterschied zu anderen an einem Stück Holz nagen konnten, entwickelten weniger Geschwüre als die Ratten, die nur Schocks einstecken mussten und nichts zu beißen hatten.

Konnten sie andere Ratten beißen, hatten sie ebenfalls weniger Geschwüre. Und so wurden die Hiebe, Bisse und Kratzer innerhalb der Hierarchie von den oberen zu den unteren Ratten, Pavianen, Schimpansen, Wölfen und vermutlich auch Menschen weitergegeben. Die Moral von der Geschicht lautet also: Man sollte auf Holz beißen.

Was aber würde geschehen, wenn Einfühlung, Mitgefühl, Liebe ins Spiel kämen? Ich erinnerte mich schwach an eine Untersuchung, die ergeben hatte, dass Stressreaktionen geringer waren, wenn Primaten mit ihnen bekannten Primaten und nicht mit fremden Artgenossen zusammen waren. Das war es! Das Gefüge der Gesellschaft war in den körperlichen Reaktionen auf Stress und Ruhe, im sympathischen und parasympathischen Nervensystem zu finden!

Gerade als mir dieser Gedanke kam, fing es an zu donnern. Der Himmel hatte sich verdunkelt und war nun schiefergrau. Wind peitschte den Regen. Ich lehnte mich gegen starke Böen, machte schnelle, unsichere Schritte zurück. Kohlrabenschwarze Hüllen umgaben den Camelback Mountain, der wie eine Tuschzeichnung vor dem Himmel zu stehen schien. Donnerschläge brachten die Erde ins Wanken. Goldene Blitze leuchteten auf. Ich lief zum hinteren Tor, vorbei an leuchtenden Mandarinen und widerstandsfähigem Kletten-Klee ins sichere Haus.

Vor dem Fenster meines Arbeitszimmers goss es in Strömen. Mein Kinn in die Hand gestützt, saß ich da und fragte mich, wie sich wohl Walther von der Vogelweide um das Jahr 1200 gefragt hatte: «*Wie man zer werlte solte leben.*» Ich machte mir Gedanken darüber, was die Gesellschaft zusammenhielt, über das «Anti-Stress»-Hormon Glucocortin, über das Beißen auf Holz. Das Gefüge der Gesellschaft bestimmte darüber, wer gestoßen, geschlagen und gekratzt wurde und wer etwas zu essen bekam. Botenstoffe des sympathischen und parasympathischen Nervensystems kreisten durch die Blutbahn und sorgten für die Bewahrung von Erfahrung und sozialer Ordnung.

So jedenfalls ging es bei Pavianen und Ratten zu. Primaten wie der Bonobo, eine Schimpansenart, verhalten sich anders. Diese Tiere gleichen Spannungen durch sexuelle Aktivität aus –

eine parasympathische Reaktion. Im Grunde wird das Gefüge der Gesellschaft dadurch bestimmt, wie wir mit Schmerz und Leid umgehen. Wir können kämpfen oder flüchten, dominieren oder uns unterwerfen, oder wir können die Liebe wählen.

Dominanz contra Liebe. Dieser Gegensatz beschäftigte mich, während der Regen gewaltig gegen die Fensterscheiben prasselte. In Phoenix erneuerte ein Sturm das Land, erneuerte die Seele.

Ich holte Dostojewskis «Aufzeichnungen aus dem Untergrund» aus meinem Bücherregal. Das hatte mir jemand empfohlen. Den Grund hatte ich schon lange vergessen, er schien mir aber irgendwie von Bedeutung zu sein. Plötzlich wurde das Werk zu meiner wichtigsten Lektüre seit Jahren. Jedes Wort, jede Silbe war von höchster Bedeutung.

«Ich bin ein kranker Mensch. Bin ein schlechter Mensch. Bin ein abstoßender Mensch. Ich glaube, ich bin leberleidend. Übrigens habe ich mir von meiner ganzen Krankheit nie auch nur die geringste Vorstellung machen können und weiß nicht einmal mit Sicherheit, was in mir nun eigentlich krank ist.» Dostojewskis kranker Mann – ich musste alles über seine Krankheit wissen. Möglicherweise hatte er ein Leberleiden, vielleicht litt er aber eher am Leben.

Er sei, so berichtete der Held, kein offener Mensch. Niemand, der direkt Widerstand leistete. Er war ein Mensch mit erschüttertem Selbstwertgefühl, hielt sich selbst für eine Maus, nicht für einen Mann.

Die Maus fühlte sich stets beleidigt und sann auf Rache. In den Fällen, wo die Europäer von einer Maus sprechen, sprechen die Amerikaner von einer Ratte. Ich stellte mir Dostojewskis Helden als eine Ratte vor. Was hatte diese Ratte über ein krankes Leben zu sagen? Ich blätterte zum Ende vor. Hier wurde gezeigt, wie eine Person zerstört wird. Unglaublich. Ich wollte das Leben dieser Ratte ganz genau verfolgen.

Die Ratte erzählte von einer Zeit, da sie sich gezwungen hatte, mit einer Gruppe junger Leute zusammen zu sein. Die Kumpane tafelten und zechten. Sie verspotteten und beleidigten die Ratte.

Die Clique suchte Prostituierte auf. Die Ratte ging zu einer Prostituierten namens Lisa. Die junge Frau berührte den Rattenhelden, er sprach mit ihr. Wenn sie anderswo wären und als anständige Menschen lebten, dann würde er sich von ihr angezogen fühlen, sich in sie verlieben, glücklich sein über einen Blick von ihr. Er würde vor ihr niederknien und sie als Verlobte betrachten. So aber sei sie nichts als eine Sklavin. Sie verkaufe ihre Liebesdienste an jeden Säufer, der des Weges komme. Liebe aber sei ein unermesslich wertvolles Juwel. Die Ratte malte ein Bild des gemeinen Missbrauchs, den sie würde erleiden müssen: Erniedrigung, Prügel. Wenn sie einmal krank wäre oder im Sterben liege, würde niemand ihr beistehen.

Lisa weinte voller Verzweiflung. Der Rattenmann gab ihr seine Adresse. Lisas Augen waren sanft, demütig und vertrauensvoll wie die eines Kindes.

Als Lisa ihn drei oder vier Tage später aufsuchte, lachte der Held über sie. Er berichtete, bevor er sie aufgesucht habe, sei er bei einem Essen beleidigt worden. Eigentlich habe er sich an dem Mann rächen wollen, der ihn beleidigt hatte, habe ihn aber nicht finden können. Darum habe er seinen Ärger an ihr ausgelassen. Er war erniedrigt worden, und so habe er versucht, sie zu erniedrigen. «Man hatte mich erniedrigt, so wollte denn auch ich erniedrigen; man hatte mich zu einem Lappen gemacht, so wollte denn auch ich Macht beweisen.» Und diese Närrin hatte sich vorgestellt, er sei gekommen, um sie zu retten. «Mir ging es damals um Macht, mir ging es um Vergnügen.»

Lisa begriff, dass der Rattenmann selbst unglücklich war. Sie hatte Mitleid mit ihm. Sie schliefen miteinander. Dann zahlte er mit einer blauen Fünf-Rubel-Note. Das war der übliche Preis für die Leistungen einer Prostituierten. Er drückte ihr das Geld in die Hand.

Ich blickte von meiner Lektüre auf, sah atemlos in den strömenden Regen hinaus. «Macht», hämmerte der Regen gegen die Scheiben. «Dominanz» – der Regen rann in Bächen die Scheibe hinab.

Die Ratte gab Lisa die fünf Rubel, weil sie ihr eine Beleidigung zufügen wollte, die sie nie vergessen würde. Die Beleidigung würde sie veredeln und läutern – vielleicht durch Hass, vielleicht durch Vergebung. «Was ist besser – billiges Glück oder höheres Leid?», fragte die Ratte am Ende.

Windstöße jagten lautstark Regenfluten vor sich her. Ich beobachtete, wie der Sturm am großen Mandarinenbaum zerrte, die Dattelpalmen bog, uralten Kräften Furcht einflößte. Ich war durch eine unvollkommene Welt geschritten, die trotz ihrer Fehler unglaublich schön war, deren Lebewesen trotz ihrer Narben unerhört kostbar waren. Jenseits meiner Fensterscheiben wusch der Regen die Stadt sauber. Es würde einen herrlichen Frühling geben.

***

Der Morgen verharrte dunkel und schweigsam, verriet nichts über den kommenden Tag. Die Stadt lag im Schlaf, in Decken gerollt, in prangender Frühlingsschönheit. Lawrence schlief im Nebenzimmer, die Decke bis zum Kinn gezogen, er vertraute darauf, in einer weitgehend gütigen Welt zu erwachen. Vor dem Fenster meines Arbeitszimmers drang schwaches, schläfriges Zirpen aus dem Dunkel des Mandarinenbaums.

Heute hatte ich vor, im World Wide Web nach den Leuten von Potulice zu suchen. Ich würde Wandas Brief aus Bromberg vom 5. Juni 1947 ins Netz stellen. Der Brief – eines der wenigen Beweismittel unserer Gefangenschaft – war an unsere Schwester Johanna, die damals in der Amerikanischen Besatzungszone lebte, gerichtet. Vor mir zogen Wandas Worte mit elektronischem Gefunkel über den Monitor.

«Heute ist uns Alfred mit unserem Gustav besuchen gekommen. Da hab ich mein Brüderchen so fest in meine Arme genommen und an mich gedrückt, dass ihm fast der Atem versagte. Gleichzeitig fielen mir auch die kleinen Geschwister ein. Könnte ich die Kleinen doch so in meinen Armen halten. Nein, das Schicksal wollte es eben nicht. Hoffentlich dauert es nicht mehr lange. Mir wurde plötzlich so weh. Ich könnte mich aufs Bett werfen und stundenlang heulen. Aber nein, ich habe mich so zusammengerissen, dass der Bruder nichts merken sollte, um ihm das Herz nicht schwerer zu machen.

… Ich habe mein Gewicht noch nicht erreicht, das ich zu Hause in der letzten Zeit hatte. Lydia auch nicht. Der Vater erst recht nicht … Von der Oma, Mutti und den kleinen Geschwistern wissen wir nichts. Wir nehmen stark an, dass sie noch in Potulitz sind. In P. soll es jetzt bedeutend besser sein als in der ersten Zeit. Wie ich gehört habe, sollen die Mütter mit den kleinen Kindern zwei Baracken für sich haben. Darüber freue ich mich noch am meisten.»

Erstaunlich. Ein Bild von Leid und Hoffnung. Die Schwestern und Vater wussten nicht, wo Mutter, Großmutter und wir drei Kleinen waren. In Potulice sollten sich die Zustände gebessert haben. Diesen Gerüchten wird wohl ein gewisses Maß an Wahrheit zugrunde gelegen haben. Das Lager soll, so hieß es, ursprünglich ein Todeslager gewesen sein. Am Anfang kamen fast alle Gefangenen um. Weitere Behauptungen entsprachen nicht der Wahrheit. Es gab keine Sonderbaracken für Mütter mit kleinen Kindern. Kleine Kinder starben. Transporte verließen Potulice vor 1949 nicht.

Wandas Brief endete mit einem Lied, das ich in Potulice gehört, aber vollkommen vergessen hatte. Ich summte die melancholischen Verse vor mich hin:

Hier im fernen Osten sitze ich, viele andere noch bei mir.
Alle warten auf die Stunde, die uns die Erlösung bringt.
Alles wurde uns genommen, unser Geld und Gut,
Und die Kinder. die man liebte, die man auf den Armen trug.
Fast drei Jahr sind wir gefangen. Gehören noch dem Lager an.
Keiner weiß was von dem anderen, und das Herz zerbrechen kann.
Einer wird uns doch erlösen, und das ist der liebe Gott.
Er lässt uns die Tore öffnen, und wir wandern fröhlich fort.

Womöglich würde irgendwo auf der Welt jemand diese Strophen auf der Website sehen und mitsummen. Unglaublich – ich tat es tatsächlich, ich begab mich in die wunderbare Welt hinaus und schaute mich nach Menschen aus Potulice um.

Gleichzeitig spürte ich einen gewissen Groll. Das totale Schweigen über diese Zeit – ich hatte es nie begreifen können. Das vollkommene Fehlen einer Verbalisierung des Geschehenen. Wie spricht man über das Namenlose, das Tabu? Wie sollte ich das Netz der Gefangenenlager in Polen nach dem Zweiten Weltkrieg nennen? Es war nicht der Gulag. Es war nicht der Holocaust. Wie aber hieß dieses grausame Gebilde, das sich über Zentral- und Osteuropa erstreckte, sich bis in die Ukraine und nach Sibirien ausdehnte, sich mit dem Gulag teils überschnitt, teils sein Bestandteil wurde? Dem einen Namen zu geben bedeutete bereits, einen Schritt in die Politik zu tun. Und was hieß Wahrheit über die Vergangenheit und die Folgen des Nazi-Regimes, wenn Potulice im Schweigen untergegangen war?

Und dazu kam noch Gregorys Kommentar. «Erwarten Sie keine Sympathie», hatte er in der Klinik gesagt. Er hatte sich die Website angesehen, hatte auch bestätigt: «Es ist eine sehr schöne Seite.»

Ich war bestürzt. Sympathie? Was wollte Gregory damit sagen? Mir ging es um die Suche nach den Leuten von Potulice.

Wochenlang ging mir Gregorys ganz nebenbei hingeworfene Bemerkung durch den Kopf und erfüllte mich abwechselnd mit Wut und Verzweiflung.

Heute grollte ich erneut. Ich summte die Zeilen von Potulice und war verstimmt. Aber wollte ich mit so einem Groll leben? Nein. Ich wollte wenigstens so zufrieden sein, wie ich es in Potulice gewesen war. Was war das denn für ein Rest, eine persönliche Bürde, die mir wieder den Frieden geraubt hatte? Gregorys Worte waren doch keine Katastrophe.

Ein paar Worte. Erstaunlich wenige Worte. Und doch: Die Äußerung berührte etwas in mir, das im Lauf der Jahre zu einem überwältigenden Berg in mir gewachsen war. Jahrelang hatten Menschen mir den Tod gewünscht und jahrelang hatte ich ihn erwartet – in Alpträumen und in Panikzuständen, in meinem ganzen Wesen. Und darüber lag das Schweigen, das Namenlose, das Sprachlose und die entsetzlichen Bilder der Vernichtung, mit denen sich niemand abfinden konnte.

Meine Gedanken gingen weit zurück. Ich dachte an das Empfehlungsschreiben, das jemand einmal für mich verfasst hatte. Darin war meine Kindheit in Gefangenenlagern erwähnt worden.

«Ist es gut, wenn so etwas in einem Empfehlungsschreiben steht?», hatte ich Rita, eine Professorin an der Medizinischen Fakultät, gefragt. Ich machte mir Sorgen, wie solch eine Vergangenheit aufgefasst werden würde.

Es war Ritas Oberkörper anzusehen, dass sich ihr Atem beschleunigte. Ich bemerkte ihr schnelles Pusten. Es war wie bei Mutter, wenn sie sich einem großen Problem gegenübersah. Die Erinnerungen schmerzten so entsetzlich. Ritas Familie, eine jüdische Familie, war vor den Nazis geflohen. Wie hätte auch Auschwitz und Birkenau anders wirken können. Ja, ich hätte zugrunde gehen sollen. Zum Ausgleich. Zur Strafe. Zur Vergeltung.

Jetzt nahmen die absichtslos hingeworfenen Worte einen übergroßen Platz in meinem Gehirn ein. «Wer ist schließlich schuld?», fragt Martin Grzimek in seinem Buch «Trutzhain». Vor drei Jahren war Gustav zum ersten Mal seit unserer Auswanderung nach Kanada in Deutschland gewesen. Gustav berichtete von Veränderungen in Trutzhain und brachte das Buch «Trutzhain» als Geschenk eines Mitschülers mit.

Der Autor, Martin Grzimek, war 1950 in Trutzhain geboren. Erschienen war das Buch 1984. Martin Grzimek hatte es also als junger Mann geschrieben. Ich erlebte jetzt die Empörung des Autors über einen Geburtsort mit, der ein Kriegsgefangenenlager gewesen war. Ich folgte ihm bei der Entdeckung des alten Gefangenenfriedhofs, beim Aufspüren der Sünden der Väter, ich sah mit ihm den blauen Davidsstern, den Überlebende des Holocaust auf die Dachbalken von Baracken in Trutzhain gemalt hatten. Er suchte nach Sünden und fand sie. Wessen Schuld es denn sei, fragte er angesichts der Leiden, die die Flüchtlinge in Trutzhain auch zu leiden gehabt hatten. Mir kam es vor, als entwerte er damit das Leiden meiner Mutter.

«Du willst also damit sagen, dass *auch du* gelitten hast?», hatte Esther mit Entrüstung gefragt. Sie war eine alte Kommilitonin aus der Studentenzeit. Sie war in Berlin geboren, eine Deutsche, obwohl ihr Name so jüdisch klang. Nach dem Krieg hatte sie einen amerikanischen Soldaten kennen gelernt, geheiratet und war nach Amerika ausgewandert.

Nein, ich hatte nicht behauptet, ich hätte gelitten – oder *auch* gelitten. Ich hatte nur gesagt, dass ich vier Jahre in Gefangenschaft gewesen war. Esther wollte mir klar machen, dass meine Bemerkung den Anspruch enthielt, dass mein Leiden dem der Überlebenden der nationalsozialistischen Gräueltaten entspreche. Nach Esthers Ansicht setzte ich dadurch mein Elend mit dem der Naziopfer gleich und verkleinerte das Leid aller Nazi-Verfolgten damit; doch das hatte ich überhaupt nicht im Sinn, hatte ich in keiner Weise beabsichtigt. Aus irgendeinem Grund galten beide Fälle von Leid, das meine und das der Opfer der nationalsozialistischen Untaten, nicht in gleicher Weise als legitime Arten von Leiden.

Die bloße Erwähnung von Potulice hatte mir Kränkungen durch Leute eingebracht, die ich seit Jahren als Freunde schätzte und die mir nichts Böses wollten. Sie gingen einfach davon aus, dass die, die den Zweiten Weltkrieg angezettelt hatten, die den Nationalsozialismus möglich gemacht hatten – die Deutschen –, im Sinne einer Kollektivhaftung nicht das Recht hatten, von eigenem Leid zu sprechen.

Ich summte und grollte und erkannte wichtige Dinge: Ich litt nicht an Potulice, sondern an meinen Erfahrungen in der Freiheit, an den Sticheleien und Kommentaren, gegen die ich mich nicht wehren konnte. Dann war da das Entsetzen über die Untaten des Dritten Reiches, das alle erfasst hatte – gleichgültig, ob es Deutsche, Juden oder Amerikaner waren. Der leichteste Weg, Leid abzuwehren, ist der Angriff. So erhielt ich Hiebe. Mit der nationalen oder religiösen Herkunft derer, die «es mich büßen ließen», hatte das im Grunde wenig zu tun. Ich war eine gute Zielscheibe gewesen, um dem eigenen Unwohlsein, das die Menschen spürten, abzuhelfen.

Ich schaute in die Kupfertöne der Morgendämmerung. In meinem Kopf entfalteten sich Sätze und Szenen. An Orten, an denen entsetzliche Grausamkeiten geschahen, stand ich in der Schlange und wartete auf den Tod. Die Ziegelsteine vor mir erschienen wie das Gesicht meines Vaters, als er darauf wartete, erschossen oder gerettet zu werden. An diesem Morgen sah ich die Steine jener Mauer in Polen so klar, wie ich sie damals gesehen hatte. Rot. Narbig. Röter noch als der Camelback Mountain. Der Mörtel zwischen den Steinen war feinkörnig, hellgrau. «Ihr könnt uns erschießen. Ohne ihn gehen wir nicht», hatte Mutter damals gesagt. Wir standen da und warteten. Heute konnte ich mir vorstellen, in einer Reihe mit dem Mann mit den flatternden Augenlidern, dem Nackten mit den Missbildungen, dem Mann mit dem angeschwollenen, freundlichen Gesicht zu stehen. Ich konnte mit ihnen eine Schlange bilden und die Bausteine und Vaters Gesicht spüren.

Der Chefarzt, damals in Potulice, hatte Recht. Er hatte von einer «moralischen Lektion» gesprochen. Der Chefarzt und die Wachen, die auf Rache sannen, bildeten aber nur eine Hälfte der Lektion. Sie setzten ihr Leid in Wut um, wurden unsere Bewacher, beantworteten Unrecht mit Unrecht. Die andere Hälfte der Lehre erteilte uns der russische Soldat, der uns aufforderte, für ihn zu beten, und der uns eine Bibel anvertraute, als es für ihn leicht gewesen wäre, uns zu erschießen. Dafür stand auch die polnische Arbeiterin, die uns nicht verlassen wollte und ein Jahr lang die Gefangenschaft mit uns teilte. Und auch die polnische Miliz hatte uns nicht erschossen, obwohl sich ein Angehöriger dieser Truppe damit brüstete, 172 von uns erledigt zu haben. Der russische Soldat, die polnische Arbeiterin, die Milizen hatten ebenfalls gelitten, aber damals hatten sie nicht den Weg der Rache gewählt. Wir haben die Wahl, wie wir mit furchtbaren Ereignissen umgehen wollen. Und wenn man das einmal herausgefunden hat, ist es nicht mehr schwierig.

Ich machte mich auf den Weg zur Arbeit. Durch das offene Fenster des Volvos atmete ich die Duftmischung von Mandarinen, Apfelsinen, Zitronen und Limonen ein.

Im Flur der Klinik traf ich Gregory.

«Guten Morgen», winkte er mir zu, streckte eine große Hand in die Luft.

«Vielen Dank», sagte ich und erklärte, dass dies die Antwort auf seine Warnung war, keine Sympathie zu erwarten.

In meinem Innern, wo ich so viele Jahre lang Alexander Woods' Stimme gehört hatte, spürte ich jetzt große Freiheit und Freude. Die Liebe, die ich in der Gefangenschaft erfahren hatte, hatte mich schließlich gelehrt, mit den Schwierigkeiten der Freiheit zu leben. Freiheit war die Entscheidung für die Liebe. Liebe überwand die schrecklichsten Kerker. Ohne sie konnte Freiheit Gefangenschaft sein, und wir waren dann die Gefangenen und die Wächter zugleich.

***

Ich saß an meinem Schreibtisch und zerlegte alte Lasten, zerschnitt alte Briefe und Wörter. Ich zerschnippelte alles in einzelne Druckzeilen. Ich hätte mir die Aufgabe durch Verwendung des großen Papiermessers erleichtern können. Das war mir aber zu unpersönlich. Es würde den angemessenen Respekt vermissen lassen – vor den Wörtern, vor den Menschen, die sie ausgesprochen hatten.

Ich schnitt längs der Druckzeilen. Der erste Brief zerfiel zu Streifen. Ich nahm einen Streifen Gedrucktes und zerschnitt ihn Wort für Wort. Ich war ins Innere der Erde gestürzt. Mein Aufstieg zurück auf die Welt bestand aus vier Etappen: Sprechenlernen, Aufstehen, Zurückerstatten und Versöhnung.

Mit dem Schreiben hatte ich jenen Teil vollendet, bei dem es darum gegangen war, mich aus der Baugrube herauszuschaufeln, in die ich während jenes lange zurückliegenden Angsttraums gefallen war.

Die zweite Stufe, für mich selber geradezustehen, würde ich lernen, und wenn ich dabei sterben sollte. Alexander Woods' Schrei nach Hilfe trieb mich dabei an. Nie wieder würde ich durch das Innere der Erde stürzen. Ich hatte gelernt, Stellung zu beziehen, Nein zu sagen, zu verhandeln und Kompromisse zu schließen. Der erste Versuch aufzustehen war schwierig gewesen. Ich hatte gemeint, sterben zu müssen, als ich, um zu protestieren, ins Büro des Personalchefs gegangen war. Der zweite Schritt und die darauf folgenden waren leichter als erwartet. Die Erfahrung war es wert, dass ich mich für sie einsetzte.

Auf meinem Tisch waren die einzelnen Wörter zu einem Häuflein angewachsen. Ich ließ die rechteckigen Schnipsel durch meine Finger gleiten. In meiner Entschlossenheit, zur Freiheit tauglich zu werden, würde ich keinen Stein ungewendet lassen.

Es blieben Stufe drei und vier. Stufe drei – Zurückerstatten – war jetzt im Gange. Für Alexander Woods, dessen Schreien in meinem Kopf war, hatte ich mich entschlossen, das, was ich gelernt hatte, weiterzugeben. Ich arbeitete mit Kriegsveteranen an den Traumata, die sie erlitten hatten, und war froh, ihnen vermitteln zu können, dass sie nicht verrückt waren, wie sie oft meinten.

Ich griff nach dem alten Brief, in dem mir meine Einstellung in New Brighton mitgeteilt wurde. Hocherfreulich. Ich schnitt ihn in Streifen, in Wörter. Ich wusste nicht, was ich von der abschließenden Versöhnungsphase erwarten sollte – von der Rückkehr nach Potulice und nach Trutzhain. Beides konnte sich als einfach oder schwierig erweisen. Meine Gefühle gaben mir kaum Hinweise. Vater und Mutter hatten in den sechziger Jahren Trutzhain besucht. Sie hatten den Lehrer, Herrn Filtz, getroffen und Fotos mitgebracht. Ich wollte den freundlichen Lehrer bei meiner ersten Rückkehr nach Deutschland und Europa besuchen.

Nun unterbrach ich meine Schnippelei. Es hatte sich bereits ein beträchtlicher Haufen an Wort-Konfetti angesammelt. Ich hielt inne, um einen weiteren Blick auf «Trutzhain» zu werfen. Grzimeks Buch lieferte mir die erste historische Information dazu. Bei Trutzhain handelte es sich um das frühere Stalag IXa, das die französischen Kriegsgefangenen 1941 selbst als Gefangenenlager für sich erbauen mussten. Dort hatte es auch sowjetische Kriegsgefangene gegeben. In den letzten Monaten des Krieges kamen amerikanische Gefangene hinzu. Nach dem Krieg wurde Trutzhain ein Übergangslager für Überlebende des Holocaust. Sie hatten in zwei Baracken Zeichnungen hinterlassen, so einen blauen Davidsstern im Dachgebälk der einen Baracke. Dann wurden deutsche Flüchtlinge aus Schlesien, Ostpreußen und der Tschechoslowakei hier untergebracht. Eine Familie war aus Russland. Wir waren aus Polen gekommen. Ich wusste nicht, dass der Sportplatz, auf dem ich meine Gänse gehütet hatte, der Appellplatz für die Gefangenen gewesen war.

Ich stellte das Buch «Trutzhain» ins Regal zurück und griff nach Hugo Rasmus' «Schattenjahre in Potulitz», das erste Buch über Potulice. Von meiner persönlichen Erfahrung abgesehen, wusste ich wenig über Potulice. In den letzten Monaten hatte ich mit einer Gruppe von Potulice-Überlebenden in Deutschland Kontakt aufgenommen. Sie hatten den Plan, auf einem Massengrab in Potulice ein kleines Denkmal zu errichten. Ich schloss mich der Gruppe an und trat mit Gustav Bekker wegen des Festakts zur Errichtung des Denkmals in einen Briefwechsel.

Ich sah mir die Bilder in Rasmus' Buch an. Das Haupttor von Potulice. Eine Karte des Lagers. Die eingezeichnete Kinderbaracke auf der Karte entsprach nicht meiner Erinnerung an die Baracke, in der ich mit den Mädchen gelebt hatte. Doch erfuhr ich durch Rasmus mehr, als ich erwartet hatte. Potulice war 1941 von den Nationalsozialisten für polnische Zivilgefangene errichtet worden. Nach Kriegsende wurden von 1945 bis 1950 deutsche Zivilisten in Potulice gefangen gehalten. Bromberg und Potulice hatten im 20. Jahrhundert vor allem Gewalt und Rache erlebt. Ich musste die Reise in die Vergangenheit unternehmen, und wenn es auch nur darum ging herauszufinden, was ich noch zu überwinden hatte.

Ich kippte meine Wortschnipsel in kleine, verschließbare Butterbrottüten. Ich wollte die Geisterstädte Arizonas besuchen und meine Gespenster zwischen den Trümmern verlassener Orte verstreuen. Irgendetwas würde mit den Spukwesen geschehen, wenn man sie in den verlassenen Bergwerksstädten des Wilden Westens freisetzte, auf die enteignete Eingeborene Anspruch erhoben. Ich wollte meine Wortschnipsel an verschiedenen Orten zurücklassen. Die meisten würde ich Mülltonnen auf Halte- und Rastplätzen anvertrauen, denn schließlich lautet das wichtigste Gebot in der Wildnis: Sammle deinen Müll! Dabei würde ich Spuren – hier und da ein Fetzchen – in berühmten Geisterstädten wie Tombstone und Jerome und an namenlosen verlassenen Orten hinterlassen.

Es machte mir Spaß, meine Gespenster mit jenen der örtlichen Vergangenheit zu mischen. Es gefiel mir, Worte freizusetzen, sie der Erde zurückzugeben, wo sie sich erneuern und Teil dessen werden konnten, dem sie begegneten.

An einem Wochenende bewegte ich mich auf einer vernarbten, ungepflasterten Straße in der Nähe eines namenlosen Ortes in der südlichen Bergbauregion. Die Gemeinde musste einmal einen Namen gehabt haben. Vielleicht hatte sie ihn noch. Ich zog es vor, sie namenlos und vergessen sein zu lassen. Ein Platz, der der Wüstensonne, den Frühlingsblüten und den Bauskeletten zurückgegeben war. Ich brachte zwei Wortfetzen im wilden Mohn unter. Sie würden Bestandteil der Umgebung mit ihrem goldenen Blütenflor, den Schmetterlingen, den Goldamseln, den Erdkuckucks und Eidechsen werden, würden so wieder in den Kreislauf der Natur gelangen.

Ich saß bewegungslos im Schatten einer zerfallenden Hütte, die es den leblosen Objekten um mich herum gleichtat. Braungelb gefleckte Perlmutterfalter schwebten über einem Feld von Wüstenmohn in der Nähe des verfallenden Gebäudes, das einmal einen Gemischtwarenladen beherbergt haben könnte. An einer Wand hingen immer noch Reste von Regalen. Die Schmetterlinge ließen sich nieder, flogen empor, sanken wieder nach unten, harmonisch, ihrem eigenen Zeitmaß entsprechend. Wenn alles Streben erlischt, dann wird es kein Leid mehr geben, so lehrt der Buddhismus. Ich hatte mehr erreicht, als dass die alten Schmerzen aufhörten. Ich hatte eine Methode entwickelt, die Welt mit neuen Augen zu betrachten. Du musst den anderen sehen, seine oder ihre Situation. Du kannst ihn oder sie wirklich sehen, als sei es das erste Mal, als begegnetest du dem ersten Menschen auf Erden. Ruhe breitete sich über alles, das Netz des Kostbaren war wiederhergestellt.

Hinter den Trümmern schlich sich ein Steppenwolf durchs hohe Gras, schnupperte, schritt lässig weiter. Dann blieb er stehen, hob eine Vorderpfote, richtete den Kopf auf. Ein Windstoß bewegte das Gras. Ein Vogel sang drei Töne und stimmte sie immer wieder an. In der Ferne durchquerten große Wolken den blauesten Himmel, den man sich vorstellen kann.

Freiheit. Gefangenschaft. Sind sie sich nicht ähnlich? Variationen derselben Sache? Was denkst du, weises, intelligentes Wesen der Wildnis?, fragte ich in Gedanken.

Der Steppenwolf witterte und schnüffelte.

Wie wäre es, wenn du, wildes Tier, im Pferch eines Bauern aufgezogen worden wärest? Würdest du das nicht als normal und richtig empfinden? Die Welt war einfach eingepfercht. Warum sollten sich die Eingesperrten nicht frei fühlen? Schließlich aß und schlief man, fing gelegentlich eine Maus oder eine Grille, die zufällig im Weg war.

Ein Windstoß ließ eine Weise erklingen. Der Steppenwolf hob den Kopf, blickte sich um, nahm Witterung auf.

Denk daran, wildes Tier. Was geschähe, wenn der Farmer dich in der öden Wüste freiließe? Wäre diese Einöde nicht schlimmer als ein Pferch? Wäre nicht alles ein Horror? Deine Artgenossen könnten deine Angst bemerken und dich zerfetzen. Das Jagen hast du nicht gelernt. Die Freiheit wäre dein Tod. Gefangenschaft und Freiheit würden sich in einer seltsamen Weise umkehren. Oder siehst du das anders?

Ein plötzlicher Satz. Dieser Steppenwolf wusste, wie man jagt; seine Freiheit war vollkommen. Dieser Steppenwolf ging voller Selbstvertrauen auf die Pirsch.

Der Coyote schnüffelte umher, interessierte sich nicht für meinen Monolog. Er hatte nicht ein einziges Mal in meine Richtung geblickt, um Zustimmung oder Ablehnung auszudrücken. Ich lehnte mich gegen einen Schuppen, ein Relikt aus alten Tagen, stand dort wie eine Kleiderpuppe aus einem aufgegebenen Textilgeschäft.

An diesem Ort voller rostender Gegenstände ließ ich Wörter zurück, die zu lange übrig geblieben waren, Gedanken, die überholt waren. Heute machte es mir nichts mehr aus, mit irgendeinem Namen belegt zu werden. Meine Augen folgten dem Flug der Perlmutterfalter. Die Worte würden ein Teil des Erdbodens werden und irgendwann auch Teil dieser Schmetterlinge.

Der Steppenwolf war verschwunden. Nirgends mehr ein Zeichen von ihm. Nicht im hohen Gras jenseits der eingestürzten Mauer. Nicht hinter dem Schrott. Ich stand auf und blickte mich um.

In der Mitte einer offenen Fläche, vielleicht war es ein aufgegebener Stadtplatz, ließ ich Wortschnitzel hinabflattern.

Ich ließ meine Arme sinken und lächelte in den blauen Tag von Arizona hinein.

Ich blickte zu Boden. Ameisen hasteten hurtig umher, bewegten sich pfeilschnell. Sie liefen über ein Stückchen Papier. Drei von ihnen hoben ein Wort auf und schleppten es mit sich. Nicht weit von meinen Füßen entfernt führte ein Loch im Boden zu ihrem Bau. Behände tat ich einen Schritt zurück. «Ihr könnt die alten Wörter ruhig haben», flüsterte ich. «Lebewohl. *Gute Reise.*»

Ich hatte gelernt, in Freiheit zu leben. Ich hatte es die meiste Zeit getan. Ich hatte gelernt, in die Vergangenheit zurückzukehren und sie mit Empathie, Achtung und Leidenschaft zu akzeptieren. Ich hatte es auf meine ureigene Weise geschafft, stark zu werden. Ich lernte zu sprechen. Furcht war nicht länger mein Lebenselement. Ich empfand eine große Dankbarkeit gegenüber den Wörtern da auf dem Papier. Ich hatte einen Weg gefunden, auf dieser Welt zu existieren. Ich hatte die Lücken meiner Kindheit gefüllt. Die Erde unter meinen Füßen fühlte sich wieder fest an.

Die Ameisen ließen ein Stück Wortkonfetti vor meinen rechten Schuh fallen. Ich bückte mich und hob es auf. «Obwohl» lautete das Wort. Mit einem «Nevertheless» zwischen Daumen und Zeigefinger wanderte ich weiter. Ich blieb stehen und schaute auf ein vollkommen rundes Loch in einem Fensterrahmen, das Werk von Holzbienen. Ich steckte das «Nevertheless» dort hinein. Die Tiere würden etwas aus dem «Nevertheless» machen oder nicht. Im Leben der Bienen gab es keine ausweichenden Worte, kein «mag sein», kein «andererseits», «dennoch», «jedoch», «vielleicht».

Warum war die Stadt in diesem Tal des Vogelgezwitschers und des Wüstengrüns zugrunde gegangen? Vielleicht waren die Erzvorkommen erschöpft. Womöglich das Kupfer. Arizona war für sein Kupfer berühmt. Ich schaute mich nach Kupferabfällen in der Nähe rostender Schrottteile um, das Chassis eines Autos,

Wagenräder, ein Kochtopf. Vor mir auf dem Boden mischten sich grüne Kupferstückchen mit dem harten braunen Lehm.

Bei meinen Besuchen in den Geisterstädten hatte ich mich nach Norden gewandt, um am «Grand Canyon» Halt zu machen. Ich stand am Südrand des Cañon. Seine gewaltigen Risse öffneten sich wie die Seiten eines Buches, die Geschichte der Erde war hier in Schichten eingeschrieben – sandsteinbraun, rosa, kupferfarben und gelb, in der Ferne überwechselnd in violette und zinnoberrote Klippen. Lange Flöze von gepresster Erde waren möglicherweise fünfzig Millionen oder hundert Millionen Jahre alt, ja sogar mehrere hundert Millionen. Für die Navajo, Hopi, Apachen, Ute, Pima, Tohono O'odham war das Mutter Erde.

Ich suchte mir einen sicheren Fleck. Ich arbeitete zwei Wortschnipsel in eine Lehmkugel ein, die aus brauner Erde, Gebröckel von Steinen und Wasser aus meiner Trinkflasche bestand. Ein Matschkuchen. Ich konnte mich nicht erinnern, je einen Matschkuchen gemacht zu haben. Ganz sicher hatte ich das in der Gefangenschaft nicht getan. Ich ließ meinen Matschkuchen unter einem Busch liegen. Der Regen würde die Wörter waschen. Sand und Wind würden sie hin und her schleudern. Sie würden zu einem Teil der Erdgeschichte werden, die Millionen Jahre umspannte.

Ja, Wörter hatten mich vor so langer Zeit vor dem weiteren Absturz bewahrt, nachdem ich Alexander Woods hatte schreien hören. Mit *plattdeutschen* Wörtern hatte meine Rettung begonnen. Wörtern, die Vater und Mutter miteinander gesprochen hatten. *Leven* sagten sie, wenn das Leben am stärksten bedroht und am kostbarsten war, wenn es *leidig* – erbärmlich – war, wenn es *schrecksch* – scheußlich – war, wenn es *Freide* – Freude, *Toverlaat* – Vertrauen mit sich brachte, wenn es *suutje* – freundlich – war. Die teuersten Worte der Kindheit hallten in meinem Kopf nach, hatten neue Kreisbahnen gebildet und alte verwandelt.

Worte lösten sich in Vogelschreien auf, im Klappern von Metall, im schrillen Schrei des Adlers über mir. Eine Wachtel und ihr Junges tapsten herbei. «Oh, oh, oh ...», erklang die Warnung der Mutter. Die Liebe konnte Orte besetzen, in die einzudringen die Vernunft sich weigerte.

Ich stopfte die letzten Wörter in meine Hosentasche. Auf dem Heimweg würde ich sicher eine Baustelle finden. Nogales war ein höchst geeigneter Ort. Eine Grenzstadt voller Austausch und Umtausch, Englisch gegen Spanisch, Dollars gegen Pesos. Dort würde ich die Wörter fallen lassen, sie Bestandteil von etwas Neuem werden lassen, Teil eines Bauwerks, vielleicht eines Vogelbades oder eines Gartenwegs. Ein guter Tausch – Vergangenheit gegen Zukunft.

Ich ging in einem prächtigen Flor von Wildblumen: Rosa Wüsten-Kattun, scharlachrote Kastillea, lila Löwenmaul streckten sich der Sonne entgegen. Lavendel Rathania – eine Pflanze mit Hinterlist. Ihre Wurzeln nahmen benachbarten Pflanzen Wasser und Nährstoffe weg – ein Raubüberfall in der Wüste. Zwei Reihen von roten Punkten warnten nachdrücklich vor einer schwarzen Raupe, die über die eigelbe Mitte einer Wüstenmargarite kroch. Was könnte sie denn von dem Blümchen wollen? Sie selbst wusste es sicher. Gewiss verfolgte sie ihren eigenen Plan.

Ein Tyrannvogel flog durch die Tür eines Schuppens, sein Bauch war weiß und ein wenig gelb. Ich spähte in die leere Hülle des Gebäudes. Ganz oben, nahe der Decke, öffnete sein Junges den grausamen, fleischig-roten Schnabel, gierig auf Insektenportionen. Dieser verlassene Ort war voller Eingeborener, sicherer neuer Wohnungen und Nachwuchs, der sich kräftig entwickelte.

***

Wir verließen den festen Boden. Die Düsenmotoren heulten auf. Die Steigkraft hielt uns in engen Sitzen fest. Der Flug nach Atlanta war ausgebucht. Ich kapitulierte vor den Gesetzen der Natur, bei meiner «Reise» zu mir selbst hatte ich mich lange Zeit auf Intuition und Gefühl verlassen. Die Vernunft folgt später, wie David Hume gesagt hat. Ich würde umsteigen und nach Hamburg fliegen, um dann zu einer Gedenk- und Versöhnungsfeier in

Polen weiterzureisen, die am 5. September 1998 stattfinden sollte. Über ein Jahr lang hatte eine Initiativgruppe deutscher Überlebender das Ereignis geplant, modifiziert und erweitert, bis es die Versöhnung deutscher und polnischer Überlebender von Potulice einschloss. Die Initiativgruppe hatte mich brieflich auf dem Laufenden gehalten. Eine Versöhnung zwischen Überlebenden von Grausamkeiten feindlicher Seiten ist kein leichtes Unterfangen, bleibt möglicherweise oberflächlich, kann durch nachklingenden Hass entgleisen.

Die Passagiere durften jetzt ihre Sitzgurte lösen. Wir schwebten am blauen Himmel. Unter uns bildete die Wüste eine braune, bucklige Fläche, durch die sich eine Straße schlängelte.

Ich öffnete das Buch «The Things They Carried» von Tim O'Brien, eine Sammlung von Kurzgeschichten über Soldaten, die im Vietnamkrieg kämpften. O'Brien war einer von ihnen gewesen. Eine Bemerkung, die in der Arbeitsgruppe von Vietnamveteranen gefallen war, mit der ich arbeitete, ließ mich nicht los. «Sie meinen männlich und weiblich», sagte einer der Männer über meine Methode, mit neuem Mitgefühl an die Dinge heranzugehen, die einen seit langem belasteten. Nein, erklärte ich. Es sei eine Methode, das Gleichgewicht wiederherzustellen, nicht in Stress, sondern mit positiven Gefühlen die Ruhe im Körper auszulösen, zu alten Belastungen zurückzukehren. Jeder besitzt ein parasympathisches Nervensystem, in dem solche Prozesse ablaufen, auch Männer. Die Bemerkung verdeutlichte, wie sehr den Männern die «zarten» Emotionen verboten waren. Sie gestatteten sich diese nur zu Hause bei Frau und Kindern. Sie konnten sich nicht vorstellen, zärtlich geliebt zu werden. Aber sie konnten ihre Kinder zärtlich lieben. Ausgerechnet die Gefühle, die die stärkste Heilkraft besitzen, sind im Leben von Männern am stärksten verachtet und eingegrenzt.

Ich öffnete das Buch «The Things They Carried». Wir werden nicht im Kollektiv, nicht als Angehörige eines Geschlechts, einer ethnischen Gruppe, eines Landes, einer Religion oder einer Rasse geheilt. Das Gefühl heilender Verbundenheit wird individuell wahrgenommen, obwohl eine gerade nicht auf das Individuum bezogene kategorisierende Behandlung Menschen so leicht Schaden zufügen und ihr Selbstwertgefühl zerstören kann. Letzten Endes ist Versöhnung eine persönliche Angelegenheit.

Meine Versöhnung würde auf irgendeine Weise eine Versöhnung mit mir selbst sein. In Polen gab es nichts, womit ich mich zu versöhnen hatte. Für die Menschen, die damals schon erwachsen waren, würde das anders sein. Erwachsene zählten die Toten, die Vermissten, die Übeltaten, die gegen sie vollbracht wurden. Für Kinder zählte nur die Liebe. Da war ich mir sicher.

Die Gefangenschaft hatte Mitgefühl, Anteilnahme und Hilfsbereitschaft inmitten von Elend mit sich gebracht. Das fiel für mich ebenso ins Gewicht, wie es für die älteren Überlebenden wichtig war, Gedenkstätten für die Toten zu errichten. Ich wollte den russischen Soldaten ehren, der uns eine Bibel anvertraut hatte, statt seine Waffe auf uns zu richten, ebenso die polnische Arbeiterin, die uns nicht hatte verlassen wollen, und Mutter, Vater und Großmutter. Ich wollte die selbstlosen Taten feiern, die ich erlebt hatte.

Flughafen Atlanta, ein gewaltiger, geschäftiger Knotenpunkt. Ich folgte den Studenten aus Frankfurt. Sprang auf eine Bahn. Stieg am Auslandsterminal wieder aus. Dort stand mein Flugzeug nach Hamburg. Ich schnallte mich an. Wieder war die Maschine brechend voll.

Durch das Fenster, das meinem Platz am nächsten lag, schaute ich in die konturlose, dunkle Nacht. Unter uns stellte ich mir den Atlantischen Ozean vor, der von schwarzen Wellen aufgewühlt wurde, wie es im August 1952 – vor sechsundvierzig Jahren – der Fall gewesen war. Auf der *Beaverbrae* hatte ich den salzigen Sprühnebel wahrgenommen, hatte gehört, wie die Einwanderer deutsche Dialekte aus allen Ecken Europas sprachen. Die Welt hatte sich verändert. Würde ich von den alten Orten irgendetwas wieder erkennen? Von Potulice? Von Trutzhain?

Ich lehnte mich zurück. Ich erinnerte mich daran, dass ich diese Reise aus konkreten Motiven unternahm. Die Überlebenden von Potulice würden bei diesem Festakt wenig zu sagen haben. Weibliche Überlebende würden überhaupt nicht zu Wort kommen. Die Redner waren vor allem Lokalpolitiker, hinzu kamen der Ortsgeistliche und ein deutscher Pastor. Nur Gustav

Bekker, der Hauptorganisator der Veranstaltung, sollte eine Ansprache halten. Die deutschen Überlebenden würden das Publikum stellen. Vielleicht musste das zu Anfang so sein. Jene, die zu reden gewohnt waren, würden sprechen, während die Überlebenden erst allmählich ihre Stimme finden würden.

Aber achtzig Prozent der Gefangenen in Potulice waren Frauen gewesen. Die Grausamkeiten gegen die «Volksdeutschen» in Nachkriegspolen hatten sich meist gegen Frauen und Kinder gerichtet. Ehemänner und Söhne waren großenteils im Krieg gefallen oder in Sibirien verschwunden. Wieder einmal würden Frauen keine Stimme haben, keine unabhängige Perspektive, keine Mitsprache, wenn es darum ging zu formulieren, in welcher Form man sich an Grausamkeiten erinnern sollte. Etablierte Institutionen sollten über die Erinnerung bestimmen, Institutionen, die im 20. Jahrhundert so oft im Dienst an der Menschheit versagt hatten.

Mein Verstand protestierte – Männer waren für all die Bluttaten verantwortlich, und jetzt übernahmen ausgerechnet sie das Reden und Erklären. Frauen konnten sich glücklich schätzen, wenn sie in den Verluststatistiken berücksichtigt wurden, während Männer betroffen darlegten, dass sie die Grausamkeit von Menschen gegen Menschen niemals würden verstehen können.

Ich hatte mich entschlossen, mich daran nicht zu stören. Versöhnung war dem Hass entschieden vorzuziehen, besser als einseitige Erinnerung, als ein Beschweigen der Geschichte. Denn so unzulänglich diese Art von Versöhnung auch immer sein mochte, so war sie doch eine Tat von moralischem Gewicht, an der ich teilhaben wollte. Ich hatte darum gebeten, den Dreiundzwanzigsten Psalm vorlesen zu dürfen. Damit würde ich einfach die fehlende Stimme der Frauen auf die Tagesordnung setzen. Die Initiativgruppe und ich mussten den Prozess der Versöhnung erst noch erlernen. Wir würden dazulernen. Die weiteren Schritte würden Fortschritte sein.

Ich reiste allein, ohne Lawrence, um an dem teilzunehmen, was die Vergangenheit offenbaren oder von mir verlangen würde. Tief in meinem Inneren gab es einen Teil meines Wesens, der Frieden brauchte. Ich würde diesen Teil kennen lernen, und ich würde zur Ruhe kommen, wenn das geschah. Und dann war da dieses Schweigen, beinahe fünfzig Jahre Schweigen. Ich musste Frieden mit dieser schwer fassbaren Last machen. Ich hegte die Erwartung und das Vertrauen, dank dieser Reise ein gewisses Maß an Versöhnung zu finden. Es ging dabei nicht um Polen, nicht um das polnische Volk oder um Potulice an sich. In mir war keine Abneigung, kein Groll, keine Antipathie. Im Laufe der Zeit würden die Orte und Ereignisse dieser Reise sich selbst offenbaren. Das Schweigen würde zur Sprache finden.

Ich döste ein, dachte in Bruchstücken, hatte Halbträume. Als ich das nächste Mal auf das Fenster neben mir schaute, traf bereits das graue Licht der Morgendämmerung auf die Scheibe. In der frühen Morgensonne sah die ländliche Gegend um Hamburg wie Wisconsin oder Michigan aus. Nur die Äcker waren kleiner.

Ich hatte den überraschenden Eindruck, gar nicht in einem fremden Land gelandet zu sein. Auf dem Flughafen machten alle einen ganz und gar amerikanischen Eindruck. Dieselbe Kleidung. Dieselben Frisuren. Dasselbe Gepäck. Neben mir wartete ein asiatisches Ehepaar auf ein Taxi. Als ein schwarzer Taxifahrer sein Fahrzeug am Bordstein anhielt, erwartete ich, amerikanisches Englisch zu hören, vielleicht einen flotten Brooklyn-Akzent, vielleicht ein südliches Dehnen. Der schwarze Taxifahrer aber sprach fließendes Hamburgisch.

Dann nahm ich einen Zug nach Berlin. Deutschland rollte an meinem Fenster vorbei – Felder voll hoch gewachsenen Getreides, gepflegte Wälder, die Giebeldächer malerischer Städte und Plakatwände, die nicht anders als in Phoenix aussahen. Das Land wirkte wie eine gepflegte Parkanlage.

Der Ansager im Zug sprach mit rhythmischem Schwung, als wollte er gefallen und beruhigen. Die Art, wie man hier sprach, brachte meine vorgefassten Meinungen durcheinander. Lawrence war überrascht gewesen, als er mich zum ersten Mal mit Vater am Telefon Deutsch sprechen hörte. Mein Deutsch klang sanft. Lawrence dagegen hatte wohl die schrille Sprache der Filme und Nachrichtensendungen erwartet. Knobelbecherdeutsch. Vielleicht war das die Sprache der nationalsozialistischen Zeit gewesen?

Ich achtete genau auf die Sprache um mich herum, als ob das ganze Land in seinen Wörtern enthalten wäre. Der norddeutsche Dialekt in Hamburg wurde durch die heftigere Sprache Berlins abgelöst, seine Neigung zum lässigen Humor, der in der Lage ist, selbst schwierigen Situationen noch komische Seiten abzugewinnen. Auch das Landschaftsbild hatte sich verändert. Berlin war von hohen Baukränen beherrscht, baute sich wieder einmal neu auf. Ich hoffte, es würde seine eigenen einzigartigen Formen finden, das Leben glanzvoll zu feiern.

Am nächsten Tag hörte ich die Stimmen im Reisebus. Überlebende von Potulice. Eine Generation älter als ich. Während der Gefangenschaft müssen diese Leute junge Erwachsene gewesen sein. In ihrer Art zu reden erlebte ich die Sprache meiner Eltern wieder, einfache Leute vom Lande, die sich zahllosen Umsiedlungen angepasst hatten. Gelegentlich auftauchende Wendungen, eine flache Intonation, die abgeschliffenen Vokale – all das deutete auf eine ländliche Herkunft aus dem Osten hin.

Die Menschen sprachen in einem Gemenge von gegenwärtigen und vergangenen Zeitformen. Jahrzehnte gerieten durcheinander. Die vierziger Jahre mischten sich mit den Neunzigern. Ich dachte an die Vietnamveteranen aus meiner Gruppe, die sich selbst gleichzeitig für Zwanzig- und für Fünfzigjährige hielten. Die Leute in diesem Bus waren jetzt simultan zwanzig und siebzig. Ich war zwischen fünf und neun Jahren alt und im gleichen Augenblick in meinen Fünfzigern. Was an mir war fünf bis neun Jahre alt geblieben? Was war wirklich durch die Gefangenschaft geformt worden? Meine Kindheit, soweit ich sie bewusst erlebt hatte, gehörte der Gefangenschaft. Potulice war mein Heimatdorf, die Gegend meiner Herkunft. Die Erwachsenen in diesem Bus wären entsetzt gewesen, wenn sie erfahren hätten, dass ich das Lager als meine Heimat betrachtete.

«Jetzt sind wir in meinem Heimatkreis, in Schwiebus», sagte Jutta Thiele, die neben mir saß. Wir waren in einem Gebiet, das nach dem Zweiten Weltkrieg von deutschen in polnische Hände übergegangen war. Hier hatte der Bauernhof von Jutta Thieles Familie gelegen.

«Ich bin nicht von hier. Ich stamme vom Narew im Herzen Polens», sagte ich in dem Bewusstsein, dass die Gefangenschaft meine Heimat gewesen war. Die Erwachsenenrealität passte mit meiner Kindheit nicht zusammen.

Durch das Fenster des Busses bestaunte ich den Nadelwald, wie er für die Gegend typisch ist. Nadelbäume und sandiger Boden sind die Kennzeichen dieser Region, die Art von Baum, die man hier findet, heißt im Deutschen *Kiefer*.

Als es beinahe schon Mitternacht war, fuhr unser Bus durch die Stadt Bydgoszcz, auf Deutsch Bromberg. Unser Hotel machte in der künstlichen Beleuchtung des Foyers einen modernen Eindruck. Ich fiel in mein Bett und zog die Decke bis ans Kinn; ich konnte darauf bauen, dass das Hotel allen westlichen Ansprüchen gerecht wurde, an die ich mich gewöhnt hatte.

An einem milden, heiteren Morgen im Spätsommer fuhr Gustav Bekkers Auto durch Straßen, die enger waren, als ich es gewohnt war. Er kannte den Weg nach Potulice sehr gut. Bekker versicherte uns, dass er ihn während all der Verhandlungen und Vorbereitungen für die Gedenkfeier viele Male gefahren war. Ich betrachtete Bydgoszcz/Bromberg, die Stadt von Vaters Gefangenschaft. Hier hatte er auf dem Bahnhof um Brot gebettelt. Eine Mischung von Alt und Neu zog an uns vorbei. Ein verfallenes Gebäude, wie man es in der Innenstadt von Detroit antreffen könnte, stand neben einem Neubau. Gelegentlich gab es hübsch renovierte Häuser, daneben gesichtslose Wohnblocks aus Zement im Stil der Stalinzeit. Wo befand sich hier der Angelpunkt, an dem ich mich orientieren konnte? Mein Kopf suchte nach einem Halt.

Gustav Bekker plauderte freundlich, er wollte mich und Frau Kern im Haus des Gemeindepfarrers von Potulice absetzen, um die Angelegenheit mit dem Dreiundzwanzigsten Psalm zu klären. Der Priester hätte es gern gehabt, wenn ich den Psalm während der Messe gesungen hätte. Wir würden dann den ganzen Tag lang üben müssen. Frau Kern, die ebenfalls an der Planung des Treffens beteiligt gewesen war, hatte keine Einwände. Ich wusste, dass ich keine geschulte Stimme hatte. Ich sagte, ich könne nicht singen.

Dennoch begaben wir uns zum Haus des Geistlichen, ob ich nun singen würde oder nicht. Die übrigen Teilnehmer an der Reise hatten sich für einen Tag auf eine Besichtigungstour nach Toruń/Thorn begeben. Ich musste auf diesen Abstecher, den ich gern mitgemacht hätte, verzichten und mich auf die Unvorhersehbarkeiten einlassen, die mit dieser Reise verbunden waren.

Gustav Bekker besaß sehr freundliche Umgangsformen und einen Kranz schwer zu bändigender weißer Haare. Er war bestens geeignet für ein Unternehmen, das beträchtliche diplomatische Fähigkeiten verlangte. Die Lokalpolitiker von Nakło/Nakel seien besonders hilfsbereit gewesen, erklärte er. Ebenso der Geistliche. Nicht alle Polen in dieser Gegend waren für die Idee der Versöhnung zu gewinnen. Unser Denkmal würde des Nachts gegen mögliche Übergriffe von Wandalen geschützt werden müssen. Es gab keine Drohungen, man konnte aber niemals sicher sein. Natürlich half es auch ein wenig, dass die örtliche Wirtschaft durch das Projekt gefördert wurde – wurde doch für alles gezahlt und zusätzliche Arbeit geschaffen.

In meiner Erinnerung war Nakel eine große Eisenbahnstation, wo sich Massen von Menschen mit Bündeln drängten und auf Züge in die Freiheit warteten. Meine Vorstellung von Nakel vervollständigte sich jetzt; es war eine Stadt, in der es Politiker gab, einen Bürgermeister, Unternehmen, bei denen Bekker vor dem Ende der Feier unsere Rechnungen bezahlte.

Bekker wies auf eine Nebenstraße, die zu einem nicht gekennzeichneten Massengrab führte. Es sollte im nächsten oder übernächsten Jahr gesäubert und markiert werden. Wir fuhren weiter. Die Gegend, leicht überwuchert, vermittelte den Eindruck von natürlicher Schönheit. Bekkers Hand wies erneut in die vorbeifließende Landschaft. Ein weiteres Massengrab. Die Kiesgruben irgendwo da drüben. Auch auf sie würde in Zukunft ein Schild aufmerksam machen.

Ein Wegweiser zeigte nach Potulice.

Aus dem früheren Lager war ein Gefängnis geworden, in dem fünfzehnhundert Häftlinge lebten, darunter eine große Anzahl von Sexualstraftätern, manche mit lebenslänglichen Haftstrafen. Die Haftanstalt war der wichtigste Arbeitgeber im Dorf Potulice.

Die zweitausend Einwohner arbeiteten für die Strafvollzugsanstalt und gestalteten ihr Leben nach deren Anforderungen. Ein paar Alteingesessene kannten noch alle Phasen, die Potulice durchlaufen hatte, zunächst waren sie Gefangene unter dem nationalsozialistischen Regime gewesen, dann hatten sie als Bewacher der deutschen Gefangenen und schließlich der polnischen Häftlinge gedient.

Ich war nun ein Fremder an einem Ort, der mir einst sehr gut bekannt gewesen war, schaute mir die gepflasterten Straßen an, die Straßenfeger, die sie für die bevorstehende Feier kehrten, eine vom Zufall bestimmte Sammlung bescheidener Häuser, ein anonymes Mietshaus, eine Allee mit drei Fahrbahnen und viele hohe Eichenbäume. Hinter dem Schirm, den die Bäume bildeten, glänzte ein Wachturm in der Sonne, wie er es auch schon vor vielen, vielen Jahren getan hatte. Das war endlich das Potulice, das ich kannte. Ich konnte mir den Platz vorstellen, wo wir auf Polnisch gesungen hatten: *«Miała baba koguta, koguta, koguta – Eine alte Frau hatte einen Hahn, einen Hahn, einen Hahn.»* Wo die Wachen zwischen den Türmen auf- und abmarschiert waren. Die Gegenwart verband sich so mit der Vergangenheit.

Gustav Bekker bog in eine Straße ein, die zum Friedhof mit «unserem» Massengrab führte. Er hielt den Wagen an. «Hier ist es», sagte er und wies auf das hohe Kreuz und den großen braunroten Granitstein weiter hinten. «Unsere Gedenkstätte für die Toten.»

Wir gingen zum anderen Ende des Friedhofs, um den Ort genauer zu betrachten.

«Das war nicht das Gelände, das wir haben wollten. Besser wäre es hier gewesen.» Bekker zeigte zur Vorderseite eines langen Rasenstücks. Der bevorzugte Platz hätte der Front des Friedhofs in einer Entfernung gegenübergelegen, die der imposanten polnischen Gedenkskulptur entsprach, die einen ebenso herausgehobenen Platz einnahm. Unser Denkmal hätte dann am Kopf der großen Wiese gestanden, die unser Massengrab bedeckte.

Ich begriff, dass Vorurteile hinter diesem Arrangement lauerten. Wir würden uns versöhnen, aber ein gewisses Maß an Misstrauen würde zurückbleiben. Doch was hieß das schon? Ein erster Versuch war besser als gar kein Versuch, sagte ich mir. Wir werden lernen, aus der Vergangenheit etwas Gutes zu schaffen. Das musste ich einfach um dieses Ereignisses willen glauben.

Wir fuhren die breite Allee hinunter und hielten vor dem Haus des Gemeindepfarrers, Stanisław Zymuła. Ihm sei es nicht leicht gefallen, sich für die Teilnahme an dieser Veranstaltung zu entscheiden, meinte Pater Zymuła in fließendem Deutsch. Etwa ein Drittel aller Mitglieder seiner Gemeinde waren Gegner dieses Unterfangens. Bekker brachte unsere Dankbarkeit zum Ausdruck. Ich spürte, wie meine Glieder schwer wurden.

Im Arbeitszimmer des Priesters diskutierten Frau Kern und Pater Zymuła über die Wahl einer geeigneten Hymne für den Abschluss des Gedenkgottesdienstes. Polnische Katholiken und deutsche Protestanten hatten einige gemeinsame Kirchenlieder, aber die Melodien unterschieden sich, oder sie stimmten zwar mit Weisen aus dem früheren Schlesien überein, nicht aber mit jenen, die man in der Gegend um Potulice kannte.

Steif und teilnahmslos saß ich auf dem Sofa. Mir blieb keine andere Möglichkeit, als mich den Kräften zu beugen, die mich bewegten, mich ihrer zu bedienen, und auf einen guten Ausgang des Ganzen zu warten. Nein, singen könne ich den Dreiundzwanzigsten Psalm nicht, das machte ich Pater Zymuła deutlich.

Wir – Frau Kern, der junge Kaplan, der angeboten hatte, uns den Ort zu zeigen, und ich – gingen die breite Allee entlang bis in die Nähe des Gefängnisses. Ins Innere des Gefängnisses durften wir nicht. Das gehe nicht, lachte der Kaplan. Ich spürte, wie meine Füße schwer wurden. Ich fühlte mich niedergeschlagen und absolut verlassen. Worauf reagierte ich damit?

Massiv und undurchdringlich blickte uns das Eisentor von Potulice an. Ich rupfte einen Grashalm vom Straßenrand. Ich zog ihn durch meine Finger, spürte seine Ränder – die erste Berührung mit Gras in der Freiheit. Was hatte ich in der Freiheit vermisst? Was hatte mich so stark verletzt, nachdem ich so wohlbehalten durch dieses Tor hinausgeschritten war? In der Welt von Potulice hatte ich mich selbst als Kind erlebt, das geliebt wurde. Ich hatte nicht das Gefühl, persönlich misshandelt worden zu sein. Der Begriff war mir damals völlig fremd gewesen. Misshandlung – im Vergleich zu was? Außer der Gefangenschaft kannte ich wenig.

Eine hohe, hell gestrichene Mauer, gekrönt von mehreren Strängen Stacheldraht, hatte den früheren Wall ersetzt. Potulice war nach wie vor ein abgesperrter Ort, die übrige Welt wurde draußen gehalten. Vom Kontrollturm beobachtete uns ein Wächter mit einem Fernglas.

Ich machte einen Schnappschuss vom Wächter und vom Turm. Stacheldraht verlief quer über die Linse der Kamera. Horizontale Linien schnitten mir durch die Augen. Halbierten meinen Ausblick und meinen Verstand. Ich erinnerte mich an eine klassische Studie. Die Wissenschaftler hatten kleine Katzen großgezogen, denen man entweder jede Möglichkeit zum Sehen nahm oder die nur vertikale oder horizontale Linien zu sehen bekamen. Die Forscher hatten festgestellt, dass sich die Hirnzellen dieser Tiere nicht ausreichend entwickelten. Wenn man den Kätzchen den Blick schließlich freigab, stießen sie entweder gegen alle oder aber gegen vertikale beziehungsweise horizontale Objekte, je nachdem, welche Erfahrungen man ihnen vorenthalten hatte. Ich, das Mädchen aus Potulice, war in gewisser Weise wie diese kleinen Kätzchen gewesen, war in der Freiheit mit ganz gewöhnlichen Problemen zusammengeprallt, wie die jungen Katzen gegen Gegenstände gestoßen waren.

Frau Kern und der Kaplan setzten ihr Gespräch fort, nahmen es hin, dass ich mit anderen Dingen beschäftigt war. Ich atmete tief durch, empfand in diesem Augenblick Dankbarkeit.

Ich dachte an das Experiment, das Stephen Suomi mit Affen durchgeführt hatte. Diese Affen ließ er unter ständiger Bedrohung aufwachsen, die jungen Affen klammerten sich sehr aneinander. Sie hielten sich an die Mutter und an ihresgleichen, spielten wenig und zeigten kaum aggressive Züge. Wie sehr sie doch an die Kinder in Potulice erinnerten! Wir hatten uns an die Mauern der Baracken gedrängt.

Glückliche Affen. Suomi war ein bedachtsamer Forscher. Er empfahl eine «Therapie» für seine chronisch gestressten und in sich gekehrten Forschungsobjekte. Geduldige, sanftmütige Gleichaltrige spielten mit den Versuchsaffen. Ich fand das Wort

«Therapie» übertrieben. Es ging hier doch einfach um eine natürliche Anteilnahme für eine leidende Kreatur.

Ich blickte zur Wache und zum Wachturm. Seit Jahren hatte ich nach Spuren gesucht, hatte vergeblich versucht, irgendwo etwas von mir selbst aufzustöbern. Hier vor dem Wachturm und den Gefängnismauern von Potulice konnte ich mich selbst in den übel behandelten Kätzchen und jungen Primaten wieder erkennen. Ich war eine lebende Kreatur, Teil der Schöpfung, ebenso verwundbar wie die Jungen jeglicher Art – ich war wie sie alle. Wir waren Geschöpfe, die auf Liebe Anspruch hatten. Ich war hierher gekommen, um genau daran erinnert zu werden, hier in Potulice, vor den Gefängnismauern. Hier war der einzige Ort, an dem ich mich ganz und gar geliebt gefühlt hatte.

«Guten Tag», grüßten uns die Kinder von Potulice, es waren die einzigen deutschen Worte, die sie kannten. Sie umringten uns, eifrig, freundlich, um schlagfertige Antworten bemüht.

Ich gab meine ganze Schwerfälligkeit für die Begeisterung der Jugend hin. Ich zeigte auf mein Namensschild. Dann zeigte ich auf die Kinder. «Kuba, Dania, Genia …», nannten sie stolz ihre Namen und plauderten dann auf Polnisch weiter, was ich nicht mehr verstand. Das Polnisch meiner frühen Kindheit und von Potulice hatte ich vergessen. Ich hatte es damals recht gut beherrscht und mühelos zwischen Deutsch und Polnisch wechseln können, ohne zu wissen, dass die in Potulice verlangte Sprache Polnisch war und wir jeweils die Sprache sprachen, die die Umstände erforderten. Ich hatte eine Sprache verloren, aber alte Ängste hatte ich jahrzehntelang behalten.

«Ihr müsst lernen, das zu schützen, was an euch kostbar ist», sagte ich auf Englisch – die Kinder würden es kaum verstehen.

***

Der Tag unserer Gedenkfeier war gekommen, er zeigte sich sonnig und windig. In der Nähe des Hotels machte ein Blumenladen gute Geschäfte, verkaufte Kränze und Sträuße an unsere Gruppe.

In der Hotelhalle herrschte die Ansicht vor, dass die Polen Toruń/Thorn hervorragend restauriert hätten, allerdings sei die großartige Wiederherstellung von Gdańsk/Danzig unübertroffen. Die Menschen erzählten mir von Brüdern, Schwestern und Kusinen in den Vereinigten Staaten und in Kanada, als ob schon ein Gespräch mit der einzigen Amerikanerin in der Gruppe sie näher an Verwandte heranführte, die einen halben Erdkreis entfernt lebten. Die Düsternis des Vortages hatte mich allem Anschein nach aus unerklärlichen Gründen verlassen.

Sybille Dreher, unsere Reiseführerin, wandte sich an die Gruppe: «Aus Sicherheitsgründen wird der Bus auf einem abgesperrten Grundstück parken. Wir sollen den Weg zum Friedhof als geschlossene Gruppe zurücklegen und im eigenen Interesse zusammenbleiben.» Sie hatte uns überall in Deutschland eingesammelt und uns während der letzten drei Tage geschickt und humorvoll betreut.

Wir bestiegen den Bus. Erneut fuhren wir durch Bydgoszcz/Bromberg, die Stadt, in der Vater ein Gefangener gewesen war.

Bei einem Waldgebiet in der Nähe des Friedhofs bog der Bus in einen engen Feldweg ein. Wir stiegen aus. Uniformierte wiesen uns den Weg. Wir gingen langsam und vorsichtig. Heckenschützen in den Wäldern könnten uns einen nach dem anderen erledigen, dachte ich und erinnerte mich an die ersten Schritte der Wachen, die vor dem Tor von Potulice auf unseren Wagen zukamen.

Unsere Gruppe schritt auf das polnische Denkmal zu, eine angemessene Erinnerung an die polnischen Gefangenen, die unter Hitlers Herrschaft gelitten hatten. Unsere Gedenkfeier war wichtig. Zum ersten Mal würde der Toten auf beiden, ehemals feindlichen Seiten gedacht. Wir bahnten uns den Weg zur Kapelle und zu den Bänken, die man außerhalb auf eine Wiese gestellt hatte. Unter uns lagen unsere Toten im Massengrab. Kein Zeichen erinnerte an ihren Tod. Hinter uns hatten sich sehr viele Menschen auf der Wiese versammelt, verteilten sich zwischen den Gräbern bis zum anderen Ende des Friedhofs.

Die Mitglieder unserer Reisegruppe schauten sich um. Wir

hatten vielleicht zweihundert Leute erwartet, eher wohl hundert. Jetzt betrug die Menge schätzungsweise tausend Personen. Die Polen nahmen das Ereignis ernst, maßen ihm eine große Bedeutung zu. Sie hatten ihre feinsten Sachen angezogen. Männer, Frauen und Kinder machten einen hübschen, feierlichen und freundlichen Eindruck. Die polnischen Medien waren angemessen vertreten.

Vom polnischen Denkmal aus verkündete eine Lautsprecherstimme den Beginn der Feier. Gustav Bekker sprach für die deutschen Überlebenden: «Polnische Opfer sind aus keinem anderen Grund gestorben als dem, dass sie Polen waren. Deutsche Opfer sind aus keinem anderen Grund gestorben als dem, dass sie Deutsche waren.»

Die Menschen legten am polnischen Denkmal Kränze nieder. Die Veranstaltung wurde jetzt auf der hinteren Seite des Friedhofs bei der kleinen Kapelle fortgesetzt, vor deren Eingang eine Tribüne aufgebaut war.

Ein Brief von Erzbischof Muszinski begrüßte das Ereignis und die Begegnung. Auch der deutsche Bundeskanzler Helmut Kohl übermittelte brieflich seine besten Wünsche. Wir trügen dazu bei, die negativen Folgen von Krieg und Gewalt zu überwinden, versicherte er uns. Wir gingen einer Zukunft entgegen, die von gegenseitigem Verständnis geprägt sei.

Stanisław Zymuła zelebrierte eine Messe in Polnisch: «Wenn wir die Kraft dazu haben, wird Liebe zwischen uns sein. Dazu seid ihr fähig», wurden seine Worte übersetzt.

Der protestantische Pastor Klaus Zimmermann aus Deutschland predigte über den Regenbogen als Friedenssymbol.

Zwei Frauen wirkten als Übersetzerinnen vom Deutschen ins Polnische, vom Polnischen ins Deutsche.

Gustav Bekker sprach erneut für die deutschen Überlebenden: «Wir wollen die Zukunft so gestalten, dass wir Brüder sein können.»

Stanisław Gapiński ergriff für die polnischen Überlebenden von Potulice das Wort: «Wir lassen unser Leid hier und heute los, entscheiden uns für die Versöhnung … Wir hoffen, dass sich die Zusammenarbeit weiterentwickelt.»

Auf Deutsch und Polnisch baten Bekker und Gapiński um Vergebung für zugefügtes Leid und verziehen das erlittene.

Ich sprach einige wenige Sätze auf Deutsch: «Wir Kinder von Potulice – wir Kinder in der Gefangenschaft kannten die Freiheit nicht. Wir konnten sie uns nicht vorstellen. Die Berührung einer Hand durch den Stacheldraht hindurch – ein wenig Liebe – das war für uns so wichtig wie ein Stück Brot.»

Ich erinnerte an den russischen Soldaten, der uns die Bibel gegeben und uns aufgefordert hatte, für ihn zu beten. Ich erinnerte an die polnische Arbeiterin, die uns nicht verlassen wollte. Für diese Menschen, die in unmenschlichen Zeiten menschlich gehandelt hatten, las ich den Dreiundzwanzigsten Psalm. Mit klarer Aussprache, die ich in Phoenix geübt hatte, las ich auf Deutsch:

«Der Herr ist mein Hirte, mir wird nichts mangeln.
Er weidet mich auf einer grünen Aue und führet mich zum frischen Wasser.
Er erquicket meine Seele. Er führet mich auf rechter Straße, um seines Namens willen.
Und ob ich schon wanderte im finstern Tal, fürchte ich kein Unglück; denn du bist bei mir, dein Stecken und Stab trösten mich.
Zubereitet ist mir ein Tisch im Angesicht meiner Feinde. Du salbtest mein Haupt mit Öl und schenktest mir voll ein.
Gutes und Barmherzigkeit werden mir folgen mein Leben lang, und ich werde bleiben im Hause des HERRN immerdar.»

Es folgten die Reden verschiedener Politiker. Vielleicht war es das Äußerste, was man als ersten Schritt tun konnte – sich an den üblichen Formen orientieren, sich in allgemeinen Wendungen ausdrücken, Beteuerungen aussprechen. Zweifellos war es für Institutionen, die in unser Leben eingriffen, wichtig, öffentlich Versöhnungsbereitschaft zu demonstrieren. Bekker und Gapiński, beide als Jungen von verfeindeten Obrigkeiten zu Gefangenen gemacht, hatten Überlebende beider Seiten zusammengeführt. Wir taten unseren ersten Schritt.

Die Masse war ernst und feierlich. Die Menschen drückten einander die Hände. Ich reichte polnischen Überlebenden von Potulice die Hand. Wir waren uns einig, dass wir gelitten hatten. Wir waren uns einig, dass wir menschliche Wesen waren.

Dann gingen wir zurück in den Wald zu unserem Reisebus. Kein Zwischenfall hatte die Einweihungsfeier gestört, ein schöner Tag. Wir sahen uns das Dorf Potulice an und bewunderten die alte Kirche. In der Burg von Potulice suchten wir die Bunker im Keller auf. Hier waren Polen und Deutsche zu Tode gequält worden. Ein ekelhafter und niederschmetternder Anblick. Dann gingen wir an der Mauer des Gefängnisses von Potulice entlang und blieben vor dem eisernen Tor stehen.

«Sie lassen uns rein!» Die Nachricht verbreitete sich unter der Menge. Am Tor verschloss auf Augenhöhe ein Brett die Öffnung eines kleinen Sichtfensters. Die Verhandlungen, die ein Mitglied unserer Gruppe geführt hatte, endeten mit einem überraschenden Erfolg. Ein Teil des Tores öffnete sich.

Ich folgte, neugierig und furchtsam, unfähig, meine Reaktion darauf zu begreifen, im Inneren von Potulice zu sein. Furcht oder Liebe, was würde sich durchsetzen? Wir gingen durch den Zugang in einen überdachten Eingangsraum, der sich zu dem dahinter liegenden Gefängnisgelände hin öffnete.

«Keine Kameras. Wir dürfen nicht fotografieren», übersetzte ein Mitglied unserer Gruppe die Anweisungen, die der Uniformierte gab. Wir verstauten unsere Apparate in Taschen und Beuteln. Jemand ließ eine Kamera auf einem kleinen Tisch liegen. Die Gruppe bewegte sich vorwärts.

Ich hörte das Knirschen der Schlacke unter meinen Füßen und spürte, wie sich meine Muskeln verspannten. Jahrzehnte zuvor war das Leben mit dem Geräusch von Schlacke verknüpft gewesen.

Eine Gruppe männlicher Häftlinge spielte auf einer abgezäunten Fläche ein Ballspiel. Wir schauten zu. Dort, wo sie jetzt Sport trieben, war einmal der Appellplatz gewesen. Daran erinnerte ich mich. Wie gut es die Gefangenen jetzt hatten! In den Kinderbaracken hatte es mehr als vier Jahre lang nicht einen einzigen Ball gegeben.

Ich schaute die einfachen Steinbauten an, zwei Stockwerke hoch. Keine der ursprünglichen Baracken war mehr vorhanden. Vor uns erstreckte sich der Küchenbau über den zentralen Teil des Geländes, wie er es schon fünfzig Jahre zuvor getan hatte. Immer noch zwei Stockwerke hoch. Dieselbe Länge. Aber anstelle der roten Ziegelsteine war jetzt helles Mauerwerk sichtbar.

«Hier befindet sich immer noch die Küche», verkündete unsere ortsansäßige Übersetzerin. Im großen Küchengebäude konnten die gegenwärtigen Insaßen eine Ausbildung als Schreiner, Klempner, Maurer oder Bäcker erhalten. Im zweiten Stock befanden sich Unterrichtsräume. In den Werkstätten im hinteren Teil des Lagers zählten Schreinerarbeiten und die Herstellung von Möbeln immer noch zu den Hauptaktivitäten. Kontinuität und Tradition reichten teilweise wohl bis zum Gründungslager von 1941 zurück.

Wir gingen zur Rückseite des langen Gebäudes. Von hier aus konnte ich beurteilen, wo meine Baracke einmal gestanden haben musste. Dort! An dieser Stelle könnte sich früher der innere Zaun befunden haben. Dann hatte ich wohl von dem Gefängnisgebäude dort aus ins Lager und auf die hintere Mauer der Küche geschaut. Von da, wo ich jetzt war, konnte ich meine Vermutung nicht überprüfen, aber es war zu riskant, die Gruppe zu verlassen.

Ich dachte an Lawrence. Als ich hier eingesperrt lebte, fuhr er Fahrrad. Für zwölf Cent konnte er sich Cowboyfilme ansehen, zwei Spielzeugpistolen trug er im Halfter, bereit, sie zu ziehen. Schießen, das war für ihn ein Spiel. Ich aber war eines jener «hungernden Kinder in Europa», die glücklich gewesen wären, seinen Spinat zu haben, wie ihm seine Eltern deutlich machten. Das, was er übrig ließ, wäre mir lieber gewesen als die UNRRA-Suppe. Die Mildtätigkeit der Vereinten Nationen hatte uns offensichtlich nur in Form einer verdorbenen Getreidemahlzeit erreicht.

Plötzlich und unerwartet öffnete ein Wächter eine Hintertür. Er warf zwei Brotlaibe in unsere Gruppe. Sybille Dreher nahm einen, brach ein Stück ab und reichte es mir. Ich probierte. «Besser als das Brot, das wir als Gefangene bekamen», sagte ich über das feingemahlene Korn. Die Laibe gingen von Hand zu Hand. Das Brechen von Brot, Freundschaft, Segnung, Erntedank, das letzte Abendmahl, ein Augenblick der Gnade. Stille verbreitete sich in unserer Gruppe. Ich aß Brot mit Honig in der Wildnis, Manna aus den Händen eines Wächters. Ich kaute das Brot immer wieder, wie ich es mit dem Brot getan hatte, das Mutter für meine Sonntagsbesuche gespart hatte, oder mit dem guten Roggenbrot, das Vater mitgebracht hatte, als er uns durch das Besuchsloch ansah, das Brot, das Mutter mit grauem Zucker bestreut hatte. Ich nahm an einem Akt tiefsten Mitempfindens teil. Dieser Wärter im Potulice von heute wusste über unser Brot Bescheid. Ganz gewiss lag darin Versöhnung, in dem uralten Brauch, gemeinsam das Brot zu brechen – spontan und von Herzen kommend. Potulice war für mich immer noch ein Ort von höchster Kostbarkeit.

***

Am nächsten Morgen regnete es. Die Reisegruppe drängte sich wieder in den Bus. Wir fuhren ein letztes Mal durch Potulice. Warfen einen Abschiedsblick auf das Tor und die Wachtürme. Hielten ein letztes Mal an unserem Denkmal. Zusammen mit den andern stand ich dort und erinnerte mich an den schon lange gestorbenen Stanisław Rymarkiewicz. Er hatte, nach Meinung meiner Schwester Lydia, möglicherweise unser aller Leben gerettet. Am Ende des Krieges, inmitten der chaotischen Zeiten des Tötens hatte es jemanden gegeben, zu dem wir gehörten und der auf seine Art uns vor dem Tod bewahrt hatte. Für ihn, so meinte Lydia, sei das alles auch nicht einfach gewesen.

Unser Bus verließ jetzt Potulice.

«Bitte zum Bahnhof», bat ich den Fahrer bei unserer Fahrt durch Nakło/Nakel. Wir fuhren an Eisenbahnschienen entlang. Jemand wies auf eine große Zuckerfabrik hin. Ein anderer auf unsere Laderampen. Ich erinnerte mich daran, dort gestanden und auf die Freiheit gewartet zu haben.

«Zehn Kilometer bis Hohenberg ... dort gibt es ein altes Gefängnis. Sehr alt. Es existierte schon lange vor dem Krieg», sagte jemand.

Mutters Arbeitslager und Gefängnis. Daran erinnerte ich mich.

Wir fuhren weiter.

«... hier gearbeitet auf dem Gut ... Teich ist noch so groß», erklärte eine Stimme über all den Lärm hinweg.

Ich hörte Wörter und Begriffe, die ich lange nicht vernommen hatte. Beispielsweise «das Gut». Was für ein wesentlicher Bestandteil meiner Gefangenenexistenz! Viele der Gefangenen waren auf großen Gütern zur Arbeit eingesetzt worden, die einst ihren Familien gehört hatten. Die Mitfahrenden in diesem modernen Reisebus hatten hier und da auf verschiedenen Gütern gearbeitet. Jemand war Gefangener in Hohenberg gewesen.

«Wirsitz», verkündete Sybille Dreher. Eine Region aus Sumpf und Sand, die im Mittelalter durch neue landwirtschaftliche Verfahren nutzbar gemacht worden war, erklärte Frau Dreher. Dann kam Friedeberg mit seiner schönen Kirche. Es folgte Landsberg, das im dreizehnten Jahrhundert kolonisiert worden war.

Ein Fahrgast flüsterte mir etwas über einen Mann aus Potulice ins Ohr, der einen Journalisten zu einem Graben geführt hatte.

Ich wollte wissen, wo sich der Graben befand.

Ganz nahe beim Gefängnis. In Potulice. In der Nähe des Waldes. In jenem Graben wurden fünf Menschen erschossen, fügte der Mitreisende hinzu.

Ich hatte von den Toten in den Gräben gehört.

Neben mir zitierte Jutta Thiele ihre Wärter: «Ihr werdet sterben, ohne dass wir euch töten müssen.»

Viele starben an Hunger und Krankheit. Das wusste auch ich.

«Die Haare sind euer Stolz, wir werden ihn brechen», zitierte Jutta Thiele die Worte eines Wächters aus der Zeit, da ihr das Haar geschoren wurde. «Auf unser Haar waren wir stolz. Wir trugen es in langen Zöpfen», erklärte sie.

Ich hatte das Scheren nicht als Erniedrigung erlebt, sondern als etwas ganz Gewöhnliches. Die Dinge waren eben so, wie sie waren. Mutter hatte einen verwundeten Blick gehabt, wie ich ihn nie zuvor gesehen hatte. Mich hatten die Haare zwischen den Beinen überrascht. Alle Frauen hatten dort Haare. Die ältere Generation der Gefangenen erinnerte sich an Wunden und Beulen, während ich mich an das Neue und Überraschende erinnerte – an die Haare zwischen den Beinen, an Mutters Gesichtsausdruck.

Jemand begann, über den Lautsprecher eine Geschichte vorzulesen. Einen *Schwank*. Er las in dem ländlichen Dialekt, den man in Ostpreußen und dieser östlichen Gegend hier sprach, vermischt mit vielen plattdeutschen Elementen. Das Wort Schwank hatte ich jahrzehntelang nicht gehört.

«Sein se doch ein Mensch», las er, und «nicht» hieß bei ihm *nuscht*. Ein junges Mädchen war ein *Marjellchen*. Ich war aufgeregt. So sprachen meine Leute vom Narew, die sagten *nuscht* und *Marjellchen*, benutzten die Redewendung: *Sein se doch ein Mensch*.

Der Bus ließ in Frankfurt an der Oder, in Cottbus, in Hildesheim und schließlich in Hannover Mitreisende aussteigen. Ich blieb über Nacht in Hannover, um mich auszuschlafen und am Morgen einen Zug nach Trutzhain zu nehmen. Irgendwann einmal würde ich mir die Zeit nehmen, diese wunderschönen Städte anzuschauen. Bei meiner jetzigen Reise musste ich mich auf eine Sache konzentrieren, dabei zusehen, dass ich nicht die Bodenhaftung verlor, mich mit Dingen beschäftigen, die auf mich eindrangen und das Äußerste an Bewusstheit und Empfindungsvermögen verlangten. Potulice und Trutzhain waren die beiden einzigen Orte, mit denen ich mich bei meiner ersten Rückkehr nach Europa beschäftigen konnte.

Ich saß im Zug, staunte darüber, wie Felder und Städte morgendlich erglühten, war entsetzt über die mit Graffiti beschmierten Mauern. Musste man hier unbedingt all unsere Formen von Narzissmus und Respektlosigkeit übernehmen?

In Alfeld drängte sich eine Gruppe von Mädchen auf die leeren Plätze. Wir saßen dicht gedrängt zwischen Einkaufstüten, Paketen, russischen Sätzen, scheuen Blicken. Das Mädchen, das mir gegenübersaß, packte eine kleine Schachtel aus. «Schokoladenküsse» las ich auf Deutsch. Sie nahm eine Karte und las schweigend eine handschriftliche Notiz. Ich hätte die russischen

Sätze um mich herum gern verstanden. Das Mädchen, das mir gegenübersaß, begann zu weinen. Nacheinander brachen alle Mädchen in Tränen aus.

«Warum weint ihr denn?», fragte ich auf Deutsch.

Die Mädchen schluchzten.

«Sagt es mir auf Englisch, wenn ihr es auf Deutsch nicht sagen könnt», drängte ich.

«Wir werden nie wiederkommen. Wir werden sie nie wieder sehen, unsere Pflegemutter. Wir werden keinen in Deutschland je wieder sehen», wehklagten die Mädchen in fließendem Deutsch.

«Wieso?»

«Wir sind aus Omsk, aus Sibirien. Wir werden nie wieder hierher reisen können.»

«Aber ihr seid noch jung. Es wird neue Gelegenheiten geben.»

«Es ist zu teuer. Sie haben doch davon gehört, wie es wirtschaftlich bei uns aussieht?»

Sicher, davon hatte ich gehört. Die Mädchen zeigten mir ein Bild der Frau, die sie während ihres Besuchs aufgenommen hatte. «Wie unsere Mutter», sagten sie über sie. Eine kirchliche Gruppe hatte ihren Besuch möglich gemacht. Ein Chor aus Omsk war hierher gekommen, um seine russischen Lieder zu singen. Die Mädchen waren fünfzehn und sechzehn Jahre alt, besuchten die höhere Schule, lernten Chemie, Physik, Sozialkunde und Geschichte. Ich zeigte ihnen Fotos der heißen Stadt, aus der ich kam – meine Umgebung in Phoenix, die Wüste im Sonnenuntergang.

Wir verabschiedeten uns voneinander. Ich wünschte ihnen, dass sie weiterhin ihre russischen Lieder singen würden, und dies von ganzem Herzen. Und dass sie sich ihre Kostbarkeit bewahren.

Auf dem Bahnsteig in Treysa erkannte ich Herrn Filtz, meinen zweiten Lehrer in Trutzhain. Groß, schlank. Die braune Windjacke machte einen sportlichen Eindruck. Seine wohlgeformten Züge hatten die Veränderungen der Zeit gut überstanden. Ein breites Lächeln. Wir umarmten einander. Frau Filtz schloss sich uns an. Das Haar in Dauerwelle. Leinenjacke. So attraktiv wie in meiner Erinnerung. Sie hatte am anderen Ende des Bahnsteigs auf mich gewartet. Wie sorgfältig hatten sie den Empfang geplant!

«Sechsundvierzig Jahre», sagte Herr Filtz immer wieder, darüber erstaunt, dass ich mir so viel Zeit für eine Rückkehr gelassen hatte.

Ich versuchte nicht, es ihnen zu erklären. Die letzten sechsundvierzig Jahre ließen sich nicht mit ein paar lockeren Sätzen abtun. Ich lauschte seinen freundlichen Worten, seine Frau füllte die Lücken, über das Leben in Trutzhain, die Errichtung einer neuen Schule in Steina, ihre neue Wohnung neben der Schule, den Musikunterricht, die Veränderungen in der Landwirtschaft. Im Dorf Steina arbeitete kaum jemand mehr hauptberuflich als Landwirt. Ein junger Mann aus dem Ort war bei einem Motorradunfall ums Leben gekommen. Ich forschte nach Bindungen. Die erste Behelfsschule, eine Baracke, war abgerissen worden. Herr Filtz hatte sein musikalisches Repertoire erweitert. Wenn er Geige spielte, wurde er von Schülern auf der Flöte begleitet. Seine Erfolge erregten im ganzen Kreis Aufsehen.

Die alte Straße nach Ziegenhain wurde immer noch von Erlen überwölbt. An unseren Fenstern rollten die Felder der Schwalm vorbei.

«*Stoppeln*. Hier haben wir Kartoffeln ausgegraben.» Ich wies auf das Land neben der alten Straße.

«*Stoppeln*, das kannten wir auch», sagte Herr Filtz. Das war für mich ein neues Detail. Ich wusste nicht, dass unsere Lehrer ebenso arm wie wir alle gewesen waren.

Die Felder machten einen sonnigen und leeren Eindruck, von den Spukgeistern in meinem Kopf abgesehen.

Gewiss hatte ich einen praktischen Grund, nach Trutzhain zu kommen. Herr Filtz kam in die Jahre. Ich wollte ihm noch einmal begegnen, wenigstens ein paar Stunden mit ihm reden. Ich wusste nicht, was ich sonst noch von Trutzhain, dem früheren Stalag IXa, das für französische und alliierte Kriegsgefangene errichtet worden war, erwarten sollte. Für mich war Trutzhain ein ganz wundervolles «Lager» gewesen. Würde es an dem ersten Ort, den ich in der Freiheit kennen gelernt hatte, für mich etwas

Neues geben? Etwas, das ich übersehen hatte, beim ersten verwirrenden Eindruck, der so lange zurücklag?

Herr Filtz und seine Frau lebten inzwischen in Ziegenhain, als Lehrer war er jetzt zwar im Ruhestand, aber er interessierte sich immer noch für das Leben des Ortes und war daran beteiligt. Wir stellten meinen Koffer in der Wohnung des Lehrerehepaars ab und unternahmen einen Streifzug durch die mittelalterliche Stadt. Ich war entzückt von den engen, gepflasterten Straßen, von den Fachwerkhäusern, die aussahen wie im Märchen. Auf dem Marktplatz musste ich an meine erste Kirmes denken. Ich erinnerte mich an den Geschmack meines ersten Speiseeises.

Die Hauptstraße von Trutzhain machte einen vorstädtischen Eindruck. Die Bäckerei war immer noch im selben Haus, gehörte derselben Familie. Im Geschäft des Brokatwebers bewunderte ich die vielen Meter komplizierten Stoffes, der Laden wurde nun vom Sohn des Gründers geführt. Ich bekam ein Geschenk – Brokat für eine Weste. In der Straße mit der Kurve waren alle früheren Baracken, auch unsere, durch Einfamilienhäuser ersetzt, und die Biegung war begradigt. Das Lotterfeld mit dem Unkraut, dem niedergetretenen Zaun und den Zementringen hatte sich in eine Reihe hübscher Einfamilienhäuser verwandelt.

Wir besuchten dann das Stalag-Museum in Trutzhain. Dort bewunderte ich einige mit viel Geschick geflochtene kleine Schachteln, die von französischen Gefangenen stammten. Eine Schachtel, bei der Stroh wie ein Diamant geflochten war, versetzte mich nach Potulice zurück, erinnerte mich an das Mädchen, das Ringe aus Stroh gemacht hatte. Wie sehr sich doch die Kriegsgefangenen und auch wir Kinder nach einem Anflug von Schönheit gesehnt hatten. Wir hatten sie aus Stroh geschaffen.

Ich besuchte den Friedhof in Ziegenhain. Das erste Grab, an dem wir innehielten, war das von Gustavs Freund Hans Moischke. Ohne sein Geschenk, das Buch «Trutzhain», wäre ich vermutlich nicht hierher zurückgekehrt. Wir fanden das Grab meines ersten Lehrers, der mich auf die Hände geschlagen und mich gezwungen hatte, vor der Klasse niederzuknien. Dieses Grab war mit dichten Gruppen von Pilzen bedeckt. Ich pflückte einen Pilz. Er war leicht zu lösen. Ich nahm einen anderen. Es war nicht schwer, das Grab von Pilzen zu befreien. Ich hatte das Brot von Potulice gegessen. Großzügigkeit war ansteckend. Meine Hände verspürten nicht mehr länger den ersten Schlag, den sie erhalten hatten.

Ich pflückte weiter Pilze für das Mädchen aus Potulice. Für das Köstliche. Für das Entsetzen und das Durchhalten. Für den Gedanken, dass ich es aushalten würde. Ich pflückte Pilze, weil ich sprechen gelernt hatte. Und schließlich zog ich sie auch einfach für mich aus dem Erdreich.

«Martha!» Herr Filtz protestierte, weil meine Säuberungsaktion allzu umfassend erschien.

Ich fuhr fort, das Grab meines ersten Lehrers sauber zu machen. Er hatte Ruhe gefunden. Bei meinem ersten Besuch in Europa wollte ich nicht mehr, als die verlotterten Gräber zu säubern – auf einer Erde, die auf ihre Weise hart und großartig zugleich war.

Nachwort

Mein Schreiben war eine Suche nach Sprache und eine Erforschung der inneren Landschaft der Erfahrung. Durch zahllose Entwürfe, Perspektiven und Schichten von Begriffen und Ereignissen fand ich meinen Weg heimwärts zu den Grundlagen meiner Kindheit. Vom Ausgangspunkt dieser formenden Jahre ging ich meine Schritte zurück zur Gegenwart. Ich war neugierig, ob ich irgendetwas über die Gefangenenlager in Polen nach dem Zweiten Weltkrieg finden würde oder über die Flüchtlingstrecks, die aus den Ländern Osteuropas geflohen waren. Zu diesem Zweck begab ich mich auf die Suche in die nächstgelegene Universitätsbibliothek. Ich erlebte eine erfreuliche Überraschung. Es gab eine Reihe von umfangreichen Bänden, die Augenzeugenberichte von Überlebenden enthielten. In den fünfziger Jahren hatte die Regierung der Bundesrepublik Deutschland diese Zeugnisse sammeln lassen. Das Material wurde im Bundesarchiv in Koblenz untergebracht. Die Bände in meiner örtlichen Universitätsbibliothek stellten nur eine Auswahl aus diesen Berichten dar. Ich fand ein Kapitel über Potulice. Den entsprechenden Band der zwischen 1954 und 1960 veröffentlichten Reihe «Dokumentation der Vertreibung der Deutschen aus Ostmitteleuropa» arbeitete ich durch.

Es war mein erster anschaulicher Kontakt mit der Vergangenheit. Ich öffnete das Buch und las die Seiten über Potulice. Es gab mich also. Ich existierte wirklich. Zwischen 1945 und 1947, hieß es dort, hatte es in Potulice achthundert Kinder gegeben. Ich war 1947 nach Potulice gekommen. «Ewige Kohlsuppen» – ich erinnerte mich gut daran. Dann stachen mir weitere Einzelheiten ins

Auge. 1945 wurden den Gefangenen Hakenkreuze auf den Rücken gemalt. Später wurden sie durch ein *N* für *niemeka*, Deutscher, ersetzt. Noch später trat ein *W* für *wiezniarka*, Gefangener, an seine Stelle. In den Strafbunkern unter der Küche hatten die Gefangenen Verbrennungen erlitten, weil sie in stark verchlortem Wasser gestanden hatten. Jetzt erfuhr ich die Bestätigung, dass das Lager Potulice Menschen als Arbeitskräfte verkauft hatte. Man sprach allerdings nicht von einem Verkauf. Die Gefangenen wurden «vermietet», und die Käufer zahlten eine «Miete» an das Lager. In Potulice befand sich auch die zentrale Verwaltung für ein ganzes Netzwerk von Gefangenenlagern: Sikawa in Lodz, Kaltwasser in Bromberg, Fordon, Hohensalza, Krone, Konitz, Kruschwitz, Langenau, Kulm, Schubin, Schwetz und viele andere. Von Graudenz aus gingen Zwangsdeportationen nach Sibirien, ebenso von Zichenau. So viele Orte! Einige waren mir aus den Gesprächen meiner Eltern bekannt.

Dann fand ich auch noch das Buch «Die Flüchtlinge», erschienen 1980. Autor ist der Journalist Günter Böddeker. Es enthielt die ersten Fotos, die ich aus dieser Zeit zu sehen bekam. «Das ist ein ukrainisches Pferdegeschirr», hatte mein Bruder Gustav über ein spezielles Geschirr gesagt. Gruppen von Pferden zogen bei einem Treck beladene Fuhrwerke. Die Ukraine. Zum ersten Mal begriff ich, wie ausgedehnt die Vertreibung der «Volksdeutschen» gewesen war. Fünfzehn bis siebzehn Millionen Menschen setzten sich in Bewegung, sie kamen aus der Ukraine, aus Estland, Lettland, Litauen, Rumänien, Ungarn, Polen, der Tschechoslowakei, Jugoslawien und der Sowjetunion. Millionen hatten die deutschen Gebiete im Osten verlassen, die von Deutschland an Polen übergingen: Ostpreußen, Schlesien, Pommern und Teile von Brandenburg. Millionen hatten Orte verlassen, die siebenhundert Jahre lang ihre Heimat gewesen waren, wo sie friedlich als Minderheit gelebt hatten. Sie gingen teils freiwillig, erhielten teils den Befehl zur Abreise, hatten manchmal nur eine Viertelstunde Zeit, das Notwendigste zu packen. Sie wurden vertrieben, geschlagen, erschossen und vergewaltigt. Potulice tauchte im Register dieses Buches auf, nicht aber im Text. Potulice war verschwunden.

1997 las ich die ersten Schilderungen der Vertreibungen, die ich in englischer Sprache finden konnte. Alfred de Zayas Buch «The German Expellees» war 1993 erschienen. Ich sah mir die Fotos genau an, das war mein zweiter kurzer Blick in die Vergangenheit. Auf einem Foto lagen zwei alte Männer am Boden hingestreckt vor einem Wagen – sie waren tot. Keine Pferde. Keine Leute ringsum. Einfach nur zwei tote Männer. Siebenhundert Jahre zuvor waren die Vorfahren der Menschen, die nun die Trecks bildeten, ins Land gerufen worden, man hatte sie dafür gewonnen, sich in bestimmten Gegenden Mittel- und Osteuropas niederzulassen, so berichtete de Zaya. Monarchen hatten ihre Ansiedlung in Böhmen, Mähren und dem Sudetenland, im rumänischen Transsylvanien jenseits der Karpaten und sogar am Schwarzen Meer gefördert. Von den siebenhundert Jahren waren nur noch ein paar alte Schnappschüsse übrig geblieben, die beiden toten Männer, Trecks von fünfzehn bis siebzehn Millionen Flüchtlingen, die den Osten Europas durchquerten. Nun umfassten sie zwanzig Prozent der deutschen Bevölkerung, jeder fünfte Bürger der Bundesrepublik war ein Flüchtling oder der Nachkomme eines solchen. Andere, die mit den Trecks losgezogen waren, waren in viele Länder rund um den Globus ausgewandert, darunter Mitglieder meiner Familie, die in den Vereinigten Staaten, Kanada, Australien, Frankreich, Deutschland und Polen lebten, einige wenige sollen auch in Russland verschollen sein.

Ich entdeckte das erste Buch über Potulice, Hugo Rasmus' «Schattenjahre in Potulice», erschienen 1995. Eine ganze Reihe von Informationen war erstaunlich für mich. Das Lager Potulice war 1941 von den Nationalsozialisten errichtet worden, um den polnischen Widerstand in der Gegend um Bromberg zu unterdrücken. 1942 bauten polnische Gefangene einen Komplex von dreißig Baracken, die zehntausend Menschen aufnehmen konnten. Als die sowjetische Armee im Januar 1945 durch Polen vorstieß, wurde Potulice aufgelöst. In der darauf folgenden Welle von Wut und Chaos wurden deutsche Zivilisten nach Potulice getrieben. «Vergesst nicht, dass ihr Verbrecher seid … Für jeden toten Polen werden zehn von euch sterben», sollen die Wächter gesagt haben. Die Gefangenen im Lager Kaltwasser gingen in großer Zahl als Opfer von Massenmord, Typhus und Hunger zugrunde.

Innerhalb weniger Monate wurde dieses große Lager mit hundertvierzig Baracken vom kleinen Lager Langenau absorbiert, das wiederum 1946 durch Potulice übernommen wurde. Die Zahl der Gefangenen wurde durch Tod und Zwangsarbeit in der Landwirtschaft immer weiter dezimiert. Meine Mutter hatte Kaltwasser stets als höchst zerstörerischen Ort bezeichnet.

Im Jahr 1998 unternahm Helga Hirsch, eine Journalistin aus Berlin, den nächsten Schritt. Sie interviewte für ihr Buch «Die Rache der Opfer» sowohl polnische als auch deutsche Überlebende von Potulice. Die polnischen Überlebenden berichteten von unverdientem Leid. Auch die deutschen Überlebenden hatten unschuldig gelitten. Und doch gab es Menschen, die aus den Ruinen Leben geschaffen hatten. Im November 2000 fand die erste Konferenz über ethnische Säuberungen in Europa als Bestandteil des inzwischen bekannten historischen Forums der Duquesne University statt, die Ergebnisse sollen 2003 im Druck erscheinen. Die meisten der ethnischen Säuberungen im Europa des zwanzigsten Jahrhunderts waren mir unbekannt: die Vertreibung der Krimtataren, der Bevölkerungsaustausch zwischen der Türkei und Griechenland nach dem Ersten Weltkrieg, die Polen, die 1939 und danach von den Sowjets aus Kresny vertrieben wurden. Die fünfzehn bis siebzehn Millionen Menschen, die im schrecklichen Frühjahr und Sommer 1945 durch Europa geflüchtet waren, bildeten einen Bestandteil dieser Bilanz menschlicher Tragödien.

Für mich lag die Bedeutung von Potulice nicht in den großen politischen und historischen Umwälzungen, die sich ringsherum abgespielt hatten, nicht in den Grausamkeiten, die verübt worden waren, nicht in dem Leid, das erlitten worden war, nicht in der Geschichte der Rache, von der ich durch Rasmus erfuhr. Mich hatte die Kostbarkeit menschlichen Lebens beeindruckt. Dass wir ohne unseren Vater nicht weggegangen wären, selbst wenn die Miliz uns erschossen hätte. Die Milizen haben uns nicht getötet, aber sie hätten es tun können. Auch sie hatten in diesem für uns entscheidenden Augenblick einen gewissen Sinn für den Wert menschlichen Lebens. Mutter leistete sieben Monate lang schwere Zwangsarbeit, um für uns Kinder zu sorgen. Die Wächter ließen sie nach Potulice zurückkehren, weil sie dort Kinder hatte. Sie erkannten Bindungen an. Gefangenschaft brachte ein verstärktes Gefühl für Bindungen mit sich. Gefahren machten das Gefühl der Zusammengehörigkeit umso wichtiger. So war es für mich und die Leute um uns herum gewesen, aber auch für jene, die uns ohne weiteres hätten töten können. Die Bedrohungen des Krieges hatten das «Durchhalten» und das «Zusammenhalten» gefördert, Worte, die damals in unserem Sprachschatz eine große Bedeutung hatten.

Danksagung

Es ist ein Entwicklungsprozess», sagte meine Freundin Wendy White Ring, als wir uns über die erstaunlichen, freudigen und schwierigen Ansprüche des Schreibens unterhielten. So war es auch. Freunde und Kollegen in den Vereinigten Staaten, Kanada und Deutschland begleiteten mich während der fünfzehn Jahre der schriftlichen Arbeit an diesem Werk. Zehn Jahre lang hat Wendy die verschiedenen Fassungen meines Buches gelesen und mir kritische Kommentare und Ermutigungen zukommen lassen. Herzlichen Dank, Wendy. Alte Freunde aus meiner Studentenzeit, die eine lange Strecke meines Lebens begleitet haben, verfolgten mein Unternehmen. Danke Judy Andre, Katherine McCracken, Fay Loomis, Julie und Terry Haegney und Bess Stamatakos. Sehr hilfreich waren auch Rat und Ermutigung von Sharmon Ober-Reynolds, Uta Behrens, Melissa Pritchard, Bruni Adler-Michaelson, Susan Rogers, Barbara Maxwell, John Sack, James Bacque und Larry Davidson. Danke.

Sehr wichtig waren mir einige Beziehungen, die sich auf besondere Weise mit meinem Leben kreuzten. Die Ratschläge und Ermutigungen von Otfried Spreen waren besonders wichtig für mich. Er hat mein Buch mit viel Interesse gelesen, da uns die Neuropsychologie, die Auswanderung nach Kanada und die Erfahrung des Zweiten Weltkrieges verbinden. Ich danke ihm für seine großzügige Hilfsbereitschaft. Ich schätze die Freundschaft und die Mitteilungen von Richard Peterson, der als amerikanischer Kriegsgefangener im Stalag IXa, dem jetzigen Trutzhain, war. Von Martin Grzimek und seinem Buch «Trutzhain» zu hören, war für mich ebenfalls wertvoll. Dass sie mich zum Durchhalten ermutigt haben, dafür danke ich Hugo Rasmus, dem Autor des ersten Buches über Potulice, und Peter Heinl in London und Deutschland, einer der ganz wenigen, die sich der Behandlung von Kriegs- und Nachkriegstraumata bei deutschen Leidenden gewidmet haben. Ich danke meinem Lehrer Rudolf Filtz in Trutzhain für das Geigenspiel in den Klassen der Flüchtlingskinder und für die Aufforderung, gerade zu gehen.

Mein Besuch in Polen erleichterte es mir, mein Buch zu beenden. Ich danke John Sack, der meinen Kontakt zu der Besuchsgruppe ermöglicht hat. Ich danke Gustav Bekker für seine federführenden Bemühungen um die Organisation der Reise und Helga Hirsch für ihre journalistische Behandlung des Themas Potulice. Dank an Sibylle Dreher, die uns an verschiedenen Orten in Deutschland abgeholt und nach Bydgoszcz in Polen brachte. Dem Gemeindegeistlichen, Stanisław Zymuła, und dem polnischen Überlebenden, Stanisław Gapiński, gebührt Dank für ihre Mühen und die Teilnahme an dem Versöhnungsunternehmen.

Das Zusammenwirken mit verschiedenen Personen und Institutionen, aber auch Seminare, Vorlesungen und klinische Arbeit förderten mein Denken und Schreiben. Ich danke der Englischen Abteilung der Arizona State University für die Ermutigung hinsichtlich meiner ersten Schreibversuche. Zu den für mich erfreulichsten Unternehmungen gehörten Seminare, Vorlesungen und Untersuchungen über die Emotionen und das Gehirn, über die neurobiologischen Grundlagen von Stress und Bindungen am Veterans Affairs Medical Center in Phoenix und Chicago, an der Arizona State University und an pädagogischen und medizinischen Instituten in Phoenix. Von besonderer Bedeutung war mir die Arbeit mit ehemaligen Kriegsgefangenen und Vietnamveteranen, wie auch die Behandlung von Kriegstraumata und Hirnverletzungen. Die Bemühungen um die Entwicklung von therapeutischen Verfahren aus neurobiologischer Perspektive lenkten meine Tätigkeit durch Beziehungen zum Arizona Biomedical Institute in neue Richtungen. Dank an Kathy Matt für den Enthusiasmus, für die Wissenschaft und die hervorragende integrative Denkweise.

Großen Dank möchte ich jenen sagen, die mir Gelegenheit zu Vorträgen gaben. Dank an Steven Vardy und Hunt Tooley für die erste Konferenz und das erste Buch zum Thema «Ethnic Cleansing in Twentieth-Century Europe» (Pittsburgh 2000). Ich danke Freya Klier, Doris Liebermann und Margit Miosga für die Einladung zur Teilnahme an der Konferenz «Blinde Flecken der Geschichte» (Blind Spots of History), die 2001 in Berlin stattfand. Ich danke Sibylle Dreher und der Ostsee-Akademie für die Tagung «Spuren bei Tätern und Opfern» (Travemünde-Lübeck, 2002). Danke, Martha Wallach und International Society for the Study of European Ideas für «Narratives of Flight and Dislocation» (Schilderungen von Flucht und Vertreibung, Aberystwyth, 2002). Mein Dank gilt Volker Zastrow und der «Frankfurter Allgemeinen Zeitung» für die Veröffentlichung meines ersten autobiographischen Aufsatzes (am 27. Dezember 2001). Dank an Dörthe Binkert, Cheflektorin des Scherz Verlages in Bern, Schweiz, die nach Lektüre des FAZ-Artikels Kontakt zu mir aufgenommen hat und jetzt mein Buch veröffentlicht. Ihre Großmutter und ihre Mutter waren während der Flucht zu Fuß von Königsberg nach Danzig gegangen. Ein weiter Weg. Ich danke ihr auch für die einfühlsame Redaktion des Textes. Klaus Kochmann danke ich für die große Mühe, das Buch vom Englischen ins Deutsche zu übersetzen. Für so manch schwierige Stelle fand er das passende Wort im deutschen Sprachgebrauch.

Und nicht zuletzt gilt mein Dank meinem Mann, Dale Lawrence Kent, für seine Aufforderung, «ich müsse vorankommen», für seine immer währende Ermutigung, sein kritisches Lesen, für die Geduld, mit der er Phasen eintöniger Schreibarbeit ertrug, sich über Fortschritte freute, nur meinetwegen wiederholt schmerzliche Szenen las und eine Menge unliterarischer Aufgaben übernahm.